AF435653

LLEGENDES
dels
CASTELLS
DEL VALLÈS ORIENTAL

MARGE
BOOKS

LLEGENDES
dels
CASTELLS
DEL VALLÈS ORIENTAL

Glòria Campoy
Aloma Duran
Raquel Jurado

Col·lecció: ÍTACA
Director: David Soler

Llegendes dels castells del Vallès Oriental
1.ª edició, octubre 2006.
1.ª reimpressió, desembre 2006
2.ª reimpressió, gener 2007
3.ª reimpressió, març 2007
4.ª reimpressió, octubre 2009.

Edita: Marge Books
València, 558, àtic 2.ª - 08026 Barcelona
Tel. +34-932 449 130 - Fax +34-932 310 865
www.marge.es

Gestió editorial: Hèctor Soler i Anna Palacios.
Edició: Laura Matos.
Col·laboració tècnica: Elena Miras i Anna Vidal.
Producció editorial: Miquel Àngel Roig.
Impressió: Service Point (El Prat de Llobregat, Barcelona).

ISBN: 978-84-86684-63-1
Dipòsit Legal: B-

Símbols als mapes:

 Castell de referència a cada apartat.

 Fortaleses properes.

Índex

Introducció

La investigació sobre els castells del Vallès Oriental i les seves llegendes es va iniciar com un treball de recerca a l'Escola Sant Gervasi de Mollet del Vallès.

La gran majoria de fortificacions d'aquesta comarca no es conserven al segle XXI com a tals: o han desparegut i avui són un conjunt de pedres o s'han convertit en masies més o menys riques arquitectònicament amb escasses mostres dels seus elements defensius originals. Malgrat tot, la incògnita i el desconeixement que produeix el seu passat han generat una gran producció de llegendes, algunes de les quals força repetitives: el tòpic d'haver estat construïdes per «moros», tenir passadissos secrets que comuniquen els castells entre si o amb torres llunyanes, les dones d'aigua i les bruixes, entre d'altres.

L'element més trist és que gran part d'aquestes llegendes tenen una vida bibliogràfica allunyada de l'ambient oral i popular que les va generar.

Bona part dels habitants de cada un dels pobles i dels propietaris dels castells desconeixen l'existència d'aquest imaginari i, moltes vegades, de la història de l'indret. Només alguns ajuntaments s'han preocupat per difondre aquest patrimoni cultural i introduir-lo en les seves festivitats i el món escolar.

Aquest llibre, documentat amb localització de cada fortalesa, taules amb la genealogia relacionada amb cada propietat i més de duescentes fotografies, és un intent de preservar aquella història real o imaginària que ens ha creat tal com som a l'actualitat; una lluita per conèixer els elements fonamentals de la nostra pròpia identitat i les explicacions històriques que ho sustenten. Aquí donem protagonisme a la intrahistòria, a la vida, les preocupacions, els somnis i els desitjos del poble baix; al contrari del que podem llegir als llibres d'història d'aquestes èpoques que marquen el fets dels senyors i dels reis.

Les llegendes cavalleresques són la poesia dels castells.

Agraïm des d'aquestes pàgines les atencions rebudes dels propietaris dels castells que ens han obert les seves portes, als arxivers d'alguns municipis (en especial de la Roca i de Mollet), als regidors de cultura d'alguns ajuntaments i del Consell Comarcal, als habitants anònims que ens han relatat pacientment algunes històries, i, especialment, a l'Escola Sant Gervasi on aquesta aventura es va generar.

Les llegendes

Definició específica de «llegenda» i la seva relació amb la història

La paraula «llegenda» és tan abstracta com el veritable sentit de la seva narració.

Segurament una bona definició seria dir que són resquícies d'un temps d'ignorància i de credulitat inconscient. La llegenda serveix per explicar allò que la gent no sap interpretar quan falten explicacions científiques. Les societats humanes, especialment les d'aprenentatge oral, recorren a la llegenda per comunicar el saber i el coneixement emmagatzemat per la tradició sobre el passat. Mentre el mite pertany al saber «sagrat», la llegenda pertany al saber «històric»; a la memòria col·lectiva que cada grup humà ha desenvolupat al voltant d'aquells fets, personatges, esdeveniments o coses que hom considera significatius i que, per tant, cal recordar i conservar. No és la història la que degenera en mite, sinó que és el mite el que de bon començament s'empara en la història i la converteix en un discurs llegendari, fabulós i no crític.

Les llegendes solen explicar fenòmens extraordinaris i dignes de ser recordats; el lloc on es desencadena l'argument s'indica amb precisió; els personatges són individus determinats, i els seus actes, de qualitat heroica, tenen un fonament que sembla històric. Totes les llegendes solen contenir un nucli històric al voltant del qual s'han format una sèrie d'episodis imaginatius o procedents d'altres fonts de la literatura oral, reelaborats per motivacions involuntàries (errors, falses interpretacions...), o bé per accions conscients (interessos sociopolítics o simplement estètics) a l'hora de desenvolupar-ne suggestivament l'embrió original. Les llegendes històriques poden envellir o redescobrir i animar els fets considerats històrics.

El mite, la rondalla, el conte i qualsevol tipus de narració tradicional conservats en la memòria popular s'han originat en un passat inicial de la humanitat, del qual en són un testimoni viu, una supervivència. Aquestes supervivències reflecteixen trets culturals típics d'estadis anteriors a l'aparició de l'escriptura; i, pel fet de descriure la vida i els costums dels nostres avantpassats remots, tenen un indubtable valor a l'hora de reconstruir històricament el passat de la humanitat. Per a Tylor, la tradició oral és el record del passat, on la mentalitat primitiva ha barrejat fets reals amb esdeveniments només atribuïbles a la fantasia mítica. És a dir, per comprendre la raó de ser i el mecanisme d'una societat, no es pot dissociar l'activitat literària d'altres activitats: política, econòmica, religiosa o jurídica. La producció literària popular és una activitat necessària per a la conservació de l'organització social, com a conseqüència de la seva relació amb altres activitats. Sobretot a les primeres fases de la societat, la literatura és un element orgànic i no una activitat estètica supèrflua, un luxe.

Les classes menys evolucionades culturalment continuen sustentant concepcions típiques de fases evolutivament anteriors, i això seria vàlid, sobretot, pel que fa a la supervivència del pensament màgic en èpoques ja plenament científiques. La història, tal com es conserva i es transmet en la tradició oral, té poca cosa a veure amb els models erudits i acadèmics, perquè el poble té la pròpia visió del passat. La situació temporal i espacial dels fets de forma verídica no és important. El passat mític té la virtut d'homogeneïtzar la història estricta i la llegenda fantasiosa; i la de reivindicar uns determinats personatges, llocs, monuments o fets que, per una sèrie de raons han deixat una forta empremta a la memòria col·lectiva.

Tota la història antiga és llegendària. Així, un gran seguit de personatges (Indíbil i Mandoni, Gala Placídia, els Nou Barons de la Fama, Carlemany, Rotllan, Jofre el Pilós, el comte Arnau, en Cap d'Estopa, el rei en Jaume, etc.), han arribat als nostres dies a través de les llegendes, principalment.

La història fa constar els fets i la llegenda els interpreta, però no amb la fidelitat de la fotografia. Algú ha dit que la llegenda és «la poesia de la història» on, en el fons, hi batega la realitat dels fets. Hi ha ben poca cosa certa en una llegenda, però sí que és cert que darrere el relat hi batega l'ànima d'un poble, i constitueix un preciós i original document per reconstruir la història íntima del seu passat. Molt sovint, els monstres fabulosos com el drac de Vilardell eren l'explicació que donava la imaginació popular per justificar els diversos atacs que tenien lloc al camí ral, quan aquests eren responsabilitat de la gran quantitat de bandolers que hi havia a la zona.

Diferents autors asseguren que hi ha una certa relació entre les llegendes i les tradicions d'un país i les seves restes arqueològiques. Un bon arqueòleg no pot menystenir mai les llegendes populars per tal de tenir èxit en les seves prospeccions. Cada llegenda se situa en uns límits temporals o locals arrelats a unes determinades creences populars, sovint farcides de mitologia, a cavall de la història i els elements imaginaris, amb més o menys proporció. L'historiador Coll i Alentorn va definir així la llegenda: «Les llegendes ens revelen força les admiracions o les aspiracions d'una col·lectivitat: també els seus odis, els seus horrors, els seus pecats, les seves expiacions, les seves exculpacions, hi són reflectits. Per això constitueixen un element de gran vàlua per a la comprensió de l'ànim dels pobles que les han creades, conservades o marcades amb llur empremta peculiar».

Aquesta manera d'interpretar la història ens parla de la sensibilitat de l'home per haver estat capaç d'anar assimilant el món que l'envolta. La informació que ens proporcionen els diferents reculls mitològics és sempre útil, ja que permet fer-nos càrrec i conèixer detalls culturals, des dels nivells tecnològics fins als més genuïnament ideològics, que, si no fos pel mite, difícilment haurien arribat fins a nosaltres.

Moltes de les llegendes de les nostres terres tenen el seu origen a l'època medieval, i només gràcies al gust romàntic de la Renaixença van quedar fixades i elevades a la categoria literària, encara que és a la veu del poble on tenen la seva expressió més pura i genuïna.

Les llegendes, així com les tradicions i les superstICIONS, tenen una vida pròpia: neixen, creixen i moren. Una llegenda neix de la creació col·lectiva, de la transmissió oral, és a dir, del folklore que es podria traduir com a «saviesa popular». Mitjançant el folklore la societat defineix les seves experiències, posa de manifest la seva imaginació creadora i exposa els seus comentaris envers la societat. Aquest folklore és una forma d'iniciació de la moral. La moral primitiva no s'ocupa només de les relacions entre els homes, sinó també de les relacions entre els homes amb les potències extrahumanes: fenòmens naturals (trons, pluja, etc.), món animal i vegetal (tòtems), avantpassats mítics, herois civilitzadors, reis divins, déus... Amb el curs de les edats la moral es torna laica.

El sistema mental d'un poble consisteix en una sèrie de formes diferents pels temes, estructures i funcions, creant diferents gèneres. Cada gènere actua com a formulació verbal de disposicions mentals primàries o fonamentals, com el sentit d'allò que és sagrat, de la família, de l'essència de l'univers, de l'experiència acumulada, o bé com a expressió de les necessitats de l'ànima humana, la sublimació del món en un procés mitificador, les relacions de caràcter religiós, i la facultat de riure's de les pròpies desgràcies. És per això que les llegendes són inexactes, insegures i variables, molt variables. Es considera que per tal que una narració sigui llegenda (com a font oral), sigui folklore, cal que reuneixi les següents característiques:

- que sigui anònima;
- que sigui el resultat de la creació de la imaginació col·lectiva i que es basi en la memòria popular;
- que es basi en alguna necessitat del grup que la va crear.

És per això, pel valor documental que tenen aquests relats, en la majoria dels casos fantàstics, que és necessari recollir-los.

Les llegendes, en tota la literatura universal, acostumen a agrupar-se en cicles entorn d'un centre d'interès (protagonista, lloc, construcció, esdeveniment...), i, segons el tema que tracten, se solen classificar com a profanes, religioses o mixtes. Des del punt de vista de l'origen literari se solen classificar com a populars, erudites o compostes.

La necessitat de la naturalesa humana d'explicar-se el seu entorn i la seva història és tan forta que, quan la societat evoluciona i el ritu ja no se celebra, encara perdura el mite, i perdura a través dels segles, per bé que moltes vegades modificat i adaptat a noves formes que ens han arribat a través dels diferents gèneres de la literatura oral.

La immortalització d'alguns personatge històrics, les llegendes hagiogràfiques i de sants, les de bandolers, les que destaquen llocs i muntanyes, rius, estanys i gorgs, boscos, coves, castells, monestirs, pobles i ciutats; explicacions populars sobre guerres, conquestes, invasions, epidèmies i fams, conformen el gruix del llegendari català i són veritables documents etnogràfics.

A les llegendes relacionades amb l'origen d'un lloc o amb la construcció d'un edifici, la prova, el lligam amb la realitat, no és cap personatge, sinó simplement unes pedres o un indret que podem veure i tocar, l'origen del qual, els incidents per bastir-lo o els relacionats amb aquesta determinada construcció, ens ha arribat fins a nosaltres per camins de la poesia històrica de la tradició popular, moltes vegades variada i diversificada a través del temps.

El que ens interessa i atrau de les llegendes és la seva bellesa, el seu missatge humà i popular de com l'home ha anat entenent i assimilant les seves pròpies concepcions sobre el món, la història i les idees, i no pas com unes proves científiques que ens les ratifiquen. Cada llegenda ens parla d'un tros entranyable de la nostra terra, de la nostra història i dels nostres costums, i ens hi fa sentir més arrelats.

Les llegendes cavalleresques

Els orígens dels pobles són incerts; semblen sumits en la boira. Però la manca de documents històrics és socorreguda generosament per la llegenda, que satisfà amb escreix les ànsies de saber d'on venim, de conèixer la nostra ascendència, a fi d'entendre millor qui som i fomentar un orgull nacional.

I acostuma a succeir que els ascendents mítics, els fundadors de llinatges i nacions, sempre prenen caràcter heroic, són d'una constitució forta i altiva, i les gestes tenen un caràcter èpic i esdevenen exemplars. Els personatges d'aquestes llegendes no són sempre imaginaris, producte de la fantasia o l'inconscient; moltes vegades són figures històriques magnificades, glorificades pel poble a través de relats llegendaris. D'aquest fons llegendari va anar sorgint i precisant-se la història del comtat de Barcelona, que és la de Catalunya. La llegenda cavalleresca no és un document històric perquè la memòria col·lectiva és ahistòrica, i el record dels esdeveniments històrics és modificat al cap de dos o tres segles de tal manera que només es recorda el que és exemplar.

En aquest tipus de llegendes podem incloure la majoria de les llegendes cavalleresques o històriques relacionades amb castells que hem recollit, amb una relació molt estreta amb la realitat, la història i els castells.

Joan Amades, a *Castells llegendaris de la Catalunya vella,* intenta definir aquesta tipologia de llegendes: «Les llegendes senyorials i cavalleresques dels fantasiosos castells i de llurs habitants constitueixen valuosos documents per a l'estudi de la psicologia del poble i també són una pàgina no escrita de la nostra història, reveladora del seu ésser i sentir amb més eloqüència que altres documents més valorats per estudiosos».

Al voltant dels castells s'ha forjat bona part de la poesia popular més florida i al seu voltant s'han creat belles llegendes plenes de frescor i que alhora revelen el sentit de l'odi que el vassall sentia pel senyor i l'admiració i enveja que la seva opulència i fastuositat feia néixer en l'ànim dels humils. Moltes vegades aquestes llegendes formen cicles llegendaris, cada fet glossat dóna lloc a un episodi i a una seqüència narrativa dins de l'encadenament cíclic.

A les llegendes cavalleresques hi podem apreciar tres aspectes: l'heroic, l'humà i el fantàstic. En el primer són narrades les lluites per a la conquesta i defensa dels castells, moltes d'elles relacionades amb els moros, gairebé totes puerils, però plenes d'una gràcia singular i de la forta empenta del sentit de gesta.

Les humanes fan referència al tracte dels senyors amb els seus vassalls i a l'odi que aquests sentien per ells, malgrat el tracte familiar dels propis castellans. També es mostra l'esperit de domini dels feudals, la seva ambició i el desig d'independència amb relació al poder del comte, malgrat que en moltes llegendes s'idealitza el concepte de fidelitat.

En el grup fantàstic el poble enlaira la seva fecunda fantasia i es refereix a les runes dels vells castells, imaginant l'antic castell com una mansió de princeses, dracs i serpents guardadors de tresors encantats.

Aquestes llegendes se centren a l'Edat Mitjana i s'ambienten directament a les parets de l'edifici del castell o indirectament al seu terme. Parlen dels senyors, del poble, de les seves batalles, les seves traïcions, dels seus rius i dels elements de la mitologia catalana que apareixen en aquests indrets. L'imaginari que ens mostren aquestes narracions és similar al que produeixen els castells d'arreu, però es poden distingir algunes diferències possiblement fonamentades en la peculiaritat del territori del Vallès Oriental: un indret proper a Barcelona, l'última de les defenses de la Ciutat Comtal, i un lloc de pas, un corredor natural cap a aquesta ciutat. Només els nobles importants de la Cort podien ser senyors de les fortaleses de la zona; no eren naturals de l'indret sinó que la seva senyoria tenia un valor polític i estratègic; per aquest motiu no creaven vincles emocionals amb la seva terra i la seva població. Molts d'aquests castells tan importants eren venuts o regalats pels diferents reis a grans militars de les diferents campanyes mediterrànies, oblidant les franqueses i els pactes que els reis havien tingut amb els habitants dels pobles del Vallès. D'aquí, potser, els trets diferencials de les seves llegendes.

Pere Català i Roca, al pròleg del llibre de Joan Amades, ens diu que a les llegendes cavalleresques catalanes, hi podem destacar (i diferenciar en relació amb les llegendes cavalleresques d'altres indrets) l'entesa entre moros i cristians i que la peresa no apareix entre els pecats capitals del nostre país, essent això un reflex indubtable del fet social real dels habitants de l'època.

Alguna de les llegendes cavalleresques vallesanes ens parla de l'origen de la comarca (com la del Fort Farell de Caldes), altres ens parlen de l'origen del castell (principalment de la construcció per part dels àrabs de la torre descrita), la lluita de la reconquesta contra els àrabs (veiem aquest poble com enemic, però no sempre ens el presenten com a sanguinari i cruel; a vegades trobem llegendes de convivència pacífica), la instauració del feudalisme (o la lluita dels nobles de la zona per instaurar el seu poder), el bandolerisme (Huguet de Bigues, per exemple). Aquestes llegendes giren entorn d'un personatge marginal famós, mitificat per la tradició, a qui a vegades s'atribueixen poders insòlits i qualitats sobrehumanes. Narren un incident on es posa de manifest la peculiar astúcia del bandoler, o el seu especial sentit de la justícia) i tots els elements de la mitologia catalana en indrets naturals (rius i llacs) o artificials (elements megalítics o ruïnes) del terme del castell. En alguns casos tenim llegendes heràldiques, amors adúlters de final tràgic, històries de senyors feudals despòtics i llicenciosos, de penitents, de navegants, d'escriptors, etcètera. Poques de les nostres llegendes cavalleresques parlen del fet religiós i dels miracles; desenvolupen més l'element humà.

Mitologia catalana

Moltes rondalles catalanes comencen la seva narració fent referència a una època immemorial, a uns orígens remots i extraordinaris, recorrent a fórmules com «al principi» o «en aquell temps». És possible que el passat es vegi com una època meravellosa però sempre se situava en un passat incert, obscur, en un estat primordial anterior al temps mateix: «Això era i no era...», immediatament sorgit del caos, justament separada la terra de les aigües mares i formades les valls i les muntanyes. Llavors el món era poblat de monstres torbadors, de bèsties estrafolàries.

Totes les cultures coincideixen en la creença d'éssers monstruosos i d'animals fantàstics en una existència reculada, «al principi». La imaginació humana intueix la seva presència en les profunditats de la terra, en les ombres de la nit; fins i tot els descobreix en les constel·lacions que formen les estrelles del cel, en el zodíac. Prenen formes diverses, irreals: la fantasia, el somni, la barreja d'animals diferents en combinacions esbalaïdores, fascinadores, creant un bestiari mitològic extensíssim: alicorns, centaures, esfinxs, quimeres, meduses, gorgones, grifons, làmies, tritons, hidres, salamandres, harpies, sirenes-peix, sirenes-au, ocells-serpent, toros alats, gossos de tres caps, dracs, serpents de mar gegants... Dracs i serpents custodiaven les coves, els paradisos prohibits, tresors meravellosos... Aquelles encarnacions fantàstiques de les forces còsmiques van poder ser divinitats antigues a les quals s'havia arribat a oferir sacrificis cruents i víctimes humanes per tal d'apaivagar la seva voracitat.

Cada temps, cada cultura, els ha donat formes pròpies, a imatge i semblança de les pròpies pors, dels instints i desigs més profunds. Els monstres tenen una funció en el psiquisme humà, representen l'exaltació afectiva de tot allò instintiu, de la libido, i són una projecció dels fantasmes interiors. Per això, en la majoria de relats mitològics, cada monstre té un heroi que se li enfronta, un salvador. També es podria suposar un origen tribal o totèmic d'alguns d'aquests animals fabulosos que poblen l'univers medieval i el de les nostres festes tradicionals.

Aquest bestiari ha estat una zoologia condemnada pel cristianisme, foragitada de l'interior de les esglésies però persistent en els capitells dels claustres i de les portalades, en les baldes i reixes de ferro forjat, o abocant-se enfora en les gàrgoles de les cornises de les catedrals: convertits en pedra guarden de fora estant el recinte sagrat. Alguns d'aquests monstres han derivat el seu simbolisme primitiu a la nova religió i han presidit temples i altars: el lleó alat, el bou, l'àliga reial i la mula...

El nostre folklore tradicional és ric en aquest aspecte. Inclou animals fabulosos que mantenen la seva factura clarament medieval, gòtica.

L'home actual pot riure's de tots aquests mites i llegendes perquè només està recordant temors aliens a ell. Allò que abans era temut pels camperols, avui és motiu de festa i diversió. Formen part d'aquesta mitologia específicament catalana els gegants, les bruixes, el drac, les fades, els follets i el diable.

Gegants

El gegant acostuma a ser un ésser de característiques humanes però de mida exagerada. Sol tenir una gran força o poder i tot sovint molt d'enginy. Generalment són éssers afables, de bon caràcter i d'esperit manyac. Curiosament al llegendari, no hi trobem cap geganta.

El gegant (que podríem classificar com a animal fantàstic o, segons el context, com a ogre) és un personatge concorrent en qualsevol mena de cosmogonia i èpica dels pobles. En la tradició grecoromana (a la qual recorren tots els pobles mediterranis actuals), els gegants o titans són éssers anteriors als mateixos déus olímpics: germans de Cronos (el temps) i fills de Gea (la Terra), es compten entre els primers pobladors del planeta, contra els quals haurà de lluitar Zeus per arribar a dominar-la i als quals finalment empresonarà dessota les muntanyes, on amb dolor es rebolcaran i així es crearan els volcans i els terratrèmols. Després de la seva derrota, escampats o transformats en pedra, els gegants-titans passaran a formar part de l'imaginari humà, que els transformarà en rivals arquetípics de la raça o en fabulosos senyors de terres no descobertes: ogres o éssers sorgits d'accidents geogràfics (muntanyes que representen gegants adormits, o els atlants que sostenen el globus terraqüi). Un gegant pot ser qualsevol cosa, ja sigui de la natura o no, que ens faci sentir petits, dèbils i indefensos.

Dins la tradició cristiana, són evidents els gegantismes negatius com el de Goliat, o els gegantismes positius a la manera de Samsó o Sant Cristòfol.

La dolenteria d'aquells gegants primitius és una altra expressió tràgica de la lluita que s'estableix entre el poder del Bé i el Mal, entre àngels i dimonis, entre moros i cristians... En la mitologia catalana, molts gegants es consideren «moros», personificacions concretes del Mal, a vegades ocupant el lloc del Diable. Els moros eren imaginats forçuts i gegantins, d'orígens remots d'abans de la història recordada: «Això és del temps dels moros...». Sovint els gegants tenen fam de «carn cristiana». Vet aquí un senyal per destacar el seu credo pagà, contrari a la veritable fe; o bé un testimoni de primitius sacrificis humans, d'ofrenes de «carn fresca», és a dir, de donzelles o joves que no han passat encara la prova iniciàtica.

Però no tots els gegants són moros o dolents; també n'hi ha de protectors, guardians de tresors i jardins místics, o bé exercint de genis tutelars d'una vila o ciutat, en favor de la població, mantenidors dels seus furs i llibertats contra tirans i opressors. En l'univers dels somnis, el gegant sol ser símbol del pare. La imaginació popular no se sap estar sense explicació davant de tot allò difícil d'explicar. L'existència i la construcció dels monuments megalítics de grans pedres només podia atribuir-se a éssers excepcionals, a races primitives, a moros, a gegants.

La tipologia dels gegants llegendaris ofereix tres varietats característiques: constructors, quan se'ls vincula amb monuments megalítics i amb vestigis i pedres de dimensions insòlites; antropòfags, de forma molt semblant als ogres; proveïts d'un sol ull, ressò del mite mediterrani del ciclop; i humanitzats i individualitzats, quan se'ls considera éssers humans de força i proporcions gegantines, com en el cicle del Fort Farell. Algun cop aquests tipus interfereixen entre ells i apareixen plegats en una mateixa versió.

Els gegants vallesans són temibles i forçuts, lluitadors, però, en contrast, inicien la rialla i l'alegria de qualsevol festa popular. Joan Amades, a *Gegants, nans i altres entremesos,* data la primera menció de gegants festius a l'any 1380. En aquestes circumstàncies els gegants apareixen en parella, malgrat que a l'imaginari vallesà no hi ha llegendes amb gegantes. Al voltant dels gegants, hi tenim els nans i capgrossos, com a escorta grotesca. Cada un dels pobles que ha fet construir una parella de gegants ha popularitzat o creat la llegenda dels seus gegants, senyors importants de la contrada o no.

El més famós de tots els gegants vallesans positius potser és el Fort Farell, que viu dalt de la cinglera que envolta Caldes de Montbui, i quan té set baixa al riu Mogent i s'empassa tota l'aigua d'una sola glopada. Aquest gegant

Farell no és altre que el que protagonitzà la gesta de conquerir la ciutat de Barcelona als moros. L'exaltació del gegant del Pi per les multituds, presidint les celebracions més lluïdes de la ciutat, fent costat a la gegantesca, es contraposa a la humiliació infligida al gegant Moro: la seva testa malcarada, de turbant voluminós i llarga barba, penjava sota l'orgue de la catedral de Barcelona com a escarni.

Les carasses de sota els orgues de moltes esglésies catalanes (Santa Maria del Mar, els sants Just i Pastor, la catedral de Barcelona, Santa Maria de Vilafranca del Penedès, la Seu de Manresa, entre d'altres) van ser, fins fa no gaire anys, expressió popular d'aquell enfrontament ancestral i temible entre gegants. En contrast, les malaguanyades carasses despertaven les simpaties de la quitxalla cada any la nit de Nadal: les feien bramar mentre de la seva boca descomunal de mandíbula mòbil rajaven glopades de llaminadures i confits, que tots cuitaven a recollir a estiracabells. Fa pocs anys que a la catedral de Barcelona s'ha recuperat aquesta simpàtica tradició nadalenca.

Les bruixes

La bruixa acostuma a ser descrita com una dona d'aspecte misteriós, habitualment bruta i descabellada, que viu separada de la resta de la gent. Té poders adquirits per un pacte amb el diable, coneix les virtuts de les herbes, tant les bones com les dolentes, pot embruixar i pot convocar pedregades. Es diu que durant el dia no té poder per embruixar, només pot fer-ho després del toc de l'àngelus. També s'anomenen bruixes aquelles dones que es dediquen a pràctiques considerades màgiques, com el tarot, la quiromància, l'astrologia... i les que es dediquen a pràctiques positives o negatives considerades poc científiques. Es creu que les bruixes van perdent el poder a mesura es van fent velles. Per conservar-lo han d'ensenyar el cul a la lluna totes aquelles nits en què aquesta és plena.

Les bruixes i els bruixots, éssers malèfics oposats a Déu, són esmentats i condemnats en els primers llibres de la *Bíblia.*

Les bruixes i els bruixots han estat sempre éssers reals, humans, a qui la col·lectivitat havia atribuït poders extrahumans. Es podrien classificar com a personatges «d'altres móns» i acostumen a crear llegendes meravelloses, sobrenaturals i extraordinàries.

La bruixa és el símbol de la fertilitat, essència de la vida i la supervivència. La dona va agafar el paper protagonista dels ritus, en comunió directa amb la natura (vegetal i animal), com una representació de la Mare Terra.

Per descobrir si una dona era bruixa, es diu que calia posar dins de la pila d'aigua beneïda dues agulles de fer mitja creuades. Quan la bruixa les veia quedava clavada allí mateix sense poder-se moure. Una altra forma de descobrir-les era constatar que en les processons sempre es quedaven enrere, per la seva poca afecció a les cerimònies religioses. Un dels mitjans més eficaços per saber quina de les dones de la rodalia era bruixa i responsable d'una malvestat consistia a emplenar un plat amb aigua i amanir-lo amb un raig d'oli. Tot seguit es mirava a dins i de mica en mica les taques d'oli anaven revelant el rostre de la bruixa que havia operat la malifeta. Per saber si una dona era bruixa també es fixaven en una sèrie de marques sobre el cos, com ara berrugues, pigmentació de la pell, un dibuix en forma de pota de gripau a l'ull esquerre, o un petit foradet a l'esquena.

Es diu que els animals blancs són confidents de les bruixes, especialment els d'aquelles espècies en què aquest color no és habitual. Per això es procurava que als ramats no hi hagués animals d'aquest color. En canvi, s'intentava que n'hi hagués de negres, perquè allunyaven les bruixes.

Les dones d'aigua o goges estan a mig camí entre les bruixes d'aigua i les fades.

Les primeres bruixes tenen un origen bíblic: diuen que són fruit de la unió d'àngels esgarriats amb dones humanes. Els àngels dolents van ensenyar els homes: van instruir els encantadors i els talladors de rels, van ensenyar a desfer els encantaments, van instruir els astròlegs, van ensenyar els presagis, els significats de les estrelles i el curs de la Lluna.

Iniciació a la bruixeria

La bruixa o el bruixot és un ésser humà que pot esdevenir d'aquesta condició renegant de tot compromís amb Déu; llavors el diable li ofereix la seva protecció. Pot anar a missa, però només per guardar les aparences. Si es confessa no ha de dir mai la veritat ni pronunciar el nom de Déu. Per segellar aquest pacte l'iniciat signa en un llibre que, segons les versions, varia de descripció. Si es tracta d'una dona, ho fa cardant, i si es tracta d'un home, el diable es torna per uns moments dona i fa el mateix. Després el diable marca els novells bruixots i els dóna una penyora que en alguns indrets s'anomena follet. Un cop els iniciats formen part del grup, no el poden abandonar sense buscar-se un substitut.

També es creu que per esdevenir bruixa sense necessitat de tenir cap tracte amb el diable era suficient rebolcar-se nua per damunt d'un esbarzer de punxes ben vives. Si les punxes no feien mal a la dona que ho intentava, és que ja era una bruixa. Una altra manera tan arriscada com l'altra era travessar-se el cap amb una agulla de fer mitja, fent-la entrar per una orella fins que sortís per l'altra. Tots els ritus s'anaven transmetent de família en família, i de generació en generació.

Poders i actuació

Els poders que adquiria una bruixa eren: metamorfosi en diversos animals, fer mal amb la mirada o amb un objecte, desencadenar tronades i pedregades, raptar infants, volar mitjançant ungüents o fórmules màgiques, endevinar malalties i procurar remeis.

L'acció de la bruixa s'exercia sobre les dues fonts de l'economia rural: el bestiar i l'agricultura. I ho feia per mitjà de les malalties i les calamitats climatològiques, molt especialment, la pedregada. Davant qualsevol mal produït per causes naturals, però desconegudes, el poble veia la intervenció de la bruixeria.

Les bruixes també podien fabricar tota classe d'ungüents i liniments màgics, molts amb propietats al·lucinògenes. La gran majoria de les dones acusades d'exercir la bruixeria vivien en el medi rural i coneixien molt bé les propietats de les herbes. Les bruixes eren guaridores perquè utilitzaven també conjurs, endevinacions i sortilegis. En aquesta funció hi ha un predomini absolut de les dones com a element actiu en contra dels homes. El vocabulari utilitzat en els seus conjurs no existeix en el lèxic català medieval. Les fórmules que utilitzaven eren escasses i s'utilitzaven indistintament per a diferents malalties. Un exemple d'aquests conjurs està recollit dels interrogatoris que es feien a les bruixes:

«Conjur-te, gota,
conjur-te tota,
conjur-te per Déu
e per madona sancta Maria
per los sens e per les sentes que auia:
que así no pusques aturar
ni esses caschar
ni popa machar
ni dia passar
ni punt donar
ni raïl metre.
Per la cort celestial,
que aquesta persona no aia mal».

Els actes màgics podien ser individuals o col·lectius. Els primers són els que van mantenir l'essència de la bruixeria.

Reunions de bruixes

L'aquelarre, o reunió de bruixes, les misses negres i les orgies satàniques tenien lloc els dissabtes d'onze a dotze de la nit, especialment els de lluna plena. Després de mitjanit, les bruixes perdien la facultat de volar i no podien tornar a casa. Si la bruixa o el bruixot no havia emprès el vol abans de la darrera campanada de les dotze, s'havia de quedar allà on era fins a l'endemà al vespre. Perquè el marit d'una bruixa no notés la seva absència, aquesta posava un tió al llit o bé el seu lloc l'ocupava un diable. A les reunions, hi anaven bruixes i bruixots de molts indrets. Quan es trobaven es besaven al front mentre s'esgarrapaven amb les ungles. Hi ha dues nits que són les més importants de l'any per damunt de qualsevol altra: la nit de Sant Joan, de fogueres fantàstiques i embruixaments d'amor, i la de Sant Silvestre, l'últim dia de l'any.

Al so d'un flabiol ronc que toca el mateix diable, ballaven nues un ball rodó al voltant de la foguera. Tot el que trepitjaven quedava erm i sec. Habitualment les reunions les presidia el diable. A vegades present amb el seu aspecte habitual i d'altres sota la forma d'un boc. A vegades, a les reunions participava un dimoni. Allí els bruixots i les bruixes s'explicaven les malifetes i qui no havia acomplert els seus deures malèfics era penjat allà mateix com a escarment. L'assistència a les reunions era obligatòria; per tant, les bruixes o els bruixots que no hi acudien sense tenir una causa justificada eren fortament amonestats pel diable. La reunió es completava amb batusses sexuals entre ells, en què també participava el diable. Sobre l'insensat que intentés espiar-les caurien terribles maleficis.

Les bruixes, en els seus rituals, retornaven enyorant els seus temps lluminosos als dòlmens i menhirs dels seus cultes ancestrals, rondaven les ruïnes dels castells, o s'enfilaven als cims més alts.

Cristianització i persecució de la bruixeria

Mentre dominava el paganisme, els éssers més formosos habitaven la terra, i quan el cristianisme va influir poderosament sobre les consciències va resultar el contrari: que els éssers més bells i més perfectes van ser els que en van quedar més lluny. Per això, el poble cristià, que no podia desfer-se de les creences i tradicions paganes de feia milers d'anys, va transformar-les, cristianitzant els déus i genis antics. Efectivament, la predicació cristiana havia deixat la gent senzilla en una total desolació: tot allò en què sempre havien cregut ara era fals o maligne. Se'ls va deixar sense la seva mitologia, a través de la qual entenien la vida i la mort, la formació del món, les energies de la natura, el psiquisme... i sense els cultes i festes amb què celebraven els cicles naturals i les fases de la lluna. Les antigues divinitats i els genis de la natura no eren sinó dimonis i mals esperits, condemnats a l'infern, a les tenebres, exorcitzats amb terribles oracions, conjurs i aigua beneïda.

La bruixeria va quallar a l'Edat Mitjana. Les bruixes van tendir a recloure's en el secret culpable, en la clandestinitat, fins a perdre la innocència i la formosor dels orígens. Pere el Cerimoniós no va atacar amb total cruesa les bruixes catalanes. Les Corts de Catalunya van impedir que les causes de bruixeria fossin competència inquisitorial en els primers moments, essent jutjades per les autoritats civils. Només a partir de 1537 la competència sobre el tema la va tenir la Inquisició en exclusiva. Si analitzem tots els processos judicials iniciats al final de l'Edat Mitjana podem advertir que es tractava de casos de dones pobres, que es trobaven en la misèria i desesperades, molt sovint amb defectes físics o socialment marginades: alcavotes, curanderes, captaires o simplement vídues. Del 1560 al 1599 només es van processar onze presumptes bruixes. Durant el s. XVII aquest panorama canvia radicalment i és Catalunya la zona d'Espanya amb més persecucions i extermini. El total de víctimes de la Inquisició arribà a 300.000 persones mortes o torturades. Antoni Pladevall calcula més de quatre-centes bruixes penjades a Catalunya. Amb la Inquisició va néixer una nova professió: la de caçador de bruixes. Primer es descobria la bruixa, després s'iniciava l'interrogatori, la tortura, i la foguera o la forca. A més de les penes corporals, les víctimes havien de pagar les despeses del judici i eren expropiades de llurs cases, terrenys i altres béns.

Els grimoris, llibres de màgia i de ciències ocultes que van sobreviure al foc són escassos.

Remeis populars contra la bruixeria

El poble senzill va començar a agafar-los por, a témer les seves fetilleries. Calia guardar-se dels mals que conjuraven amb amulets: clavant una ferradura rovellada als portals de les cases; posant en portes i finestres les palmes i palmons beneïts el Diumenge de Rams (o bé amb creus de palma o rams de llorer beneïts), o herbes de virtut collides per Sant Joan, al punt de mitjanit; preservant els llindars de les cases i els estables amb el salpàs, un grumoll de sal humitejada amb aigua beneïda; posant «pedres de bruixa» o «de llamp» (sílex) a dalt de les teulades... A pagès, encara es poden veure a les cases les potes de gall o de senglar clavades a les portes per tal d'allunyar les bruixes.

La manera de resultar immune a qualsevol mal era fer-los «la figa»: cloure el puny posant el dit polze entre l'índex i el del mig. Es feia dins la butxaca o de manera que la bruixa no pogués veure què s'estava fent. Perquè tingués més efecte calia recitar el conjur següent:

«La figa i la flor
la figa et faig, gardela;
la figa et faig i al dimoni la donc.
Pet de llop, tres cops en creu;
posa't dintre d'una bota
que mai més pugui rebotre».

S'atribueix el mateix efecte, amb menys intensitat, a un seguit de frases que també contenen el mot «figa»:

«La figa i la flor
la figa t'hi fai, la figa t'hi fosco.
la figa t'hi faig gardela.
Figa t'hi faig»

Per protegir-se d'un bruixot, el conjur era el mateix, però el gest consistia a arronsar tots els dits de la mà, mantenint estirat el del mig. L'acció contra el bruixot avui és vigent a casa nostra, té un significat obscè i es fa en sentit pejoratiu, però en lloc de fer-lo d'amagat es fa de manera ostensible.

El remei més senzill davant una bruixa era posar-se al revés una peça de roba tot recitant: «*La camisa al revés ningú hi pot res!*».

Avui, quan algú porta una peça de roba al revés es diu que farà ploure. També els alls eren molt útils, ja que a les bruixes, com a les serps, els molestava molt la fortor dels alls i un remei per allunyar-les era fregar les portes i les finestres amb alls. Sembla que tampoc podien resistir la visió del color vermell.

Un remei per protegir els camps de les pedregades consistia a engegar trets al cel amb bales beneïdes. Diuen que una vegada algú va engegar un tret als núvols i va caure una orella arrencada que era d'un dels bruixots que cavalcaven els núvols.

També es podien allunyar les bruixes encenent fogueres amb llenya d'olivera i llorer beneït el dia de Rams. Un altre sistema d'allunyar-les era encenent ciris que haguessin estat al monument per Setmana Santa.

Un mitjà per lliurar-se de les pedregades era el comunidor. Davant l'amenaça de pedra la campana començava a sonar amb el seu so lúgubre, i el sacerdot, amb els atributs de gran cerimonial, sortia a la intempèrie per tal de mostrar a les bruixes el seu gran poder. Quan hom sent la campana diu que toquen a comunir. Aquest acte, a l'Edat Mitjana, va tenir una gran importància, i alguns temples van ser proveïts de comunidor, com el d'Aiguafreda. El comunidor consta de quatre columnes que sostenen una teulada, i serveix d'aixopluc perquè els qui prenien part de la cerimònia no sentissin sobre el cap les pedres que les bruixes els llençaven.

Es diu que les bruixes tenien l'ombra molt més sensible i, si se'ls volia fer mal, valia més pegar l'ombra que el cos. Fins i tot si se'ls engegava un tret, els feia més efecte a l'ombra que a elles mateixes. Si se'ls pegava, millor ferho amb un bastó de sanguinyol o d'avellaner, i perquè els efectes fossin encara més grans, valia la pena que tingués ferro.

Llegendari de bruixes

Les llegendes sobre bruixeria són molt properes a les llegendes sobre éssers sobrenaturals, i es correlacionen especialment amb les llegendes demoníaques i amb el món del més enllà.

Malgrat la Inquisició i les seves fogueres, les mitologies antigues, acorralades i reduïdes a llegendes i rondalles inofensives, no es van perdre del tot. A Catalunya hi ha una colla de poblacions amb una forta tradició de bruixes; Vallgorguina és una capital de la bruixeria catalana. Les bruixes del Vallès preferien dur a terme els seus aquelarres al «Pla de les Bruixes», a prop del gorg Negre, al camí de Gualba a Santa Fe. Han contribuït a l'existencia de llegendes sobre bruixes al Vallès Oriental les nombroses restes del seu passat històric (ruïnes de castells i monuments megalítics). Fins i tot avui, l'indret on es troba el dolmen de la Pedra Gentil, a Vallgorguina, és aprofitat per celebrar-hi trobades de bruixes, mags i d'altres persones afeccionades a les arts màgiques i endevinatòries.

Al Vallès no hi ha llegendes protagonitzades per bruixots.

Grans folkloristes han dedicat el seu temps a recollir aquesta creativitat popular: Maria de Bell-lloc (pseudònim de Pilar Maspons i Llabrós, a *Llegendes catalanes,* 1881; el seu germà Francesc Maspons i Llabrós, a *Tradicions del Vallès,* 1876, o Apel·les Mestres a *Llegendes i tradicions del Montseny,* 1927).

El drac

Morfologia històrica del drac

Generalment, els dracs se'ns descriuen de mida gegantina; són animals fantàstics que tenen característiques físiques relacionades amb l'aire, l'aigua i la terra. Per aquest motiu i pel seu sentit essencialment malèvol, els dracs acostumen a ser un compendi dels animals més temuts de cada element. Urpes, dents esmolades, escates, cua de serp, banyes... tot hi cap en un drac. És per això que les descripcions varien. Diu Joan Eduard Cirlot que «el drac és una figura molt utilitzada en totes les civilitzacions, que posseeix una variada morfologia i fins i tot un divers hàbitat. Els uns li donen cos de serp amb ales, viu a l'aire i a l'aigua, posseeix una enorme boca i devora els homes i animals. D'altres el fan terrestre, de boca més modesta, també vola i s'alimenta de sang dels animals que mata. També hi ha qui el considera amfibi, amb cap de formosa dona de llarga cabellera, i més terrible que els anteriors». És evident que en aquesta darrera forma el drac participa del mite de les goges o encantades. Aquest animal fantàstic pot barrejar diverses morfologies: el tors i les potes de l'àliga, el cos d'una enorme serp, les ales de ratpenat i la cua acabada en dard i tancada sobre ella mateixa. Aquestes parts signifiquen la fusió i la confusió de tots els elements i possibilitats: àliga (qualitat celest), serp (qualitat secreta i subterrània), ales (possibilitat intel·lectual) i cua en forma de signe zodiacal del Lleó (submissió a la raó). En el drac es resumeixen una bona quantitat d'animals i qualitats que van apareixent al llarg de les nostres festivitats, tant les de signe religiós com les d'origen popular-mitològic.

El drac ve conferit d'una sèrie d'atributs com el caràcter devorador (a l'aguait del naixement del fill de la dona prenyada), sortidor (d'un dels seus caps, en surt un riu d'aigua), combatent (a la batalla que l'enfronta amb l'Arcàngel) i de poder. Aquest animal fantàstic té un caràcter híbrid que conté els quatre elements: el foc pel seu alè; l'aire per les seves ales; l'aigua per les escates del seu cos; la terra per la seva forma de serp... Permet que la seva forma canviï constantment, de manera que algunes vegades s'accentua el seu caràcter terraqüi i d'altres el seu caràcter aeri, igni o aquàtic.

A finals del s. x, el drac és representat com una immensa serp de tres, cinc o set caps, sense potes (o amb dues o quatre), ni ales. Aquest caràcter de serpent no l'abandona durant el s. xii però, en canvi, se li afegeixen ales enganxades, generalment al cos; se li nega d'aquesta manera la possibilitat d'elevació i el significat al·legòric que això ha pogut comportar. Acostuma a ser bípede, amb urpes de lleó i cos de mamífer. A vegades sobresurt la forma de serp, d'altres, en canvi, ens trobem amb un autèntic drac-ocell, amb un cos sovint més d'au que de rèptil, però també amb una llarga i mortal cua (amb la qual podia fer miques el seu enemic).

Als bestiaris medievals és definit com «la més gran de les serps», però no es confon amb la serp. Se citen i s'estudien animals semblants al drac perquè tenen alguna característica comuna, com per exemple la de posseir diversos caps, com l'hidra; el seu caràcter igni, com la salamandra; la seva capacitat aquàtica, com la serra. Amb tot, el drac ocupa un lloc ben definit al bestiari medieval. El drac és una mena de gran cocodril verd, amb una cresta que parteix del cap i corre, de forma òssia o cartilaginosa, fins a la cua, quatre curtes potes amb urpes potents i cua punxeguda, sovint acabada en punta de fletxa. Normalment té petites, però robustes, ales membranoses de ratpenat i rarament a l'Occident (no a la Xina) porta banyes; la llengua és bífida, i escup foc. No hi ha dubte que s'ha de considerar un rèptil; així, el seu cos és llarg i sinuós, recordant les serps. Satanàs és identificat com el «drac vermell» i «l'antiga serp». Pel que fa al seu color, al costat del realista verd que recorda els rèptils, l'aire, l'ai gua i la terra, es coneixen també dracs blancs i vermells.

S'acostuma a accentuar el caràcter devorador del drac, representant-lo amb una enorme boca, dents prominents i llengua viperina, llençant l'alè del foc. Al s. xiv, hom comprova una diferència evolutiva: les ales de rapinya típiques de la iconografia del s. xii se substitueixen, gairebé sistemàticament, per ales de ratpenat. Però també a l'època gòtica trobem una gran quantitat de tipus morfològics: bípedes o quadrúpedes, amb urpes de lleó o membranoses, cos de rèptil, cap de mamífer o rosegador, acaben resoltes amb elements cornis. Una constant metamorfosi sembla ser el tret més dominant de la morfologia d'aquest fantàstic animal.

La víbria, també anomenada víbria o brívia, és la versió femenina del drac i té els mateixos elements físics que reuneixen els animals més ferotges de terra, aire i aigua. La característica més destacada és que llueix uns bons pits de dona i es considera molt més ferotge que el drac. El mot víbria ve del llatí *viper viperus,* que vol dir víbria.

El drac és a tot arreu: des d'un escut fins a un capitell; des de l'inicial ornamentada d'un manuscrit fins a un poema èpic, passant per una vida hagiogràfica o un passatge d'una novel·la de cavalleries.

Significació històrica de la figura del drac

A totes les mitologies, el drac és fecundador de les aigües, de la terra verge i també de la dona. L'activitat del drac és múltiple: vigilant de tresors, de passos, devastador de terres, sortidor, adversari natural de l'heroi, cavaller o sant. És una deïtat protectora de les aigües vives, dels fruits meravellosos, dels tresors amagats. Segons Miguel Garrido, el drac és una figura arquetípica de l'Edat Mitjana que està lligada originàriament al cicle agrícola primaveral perquè està lligada a l'aigua. En la mitologia xinesa l'associació drac-llamp-pluja-fecunditat és molt freqüent en els textos més antics. El drac va néixer de la confluència de tres civilitzacions: la germànica (amb la seva mitologia), el món grecoromà (amb el seu passat) i el món eclesiàstic (amb la seva cultura). Nosaltres hem heretat la imatge medieval.

En la mitologia bíblica, en canvi, el drac era l'encarnació del mal: en el primer llibre, el *Gènesi*, era el serpent temptador d'Eva; en el darrer, l'*Apocalipsi de Sant Joan*, el drac vermell s'aposta per devorar el fruit del ventre de la dona. La iconografia cristiana presenta el Maligne abatut als peus del sant heroi. El món eclesiàstic, amb tot, el va identificar durant el primer monasticisme amb el dimoni; a la segona meitat del s. XII el va situar en el camp al·legòric, concebent-lo com a al·legoria del dimoni i de tots els vicis representats a cadascuna de les parts.

L'accentuació del caràcter devorador del monstre i l'atenció a la seva oralitat, semblen indicar que l'Església el va veure com a imatge de la concupiscència, conjunció de la serp i d'Eva al Paradís. Des del *Gènesi* i en tota l'Edat Mitjana, l'associació de la dona, de la serp, del símbol de la temptació i la luxúria serà constant.

El drac no és una invenció medieval. Té, contràriament a allò que hom pensa, un passat molt remot que arriba a la civilització sumèria, egípcia, xinesa. La universalitat del drac en el temps i en l'espai ens permet concebre'l com un símbol tradicional, com un arquetipus d'un inconscient col·lectiu.

El drac va adquirir importància durant el període en el qual alguns sectors eclesiàstics van retornar al comentari bíblic, en concret, l'*Apocalipsi de Sant Joan,* i el van il·lustrar a les miniatures, que són l'autèntica obra d'art del món monàstic. Des del s. X fins al s. XII aquesta feina va ocupar la vida dels monjos i tot el coneixement que havia quedat amagat als manuscrits es va anar exterioritzant a les façanes de les esglésies, als capitells dels claustres. Aquest és el drac eclesiàstic, l'origen del qual es troba al passatge 12 de l'*Apocalipsi.*

Però també podem arribar a parlar d'un «drac laic», tot i que les infiltracions eclesiàstiques es feien cada cop més notòries dins de l'ambient cortès. Per als laics, el drac està integrat a la funció guerrera, constitueix l'únic adversari digne de l'heroi. Animal poderós, les parts seves feien invulnerable qui el destruïa, i la seva imatge guarnia els escuts i estendards dels guerrers. A l'època gòtica s'observa una estranya relació entre el drac i la dona, fins i tot en algunes pintures religioses.

El drac gòtic és la simbiosi del drac laic i de l'eclesiàstic, igual que es recobreixen d'ideologia cristiana algunes llegendes d'origen desconegut.

La tendència més psicoanalista tradueix la figura del drac com un símbol del costat tenebrós, negatiu, instintiu i caòtic del nostre inconscient, i símbol també de la natura devoradora i mortífera que ha de ser vençuda.

Drac i gegant són una mena de germans-adversaris, tots dos són monstres per forma i dimensions i, per tant, es troben associats també a elefants i balenes. Tenen una presència carregada d'una ferocitat que els fa enemics de l'home i dels déus; però estan dotats d'una gran saviesa, custodien secrets ancestrals i llocs inaccessibles, són amos de tresors i de tecnologies que només saben ells. Aquests, normalment es troben sota terra, com els camins que porten al més enllà en moltes mitologies, on també hi ha les aigües subterrànies que cal travessar per ponts perillosos, on sempre hi ha un drac que cal vèncer o amansir. Es veu la simbologia d'aquest camí subterrani com l'accés a una veritat més alta, un camí iniciàtic. El seu cos flexible i sinuós sembla que al·ludeix a la constitució laberíntica del camí cap al poder, el coneixement o l'alliberament. Aquest camí sota terra pot significar també un accés a una veritat superior, convertint-lo en un camí iniciàtic. Aquest drac sinuós i humit com el ventre amniòtic és terrible i alhora matern; és el caos informe d'on neix la vida i que cal, però, domar, ordenar, racionalitzar, o sigui, «matar», perquè la vida es desenvolupi articuladament.

Llegendari sobre el drac

El drac és un element llegendari que la gent utilitzava quan volia esmentar alguna cosa que els atemoria, representava les pors. Allò que abans significava por i temor avui en dia és motiu de festa i diversió, com el gegant.

Sempre se'ns mostra l'enfrontament del llinatge humà contra el drac monstruós. L'heroi hi combat a pit descobert: això és una prova iniciàtica, cada persona s'ha de batre amb el mateix drac i aconseguir la victòria sobre un mateix; contra el mal i el pecat que nien dintre nostre. És la batalla a la conquesta del tresor que hi ha en el fons de nosaltres mateixos, una iniciació.

El relat de la lluita heroica contra el monstre apareix en tot el llegendari mític: Hèrcules i l'Hidra, Jàson i el drac-serpent que guarda el toisó d'or, Perseu contra el monstre de les aigües, Teseu i el Minotaure, Sígfrid i el drac Fàfnir... Sempre apareix l'heroi apol·lini de cabells rossos com els raigs del sol. El llegendari medieval europeu reprèn aquest tema mitològic. L'heroi que mata el drac és, des d'aquest punt de vista, un heroi vencedor del caos, preparant un hàbitat més propi de l'home.

El tema de la lluita d'un home contra un monstre (serpent, drac o lleó) és gairebé una constant en la mitologia universal; i força abans que Sant Jordi es dediqués a matar dracs, molts altres herois l'havien precedit en aquesta meritòria tasca.

El mite cristià de Sant Jordi i el drac es torna paradigmàtic per a la cavalleria cristiana. Mentre cerquen una terra per encalmar llurs ambicions, els cavallers errants, transeünts en una societat que els margina, senten parlar moltes vegades d'un monstre que té empresonada, en una cova fosca, tenebrosa, una formosa jove, la filla del senyor d'aquell indret, o d'un rei. En sentir aquells rumors, els cavallers reaccionen amb una gran decisió. La seva arribada origina una gran expectació. Són éssers que es caracteritzen per vèncer en tota mena d'ocasions el monstre que assola el país i viu a la cova que significa el pecat i impedeix el poder. Aquests sants matadors d'animals són essencialment els que funden un indret i el seu mite serveix per a l'articulació de l'ordre social quan l'aventura és la seva norma de vida. Matant el drac «s'integra i integra» a la societat.

A Catalunya també hi ha força exemples d'aquesta tradició. Aquest tema té com a punt de partida la troballa de restes d'animals prehistòrics. Tal abundància de llegendes de dracs i cavallers es donà a Catalunya, que fins i tot a la famosa novel·la *Tirant lo Blanc* es tracta el tema, amb una exquisida i moderna ironia. D'entre totes les històries de dracs, la de Sant Jordi és la més destacada, fins al punt de ser proclamat patró de Catalunya.

La llegenda més popular de Sant Jordi és la de Montblanc. També se situa la mateixa llegenda de Sant Jordi al poble del mateix nom, al Baix Empordà, i a la muntanya del tallat, prop de Rocallaura.

A Catalunya, la devoció a Sant Jordi devia començar al s. XIII, quan els guerrers que havien tornat de lluitar contra els sarraïns i turcs van popularitzar la tradició pietosa que havien conegut a terres llunyanes. Després va esdevenir la figura protectora dels exèrcits catalans de la reconquesta. Surt comentat a nombroses cròniques. Els reis catalans van fomentar el patronatge de Sant Jordi, creant i mantenint ordres de cavalleries. De manera semblant, la preocupació per obtenir relíquies del sant va esdevenir, en alguns monarques, obsessiva. La figura de Sant Jordi ofereix des d'èpoques molt llunyanes motius d'inspiració a diferents artistes. Les classes aristocràtiques el celebraven el 23 d'abril amb festes cavalleresques molt lluïdes, amb torneigs i justes.

Els intents de convertir Sant Jordi en patró de Catalunya, iniciats durant el s. XIII per Pere el Cerimoniós, van fracassar estrepitosament. A finals de l'Edat Mitjana trobem les primeres dramatitzacions de la llegenda del drac a la processó de Corpus.

La llegenda de Sant Jordi mostra un rerefons històric. Els herois, els superhomes i els déus haurien estat, segons això, personatges reals, les gestes dels quals van deixar una profunda petja en llurs contemporanis, i aquests, per recordar-los, van crear narracions èpiques destinades a magnificar-ne les heroïcitats. Aquestes narracions, transmeses oralment, es van recarregar i embellir progressivament amb trets fantàstics i sobrenaturals, fins a arribar a divinitzar els personatges herois que les protagonitzaven.

El tema del drac que infesta una comarca és el punt de partença obligat de tots els relats d'aquest tipus. S'acostuma a interpretar aquest fet com la transformació llegendària del record de les malvestats d'algun lladre o saltejador de camins que intranquil·litzava una determinada regió: d'aquí la vinculació dels dracs i els serpents a coves, que és on acostumen a arrecerar-se els lladres. També s'acostuma a relacionar el drac amb els moros, amb la consegüent identificació de Sant Jordi amb el cavaller feudal que lluita contra aquests. Les forces del mal (drac) que envaeixen Catalunya (representada simbòlicament per la indefensa donzella filla del rei) no són altra cosa que les ostatges sarraïnes. Aquestes cometen tot tipus de malvestats (destrucció de collites, destrucció de ramats i d'exèrcits) i quan, ensenyorits dels quatre elements (el drac domina l'aire, la terra, l'aigua i el foc), decideixen cruspir-se la donzella, apareix Jordi, el jove cavaller representant de l'aristocràcia feudal catalana, que en una aferrissada lluita contra l'invasor el fereix de mort i, davant els ulls d'un rei que poca cosa ha fet per evitar el desastre, li torna la donzella sense demanar res a canvi. Segons la tradició els àrabs eren aficionats als dracs, perquè aquests abundaven en les seves llunyanes terres. Els moros els criaven amorosament i, quan anaven en campanya, en portaven algun de petitet que era dipositat en alguna cova des d'on destrossava els exèrcits cristians (com a les llegendes del Castell de Montbui). Els sarraïns (el *mal,* el paganisme i el satanisme) són derrotats pel *bé* (Sant Jordi i, el cristianisme). Per tant, és l'expressió simbòlica d'una lluita amb un rerefons real de la reconquesta contra els sarraïns.

Quan la situació esdevenia insostenible apareixia el cavaller heroic que el vencia i reinstaurava l'equilibri. Però aquests monstres no solament es derrotaven amb guerres, sinó també amb pregàries. Sant Jordi sembla ser, també, el succedani d'una primitiva divinitat agrària molt arcaica, en una època de primavera. Aquest enfocament no és exclusiu de la llegenda de Sant Jordi i el drac, sinó que el trobem relacionat amb altres herois forjadors de la nacionalitat catalana.

La lluita que l'heroi (el nostre jo: bo, positiu i creador) manté contra la bèstia implica la domesticació dels instints. Aquest amansiment i mort del drac allibera, segons Jung, el nostre interior i en fa recular els aspectes regressius i animalitzats de la libido, permetent-nos recuperar la donzella (la consciència o la vida) que el drac pretenia devorar. El drac som nosaltres mateixos; i només aquelles persones capaces de vèncer el mal en si mateixes tenen la possibilitat de convertir-se, com Sant Jordi, en herois.

Interpretacions del mite analitzant diversos aspectes:

- Un rei, amb una filla única i sense fills mascles que el succeeixin, veu amenaçat el seu poder per un monstre estrany (el drac) que causa estralls en el seu regne. Aquests estralls són d'ordre territorial (el drac ha envaït la demarcació territorial del monarca), econòmic (el drac asseca les plantes, enverina les fonts, empesta els camps i encomana malalties a les persones) i personal (el drac devora els habitants súbdits del monarca).
- El rei no pot guanyar el drac. La debilitat del poder reial resta palesa.
- S'inicien els pactes amb el monstre: se li han de lliurar un conjunt de verges periòdicament. La relació amb la llegenda del rescat de les cent donzelles el veiem al capítol de les llegendes cavalleresques.
- Una força aliena ve a ajudar el monarca, Sant Jordi. Aquest té semblances amb el

drac: tots dos són estranys al regne per motius inversos i utilitzen la força, l'un per destruir i l'altre per retornar i reafirmar el poder del monarca. Sant Jordi és l'heroi, el representant del *bé,* de l'ordre establert, que lluita contra l'antiheroi: el drac, representant del *mal,* el rebel que destrueix el sistema social. Al Vallès Oriental la llegenda més famosa protagonitzada per un drac és la de l'Espasa de Vilardell, ubicada a Sant Celoni.

Fades

Genèricament, més que de llegendes de fades, s'hauria de parlar de llegendes sobre éssers mítics femenins, o sobre dones d'aigua, goges, encantades, dones de fum, aloges o sirenes, ja que aquests són els termes catalans que s'utilitzen popularment. Les dones d'aigua estan a mig camí entre les fades i les bruixes.

Les fades, caracteritzades com a éssers entremaliats, barreja de bondat i maldat, sembla que deriven del món celta i són uns personatges immaterials relegats al camp dels contes i de la literatura.

Dona d'aigua

La goja, aloja o dona d'aigua, i en alguns indrets anomenada també encantada, és un ésser femení de bellesa meravellosa, que encarna el sentit de l'aigua. Viu dins mateix de l'aigua o en coves pròximes a rius, fonts i llacs. No tenen

Característiques dels éssers sobrenaturals protagonistes de llegendes sobre el món sobrenatural

Característiques	*Descripció*	*Hàbitat*	*Activitats*	*Poders*	*Relació amb humans*
Fades	Bellesa, rics vestits i ornaments.	Aigües, coves, gorgs.	Rentar roba de nit, filar, dansar, cantar, construir, cuidar la llar.	Proporcionar fortuna, encantar, endevinar.	Esperit tutelar, tenir amors, contreure matrimoni sota condició.
Follets	Diminuts, vestits vermells.	Foc, llar, cuina.	Endreçar, desendreçar.	Proporcionar fortuna.	Benèfics/malèfics, segons com siguin tractats.
Gegants	Desmesurats, proveïts d'un sol ull, antropòfags.	Coves, accidents topogràfics.	Pillatge, construir.	Força desmesurada.	Hostil.
Bèsties fabuloses	Serpent, drac, ós.	Aigües, coves.	Guardar tresors, pillatge.	Nedar, volar, força.	Hostil.
Dimoni	Cavaller, cabra o boc.	Regions infernals.	Temptar l'ésser humà.	Proporcionar la fortuna, el poder, la persona o cosa desitjada.	Pacte amb el dimoni.
Ànimes en pena	Invisibles, ombres.	Retorn als llocs que habitaren.	Fer brogit per donar a conèixer la seva presència.	Advertir sobre el més enllà.	Sol·licitud d'oracions, d'ajuda, de restitució.

nom propi, només se les anomena pel genèric de dona d'aigua. La bruixa de llac és poc amiga d'exhibicions, i comptats són els testimoniatges que ens la descriuen. El mortal que arriba a veure-la, inevitablement queda seduït per la seva bellesa. Se les considera filles de la mateixa aigua i les seves accions són positives. Les dones d'aigua porten prosperitat als llocs on habiten i per això hi ha indrets on se les anomena bones dones.

Passen moltes hores a les arbredes pròximes a rius i estanys, on ballen al so d'harmoniosos instruments. Es banyen sovint a les aigües d'estanys o gorgs i, quan acaben, es passen una llarga estona pentinant-se la llarga cabellera sota els salts. També juguen entre elles empaitant-se. Viuen en coves on hi ha palaus immensos. Les nits de fosca surt de dins de l'aigua una resplendor molt brillant, i s'hi sent el soroll propi d'un gran festí i d'una plàcida orgia.

No volen tractes amb els mortals, però tampoc els perjudiquen en res. Si algú vol anar a viure amb elles, l'admeten amb molt de gust, sobretot si són homes, però s'han de fer el càrrec que no tornaran mai més.

Les nimfes del gorg s'esvaloten i enfurien si hom comet la imprudència de tirar un roc al toll on reposen. Llavors s'aixequen, fan voltar els núvols com un cabdell i comencen a dur a terme malvestats.

Pel mateix motiu, les coves que havien estat objecte de cultes primitius han rebut els noms d'encantades, recordant les seves habitants. El fet que una cova o un indret concret es cregués habitat per encantades també impedia que la gent s'hi acostés.

El cristianisme va combatre el culte a les aigües. A la llarga, el cristianisme va integrar allò que va ser incapaç d'arrencar, i moltes de les divinitats aquàtiques entren dins el panteó de l'Església amb un nom nou, i una nova iconografia.

Verdaguer les fa sortir sovint en els seus poemes. L'estructura narrativa de les històries de dones d'aigües és repetitiva: trobada-enamorament, sol·licituds de matrimoni, matrimoni sota condició, ruïna absoluta. La condició ofereix diverses variants, però sempre té caràcter prohibitiu i actua com una mena de tabú: la fada accepta el mortal com a marit sempre que aquest es comprometi a no dir (normalment el nom del seu gènere: dona d'aigua) o a no fer determinades accions; si el marit infringeix el pacte, l'esposa l'abandonarà per sempre. La fortuna apareix sempre com a conseqüència immediata de les noces amb una dona sobrenatural. El matrimoni extraordinari explicaria la fortuna extraordinària. Els elements fixos del mite són l'home beneficiari de la unió, la dona sobrehumana que es converteix en mare a la Terra i porta l'enriquiment, el tabú o prohibició imposats sobre l'home, el pacte on s'estableix que l'home complirà el tabú, el càstig amb què marxa la nimfa, la descendència i els desplaçaments iniciàtics.

A Europa, els mites de goges s'introduïren fàcilment en la pintura, la literatura i el teatre, amb el fenomen romàntic i modernista.

Podem fer una interpretació d'aquesta llegenda: la unió entre la divinitat i l'home mortal és possible i enriquidora per a tots dos. Ella, la nimfa, protegida pel tabú, esdevé mare a la Terra. L'equilibri és fràgil. Amb el pecat es restitueix l'ordre i la soledat envaeix els mortals, que estan nostàlgics. La dona d'aigua pot representar la temptació que acabarà per perdre l'incaut.

A l'imaginari del Vallès Oriental (com en el de gairebé tot Catalunya) hi ha múltiples casos de dones d'aigua localitzats a indrets on hi ha estanys o gorgs. Les diferències argumentals i de caracterització són escasses en tots aquests casos. La diferència fonamental en les llegendes de Gualba és que la dona d'aigua manté una relació amb la seva filla que es concreta amb unes perles. Algunes d'aquestes llegendes estan relacionades amb altres elements de l'imaginari. Per exemple, a Montbui, la història de les cent donzelles està lligada amb les de les dones d'aigua.

Follets

Són uns éssers diminuts, entremaliats, llestos, molt treballadors i lleials, estretament vinculats al foc, la llar, la cuina o les quadres. A les nits es dediquen a estrijolar i destorbar les bèsties; estimen la casa on s'instal·len.

Poques llegendes relacionades amb castells del Vallès Oriental tracten d'aquest tema.

Diable

També anomenat Dimoni, Barrufet, Banyeta, Barsebuc, Belitre, Barrabàs, Peu Rodó, el diable, més enllà del concepte del mal, senyoreja actualment les representacions dels *Pastorets* o els correfocs, formant part de la nostra vida quotidiana. També és el protagonista de creences sorgides del mateix poble. La figura del dimoni a Catalunya és gairebé sempre casolana i divertida.

Popularment, el diable és alt, escardalenc i amb el cos recobert de pèl. Té ales de ratpenat, banyes, cua llarga i peluda, i fins i tot a vegades llueix pits de dona. Quan li convé pot prendre l'aparença que vol i a vegades es presenta ben vestit, amb el cap cobert per dissimular les banyes.

La relació més important del diable amb les llegendes cavalleresques rau en el fet que se li atribueixen obres gegantines relacionades amb monuments megalítics; en són exemples el Pont del Diable de Martorell o la Pedra Llarga de Palau de Plegamans. Apareix sovint en la toponímia en relació amb accidents topogràfics insòlits o edificacions poc comunes. En general, les llegendes sobre aquests topònims són formes molt breus, que no arriben a desenvolupar una trama. No tenim referències sobre ningú que fos condemnat per la Inquisició per ser posseït pel dimoni.

Protagonistes de les llegendes cavalleresques

Elements irreals i imaginaris

Bruixes
Casal de Marfà, Castellcir.
Castell de Cruïlles, Aiguafreda.
Castell de la Roca del Vallès.
Castell de les Agudes, Montseny.
Castell de Montbui, Bigues i Riells.
Castell de Montclús (bruixes i Gorg Negre).
Castellterçol.
Granera.
Gualba.
Lliçà de Vall.
Vallgorguina.

Dracs
Castell de la Roca del Vallès.
Castell de Sant Llorenç de Munt.
Castell de Vilardell, Sant Celoni.

Esperits
Castell de Bell-lloc, la Roca del Vallès.
Castell de Montclús.
Castell de Montsoriu.
Vallgorguina.

Gegants
Fort Farell, Caldes de Montbui.
La Roca del Vallès.

Dimoni
Castell de Granera, dita popular.
Castell de les Agudes, Montseny.
Palau-solità i Plegamans.
Parets.
Vallgorguina.

Espasa de virtut
Castell de Vilardell.

Dones d'aigua
Gorg Negre, Gualba.
Castell de Montbui, Bigues i Riells.
El Farell, Caldes de Montbui.
Vallgorguina.
Palou.

Fades
Caldes de Montbui.

Verge
Mollet del Vallès.
La Roca del Vallès.
Palou.

Elements reals

Cavallers
Casal de Bigues, Bigues i Riells.
Castell de Bell-lloc, la Roca del Vallès.
Castell de Castellcir.
Castell de Cruïlles, Aiguafreda.
Castell de la Roca del Vallès.
Castell de Montclús, Sant Esteve de Palautordera.
Castell de Montornès, Vallromanes.
Granera.
Palou.
Sant Feliu de Codines.
Sant Fost de Campsentelles.
Torre Roja, Caldes de Montbui.

Negres
Fort Farell, Caldes de Montbui.

Moros i cristians
Bigues i Riells.
Castell de Ganta, Caldes de Montbui.
Castell de Montbui, Bigues i Riells.
Castell de Montclús i de Fluvià, Sant Esteve de Palautordera.
Castell de Montornès, Vallromanes.
Castell de Sant Llorenç de Munt.
El Figaró, Montmany.
Fort Farell, Caldes de Montbui.
Gualba.
La Garriga.
Òrrius.
Sant Fost de Campsentelles.
Torrassa del Moro, Llinars del Vallès.

Jueus
Parets.

Reis
Gualba.

Princeses
Castell de la Roca del Vallès.

Personatges històrics
Castell de Bell-lloc, la Roca del Vallès.
Castell de la Roca del Vallès.
Castell de Montbui, Bigues i Riells.
Castell de Sant Llorenç del Munt.
El Figaró-Montmany.
Gualba.
La Garriga.
Les Franqueses del Vallès.
Mollet del Vallès.
Sant Pere de Vilamajor.

Remences
Granollers.

Lladres i bandolers
Castell de la Roca.
Castell de Montornès, Vallromanes.
Sant Fost de Campsentelles.

Monja i religiosos
La Garriga.
Sant Fost de Campsentelles.

Megàlits
Palau-solità i Plegamans.
Parets.
Vallgorguina.

Pedra
La Garriga.

Accidents geogràfics
Castell de Montbui, Bigues i Riells.
Castell de Montclús i de Fluvià, Sant Esteve de Palautordera.
Gualba.

Aigües termals
Caldes de Montbui.

Arbres
Casal de Campsentelles, Sant Fost.
Castell de Bell-lloc, la Roca del Vallès.

Temes de les llegendes

Èpica i vida feudal

Assassinats
Vallgorguina.

Per enveges
Castell de Cruïlles, Aiguafreda.

Justicier
Torre Roja, Caldes de Montbui.

Fratricidi o parricidi traïdor
Gualba-Mollet.

Lluita
Castell de Montclús i de Fluvià-Sant Esteve de Palautordera.
Fort Farell, Caldes de Montbui.
La Garriga.

Guerra i salvatgisme dels moros
Castell de Ganta, Caldes de Montbui.
Castell de Montbui, Bigues i Riells.

Reconquesta
Castell de Montbui, Bigues i Riells.
Fort Farell, Caldes de Montbui.
Òrrius.
Sant Fost de Campsentelles.

Convivència de moros i cristians
Castell de Montbui, Bigues i Riells.

Tribut de donzelles
Castell de Montbui, Bigues i Riells.

Salvatgisme feudal

Perdonat
Castell de Bell-lloc, la Roca del Vallès.
Castell de Castellcir.

Castigat
Casal de Bigues, Bigues i Riells.
Castell de la Roca del Vallès.
Castell de Montclús, Sant Esteve de Palautordera.
Mollet del Vallès.
Palou.

Passadissos subterranis
Castell de Montbui-Bigues i Riells.
Castell de Montclús-Sant Esteve de Palautordera.
Òrrius.
Sant Fost de Campsentelles.

Naixement d'un rei
Les Franqueses del Vallès.
Sant Pere de Vilamajor.

Lluita contra el noble
Granollers.

Convivència de nobles i poble
Castell de Bell-lloc, la Roca del Vallès.

Alliberament del mal
Soler de Vilardell, Sant Celoni.

Duel il·legal
Soler de Vilardell, Sant Celoni.

Consecució de franqueses
Les Franqueses del Vallès.

Empresonament
Granera.

Vot del poble
Mollet del Vallès.

Elements novel·lescos

Amor
Sant Fost de Campsentelles.

Fidelitat
Granera.

Astúcia
Castell de la Roca.
Castell de Montbui-Bigues i Riells.
Castell de Montornès, Vallromanes.
Figaró-Montmany.
Torrassa del Moro, Llinars del Vallès.

Retorn fill perdut
Castell de la Roca del Vallès.

Màgia

Encantaments
Casal de Marfà, Castellcir.
Castell de la Roca del Vallès.
Castellterçol.
Granera.
Sant Fost de Campsentelles.

De pedra
Caldes de Montbui.
Castell de Montbui, Bigues i Riells.

Fill perdut
Castell de la Roca del Vallès.

Dones d'aigua
Castell de Montbui, Bigues i Riells.
El Farell, Caldes de Montbui.
Gualba.
Palou.
Vallgorguina.

Exorcisme
Castell de Cruïlles, Aiguafreda.
Gualba.

Miracles
La Roca del Vallès.

Transformacions en animals
Castell de Montbui, Bigues i Riells.

Animals fantàstics
Òrrius.

Aparició de la Verge
Castell de Tagamanent.

Venda de l'ànima al diable
Palau-solità i Plegamans.
Parets del Vallès.
Vallgorguina.

Vicis
Avarícia
Castell de la Roca del Vallès.
Sant Fost de Campsentelles.

Supèrbia castigada
Castell de Vilardell, Sant Celoni.

Elements naturals

Boscos
Sant Fost de Campsentelles.

Sequera i miracles de pluja
Gualba.
Palou.

Qüestions culturals

Etimologia
Castell de Montbui, Bigues i Riells.
Granollers.
Sant Fost de Campsentelles.

Curació
La Garriga.

Història, origen del lloc
Castell de Bell-lloc, la Roca del Vallès.
La Garriga.
Palou.
Sant Fost de Campsentelles.

Objectes

Tresors
El Figaró-Montmany.
Lliçà de Vall.
Òrrius.
Sant Fost de Campsentelles.

Origen de les aigües termals
Caldes de Montbui.

Trets comuns de les llegendes cavalleresques vallesanes

Desconeixement popular de les llegendes; només pervivència bibliogràfica

No abunden les llegendes populars de tipus cavalleresc i relacionades amb castells al Vallès Oriental. La majoria dels nostres castells han tingut característiques que fan pensar que és fàcil que hagin estat generadors de llegendes: la lluita contra l'àrab, la rivalitat nobiliària de personatges veïns, la situació geogràfica, els terratrèmols, el passat càtar d'algun castell, les forques... juntament amb el clima de misteri de qualsevol d'aquestes construccions. Segur que aquests elements van produir les seves històries.

Avui molts d'aquests castells han desaparegut o tan sols en queden unes míseres ruïnes. El poble en general no coneix la seva existència i no té notícia de les narracions que van generar.

La gran majoria de les llegendes que hem investigat no són fruit d'una font popular, sinó bibliogràfica. Aquest és el principal tret d'aquest tipus de llegendes a la nostra comarca: són elements culturals anquilosats.

El fet que només autors reconeguts hagin publicat sobre aquest tema impedeix la convivència de múltiples versions.

Moltes d'aquestes llegendes haurien creat tradicions si fossin vives, i serien avui un element d'orgull d'aquell àmbit local.

Únicament en alguna població com Sant Celoni ha existit una preocupació municipal per tal de reviure de forma popular aquestes llegendes. Aquestes històries s'expliquen a les escoles, tenen un paper fonamental a les festes del poble i estan en relació directa amb els gegants del lloc, per exemple. Aquest element no és gens general a la comarca.

Protagonitzades per personatges reals i irreals

Les llegendes vinculades a castells del Vallès Oriental mostren un punt comú quant a la referència a una tipologia concreta d'espais, però mostren una diversificació enorme respecte dels temes tractats i dels éssers que protagonitzen aquestes històries.

Dels tres grans blocs en què podem dividir el material llegendari (llegendes relatives al món natural, al món sobrenatural i al món de la història humana) les relacionades amb el món dels castells estan principalment relacionades amb el món de la història humana; però també n'hi ha moltes de vinculades al món sobrenatural. Trobem poques llegendes lligades als castells relacionades amb el món natural.

Sembla que els castells estiguin directament relacionats amb el món feudal, de la guerra i de la lluita i, per tant els cavallers, els moros i cristians, i els personatges històrics reals, lladres i bandolers i religiosos, han de protagonitzar principalment aquestes històries. Poques d'aquestes parlen de sants i imatges religioses.

Les llegendes més habituals són les protagonitzades per personatges històrics reals de l'època: especialment els comtes de Barcelona (Peronela i el naixement d'un rei a Sant Pere de Vilamajor, la mort del Cap d'Estopes, etcètera), però també altres comtes i barons concrets.

Cavallers feudals més anònims (amb actitud excessiva) i la lluita de moros i cristians són els protagonistes d'alguna llegenda de la majoria de castells.

Gairebé totes les torres s'anomenen dels «moros», i també la majoria dels castells. (Aquest origen no és gens científic, com hem pogut estudiar fortalesa per fortalesa.)

Alguna llegenda ens parla d'altres ètnies: negres i jueus, però no són habituals.

Els castells, especialment les seves ruïnes, han creat un món irreal, on es mouen éssers màgics i esperits, bruixes, dracs i dimonis. Gairebé tota la mitologia catalana apareix com a protagonista a les llegendes cavalleresques del Vallès Oriental. No n'hi ha cap de relacionada amb els follets. Molts d'aquests elements irreals estan vinculats amb les propietats dels castells i no tant amb les seves dependències; per exemple, en el territori del castell, hi podem trobar dòlmens o gorgs on hi ha bruixes i dones d'aigua.

Moltes vegades les versions d'aquestes llegendes uneixen més d'un d'aquests protagonistes.

Les bruixes són els personatges irreals més habituals. Estan molt relacionades amb elements geogràfics especials, com ara els gorgs i dòlmens, però també les ruïnes han estat el seu lloc habitual de reunió. En aquests mateixos indrets sovintejats per bruixes també s'hi apropen els esperits.

Allà on han aparegut megàlits també són habituals les llegendes sobre dimonis i pactes amb el diable. El moviment d'aquestes pedres és una incògnita que la ciència no ha pogut solucionar i els mites han relacionat sempre amb actuacions diabòliques.

El drac, símbol del Mal, malgrat ser el protagonista de la llegenda més emblemàtica de Catalunya, la de Sant Jordi, no és molt comú al Vallès Oriental. Dues de les llegendes que parlen d'ell estan molt relacionades i parlen d'un drac que amenaça una mateixa zona, malgrat que les llegendes es vinculen a dos municipis diferents.

Els objectes de virtut, en aquest cas l'espasa i l'anell de virtut, es poden trobar a molt pocs llocs del món, només allà on se situï un gran heroi, centre dels cantars de gesta. Al Vallès tenim llegendes relacionades amb aquestes peces màgiques perquè ha estat una zona de seguretat per a Barcelona, on s'han situat les famílies nobiliàries més poderoses, que han tigut un gran paper en la conquesta del Mediterrani. Molts d'aquests castells han estat gratificacions que els comtes de Barcelona han fet a algun heroi català. La possessió d'un anell o d'una espasa de virtut demostra la gran categoria d'aquests guerrers.

Tema habitual: els mals usos

Un tema comú a la majoria de les llegendes cavalleresques és la descripció de la conducta dels nobles, usuaris dels castells. Destaquen especialment de l'actitud d'aquests, l'esperit guerrer i els mals usos, o drets feudals considerats avui immorals.

Els mals usos eren uns drets que el senyor cobrava en diners, espècies o servei quan es portaven a terme unes activitats que, en teoria, podien influir en la recaptació dels drets fixos del senyor. Els més comuns són: cugucia (dret que percebia el senyor si una dona de remença era adúltera *–sobre cornos cinque soldos–),* eixorquia (dret per esterilitat), la intestia (mort sense deixar testament), l'àrsia (cas d'incendi), la ferma d'espoli forçada, la tragina (obligació de transportar), la remença (redempció personal si algú volia posar casa en un altre terme), i altres com el «dret de cuixa» (el més impopular i, per tant, llegendari). Sembla que a la nostra societat es parlava molt d'aquesta última tradició, però històricament es va practicar durant poc temps. Aquests drets van ser abolits l'any 1486. La senyoria és un concepte que comporta domini, i el domini entranya sovint abús.

Tenim llegendes al Vallès Oriental que expliquen com el poble es va revoltar contra els senyors feudals enfadats pels abusos comesos.

Aquests «mals usos» poden classificar-se, també, com els pecats capitals o vicis. Tenim nombrosos exemples d'alguns d'ells, menys de la peresa. Els més habituals són la supèrbia i l'avarícia, equlibrats per la rebel·lió popular contra el poder.

Moltes de les llegendes que hem recollit potser no parlen de mals usos concrets, però ens mostren una actitud força salvatge per part del feudal que moltes vegades acaba en assassinat. Sovint aquestes actituds impliquen un càstig religiós. És una mostra més de la lluita pel poder. A vegades s'intenta lluitar contra l'enemic (àrab), en altres ocasions la lluita es produeix entre senyors que tenen un litigi per unes terres, i en altres circumstàncies la lluita és contra algun membre de l'Església perquè el senyor feudal intenta quedar-se el drets (delme) que hauria de cobrar la parròquia.

Aquesta actitud exagerada la podem veure, també, en aquelles històries en què apareixen bandolers que no són simples lladres, sinó nobles feudals amb cognom important.

La guerra, la lluita, la reconquesta, la convivència amb l'àrab: altres grans temes de les llegendes

Un altre tema recurrent de la majoria d'aquestes llegendes és la relació entre moros i cristians. La majoria de les cantarelles evoquen l'aferrissament dels encontres bèl·lics i l'odi exacerbat dels contendents. Però també n'hi ha algunes que denoten la tolerància entre ambdós bàndols combatents. Entre aquestes destaquen aquelles històries que marquen el respecte al rival. No hi ha al Vallès Oriental llegendes de matèria castellera que mostrin l'amor entre membres de les dues races.

Habitualment, hom pensa que matèria àrab és tot allò que implica rivalitat entre dues famílies o castells: la més perillosa, la més important, la que més trepitja els drets dels dèbils... aquesta sol ser la que fa el paper de «moro» (rivalitat entre Montclús i Fluvià, Sant Esteve de Palautordera).

Podem classificar les llegendes protagonitzades per moros i cristians de la següent manera, tenint en compte que el segon bloc no el trobem a la nostra comarca:

- *Llegendes no amoroses*
  De conveniència mútua.
  D'admiració al rival.
  De tolerància.
  De servei.
  De dissimulació.

- *Llegendes amoroses*
  D'amor correspost.
  D'afecte.
  D'amor no correspost.
  De simulació.
  D'engany conjugal.
  De gelosia.

Moltes de les llegendes cavalleresques tracten aquest tema, però destaquen pel seu nombre les del Castell de Montbui, que mostren principalment la tolerància. En aquestes llegendes se'ns parla molt positivament del moro Musa, un heroi enemic; però se'ns relata amb menyspreu, no solsament des del vessant cristià sinó també des de la visió de les dones àrabs, les històries dels traïdors que el van substituir.

Relacionat amb els moros hi ha el tema de les «cent dones»; de fet, hi ha una llegenda el títol de la qual és «Les cent donzelles». Aquest era un tribut amb nom metafòric que cobraven, principalment però no exclusiva, els invasors àrabs; alguns nobles cristians també el van utilitzar. Aquest tribut exigia a vegades un drac, d'altres un animal diferent que simbolitzés el mal (l'invasor). És un nom metafòric perquè «cent dones» significa moltes dones; totes les dones lliures, fèrtils, és a dir, totes les dones verges d'una contrada. Es considerava –a l'Edat Mitjana– que una dona era donzella des que entrava a l'adolescència fins que perdia la virginitat. En un poble, o en un castell, hi arribava a haver cent dones verges? Arribaria a haver-hi cent dones de qualsevol edat?

Al Vallès Oriental hi ha una llegenda que parla d'aquest tribut, situada al Castell de Montbui i que està relacionada amb les dones d'aigua. Era el moro Musa qui cobrava aquest tribut.

Un dels elements fonamentals de la relació entre els membres d'aquestes dues races és un tret narratiu novel·lesc que resulta força significatiu per la seva repetició. Fins i tot en combat, la gran característica d'àrabs i cristians no és la seva valentia o força, sinó la seva astúcia. La majoria de llegendes ens mostren aquesta capacitat d'inventiva, creativitat i recerca de noves solucions davant d'un problema que potser caracteritza els pobladors d'aquesta zona.

Les qüestions culturals també estan molt relacionades amb les llegendes

És molt generalitzada la tendència a crear llegendes que intentin explicar l'etimologia del nom del castell o de la zona, o que mencionin parts de la morfologia del castell amb funcions narratives: parlen de l'existència de tresors amagats i que impliquen un encantament, i de túnels subterranis secrets.

Les llegendes cavalleresques són precises i ambigües en la localització dels fets

Les llegendes cavalleresques del Vallès Oriental, com a norma general, precisen la localització de l'acció donant el nom del lloc on es produeix l'acció, sigui interior o exterior. Però són escasses les descripcions de l'indret, com si tothom que sentís la llegenda ja la conegués.

Poc sabem de la morfologia del castell gràcies a les llegendes. Com a molt, en alguna d'aquestes es parla d'una zona de la fortificació (pati d'armes, torre, saló del tinell, etcètera) però sense donar-nos-en detalls.

En termes generals podem dir que dominen les localitzacions exteriors sobre les interiors. Són més habituals les situacions naturals (rius, boscos o llacs, per exemple) que les artificials (castells, monuments megalítics o camins). Per tant, es parla més del terme del castell que de la mateixa fortificació.

La caracterització del protagonista és arquetípica

Les notícies que tenim dels personatges que protagonitzen les llegendes cavalleresques són escasses. La seva caracterització és plana, sense aprofundir en matisos, ni variacions, al llarg de la història. Més que una persona, el protagonista de la llegenda encarna una idea, un concepte (ambició, luxúria, poder, etcètera). La longitud d'una llegenda no dóna peu a conèixer canvis en la ideologia i actuació d'un personatge real o irreal.

Les localitzacions temporals són inexistents

Mai es manifesta l'any o la data en què es van portar a terme les accions que narra la llegenda. Se'ns parla del passat, en genèric, sense precisar.

Els fets de les llegendes no acostumen a relatar una història que abasti una temporada (excepte les de les dones d'aigua, o la de Galzeran de Pinós); acostumen a mostrar-nos un fet d'una nit, d'un moment concret. De nit actuen les dones d'aigua, les bruixes, el diable, etcètera. De dia es porten a terme les lluites i les batalles.

En moltes llegendes no sabem si els esdeveniments succeeixen de dia o nit, a la primavera o a l'estiu.

Les llegendes cavalleresques del Vallès Oriental no creen sagues

El moro Musa protagonitza un conjunt de llegendes, però són múltiples versions d'un mateix capítol de la vida d'un personatge, no diferents episodis consecutius de la seva història. Aquesta és la llegenda vallesana més propera al concepte de nissaga, tan habitual en les llegendes d'herois d'altres racons del planeta.

Aquestes llegendes no han creat una tradició tret dels casos en els quals els ajuntaments han participat en la seva promoció

Poquíssims pobles de la comarca del Vallès Oriental tenen alguna tradició, o gegant, o dansa, relacionada amb aquestes llegendes cavalleresques.

Excepcionalment, pobles com Sant Celoni o Sant Pere de Vilamajor, i des de fa ben poc Castellterçol, han creat una festa al voltant del castell o del protagonista de la llegenda. Durant molt de temps potser la llegenda ha estat oblidada o latent en la memòria del poble; però en l'última època l'Ajuntament ha creat una festa cultural al seu voltant, les escoles hi han treballat, atreu els visitants i tothom la coneix.

Potser això canviï en els propers anys i tots els pobles promocionin aquest patrimoni.

AIGUAFREDA

••• CASTELL DE CRUÏLLES •••

Nom: Castell de Cruïlles.
Localitat: Aiguafreda.
Any de constitució: s. X.
Altitud: 440 m.
1r propietari: Guerau Gilabert de Cruïlles.
Funció: està localitzat perfectament per actuar com a sentinella del pas del Congost (via natural entre Osona i el Vallès). A poc a poc va canviar la seva funció defensiva per la residencial; al llarg de molts anys va ser només una mansió de la família Cruïlles.
Propietat actual: Carme de Sitjar de Togores i Masferrer.
Estat actual: reconstruït totalment, però respectant els elements originaris.
Reconstrucció: la història del castell ha estat molt canviant, ha estat destruït i reconstruït nombroses vegades. El Castell de Cruïlles és conegut amb el nom d'aquesta família, la qual va reedificar el casal o, almenys, un sector. Actualment ha estat reconstruït de nou.

El castell està situat per on passava la via romana de Semproniana (Granollers) a Ausa (Vic), cosa que faria força creïble que aquesta fortalesa tingués un origen antic i que hagués estat una vil·la romana. Manquen troballes per poder fer aquesta afirmació. El medieval camí ral va seguir el mateix traçat que la via romana; per tant, Cruïlles estava defensant també aquest camí.

El castell està situat a la defensa de la vall del Congost. En aquesta tasca, hi participa també amb els castells de Tagamanent, Pedralba, Rosanes, Blancafort, Montmany i el Castell de Centelles (malgrat no pertànyer a la comarca del Vallès Oriental).

La vida d'aquest castell ha patit moltes variacions en múltiples sentits: en determinats moments de la història, Cruïlles va ser el casal d'una quadra independent, en d'altres va ser el castell d'una baronia i, en una altra època, va ser destruït. Igualment, la seva localització, força fronterera, va fer que formés part del comtat de Barcelona i, posteriorment, del d'Osona.

El terme del castell ha estat format per Aiguafreda, Abella, Valldeneu, Bertí, Brull, la Mora i Tagamanent, amb modificacions al llarg del temps.

Descripció del castell

La casa està situada en un lloc privilegiat per controlar el camí ral.

De l'edifici originari romànic, no en queda res. L'actual es va bastir entre els ss. XIV i XV i ha estat totalment reconstruït recentment.

Al s. XIV es va considerar una *domus*, al s. XV una fortalesa i al s. XVI, quan Aiguafreda va es-

PROPIETAT DEL

Dinastia dels Aiguafreda		
(1066) **Guerau Tresoer.**		
(1105) **Rotllan Guillem.**	⚭ ↓	Ermenessenda.
(1145) **Guillem d'Aiguafreda.**	⚭ ↓	Ermessenda.
Guillem d'Aiguafreda.	↓	
Beatriu d'Aiguafreda.	⚭ ↓	Ramon de Vilargent.
(1242-1296) **Simó de Vilargent.**	⚭ ↓	Guillema.
(1319-1323) **Blanca de Vilargent.**	⚭ ↓	Guillem de Basella, vescomte de Cabrera.
Guillem de Basella.	⚭	Alamanda.

En crear-se el comtat d'Osona, Pere el Cerimoniós va fer una permuta de castells. Entre aquests està el de Cruïlles o Aiguafreda, que passa al vescomte de Cabrera, Bernat de Cabrera. Passen de ser domini reial a pertànyer al comtat d'Osona.

Elisenda de Basella.	⚭	Ferrer d'Hostalric.

El 1364 Bernat de Cabrera cau en desgràcia i Pere el Cerimoniós confisca tots els seus béns. Amb el perdó (1372), el domini passa al fill de Bernat III de Cabrera, Bernat IV.

Guillem de Basella. La seva tutora va ser la seva tieta **Elisenda.**	⚭ ↓	Elionor de Planella.
Aldonça-Eufrosina de Basella i de Planella.	⚭	Guerau Gilabert de Cruïlles i de Cervelló.

Les propietats dels Cruïlles van ser confiscades perquè Guerau Gilabert va fer nombroses bandositats pel vescomtat d'Osona. Les tropes reials van fer malbé la fortalesa. Des de llavors s'anomena el Casal Cremat. L'any 1512 les corts de Montsó van indemnitzar els Cruïlles. Es produeix la primera gran reconstrucció. La família es domicilia a Barcelona i Manresa.

Bernat Joan (mort el 1517).	⚭ ↓	Violant Cruïlles de Santa Pau.
Francesc Joan Gilabert de Cruïlles de Santa Pau (mort el 1551).	⚭ ↓	Guiomar Ximénez de Urrea. Va comprar la plena jurisdicció del castell.
Pere de Cruïlles de Santa Pau (mort el 1573).	⚭ ↓	Anna de Roger i de Vilana.
Guiomar de Cruïlles de Santa Pau (morta el 1637).	⚭ ↓	Bernat d'Aimeric i Codina.

devenir una baronia, es va considerar un castell.

Fins fa pocs anys, quan només hi havia runes, es conservaven llenços de murs del casal destruït a principi del s. XVI: portals de pedra picada o una xemeneia de pedra. Les finestres i portes eren adovellades. L'estructura de l'edifici era força rectangular, de tres cossos. A l'esquerra estaven situades les millors dependències. L'edifici estava flanquejat per dues torres. Al cos central hi havia la porta d'entrada. El cos de la dreta va estar aprofitat per construir una masia d'aspecte força miserable, també en runes.

Des del s. XVII el castell es va anar degradant,

El casal d'Aiguafreda enrunat (Pere Català i Roca, Castells catalans. *Arxiu CEC.)*

CASTELL DE CRUÏLLES

L'any 1572 Luis Enríquez de Cabrera va vendre el comtat d'Osona a Francesc de Montcada. En aquest moment Guiomar compra la plena jurisdicció d'Aiguafreda, i la senyoria es converteix en Baronia i Cruïlles, en castell.		
Pere d'Aimeric de Cruïlles i de Santa Pau (mort el 1651).	⚭ ↓	Maria Anna Claret i Oluja i de Cordelles.
Bernat d'Aimeric-Cruïlles de Santa Pau i d'Oluja.	⚭	Maria Joana d'Argensola i de Montsuar.
El 1677 el lladre Jacint Vilaró «Capeta» va saquejar el castell, fent-lo servir com a refugi de les tropes espanyoles i napoleòniques. Aquestes últimes van provocar grans destrosses.		
Anna d'Aimeric-Cruïlles de Santa Pau i d'Oluja.	↓	Domènec de Pignatelli.
Francesc de Pignatelli.	⚭ ↓	Francisca Maria de Rubí.
Antoni de Pignatelli i d'Aimeric, marquès de Sant Vicenç, baró d'Aiguafreda.	⚭	Anna Spinelli, Princesa de Belmonte.

Viuen a Nàpols. Hereta el seu germà.		
Gaietà de Pignatelli, germà.	⚭	Marianna.
Maria-Anna de Corbera-Santcliment de Pignatelli, germana.	⚭	Pere Joan d'Urries.
Antoni Francesc de Pignatelli.	⚭ ↓	Clara de Spinelli. El castell ha tornat a la branca de Belmonte.
Antoni M. de Pignatelli.	↓	De 1808 a 1814 el castell és embargat a Antoni M. per haver emigrat. Passa al seu germà.
Gener de Pignatelli (mort el 1829).	⚭ ↓	Carme del Chiaro, baronessa de Sabassona.
Francisca de Pignatelli, Princesa de Belmonte.	⚭	Àngel de Granito.
Josep Pi.		
M. Carme de Sitjar de Togores i Masferrer.		

especialment per l'acció depredadora dels pseudoexcursionistes i altres «rapinyaires». L'abandó era total des que va deixar de residir-hi l'últim masover, en Pere Barjuan. Habi-

Els gegants d'Aiguafreda: Guifré el Pilós i la baronesa de Cruïlles. Guifré va ser el creador de Sant Martí del Congost, el que ara en diuen Aiguafreda de Dalt. La seva primitiva església, en terra de frontera, va ser ordenada consagrar el 898 per la filla de Guifré, gran abadessa Emma, quan el comte ja havia mort.

A la mà dreta, el gegant sosté un pergamí que representa la carta de donació i privilegis, que és la partida de naixement de tota la Vall Alta del Congost. Al pit exhibeix l'escut de la població d'Aiguafreda.

Llar de foc amb un escut nobiliari i les finestres del primer pis del Castell de Cruïlles. (A. Gallardo, 1931. Arxiu CEC.)

tants d'Aiguafreda, ja l'any 1638, declaren la seva ignorància sobre l'existència d'un castell en aquell indret.

Actualment s'ha refet tot l'edifici, conformant una propietat privada difícil fins i tot d'observar des del poble. S'ha conservat la forma i l'estructura de l'edifici antic. La reconstrucció, l'ha portat a terme l'actual propietària, Maria del Carme de Sitjar de Togores i Masferrer.

Es conserven els fonaments de torres semicirculars arran de murs del s. XV o XVI.

Llegendes

Gelosies entre el senyor de Vulpellac i el de Cruïlles

Protagonistes: Cavallers
Tema: Assassinat per gelosia i encantament

El folklorista Amadeu ens diu que el cavaller Vulpellac era amic del de Cruïlles i que, aquest darrer, anava moltes nits a casa del primer.

El de Vulpellac va pensar que el de Cruïlles tenia relacions amoroses amb la seva dona. Per aquesta raó, la va tancar a una cambra baixa on va acabar morint; aleshores, va enterrar el cadàver al pati del castell.

El de Cruïlles es va assabentar del que havia succeït per un servent i va escampar els fets. El bisbe, coneixedor de la història, el va obligar a sol·licitar el perdó del Papa, que el va castigar amb un dels punts penitenciaris, el de recordar en tot moment la reflexió: «sóc el que va pecar».

La llegenda ens porta a la dita que assegura que si avui caves al peu de la torre les conseqüències poden ser nefastes. Algunes persones ho han fet i, sorprenentment, han mort i, a més a més, la mala sort ha caigut a les seves llars.

Les bruixes de Cruïlles

Protagonistes: Bruixes
Tema: Exorcisme

La mitologia popular unia el poder destructor de les pedregades amb l'acció malèfica de les bruixes.

Quan el temps amenaçava pedra, la campana de l'església començava a sonar amb el seu so lúgubre i, el sacerdot, amb els seus atributs

Comunidor d'Aiguafreda des d'on el sacerdot exorcitzava les pedregades i, en la festa de la Creu de Maig, es beneïa el terme.

El dolmen d'Aiguafreda està situat dins la propietat de Can Brull, al pla del Boix a la Serra de l'Arca. Està format per quatre grans lloses verticals i una d'horitzontal en forma de túmul.

de gran cerimonial, sortia a la intempèrie per tal de mostrar a les bruixes el seu gran poder. Quan hom sentia la campana conjurava amb oracions o exorcismes aquest mal temps. Per protegir el sacerdot en aquestes circumstàncies es va construir el que s'anomenava *comunidor*.

El comunidor constava de quatre columnes que sostenien una teulada i servien d'aixopluc als qui prenien part en la cerimònia, perquè no sentissin sobre el cap les pedres que les bruixes, enfadades, els llençaven.

Text literari d'Albert S. Cruells sobre el Castell de Cruïlles

«Castell perdut en la boira del temps. Pels teus murs ruïnosos que avui senyoregen l'heura i la sargantana, va passar-hi la família noble d'Aiguafreda.

»Com ens plauria refer la teva història, la teva vida, les teves lluites i el pas traïdor de les guerres que varen arrencar-te les pedres de mica en mica! I, qui sap, si enmig de tantes misèries, podríem fer-hi ressuscitar la poesia d'unes trenes rosses i la música suau d'algun trobador sota la línia finíssima dels teus amplis finestrals o vora la llar senyorial que encara avui conserves i guardes.»

Text literari d'Albert S. Cruells sobre el dolmen de la Pedra de l'Arca

«Nom sonor, ple de llegendes. Dòlmens i menhirs. Els primers passos humans hi varen deixar rastre, quan la vall d'Aiguafreda era encara feréstega, quan el senglar es rautava pels nostres carrers d'avui i s'abeurava en la nostra riera. Una raça primitiva de pastors, cobert el cos amb pell d'ovella, feien una vida tranquil·la per aquestes serreres, abans que els grecs trepitgessin la sorra d'Empúries, abans que Anníbal passés amb els seus elefants camí dels Alps i abans que Roma dominés el món.»

Fonts bibliogràfiques

Història

Aiguafreda 1100 anys d'història; Ajuntament d'Aiguafreda, 1998.

Solà, Fortià; *Aiguafreda;* Ajuntament d'Aiguafreda, 1998.

Durán i Tort, Carola; *Aiguafreda als textos literaris;* Ajuntament d'Aiguafreda, març 1995.

Puigferrat i Oliva, Carles; «La quadra d'Aiguafreda, Història d'un senyoriu del Montseny»; *Monografies del Montseny*, vol. 12.

Cruells i Padrón, Albert; «La reconstrucció del Castell de Cruïlles»; Festa major d'hivern, 1990.

Rocafiguera i Garcia, Francesc de; *El terme feudal d'Aiguafreda;* Col·lecció «Temes Aiguafredencs».

Llegendes

Puig i Collell, Josep M. «Rondalles del Congost»; *Temes Aiguafredencs VII;* 7 desembre 1995.

Bigues i Riells

••• Castell de Montbui •••

Nom: Castell de Montbui.
Localitat: Bigues i Riells (entre Caldes de Montbui i Sant Feliu de Codines).
Any de constitució: les primeres referències documentals són de l'any 987, però va ser infeudat el 995.
Altitud: turó de 541 m.
1r propietari: aquest castell fou infeudat (995) pels comtes de Barcelona a Gombau de Besora.
Funció: sentinella del pas natural del Vallès-Moianès. Curiosament, a mitjan s. XIV (període de 1351-1359) servia com a presó dels clergues de la seu barcelonina, on els capellans vivien a pa sec i aigua tres vegades per setmana. Es feien senyals amb fogates per avisar-se dels perills i demanar-se ajuda.
Propietat actual: les restes del castell són municipals des de 1986.
Estat actual: l'any 1883 el castell ja es trobava en ruïnes.
Reconstrucció: reconstrucció tardana cap al 1308.

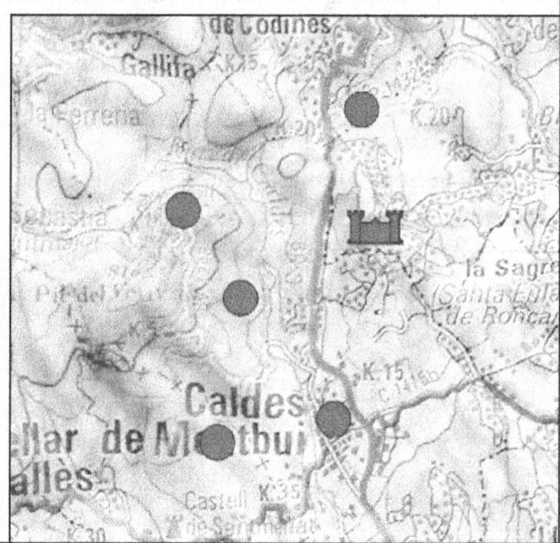

El castell està situat en una zona de poblament iber. Al puig Alt del Viver, molt proper al castell, podem situar un poblat. Això demostra l'antiguitat de poblament a la zona.

El camí romà que anava de Caldes *(Aquae Calidae)* a Vic *(Ausa)* havia de passar justament per sota del castell. No seria estrany que l'actual fortalesa tingués uns antecedents romans (malgrat que fos només una torre).

Analitzant la quantitat de llegendes d'aquesta zona que ens parlen del moro Sussa o Muça, deduïm que els àrabs el van conquerir i retenir en la seva propietat abans de l'atac carolingi perquè el van considerar una fortalesa molt estratègica. El Castell de Montbui va haver de ser un castell difícil de conquerir i de conservar per part dels cristians. Això el va convertir en molt valuós.

El castell tenia jurisdicció sobre moltes parròquies, com ara Sant Mateu de Montbui, Sant Feliu de Codines, Santa Eulàlia de Ronçana, Sant Julià de Lliçà d'Amunt, Sant Genís de l'Ametlla, Sant Andreu de Samalús, Sant Pere de Bigues, Sant Esteve de Palaudàries i part de la parròquia de Santa Maria de Caldes i Sant Miquel del Fai, amb les parròquies de Sant Martí i Sant Vicenç de Riells. El 1359 es van adjuntar els termes de Sant Sebastià de Montmajor, Sant Bartomeu de Mont-ras i Santes Justa i Rufina. És a dir, la baronia dominava una zona molt extensa. Pel nord, des de l'Ametlla, Sant Feliu fins a Palaudàries al sud. En total eren quinze parròquies que es van mantenir unides fins a l'any 1799 quan es van separar de Sant Feliu de Codines. Aquest conjunt de parròquies estan situades entre la conca de la Riera de Caldes i la Riera del Tenes, molt a prop del riu Congost. Això demostra que el terme del castell va haver de ser un dels més grans de Catalunya i un dels més densament poblats.

El castell està situat a la defensa de la vall de la Riera de Caldes i la Riera del Tenes, segons els dos vessants de la muntanya on està el castell. En la protecció de la Riera de Caldes participaren també amb els castells de Torre Vella, Torre Roja, les muralles de Caldes, el Farell, Palau-solità i Plegaments, Sentmenat i Gallifa (aquests tres últims pertanyen a una altra comarca). En la defensa de la Riera del Tenes actuava juntament amb el Castell del Vilar, el mateix monestir de Sant Miquel del Fai, el Castell de Bertí, Palaudàries, Lliçà i d'altres.

El Castell de Montbui, juntament amb el de la Roca, va ser un dels pilars de la història del Vallès Oriental i de la defensa medieval de la ciutat de Barcelona, i en gran part de la seva història van tenir els mateixos propietaris i van patir, per tant, les mateixes circumstàncies. Els dos grans termes d'aquests castells van ser gairebé limítrofes, ja que el riu Congost els va separar en alguns moments de la seva història.

Com tots els castells i torres de Catalunya, la Generalitat l'ha declarat Bé Cultural d'Interès Nacional.

Descripció del castell

El castell és una estructura en forma de vaixell navegant en direcció nord-oest, aprofitant la superfície del cim del turó on està situat. El conjunt del castell està format per un mur perimetral (2), l'edifici principal (3) i la capella de Sant Mateu (1). No hi ha restes del basament de la torre de l'homenatge, que segur que existia. Avui s'ha de fer un exercici d'imaginació quan es contemplen les ruïnes, perquè tot el terreny és molt salvatge i els escassos basaments de murs que es conserven estan tapats pels esbarzers.

L'edifici principal, avui en ruïnes, té planta trapezoïdal (3), d'estructura poligonal, amb el mur nord (4) més ben conservat i amb aparell irregular amb rengles d'*opus spicatum* (col·locació de les pedres en forma d'espiga, fet que denota una gran antiguitat de la construcció). L'aparell dels murs, sobretot el del nord, és de pedres molt poc treballades i irregulars, cosa que fa pensar en una construcció del s. X, tot i que la distribució interior és pròpia d'un conjunt romànic. L'alçada dels murs que encara es conserven ens demostra la fortalesa que havia de tenir aquest castell. Les poques dependències que queden d'aquest edifici estan situades a diferents nivells. La banda nord està situada un esgraó per sobre de la part sud.

La porta principal estava situada a migjorn, al mur sud (5). Les dependències del castell estaven repartides en dos pisos, a la part dels pa-

Estructura del Castell de Montbui en forma de vaixell, aprofitant la superfície del cim del turó on està situat.

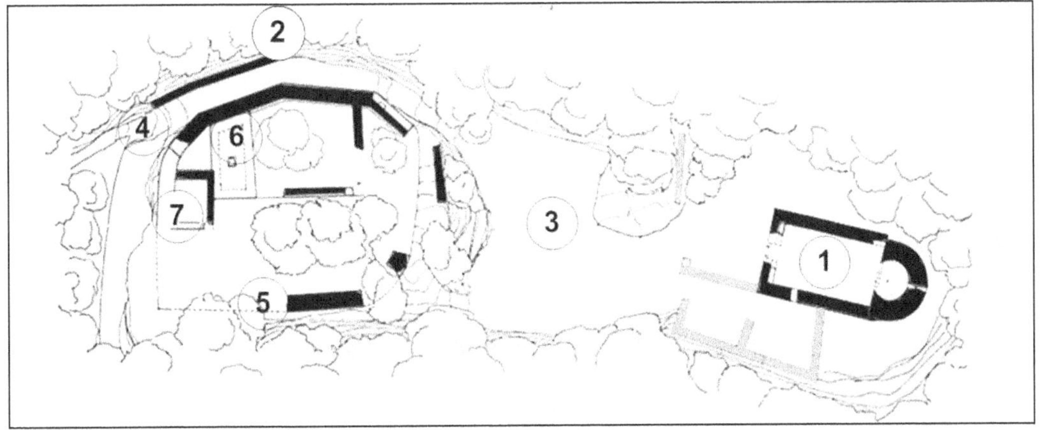

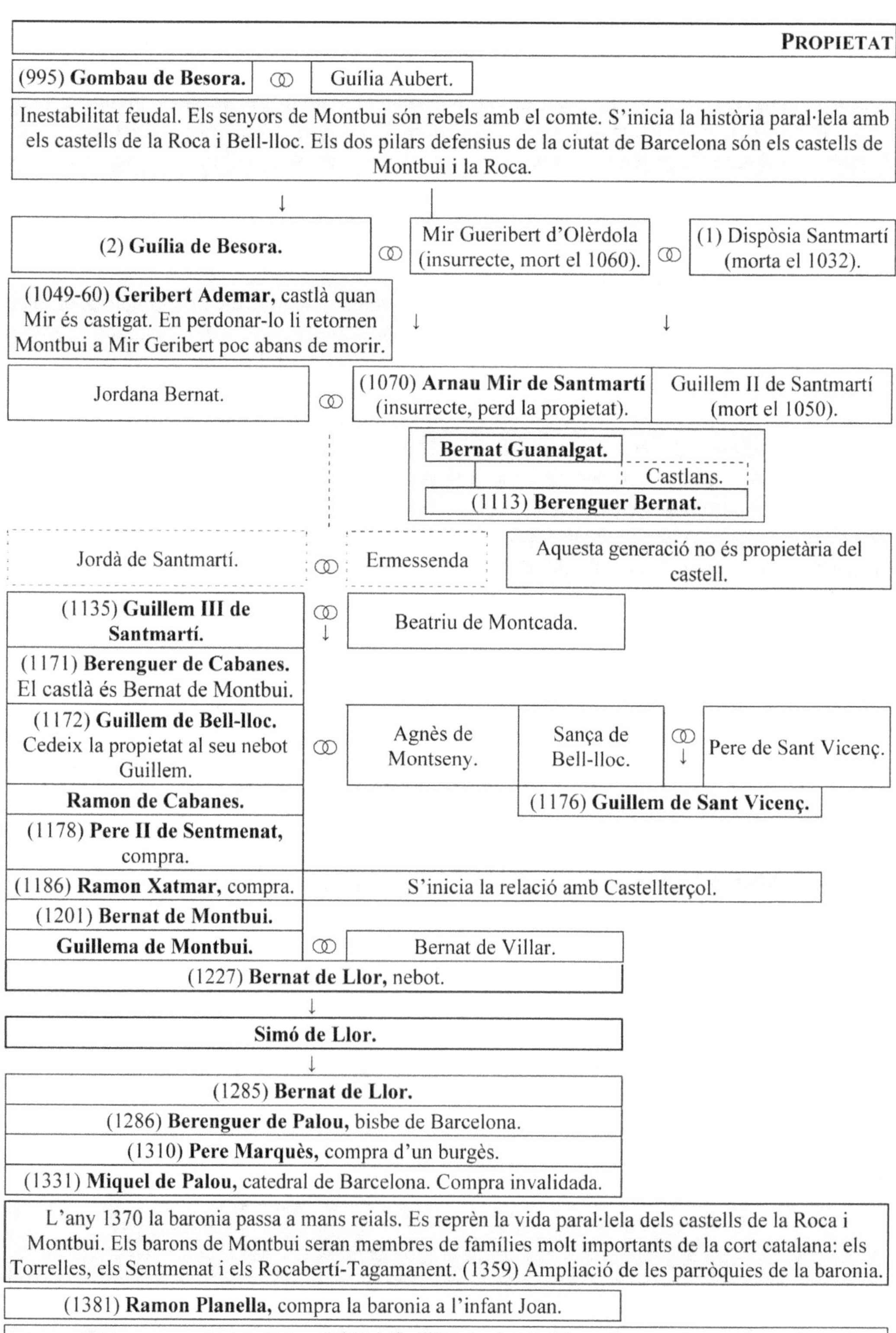

PROPIETAT

(995) **Gombau de Besora.** ⚭ Guília Aubert.

Inestabilitat feudal. Els senyors de Montbui són rebels amb el comte. S'inicia la història paral·lela amb els castells de la Roca i Bell-lloc. Els dos pilars defensius de la ciutat de Barcelona són els castells de Montbui i la Roca.

↓

(2) **Guília de Besora.** ⚭ Mir Geribert d'Olèrdola (insurrecte, mort el 1060). ⚭ (1) Dispòsia Santmartí (morta el 1032).

(1049-60) **Geribert Ademar,** castlà quan Mir és castigat. En perdonar-lo li retornen Montbui a Mir Geribert poc abans de morir.

↓ ↓

Jordana Bernat. ⚭ (1070) **Arnau Mir de Santmartí** (insurrecte, perd la propietat). | Guillem II de Santmartí (mort el 1050).

Bernat Guanalgat.
Castlans.
(1113) **Berenguer Bernat.**

Jordà de Santmartí. ⚭ Ermessenda | Aquesta generació no és propietària del castell.

(1135) **Guillem III de Santmartí.** ⚭ Beatriu de Montcada.
↓

(1171) **Berenguer de Cabanes.** El castlà és Bernat de Montbui.

(1172) **Guillem de Bell-lloc.** Cedeix la propietat al seu nebot Guillem. ⚭ Agnès de Montseny. | Sança de Bell-lloc. ⚭ Pere de Sant Vicenç.
↓

Ramon de Cabanes. | (1176) **Guillem de Sant Vicenç.**

(1178) **Pere II de Sentmenat,** compra.

(1186) **Ramon Xatmar,** compra. | S'inicia la relació amb Castellterçol.

(1201) **Bernat de Montbui.**

Guillema de Montbui. ⚭ Bernat de Villar.

(1227) **Bernat de Llor,** nebot.

↓

Simó de Llor.

↓

(1285) **Bernat de Llor.**

(1286) **Berenguer de Palou,** bisbe de Barcelona.

(1310) **Pere Marquès,** compra d'un burgès.

(1331) **Miquel de Palou,** catedral de Barcelona. Compra invalidada.

L'any 1370 la baronia passa a mans reials. Es reprèn la vida paral·lela dels castells de la Roca i Montbui. Els barons de Montbui seran membres de famílies molt importants de la cort catalana: els Torrelles, els Sentmenat i els Rocabertí-Tagamanent. (1359) Ampliació de les parròquies de la baronia.

(1381) **Ramon Planella,** compra la baronia a l'infant Joan.

L'any 1384 la baronia torna a la Corona.

DE MONTBUI		
(1408) **Ramon de Torrelles i de Blanes,** el rei Martí l'hi transfereix.	⚭ ↓	Elionor de Fenollar.
(1418) **Martí Benet de Torrelles i de Fenollar.**	⚭	Violant Maria de Sentmenat.

Durant la guerra de Remences el castell és fidel a la Generalitat i contrari a Joan II. La Corona entrega el castell a la família Montbui-Tagamanent. El rei Pere, Conestable de Portugal, viu i mor a la casa dels Montbui a Sabadell. Després de la guerra la baronia retorna a la família Torrelles.

Juan de Montbui i Tagamanent.		
(1467) **Martí Joan de Torrelles i de Sentmenat,** primer baró de Montbui.	⚭	Francesca de Bell-lloc.

(1490) La jurisdicció de Montbui és venuda al Consell de Cent de Barcelona, malgrat que continuï la baronia. El terme és governat per un Consell de la baronia.

Onofre Martí I (mort el 1567).	⚭ ↓	Violant de Sarriera (baronessa de Montbui). El castlà és Benet de Palaudàries.
Jaume de Rocabertí-Tagamanent i de Sarriera (mort el 1582).	⚭ ↓	Aldonça Descoll i de Tord.
Dalmau de Rocabertí-Tagamanent i Descoll.	⚭ ↓	
Miquel de Rocabertí-Tagamanent-Descoll i d'Icard (mort el 1628).	⚭	Maria d'Alentorn i de Salbà.
Maria de Rocabertí-Tagamanent-Descoll i d'Alentorn.		
Joan (II) de Sentmenat i d'Alentorn (mort el 1615).	⚭ ↓	**Elionor de Torrelles i de Gualbes-Santcliment.**

Ramon de Torrelles. Cedeix el castell al seu germà Francesc (mort el 1615).	⚭	Marina de Pinós.	**Francesc de Torrelles.** Cedeix el castell al seu germà Miquel (mort el 1621).	**Miquel de Torrelles.** Cedeix el castell al seu nebot Pere.	Joan III de Torrelles.	⚭ ↓	Maria de Perapertusa.
			Pere de Torrelles i de Sentmenat Perapertusa (mort el 1717)				

(1714) La corona confisca la baronia de Montbui malgrat que els Sentmenat van continuar vivint-hi i conservant el títol de barons. Amb el Decret de Nova Planta desapareix el Consell de la baronia. El «batlle» s'anomena «alcalde» i els documents són en castellà.

Emerenciana de Toralla i de Gassol.	⚭ ↓	**Francesc II de Sentmenat-Torrelles Perapertusa** (mort el 1669), germà de Pere.
Joan IV de Sentmenat-Torrelles i de Toralla (mort el 1724).	⚭ ↓	Maria d'Agulló.
Francesc III de Sentmenat-Torrelles (mort el 1762).	⚭ ↓	Maria Teresa de Boixadors.
Joan Antoni I de Sentmenat i de Boixadors (Gassol de Sentmenat. Mort el 1781).	⚭ ↓	Maria Josepa de Clariana-Seva.

(1799) Sant Feliu de Codines se separa de la baronia i es trenca la seva unitat. S'inicia la decadència del castell.

Francesc IV Gassol de Sentmenat i de Clariana-Seva (mort 1845).		Maria Antònia de Vilallonga.

(1841) La baronia de Montbui va ser suprimida. Comencen els municipis independents.
(1883) El castell es troba en ruïnes.

Mur nord del Castell de Montbui de gran alçada, encara dempeus.

raments laterals i de la cara sud, on hi havia centrada la porta adovellada. A partir d'aquí es penetrava al castell pel desnivell d'una petita rampa dalt d'un pati de 12 x 3,5 m².

Al nord trobem una gran sala (6) i una cambra coberta (7) que potser s'utilitzava com a cisterna, també anomenada «el pou dels ganivets». Es podria tractar, també, d'un graner o d'una tètrica masmorra de càstig, lloc indispensable als castells. El cep, els grillons i la forca eren els atributs del feudalisme. La cisterna exterior té volta de canó.

Només queden alguns fragments dels murs exteriors est i sud. El vessant oest va ser el que va patir més els problemes de la degradació del terra. Es poden trobar moltes pedres del castell en tot el pendent oest de la muntanya. El mur perimetral o muralla està molt fragmentat. Hi ha restes de murs, per exemple darrere de la gran paret del nord, de poca alçada, amb un parell de merlets. Hi ha altres fragments de muralla.

Separada per la vall, a l'est, hi ha l'església de Sant Mateu (1), preromànica, avui reconstruïda, rectangular, que té un inusual absis de planta de ferradura a l'interior, i està coberta amb volta de mig punt. El campanar, la porta d'entrada i l'ull de bou són d'època més tardana. Es diu que segurament fou plantejat com a torre de defensa.

L'any 1308 es van fer obres de reconstrucció al castell. L'abandó del castell és recent, concretament de mitjan s. XIX. Aquest castell devia ser molt gran.

Llegendes

LLEGENDES RELACIONADES AMB EL MORO SUSSA O MUÇA

Protagonistes: Dones d'aigua, àrabs i cristians, bruixes

Tema: Lluita astuta contra l'àrab, bous, origen del nom de Montbui, tribut de donzelles, gorg, dones d'aigua

ACTUALMENT es poden trobar moltes versions de llegendes que tenen a veure amb el moro Muça i el Castell de Montbui.

Aquest és un fet inusual en el llegendari cavalleresc, especialment perquè hem comprovat que el poble no recorda històries de castells que estan en ruïnes i que no veu.

Totes aquestes llegendes relacionades amb els àrabs no tenen exclusivament un vessant guerrer, sinó que parlen de l'astúcia de la reconquesta cristiana, de les dones de l'harem, de l'origen del nom de Montbui i de la mitologia del gorg. Tots aquests temes apareixen interrelacionats i amb múltiples variacions. Podem veure que en la majoria d'aquestes versions de la mateixa llegenda existeixen uns ingredients temàtics comuns que es combinen de diferents formes: el rei àrab Muça, els cristians reconqueridors, els bous i les vuit-centes dones. Les versions més lligades al gorg també tenen els ingredients del moro Muça, les dones, l'aigua i el tribut de les cent donzelles, aplicats de diferents formes.

A diferència de les llegendes vinculades a altres castells també importants, les de Montbui han tingut un gran paper literari i formen part d'obres poètiques i teatrals.

Diu la llegenda que en temps dels moros n'hi havia un de molt important anomenat Mussa, que va ser senyor de Montserrat, on tenia grans castells. Quan les coses van anar maldades per als sarraïns i ell va haver de fugir, com que no podia emportar-se els immensos i fabulosos tresors que tenia, els va amagar a les coves de Salnitre, prop de Collbató. Avui encara són allí, custodiats per una princesa filla seva, convertits tots dos en blocs de pedra encantats.

El moro Muça és el protagonista de moltes malifetes del llegendari popular i també acomplia la funció d'ogre espantacriatures. Però en totes les històries està caracteritzat com un enemic temible, amb una gran fortalesa, però molt noble, tant amb els cristians com amb les seves vuit-centes dones. Altres àrabs, com el seu primer cabdill, es titllen de traïdors.

L'astúcia dels reconqueridors cristians es veu reflectida a la llegenda anomenada «Jugar a canyes» (recollida per escrit l'any 1882), però altres versions apliquen aquesta intel·ligència pràctica a les dones de l'harem que no accepten el moro traïdor.

La llegenda diu que els habitants de la comarca, dominats pel rei moro de Montbui, volien aconseguir derrotar-lo, però ho hagueren de fer astutament i no per la força. Enviaren missatges al rei convidant-se, ells mateixos, a anar als patis del castell a «jugar a canyes», i aquest va acceptar.

Quan va arribar el dia tothom hi va acudir, fins i tot gent dels pobles del voltant. Quan el rei va donar el senyal, els pagesos començaren el joc. Els habitants del castell van quedar sorpresos davant de tanta varietat de jocs.

Però, de sobte, en un moment de descuit i distracció dels moros, els pagesos van trencar les seves canyes, van empunyar les llances que hi duien amagades, i es van llençar sobre ells per posar fi a les seves vides. Pocs moros van sobreviure; els que ho van fer es van veure obligats a fugir del castell, que va ser reconquerit pels cristians.

Hi ha versions que diuen que els cristians anaven acompanyats de bous que van perseguir els moros fins a gran distància del castell; d'aquí, la paraula *montbui,* de *monte bovis*, muntanya dels bous.

La idea que els àrabs importants tenien moltes dones està patent en el llegendari; al moro Sussa se li adjudica un harem de vuit-centes dones. Ho podem veure en una llegenda recollida l'any 1856 que destaca la fidelitat de les dones al seu senyor i la no acceptació del traïdor.

El famós moro Sussa de Montbui havia mort a la gran batalla del Penedès. Tothom estava afectat per la desgràcia. El difunt havia deixat immensos tresors i vuit-centes dones al seu castell. L'únic coneixedor d'aquesta notícia era el rei de Granada, Selim, que va viatjar fins a Montbui per aprofitar-se de les pertinences de Muça o Sussa. Una vegada dins el Castell de Montbui, va informar les dames que s'apoderaria d'elles i dels tresors.

Les dones van acceptar, però amb un previ

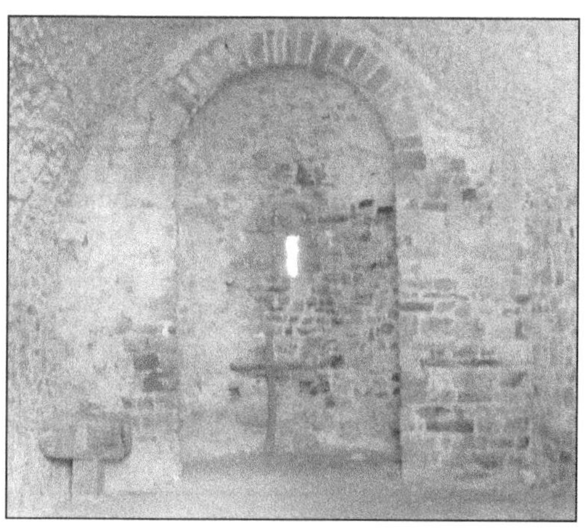

Interior de la capella de Sant Mateu, del Castell de Montbui.

acord: van trametre al moro Selim un missatge de respecte, de submissió de la seva voluntat i únicament li demanaren que, per consolar-se de la pèrdua patida, els permetés mudar-se amb els seus millors vestits, i festejar el seu senyor amb un torneig on fossin elles les que lluitessin. Selim, el moro savi, va acceptar.

El dia va arribar i van demanar les armes als moros per jugar-les; tots van prestar les seves llances i altres armes.

Quan es va donar el senyal, les dames van començar el torneig, però, de sobte, quan estaven més distrets, les dones es van adreçar als espectadors i van començar a tallar caps dels infidels. Els moros es van defensar amb les poques armes que tenien. Va començar una batalla sagnant, on van resultar victorioses les dames.

Joan Amades, a *Castells llegendaris de la Catalunya Vella,* uneix aquestes llegendes i ens mostra algunes diferències importants en el paper dels bous (en aquesta, ajuden els àrabs contra els cristians) i la utilització de les canyes per part de les dones àrabs.

Explica la història que el moro Muça, com que sabia que els cristians s'apropaven al castell per atacar-lo, va idear un procediment nou i pintoresc per combatre'ls. Va reunir tots els bous de la rodalia en un intent d'enviar-los contra l'exèrcit cristià. El rei moro tenia un general de confiança que estava desitjós d'erigir-se en rei i de quedar-se amb l'harem. El traïdor va anar a trobar el cabdill cristià, possiblement el duc de Montcada, i el va prevenir de la manera com seria atacat.

Els dos exèrcits es van trobar en una gran esplanada que hi ha entre el turó de Montcada i el poble de Cerdanyola, al cantó de tramuntana. Els cristians van fer pinya formant un triangle amb els angles molt aguts; els guerrers es van comprimir tant com van poder per fer impossible que cap moro ni cap bou pogués passar entre soldat i soldat. Amb les llances i piques van esperar l'atac de la bouada, que en acostar-se als cristians van veure que podien morir i van recular. Aleshores els cristians van caure sobre l'exèrcit àrab i van matar-ne la major part, entre ells el propi rei Sussa. El paratge on es va produir la batalla es coneix per Pla de Matabous.

Després del combat, el general traïdor va tornar cap al castell i va fer saber a les vuit-centes dones que havien quedat vídues, que ell seria el proper rei i amo del castell i que es disposava a ésser també el marit de totes elles. Totes van començar a plorar i van proposar fer una festa per celebrar les noces. Aquella mateixa tarda, al pati del castell, van celebrar un joc de canyes, en el qual les vuit-centes dones hi van prendre part, armades cada una d'una canya, i van produir una gran matança. Els cristians, que van saber el desgavell, se'ls van tirar al damunt, van matar els pocs moros que hi quedaven, van donar la llibertat a les vuit-centes vídues i es van proclamar amos del castell.

Segons afegeix el mateix Amades al *Costumari català,* en aquest indret i com a record d'aquesta batalla, cada any, en data imprecisa, s'aixequen de les seves fosses els lluitadors d'ambdós bàndols i, en forma de nuvolada, pugen cel amunt i reprodueixen l'enfrontament fins que es desdibuixen amb la fosca de la nit.

Francesc Maspons, a l'article «De Mollet a Bigas», relaciona el joc de canyes amb la tradició de jugar-hi el dia de Sant Joan. Afirma que hi ha una dita castellana que recull aquesta part de la llegenda: «Las cañas se vuelven lanzas».

Aquesta llegenda també està recollida al romancer castellà:

«cuadrillero de unas cañas
el juego se va encendiendo,
de veras ya el juego arriba,
no hay amigo para amigo,
las lanzas se vuelven lanzas».
Romancero de Durán, núm. 88.

Altres versions de la llegenda no narren la mort del rei moro, sinó la seva fugida i la seva venjança posterior (el tribut de les cent donzelles). Els moros que van sobreviure a la batalla amb els cristians van fugir, juntament amb el senyor, i van anar a refugiar-se a la Cova del Moro, al costat del gorg de Vallderrós, al terme de Riells, prop de la Riera del Tenes. El moro Muça, tot i haver estat desposseït del castell, no per això va perdre el domini dels pobles de la contrada, als quals exigia anualment l'odiós tribut de cent donzelles cristianes que es feia portar a la cova. Un any, quan aquestes feien via cap a la cova passant pels cingles que voregen la riera, va desencadenar-se una terrible tempesta que semblava endur-s'ho tot. Atemorides, les pobres donzelles, al seu pas per la vora del gorg, i preferint més la mort que l'ultratge que els esperava, es van llançar totes cent cingle avall i van anar a caure dins del gorg, que ara s'anomena de les Cent donzelles.

Aquest últim vessant de la llegenda està íntimament relacionat amb els mites de dones d'aigua. Podem llegir una altra versió de la llegenda de 1876 que mostra que no van ser les dones les que es van llençar a l'aigua enmig de la tempesta sinó que el gorg va alçar les seves aigües i se les va emportar a totes.

A més, el senyor i els seus servents, enlluernats per una blanca llum de resplendor, van caure daltabaix, i no s'ha sabut mai més res des de llavors i mai més van tornar a entrar àrabs a la comarca.

Michel Cosen, a *Mil anys de llegendes catalanes,* mostra la fusió de dues velles històries de les terres del Vallès: la llegenda del tribut de les cent donzelles i la de les encantades de Vallderós. La gran diferència respecte de les històries anteriors rau en el fet que les cent donzelles no anaven soles cap a la Cova del Moro, les seguien els seus pares plorant i els seus amics plens de ràbia. La tempesta no va començar per causes naturals sinó pel clam de les mares, tan fort, tan desesperat, que va ser com un oratge. L'aigua va esmicolar les roques, arrossegant totes les persones entre terbolins i escumes. Els cingles es van enfonsar. A la muntanya no va quedar cap persona viva. Donzelles i pares, reis i guerrers, tothom va ser engolit per la riuada.

Quan la natura va retrobar la calma, un gorg immens i fosc s'obria al mig de la cinglera de Vallderrós.

Aquestes dones que es van lliurar del sacrifici de ser profanades pels àrabs es van integrar a la natura i es van convertir en dones d'aigua, encantades. En aquesta zona, les encantades que habiten en una cova pròxima a Sant Miquel del Fai tenen el nom de barbotes. La gent de Sant Feliu del Racó les invoca per fer por.

Diu la tradició, i recorda Michel Cosen, que una vegada una bella pastora va arribar al gorg de les Donzelles amb el seu ramat. Un cant de sirena li va cridar l'atenció i les ovelles es van començar a convertir en pedres. La noia es va inclinar una mica cap a l'aigua, i va quedar meravellada pel que va veure: allà, al fons de les aigües transparents del gorg, hi havia un castell meravellós, envoltat de bellíssimes donzelles que ballaven i cantaven. La pastora va quedar bocabadada. Es va acostar una mica més a la vora i va relliscar. L'aigua es va obrir lentament i va engolir-la. Es va reunir amb les donzelles i va ser proclamada reina d'aquell misteriós món submarí. Les donzelles i la seva reina surten quan el sol es pon i sempre són benèfiques.

Es diu que les dones de Riells, quan escolten

uns sorolls estranys i sempre diferents que vénen d'aquell màgic lloc, surten a les finestres de les seves cases perquè saben que són les donzelles que canten, i si tenen algun nen malalt el treuen amb elles perquè escoltin els seus cants, ja que, diu la tradició, que els ajudarà a sanar.

Les tradicions sobre dones d'aigua són un tema comú als pobles occidentals des de l'antiguitat. La llegenda concreta de les donzelles del gorg de Vallderrós no és més que la localització a Riells d'aquest tema, ben explicable per l'abundància d'aigua, els cingles i la frondosa fondalada.

Francesc Maspons i Labrós, a *Tradicions del Vallès,* explica la següent versió de la llegenda de les dones d'aigua: parla de l'enamorament entre la dona d'aigua de Vallderrós i un cavaller. Es van casar i ella, sortint de l'aigua, va anar a viure amb els humans, però li va imposar al seu marit la condició que mai li podria dir «dona d'aigua». Van viure molt temps feliços i van tenir fills. Un dia que el marit era de viatge, ella va manar als mossos que tallessin el blat, tot i que encara estava mig verd. Quan l'home va arribar i va veure la collita prematura es va enfurismar per la pèrdua que significava i, endut pel geni, amb la intenció d'ofendre-la, va pronunciar la paraula prohibida. La dona, en sentir això, va desaparèixer de cop. L'endemà va arribar una tempesta que va arrasar els camps i llavors el marit va saber que la seva dona havia demostrat una gran prudència fent el millor, perquè encara que es va perdre el gra es va salvar la palla.

El matrimoni va tenir dos fills i la dona desapareguda no els va abandonar; cada nit anava secretament al mas i els endreçava els vestits. Sorpresos, van entendre la seva misteriosa presència. El pare, totalment penedit, volia retenir la seva dona al món dels mortals i va suggerir cosir el vestit de la mare al de la filla.

Versió de Francesc Maspons:

En lo poble de Riells
hi ha una casa senyalada,
Viaplana té per nom,
Viaplana nomenada;
lo seu amo és molt galan,
de galan potser un xic massa
que dama que'n trobi ell
ja's pot dir que és captivada.
Un jorn venint de mercat
voreta del riu passava,
quan una dama ja'n veu
tot banyant-se en l'aigua clara;
dama n'era com un sol
de tan fresca i regalada,
una perla duia al cap
sos vestits d'estrelles d'aigua.

–Pensament de mos amors,
clavellet de man entranyes,
si una paraula escoltés,
una paraula li dava
de tenir-la per muller,
per mestresa de ma casa.
–Si així ho vol lo meu galan
cap a casa seva anava,
una gràcia tan sols prech,
de no dir-me polla d'aigua
si no el cap de los set anys,
dels set anys i una diada.
Dama n'era encantament,
dama n'era dona d'aigua.
De llavors prou n'hi hagué
d'encantèries a la casa.
Un dia el blat era verd,
ella que'n fa la segada.
–Mal haja la dona, amen,
mal haja la polla d'aigua.
Valga'm déu, què serà això!
Sa muller se's enfonsada.
No'n passa l'espai d'un quart
que ja'n ve de pedregada.
–Ben haja que n'ha segat,
la mia muller ben haja
al se l'endemà al matí
fill i filla ja'n trobava
tots vestits i pentinats,
los vestits ab perles d'aigua.

Absis de la capella de Sant Mateu del Castell de Montbui.

–Me'n dirien los meus fills
qui d'est modo 'ls arreglava?
–Nostra mare 'ns ha vestit,
aixís era acostomada,
una perla duia al cap,
sos vestits d'estrelles d'aigua.
Cada dia al se al matí,
cada dia 'ls arreglava.
–Cusiu, fills, vostres vestits
al vestit de vostre mare.
Al se 'l endemà al matí
fill ni filla no'n trobava.

La llegenda narrada per Joan Trias a l'obra de teatre *La dona d'aigua* (la primera forma que Trias li va donar a la llegenda va ser la de poema, que després va adaptar a l'escena sense cap més variant que les acotacions) parla de l'hereu del mas de Viaplana que s'enamora de la reina de les donzelles o dones d'aigua del gorg de Vallderrós i reflecteix la llegenda anterior amb certes variacions: per exemple, que l'origen de la tempesta destructora de la collita no va ser natural, sinó que va ser una bruixa que va acostar una nuvolada de tempesta, i la muller, per salvar en part la collita, fa segar el blat, encara tendre, amb un escamot de segadors que la bruixa fa venir. Tot seguit, la nuvolada s'esvaeix. Després de la reacció del marit i la desaparició al gorg de la mare, les filles la van a veure de tant en tant, i el pare, penedit, diu que s'hi llencin per retenir-la. Ho fan, però és ella, la dona d'aigua, qui s'emporta les filles al fons del gorg.

En tots dos casos és clar el paper benèfic de la dona d'aigua i el sentiment de fatalitat es manté. Altres diferències menors són els fills: un noi i una noia a la versió de Maspons, i dues filles, a la de Joan Trias. També varia la relació de la mare, una vegada al gorg, amb aquests: al relat de Maspons no veiem l'acció protectora que ens mostra Trias. Els intents de retenir la mare també són diferents: treure-la de l'aigua, en el cas de Maspons, i cosir-la al vestit, en el de Trias. El resultat final és idèntic: la mare i els fills acaben al fons de les aigües del gorg en tots dos casos. La paraula prohibida també es diferencia perquè Maspons només parla de «dona d'aigua» i Trias afegeix «dona d'aigua peu forcat», que es relaciona amb la pota de cabra de significat diabòlic, no essent malèfica (sí misteriosa) la dona d'aigua.

Tenim aquí un fragment del poema que es va dramatitzar:

Diuen que el gorg de Vallderrós
és el palau de la bellesa
i que al seu fons, que ningú el sap,
hi viuen màgiques donzelles.
Jo no he pogut veure-les mai
i sé que són un pom de verges!

Quan a la posta se'n va el sol
i misteriós arriba el vespre,
és quan amb plena llibertat
els seus esplais elles comencen.
Jo no he pogut veure-les mai
mes ja he sentit la seva fressa!
Quan són tancats tots els masius
i la natura dorm quieta,
volen pel cingle, amunt i avall,
i van i vénen dalt la serra.
Jo no he pogut veure-les mai
amb tot i arreu cercar-les sempre!
Qui les ha vistes, ran de gorg,
és perquè ja és prou digne d'elles.
Donzell qui baixa al seu raser,
és per a omplir-lo d'amoretes...

El poema Vallderrós de Maria de Bell-lloc, l'últim del seu llibre *Salabrugas,* consta d'una breu introducció i tres cants. El primer és una evocació del paisatge: els cingles, la vall, els llacs. El segon, l'al·lusió als encantaments:

Part d'amunt, a dalt, hi ha el gorg,
part avall, l'hermosa plana;
cada dia al tombar el sol
ixen del gorg dones d'aigua...

...cap amunt pugen suaument
damunt prats, boscos i cases,
a cada una de les quals
du el repòs la seva fada.

El cant tercer és la versió de la llegenda, que refon elements ja esmentats. Aquí, les donzelles del gorg, disfressades d'airoses canyes, capturen la pastora, promesa de l'hereu de Viaplana, i li fan un encanteri. L'hereu la desencantarà casant-s'hi, però amb la condició de no esmentar la seva identitat de dona d'aigua fins passats set anys i mig. L'hereu trenca el compromís després que la muller va segar el blat tendre, sense intervenció tampoc de cap bruixa, abans que es desfermés la tempesta i la pedregada, quan ja no hi ha res a fer. El desenllaç és igual que en la versió de Francesc Maspons.

Una altra llegenda molt semblant seria la del salt de la dona d'aigua d'Arbúcies: un fadrí de can Blanc s'enamora d'una dona d'aigua i ella accepta casar-s'hi sempre que l'amor sigui platònic, però el noi va més enllà i llavors es trenca l'encanteri i la nimfa esdevé salt d'aigua i la família del fadrí queda maleïda: els hereus no podran engendrar un cop casats. Això fa que les males llengües concloguin que els nuvis han de tenir relacions abans de comprometre's.

Maspons cita altres tradicions paral·leles en diversos indrets de Catalunya, algunes de les quals han estat també font d'inspiració d'obres poètiques o dramàtiques: l'encantada de Lanós, a l'alta Cerdanya; les encantades de Parets a Bàscara, tocant al Fluvià; l'encantada Guilleuma del gorg Negre, a Montsoriu, Arbúcies; les aloges de l'estany de Banyoles o el cau de les Goges de Sant Jordi Desvalls, a prop del Ter. Arreu d'Europa hi ha rastres d'un antic culte lligat a cerimònies aquàtiques, relacionades amb les nimfes gregues però a vegades de procedència anterior. I els indrets, sobretot on hi ha gorgs i xucladors, són els que més es presten a l'aparició de dones d'aigua, que poden en alguns casos simbolitzar la temptació. Massó i Torrents, autor de *La fada,* diu: «La fada és la

Vista del monestir de Sant Miquel del Fai.

tradició, és l'esperit de la muntanya que encanta l'entreteniment de qui fa les ascensions i travessa els boscos i es deixa ullprendre per la blavor dels estanys».

La relació directa d'aquesta tipologia de llegendes i el castell ens la presenta Pere Català i Roca al llibre *Llegendes de castells catalans.*

Es diu que les goges són molt bones filadores i ens explica el que va passar al Castell de Montbui, una història d'amor: una donzella, filla del senyor de Caldes, per fugir de la torre on l'havia tancat el seu pare va lligar les camises que li van deixar les seves germanes per fer una corda prou llarga i diuen que va caure com encantada al fons del gorg on encara avui hi resta, i que no podrà sortir-ne fins que hagi teixit i filat les dotze camises. Es diu que si tires una mica de fil al gorg se sent una veu que diu: «traieu-ne més, traieu-ne més». És la de la donzella que vol teixir les dotze camises i desencantar-se.

També hi ha versions on es veu el gorg com un lloc perillós per les dones d'aigua que conté, antigues bruixes que l'acció inquisitorial de la religió va tancar aquí com en una presó. Diuen que l'arcàngel Miquel, príncep dels exèrcits celestials, va netejar de paganisme la comarca enfonsant als abismes del Fai i als seus gorgs totes les fades malèfiques. Des d'aleshores, a les nits de lluna plena, canten melodiosament fent ressonar les seves veus per la vall i les muntanyes de Riells, i quan algun transeünt els demanava «Qui sou vosaltres que canteu des del fons del gorg?», responien «Som les fades d'aquesta contrada que vàrem caure als gorgs».

I diu la llegenda que quan una persona intentava ajudar-les queia irremissiblement al fons de les aigües sense poder-ne sortir mai més. Això explicava les freqüents morts entre els banyistes als gorgs que es troben entre el Fai i Riells, i per això els naturals del país tenen un cert respecte i por als gorgs del riu del Tenes, plens, segons les creences populars, de «xucladors i de misteris».

LES BRUIXES DE MONTBUI

Protagonistes: Bruixes
Tema: Transformació en animals

MONTBUI, com la majoria de castells en ruïnes, es veu com una mansió de bruixes. Aquí es creu que la bruixa pren forma d'un animal concret: guilla o gat. Un exemple n'és la bruixa Joana. Caldes de Montbui va ser un dels centres de la caça de bruixes al Vallès; a la presó se les torturava i se les penjava a la

Església de Sant Martí, en el terme del monestir de Sant Miquel del Fai.

plaça el dia de mercat. Es diu que un dels principals centres de reunió de les bruixes era el Castell de Montbui.

LES FESTES DE MONTBUI
Protagonistes: Cavallers feudals
Tema: Torneig

JA a l'any 1409 s'acabaren les senyories de Geribert i dels Planella. El seu successor, i el nou baró de Montbui i del Castell de la Roca, era Ramon de Torrelles i Blanes.

Com cada any se celebrà la diada patronal de les parròquies de Sant Feliu de Codines, amb festes caracteritzades pels cantars dels joglars i els balls populars. També es van celebrar lluites de cavallers de l'Urgell, la Cerdanya i d'altres llocs. El senyor de Torrelles cediria la mà de la seva filla, Elisenda, al guanyador, que va ser Arnau de Vall d'Oreig, mentre que els altres van ser enterrats a la fosa dels «perdedors».

Desgraciadament, un joglar s'atreví a compondre una cançó en honor seu, i no en sortí viu.

Maleït sia
el baró de Montbui
que ha fet enterrar
els cavallers morts avui...

La festa no s'aturà malgrat els fets succeïts.

LLEGENDES SOBRE
SANT MIQUEL DEL FAI
Protagonistes: Àrabs, Sant Miquel, bous i pastor
Tema: Origen del monestir

Toponímia

L'etimologia del nom del monestir prové de la cascada o caiguda d'aigua (fall).

Origen del monestir

Abans d'existir el monestir dedicat a Sant Miquel, les coves del Fai estaven dedicades a la deessa Venus. Diuen que l'arcàngel Miquel va netejar tots els pagans de la comarca i va condemnar les fades malèfiques a la fondària dels gorgs del Tenes. Aquests habitants tan perversos expliquen les freqüents morts entre els banyistes dels gorgs que hi ha entre el Fai i Riells.

Es diu que l'església de Sant Martí va ser la primera construcció cristiana de tota la zona. I que els àrabs mai van poder pujar al replà del Fai. El rei moro de Riells va intentar diverses vegades envair les coves del Fai i mai ho va aconseguir. Per aquest motiu va posar setge als cristians a la vall i al cim, impedint que es poguessin alimentar. Mai els va faltar aliment als cristians perquè un pastor cristià que vivia en territori àrab els en feia arribar a través de les coves de les Tosques. Diuen que la imatge del pastor i del seu gos es veia petrificada al fons de la cova.

Hi ha restes d'una construcció molt antiga a la plana de la balma. Hom creu que són les restes d'un llegendari monestir de monges benedictines que va desaparèixer pel barranc per l'acció d'un raig com a càstig diví quan estaven portant a terme una orgia amb els seus amants.

Un pastor també va trobar la imatge del patró de l'església (Sant Miquel) amb la col·laboració d'un bou a la cova que hi ha sota el presbiteri de l'església. El bou sempre estava inten-

Gorgs de Sant Miquel del Fai, on la llegenda diu que viuen les goges.

tant fer un forat al terra fins que el pastor hi va veure la imatge del sant una mica deteriorada per l'erosió de les potes del bou. El pastor li va construir una capelleta per venerar-la.

Fonts bibliogràfiques

Història

Badia i Moret, Josep; L'Ametlla del Vallès; Monografies Contrapunt.

Rosàs i Casas, Miquel; «El Castell de Montbui»; *La tortuga;* núm. 114, desembre 1986.

Maspons, Josep M: «Castell de Montbui»; *Ronçana,* núm. 34-35; novembre 1971.

Dantí, Jaume; «La Baronia de Montbui a l'època feudal»; *Anuari Local,* núm. 30, desembre 1992.

Dantí, Jaume; *La vall del Tenes;* Santa Eulàlia de Ronçana.

Llegendes

Boada, Martí; Cases, Pep; *Recull de llegendes de Sant Miquel del Fai;* Ed. Figueres i Brau, 1993.

Trias i Fàbregas, Joan; *La dona d'aigua;* Ajuntament de Bigues i Riells, 1990.

Amades, Joan; «Tradicions vallesanes»; *Butlletí del Centre Excursionista de Catalunya,* núm. 442, març 1932.

Cosen, Michel; *Mil anys de llegendes catalanes;* «El gorg de Vall-de-ros»; ed. Baula.

Giménez, Roberto; *Historias y leyendas del Vallés;* Ediciones Tarafa.

Viñallonga, Juan; «Asalto al castillo moro», «Las encantadas de Vallderós», «Farell, el fuerte»; *Vallès,* 21 desembre 1985.

Maspons, Francesc; «De Mollet a Bigas»; *Anuari de l'Associació d'Excursions Catalana;* any segon 1882.

Bigues i Riells

◆◆◆ Casal de Bigues ◆◆◆

Nom: Casal de Bigues, també anomenat Can Badell.
Localitat: Bigues i Riells.
Any de constitució: 1156.
Altitud: 307 m.
1r propietari: germans Ponç i Pere de Bigues.
Funció: defensa i control de la riera del Tenes.
Propietat actual: Fernando Merlos.
Estat actual: masia amb finestrals gòtics, sense elements defensius.
Reconstrucció: va ser enderrocat pel terratrèmol de 1448 i avui està reconstruït com a mas.

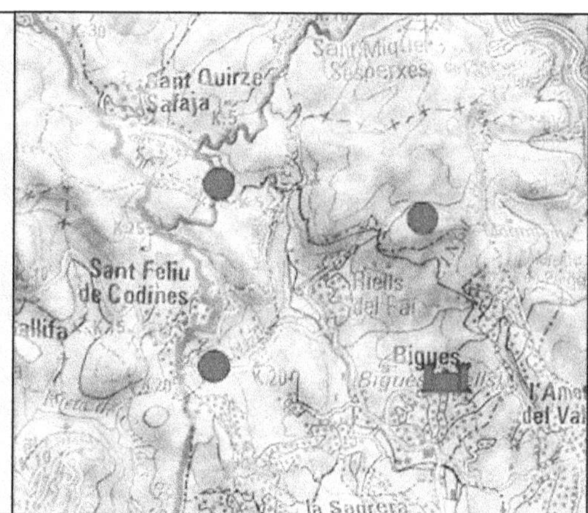

A l'interior de l'antiga finca de Can Badell (Casal de Bigues), que avui és tot un barri de Bigues, s'hi està duent a terme l'excavació d'un jaciment ibèric. No es creu que en aquest turó hi hagués un poblat ibèric, típic de zones molt enlairades i amb molts elements defensius. Tota la vall que hi ha entre el Tenes i la Riera de Caldes va estar densament poblada d'habitacles ibers dispersos, formant la zona denominada *Lauro*, amb moneda pròpia. Un d'ells seria el de Can Badell. S'hi ha trobat un forn, sitges i enterraments. Aquí es prova l'antiguitat de l'indret i de la casa originària.

El protagonista d'aquesta mansió és Huguet de Bigues, un sagnant bandoler noble.

Propietat del Casal de Bigues

- **Pere de Bigues,** rep Bigues de mans de Carlemany.
- **Bernat de Bigues.** ∞ Guilleuma.
  - **Ponç de Bigues.**
  - **Pere de Bigues.**
- **Pontius de Bigues.**
- **Huguet de Bigues,** bandoler feudal.
- **Bernat i Guillem de Bigues,** s. XIV.
- **Humbert de Bigues** (1425).

El casal va ser afectat pel terratrèmol del 24 de maig de 1448.

- **Francesc Anton Grimau i de Corbera** (1723).
- **Joan Badell.**
- **Sr. Vilafranca,** baró de Segur.
- **Fernando Merlos.**

Descripció del castell

Actualment la casa té aspecte senyorial, però no de castell. No té valls ni muralles, potser des de la destrucció produïda pel terratrèmol de 1448 i la reconstrucció posterior; en conseqüència, els habitants de l'indret no han estat subjectes durant gran part de l'Edat Mitjana a les prestacions de guaita, de muralla i encara d'altres pròpies del feudalisme.

Can Badell és, avui, una masia amb quantitat de cossos adossats de diferents èpoques, sense que se'n pugui distingir l'estructura original, ni determinar-ne les transformacions. La façana principal es troba encerclada per una nova edificació i un mur que envolta la casa. Té un portal rectangular fet de dovelles i al damunt mostra un balcó. A la dreta, s'hi adossa un cos que té una finestra coronella de dos arquets que descansen en una columneta alta i prima.

Es diu que el Casal de Bigues, o Can Badell, va ser la primera casa del municipi.

El Casal de Bigues està situat a la part alta de la vall, pujant a la muntanya, i no és monumental. Descansa sobre una torrentera que baixa del Puiggraciós, envoltada d'extens arbrat. Actualment és el centre d'un barri que conforma el nucli urbà que té el nom de la masia, al costat de les escoles i el pavelló.

Vista d'un dels cossos del Casal de Bigues, amb una finestra coronella de dos arquets que descansen en una columneta alta i prima.

Llegendes

SOBRE HUGUET DE BIGUES

Protagonista: Noble feudal immoral
Tema: Despotisme feudal i venjança

AL Casal de Bigues vivia, a finals del s. XIII, Huguet de Bigues. Era un jove orgullós amb un geni tan viu i fort que tot allò que no li era donat ho prenia per la força.

Sortia de casa seva acompanyat de quatre a deu *milites* i amb ells es llençava al robatori i al pillatge. Tenia atemorida tota la comarca.

La zona era pobra i agresta, molt poc conreada, i no era suficient per la seva ambició i geni. Solia anar a la part baixa i plana de la comarca, on creava el seu camp d'acció de malifetes.

Les portes s'havien d'obrir al seu pas, calia oferir-li el menjar o el prenia, i les noies joves havien de fugir i amagar-se als pobles de la costa o bé a Barcelona si no volien deixar de ser donzelles. En temps de sega es presentava a les eres de les cases i per la verema a les vinyes, i agafava el que volia, robava les aus de caça i feia front a les autoritats. Duia a terme robatoris sacrílegs, com va succeir a l'església de Sant Climent de Simón de Lauro, i era tan ferotge que matava tot aquell que el molestés o no complís bé les seves ordres. Això va succeir amb un criat que el va deixar mort a cops i puntades de peu a Sant Fost de Campsentelles.

La seva zona predilecta eren els pobles de Martorelles i Vallromanes, però també travessava les muntanyes de la costa i arribava als pobles marítims.

Va ser tan gran la fama que es va guanyar i la por que va fer créixer, que el veguer de Barcelona va haver d'intervenir, va frenar la milícia popular que s'havia creat contra ell, va sortir de la ciutat amb la seva gent armada, va donar una batuda pels boscos i el va empresonar, el va condemnar a mort i el va executar immediatament.

Com que es tractava d'un cavaller feudal, els nobles de Catalunya es van unir i van formular la seva queixa, per il·legalitat, al rei Jaume II.

El rei va revisar el judici i va donar la raó al poble i autoritat de Barcelona, declarant justa i legítima la sentència executada el 21 de juliol de 1266.

Això és prova de la decadència del feudalis-

Parròquia de Sant Pere de Bigues.

me en aquests moments i l'augment de l'autoritat establerta, especialment la reial.

Es pot consultar gran part de la documentació del sumari judicial generada per condemnar a Huguet. És un llistat d'acusacions i declaracions de l'acusat. Aquest material va ser recopilat per F. Maspons i Labrós. En aquest recull els principals testimonis són els pagesos, que presenten la imatge d'un bandit sense escrúpols. Per això van titular el cas com el d'un «bandoler feudal».

«Huguet és un home de mala fama i va viure molt temps de rapinyes que feia als homes del Vallès», declaració de Benet de Bufateres de la parròquia de Sant Fost.

«Té fama de conversar amb furtius i bandits i viu de la violència i de serveis forçats dels homes del Vallès», declaració de P. Sabater de la sagrera de Sant Sadurní de Montornès.

Destrucció de la casa d'Huguet de Bigues

La persona d'Huguet de Bigues va fer néixer moltes històries populars per tota la geografia vallesana sobre un bandoler català gens positiu amb el poble, al qual va maltractar.

L'enfonsament de la casa, teòricament produït pel terratrèmol de 1448 que tant mal va fer a l'arquitectura catalana, també va generar alguna llegenda o història, perquè es va considerar un fet justicier. La llegenda, evocada per Joan Amades, diu que el Castell de Bigues va desaparèixer esfondrat pel llamp, juntament amb el convent de monges de Sant Miquel del Fai, com a càstig per les disbauxes que el senyor de Bigues i els seus companys de cacera tenien lluny de casa.

EXORCISME DEL CASAL DE BIGUES

Protagonistes: Burres

Tema: Propietats malèfiques de les burres

RESPECTE de la torre de Bigues es va escriure una història l'any 1882 sobre morts misterioses relacionades amb l'aparició d'unes burres i el poder de la religió.

Es diu que l'home que habitava la torre de Bigues no era gens religiós. Una nit, el rector del poble va anar a buscar-lo a casa seva i va veure una burra blanca aturada davant de l'habitació de la filla de la casa. En el moment d'encendre el llum, la burra ja havia desaparegut. L'endemà la seva filla era morta.

Al dia següent va tornar a veure la burra, però aquesta vegada va trobar el seu porcell mort.

Pocs dies després, es va trobar amb un ramat de burres, i va desaparèixer gairebé tota la seva família, estava sol. Fins i tot el poble estava horroritzat, ja que perdien familiars ells també.

Quan va demanar, per fi, ajuda al rector, aquest va beneir tota la casa, així com totes les del poble. D'aquella data endavant, va fer desaparèixer les someres de la zona.

Fonts bibliogràfiques

Hernández Yllan, Manuel; *Yacimiento ibérico de Can Badell,* Museu Arqueològic.

De Sales Maspons i Labrós, Francesc; *Un bandolero feudal. Memoria leída en la Real Academia de Buenas Letras 7 marzo 1898;* Hijos de Jaime Jepús, editores; BCN 1901.

Puiggari, Josep; «Un Serrallonga del siglo XIII»; *Il·lustració Espanyola i Americana;* 1873.

Caldes de Montbui

••• El Farell •••

Nom: el Farell.
Localitat: Caldes de Montbui.
Any de constitució: 1067.
Altitud: 815 m.
1r propietari: domini comtal.
Funció: vigilància i defensa de diverses valls.
Propietat actual: societat de restauració Orchadex, SA.
Estat actual: ara és un mas perfectament reconstruït.

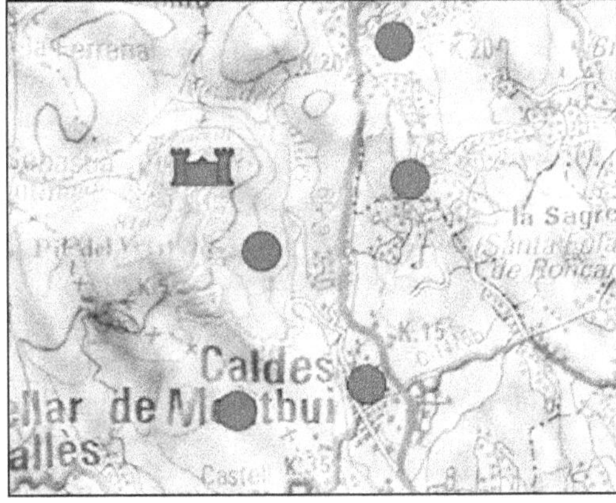

Al darrere mateix de la vila de Caldes, s'aixeca una muntanya anomenada el Farell, que es pot dir que és «la clau del Vallès», a 815 m d'altitud. El Farell era conegut antigament com Montmajor.

Per la banda esquerra s'estenen les muntanyes de Sant Feliu de Codines, Sant Miquel del Fai, el cingle de Bertí, el serrat de Leucata o Puiggraciós, Tagamanent i el Montseny.

La muntanya del Farell, doncs, per la seva bona posició concèntrica dins de la comarca, gaudeix per tot arreu d'una clara vista. El pic del Vent o de Sant Sebastià té una altitud de 815 m. És el cim més alt del terme de Caldes i és un mirador extraordinari des del mar als Pirineus.

L'antic castell estava situat a la defensa de la vall de la Riera de Caldes. En aquesta tasca, hi participa també amb els castells de Torre Vella, Torre Roja, les muralles de Caldes, Montbui, Palau-solità, Sentmenat i Gallifa (aquests tres últims pertanyen a una altra comarca).

Llegendes

El Fort Farell

Protagonista: Gegant
Tema: Força del gegant

SÓN nombroses les llegendes i versions relacionades amb el gegant del Farell, el Fort Farell. La seva llegenda té semblances amb la del Gegant del Pi, i destaca, d'aquest gegantí personatge, principalment, la seva fortalesa i paciència a l'hora de lluitar contra un gegant negre o indi.

Aquest és segurament el gegant més popular del nostre llegendari.

Era tan gran que per caminar feia servir un pi com a bastó, motiu pel qual se'l confon amb el Gegant del Pi de Barcelona. El Farell conreava la terra i amb quatre cops feia la mateixa feina que un centenar d'homes en una setmana. Quan tenia set s'eixarrancava posant un peu als cingles del Bertí i l'altre al pla de la Calma i s'ajupia a beure l'aigua del Congost.

Maspons ens relata una història relacionada amb el gegant Farell.

El gegant del Farell s'anomenava el Fort Farell (diu la tradició que era un home exageradament fort). Un dia, mentre estava llaurant, va venir un soldat del rei que cercava la direcció correcta i anava preguntant als pagesos d'una manera força instigadora. Preguntant, preguntant, va topar-se amb el Fort Farell, que

PROPIETAT DEL FARELL, CALDES DE MONTBUI

L'any 999, el vicari del monestir de Sant Cugat del Vallès va comprar al comte de Barcelona tota la muntanya del Farell.

El Farell està documentat el 1007 com a *Ipso Farello* (FAR), des d'on es feia vigilància amb senyals de llum.

L'any 1167, el comte de Barcelona, Ramon Berenguer IV, va donar el privilegi als esposos Sorian i Ermengarda per poder-se bastir un mas al lloc dit el Farell.

li va contestar agafant l'arada, la parella de bous i la gleva i, posant-ho tot a la mida del braç, el va estirar mostrant-li el camí que havia d'agafar. El soldat, sorprès per aquesta fortalesa, va agafar el camí que aquest li indicava a pas llarg i avergonyit.

De nou, el rei havia vingut a Barcelona, i el Fort Farell, per veure'l i gaudir de les festes, va anar a visitar-lo.

Però un gegant negre que acompanyava el rei (que també devia ser molt fort) va voler demostrar que el Fort Farell valia poc i el va desafiar a lluitar; va manar fer un gran dinar (fins i tot hi havia un bou sencer) i el va reptar a menjar-s'ho tot.

El negre va començar a menjar molt de pressa; en canvi, el Farell ho feia a poc a poc; de tant en tant, el negre s'aturava i deia:

Farellàs, Farellàs,
menja, menja,
que no ho acabaràs.

El Fort Farell no deia res, i el negre, fent bromes, va menjar fins que no va poder més i va començar a bregar. Al principi en Farell s'ho va prendre amb calma, però va arribar un moment en què, fart, el va agafar d'una revolada i el va llençar damunt d'una teulada on va quedar esbocinat en deu mil miques.

La superstición y la brujería en Cataluña, de J. Tomeo i J. Metres Estadella, ens explica una història similar però enfrontant al Fort Farell amb un gegant de les Índies americanes.

Explica la llegenda que quan Colom va arribar a Barcelona, de retorn del seu primer viatge a Amèrica, va presentar als Reis Catòlics un indi gegantí. Les autoritats barcelonines van dir al rei que a Montbui vivia un català que superava l'indi. Es referien a Fort Farell, i descrivien les característiques esmentades anteriorment.

Ferran el Catòlic va voler veure una lluita entre els dos gegants. Per eliminar la vigilància dels guardians de la porta que volien fer-li pagar l'impost de llenya pel pi que feia servir per bastó, el Fort Farell el va llençar per sobre de la muralla de la ciutat de Barcelona i la va creuar d'un salt.

Els dos gegants competeixen menjant i lluitant. L'indi deia, com el gegant negre de la versió anterior:

Menja, menja, Farellàs
que mai més no hi tornaràs.

El Fort Farell no li fa cas. Deixa que l'indi s'esgoti en la batalla, i quan està molt cansat l'agafa per una orella i crida:

Aparteu-vos, gent d'Amèrica,
que allí on caurà,
tot ho aixafarà.

Llança l'indi per l'aire amb tanta força que el va tornar a Amèrica i la victòria es recorda amb aquesta cançó:

El gegant del pi,
ara balla pel camí,
el gegant de la ciutat,
ara balla pel terrat...

Joan Soler i Amigó, a *Mitologia catalana. Dracs, gegants i dones d'aigua,* ens recrea de nou la història, relacionant-la amb la reconquesta.

Aquest gegant Farell no és altre que el que

va protagonitzar la gesta de conquerir la ciutat de Barcelona als moros. Quan el gegant es va assabentar que Barcelona estava en poder dels invasors àrabs, va arrencar de soca-rel el pi més gran de la muntanya i va emprendre decidit el camí cap a la ciutat per tal de reconquerir-la al gegant moro. Tota la gent que trobava al seu pas l'aclamava com el Gegant del Pi i es posava al seu seguici, formant una nombrosa tropa.

Un cop arribat davant de les muralles de Barcelona, la baralla contra el Gegant de la Ciutat va ser a mort: va vèncer el Fort Farell amb el seu pi descomunal contra la simitarra del moro. Gràcies al Gegant del Pi, Barcelona va ser alliberada.

L'exaltació per les multituds del Gegant del Pi, el Fort Farell, presidint les celebracions més lluïdes de la ciutat, es contraposa a la humiliació infligida al gegant moro: el seu cap malcarat, de turbant voluminós i llarga barba, penjarà sota l'orgue de la catedral de Barcelona com a escarni.

Les carasses de sota els orgues de moltes esglésies catalanes –Santa Maria del Mar, els sants Just i Pastor i la catedral de Barcelona, Santa Maria de Vilafranca del Penedès, la Seu de Manresa, entre d'altres– van ser, fins fa no gaire anys, expressió popular d'aquell enfrontament tan antic.

Tanmateix, les malaguanyades carasses despertaven les simpaties de la quitxalla cada any la nit de Nadal: les feien bramar desmesuradament mentre de la seva boca descomunal de mandíbula mòbil rajaven glopades de llaminadures i confits, que tots cuitaven a recollir a estiracabells. Fa pocs anys que a la catedral de Barcelona s'ha recuperat aquesta simpàtica tradició nadalenca.

Andreu Canals ens en dóna una altra versió en què insisteix en el caràcter pacífic del gegant i l'enfronta també a un gegant àrab. La baralla entre tots dos gegants està promoguda per un desig burleta dels ciutadans incentivada per la seva bondat i candidesa. El Fort Farell va iniciar la lluita confiant en les persones bondadoses de la ciutat i quan va veure la seva mala fe es va enfadar, va guanyar i va marxar ràpidament cap a Caldes, perseguit pels barcelonins, que li feien una cantarella.

L'arribada al seu poble explica la formació llegendària del Farell: la història ens diu que, cansat, el Fort Farell es va estirar a terra a descansar i va ser sorprès per una forta calamarsada que el va agafar desprevingut. Cobert per la pedra, va formar aquesta ferma muntanya.

Origen dels rius vallesans

Protagonista: Gegant
Tema: Origen dels rius vallesans

L'origen i l'orografia del Vallès estan íntimament relacionades amb el Fort Farell. Es diu que antigament aquesta comarca era un gran llac que anava de Sant Cugat al Llobregat. Però un dia, el pastor gegantí Fort Farell, va començar a obrir un regueró, que va dessecar el llac i el va fer anar a «desguassar» per sota de Badalona, cap a la mar blavosa. Tan sols van quedar cinc petites conques naturals: el Ripollet o riu Ripoll, la Riera de Caldes, la de Bigues o de Tenes, i el Congost o Riera de Granollers.

El Farell i els núvols

Protagonista: Gegant
Tema: El gegant en relació amb les nuvolades

Pel Vallès s'acostuma a veure un núvol gros de forma bigarrada i molt variable que diuen que és el Farell que assenyala el lloc on va néixer. Si el Farell es lleva de bon humor, es limita a córrer pel cel com un esperitat, canviant de fisonomia a cada moment i fent mil ganyotes, però si es lleva enfadat fa els disbarats més grans i la seva presència es torna temible, ja que posa en la maldat tota la seva força de gegant.

Caldes de Montbui

••• La Torre Roja •••

Nom: el primitiu nom de la fortificació era Castellar o Puig Castellar. El topònim «Torre Roja» sorgeix posteriorment a l'Edat Mitjana.
Localitat: Caldes de Montbui.
Any de constitució: 1529.
Altitud: 393 m.
1r propietari: domini comtal.
Funció: la torre està situada en un antic poblat ibèric i tenia funció de talaia.
Propietat actual: municipal.
Estat actual: ruïnós. El poblat iber que hi ha al seu voltant està en procés d'excavació.

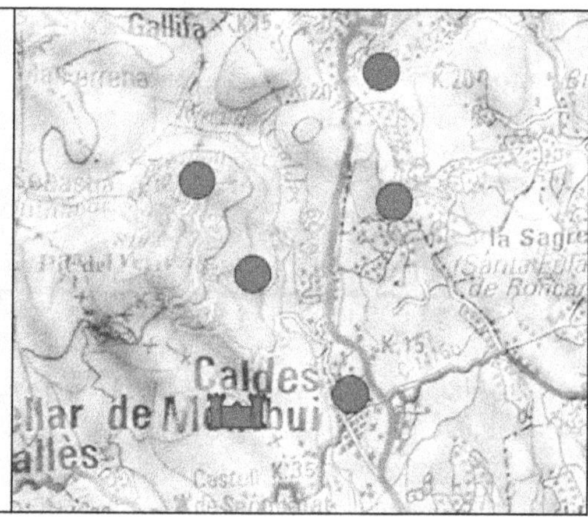

Les ruïnoses parets de la Torre Roja es troben al cim d'un turó estratègic d'una de les serres que fa de contrafort a la muntanya del Farell, des d'on es domina Caldes, Sentmenat i una panoràmica de tot el Vallès central. Gràcies a la seva situació, els habitants del turó dominaven perfectament el pas a través de la Riera de Caldes.

S'hi han trobat els fonaments d'un assentament ibèric amb restes de materials ibers d'entre els ss. IV aC-I dC. Durant les excavacions arqueològiques del poblat iber s'han localitzat les sepultures d'onze cadàvers adults, en perfectes condicions, sense aixovar. S'han tret a la llum, també, els cossos de tres infants en una casa de grans dimensions. Els nens eren els únics que els ibers enterraven, ja que no solien fer-ho amb els cadàvers dels adults. Aquest fet fa pensar que aquest edifici devia ser un espai de reunió i culte. Les excavacions continuen.

Els poblats ibers acostumaven a configurar-se a partir d'un carrer central amb una bateria de cases adossades, aprofitant la muralla de la ciutadella com a façana posterior. El que està situat en aquest turó es troba just al marge entre la zona dels lacetans i dels laietans.

El nom primitiu del turó on hi ha la Torre Roja era Puig Castellar.

La sorra de tota la muntanya és d'un vermell argilós, i això explica la denominació de la fortificació.

La torre està situada a la defensa de la vall de la Riera de Caldes. En aquesta tasca hi participa també amb els castells de Torre Vella, el Farell, les muralles de Caldes, Montbui, Palausolità, Sentmenat i Gallifa (aquests tres últims pertanyen a una altra comarca).

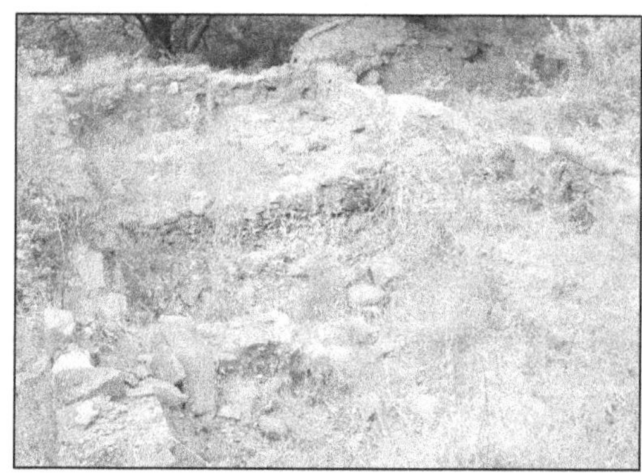

Restes de construccions al poblat iber de la Torre Roja.

Descripció del castell

El conjunt arquitectònic de la Torre Roja està format avui per dos grans focus d'atenció datats en èpoques diferents però situats al mateix indret: l'excavació del poblat ibèric i la Torre Roja pròpiament dita. Aquí només parlarem d'aquesta última, que és el centre de la nostra investigació. Moltes de les torres de guaita que hem descrit anteriorment també estaven situades en llocs on s'han trobat restes de fortificacions o poblats ibers. Aquest fet ja prova la qualitat estratègica d'aquesta localització, des de la qual no només es dominen tots els grans cims del Vallès Oriental i Occidental (Montseny, serralada Prelitoral, Sant Llorenç de Munt, etc.), sinó també tota la plana central del Vallès i, especialment, molts quilòmetres de la Riera de Caldes.

La Torre Roja no està completa i està formada per dues torres concèntriques.

Hi ha una part de la torre que s'orienta cap a la plana de Caldes i una altra, vers la muntanya.

Només conserva la part baixa de la seva estructura de planta circular. Hi ha dues torres concèntriques, l'una a l'exterior i l'altra a l'interior, que corresponen a dues etapes molt llunyanes en el temps; la més antiga (s. X) és la interna, mentre que l'altra és de l'època moderna. Pere Català i Roca creu que es poden veure els seus fonaments romans.

Les pedres de tots dos murs estan unides amb calç. Hi ha dues hipòtesis quant a l'evolució de la construcció: la primera diu que la torre exterior pertany a l'època romana i que es va introduir una torre de l'Alta Edat Mitjana. L' altra possibilitat és que a la torre interior s'hi hagués afegit, durant la mateixa Edat Mitjana, una torre exterior per consolidar-la. Es conserva una alçada d'1,70 m (torre exterior) i, actualment, la interior és 1,40 m més alta.

L'any 1867, Cornet i Mas *(Guía del viajero en Caldes)* descriu que hi veia «un lienzo de muralla en que se descubrían aún los vestigios de las almenas y una torre de forma redonda de 5-6 varas de diámetro, coincidiendo con un segundo cuerpo que la había rodeado a manera de corredor la distancia de unos palmos». L'efecte destructiu després d'aquest 1867 ha estat molt important, ja que avui podem veure molt menys del que aquest senyor descrivia. D'aquesta muralla o mur perimetral avui no en podem distingir ni el basament.

L'adjectiu del seu nom, a part de l'explicació llegendària, té una clara explicació per l'argila vermellosa que la compon i envolta.

Entre el terme del Farell i la Torre Roja trobem el gorg d'en Pèlags. El lloc, anomenat *Pelech cubertrat*, surt documentat a partir de 1340. És el nom del salt d'aigua i gorg cobert de tosca que es forma a la Riera de Codonys. Es forma un replà penjat sobre la fonda gorja on salta el riu. Hi ha una font, que surt de la roca, ran del cingle del gorg. És un racó de gran riquesa botànica: hi ha enormes roures i alzines.

Llegendes

LES LLIGACAMES DE LES SIS DONZELLES

Protagonistes: Cavallers

Tema: Assassinat justicier, etimologia

RECOLLIDA l'any 1856, aquesta és la narració d'un assassinat amorós.

Aquest fet llegendari està ressenyat al llibre *Guía del cicerone,* de Climent Cuspinera, i apareix esmentat també per Víctor Balaguer a *Una expedició a Sant Miquel del Fai.*

En Guillem de Saportella (del qual descendeix el senyor Vilallonga, baró de Segur) no es treia mai l'armadura, per una promesa que havia fet, era molt fort i manejava molt bé les armes. Va conquerir terres per al comte de Barcelona i per a ell.

A la guerra contra els moros, havia ajudat Guifré el Pilós i aquest, com a premi, li va proposar triar entre tres privilegis: donar-li cinquanta almogàvers; fer-lo senyor d'un castell; o bé (el que va triar), escollir sis nobles que conegués per armar-los cavallers i servidors seus.

En Guillem va fer jurar als cavallers tota una sèrie de coses: que donarien protecció als dèbils, a les vídues i als orfes, i que el reconeixerien com a capità.

Es va dirigir cap al turó de Montbui, on tenia la seva tenda amb els seus cavallers. Van parar a Caldes perquè van sentir una festa: era una cerimònia nupcial. Allà van trobar cinc donzelles molt precioses.

Guillem es va declarar i va obsequiar la núvia amb una cinta verda d'or; li va dir que ell sempre estaria a la seva disposició per quan el necessités, només calia que li fes arribar aquella cinta i ell vindria al seu rescat. Els sis cavallers també van fer un present a cada una de les donzelles i van seguir el seu camí.

Aquella mateixa nit va rebre la faixa verda d'un camperol, el nuvi: els seus sis cavallers no eren a les tendes perquè havien segrestat les donzelles (incloent-hi la núvia) i les havien portat a la Torre Roja. Havien desobeït les seves ordres, i si tot el que deia el camperol era veritat ho pagarien car. Es van dirigir cap a la Torre Roja, on havien anat tots.

Quan va arribar es va deixar guiar per les veus i va entrar a l'habitació on hi havia totes les donzelles lligades; els cavallers se les estaven rifant. Es van quedar sorpresos quan van veure'l entrar. Un immens silenci es va apoderar de l'habitació durant uns llargs minuts. Guillem estava indignat per l'actitud dels seus valents i l'incompliment del seu jurament.

De sobte, es van presentar un munt d'escuders i el marit de la núvia. Saportella va deslligar les dones i aquestes li van donar mil gràcies i li van demanar una lligacama per cadascuna. Guillem va ordenar fer un nus al coll de cada cavaller amb les lligacames de les donzelles; volia cometre un assassinat. Els cavallers li pregaren que els permetés travessar-se una espasa. Ells mateixos havien reconegut el seus crims.

Els va concedir la petició, i així ho van fer. Tota la cambra es va inundar de sang, i les escales i el pati també. Des de llavors aquesta torre de Caldes s'anomena «la Torre Roja».

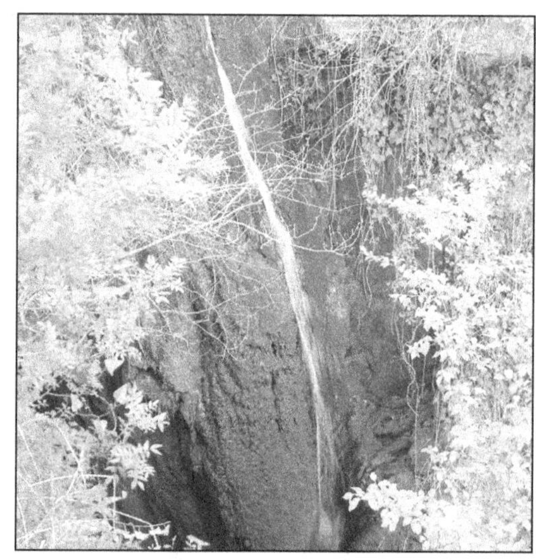

Salt d'aigua i gorg d'en Pèlags, al lloc anomenat Pelech cubertrat*, documentat a partir de l'any 1340, de gran riquesa botànica.*

En Guillem va demanar al comte de Barcelona els seus cinquanta almogàvers, i va morir jove en una batalla contra els moros.

Joan Amades fa una altra versió de la mateixa llegenda, en què Saportella no dóna una cinta verda a la núvia sinó un anell, i no concedeix cap demanda als cavallers i els penja amb les lligacames de les noies.

EL GORG D'EN PÈLAGS

Protagonistes: Fades o dones d'aigua
Tema: Reunió de fades

SEGONS la tradició, la vigília de Sant Joan Baptista, a les dotze de la nit, es reuneixen en aquest indret totes les fades de l'entorn i tenen consell general a redós del gorg.

Fonts bibliogràfiques

Vila, Toni; «Localitzen una sepultura medival a la Torre Roja de Caldes»; *El 9Nou;* 18 març de 2005.

Caldes de Montbui

••• Palau Reial, pont i muralles de la ciutat •••

Nom: Palau Reial i muralla de Caldes.
Localitat: Caldes de Montbui.
Altitud: 203 m.
1er propietari: comte de Barcelona.
Funció: residència reial (el palau) i defensa del poble (muralla).
Propietat actual: municipal.
Estat actual: palau enrunat i fragment de muralla.

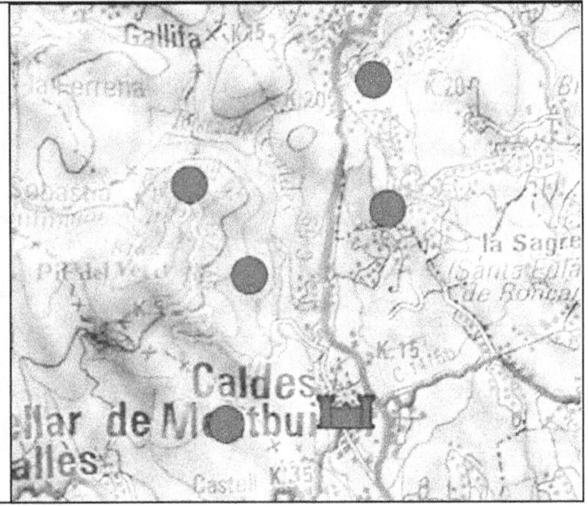

Es desconeixen elements ibers a la zona de l'actual ciutat de Caldes, però tota la vall que hi ha entre el Tenes i la Riera de Caldes va estar densament poblada d'habitacles ibers dispersos. A curta distància de la ciutat, al puig Castellar, trobem les excavacions d'un poblat iber: la Torre Roja. Caldes, per tant, va estar en una zona d'important influència d'aquest poble.

Aquae Calidae (Caldes) va ser una de les ciutats importants del món romà a Catalunya, coneixedor de les capacitats benèfiques de les seves aigües termals. Hi havia una important via romana que anava de Barcelona (Barcino) a Vic (Ausa) passant per Caldes. Això implica que el poblament a la zona és continu des de l'època romana fins a l'actualitat i que, possiblement, la seva antiguitat es remunti encara més temps.

Les diferents defenses de la ciutat estaven situades a la protecció de la vall de la Riera de Caldes. En aquesta tasca hi participen les muralles de Caldes i els castells de Torre Vella, Torre Roja, el Farell, Montbui, Palau-solità, Sentmenat i Gallifa (aquest tres últims pertanyen a una altra comarca).

Les muralles de Caldes són una fortificació amb característiques notablement diferents que els altres castells o cases fortes mencionades. Les fortificacions d'un castell, per exemple, són un sistema de defensa però, especialment per la seva situació estratègica i la seva visibilitat, afavoreixen l'atac a l'enemic el en cas d'invasió. Les muralles d'una ciutat com Caldes o Granollers són, gairebé exclusivament, un mètode de protecció contra els enemics i els lladres de ciutats i riqueses que es guarden al seu interior. En aquest cas estem parlant dels dos grans mercats del Vallès. Aquestes ciutats emmurallades no poden estar en llocs estratègics, perquè han d'estar en encreuaments de camins importants, per afavorir el comerç. Caldes estava situada a l'encreuament de la via romana de Barcelona a Vic i una altra via de Mataró (Iluro) a Caldes. A l'Edat Mitjana, aquestes vies s'anomenaven camins reials. Si les ciutats estan vora els camins es dedueix que es troben en llocs molt vulnerables i, possiblement, si no haguessin estat mercats tan importants no haurien estat tan fortificades. Des del s. XII hi va haver mercat setmanal comarcal, que era privilegi

PROPIETAT DE LA CIUTAT DE CALDES

Caldes tenia jurisdicció reial i era capital de la vegueria del Vallès. El rei hi tenia un palau reial per sojornar-hi. També hi havia la presó de la vegueria.
L'any 1320 Caldes va perdre la capital de la vegueria a favor de Granollers, l'altre gran mercat rival del Vallès. El palau era responsabilitat, a partir de 1323, del bisbe de Vic. Per això també es va conèixer com Palau del Bisbe de Vic.
L'any 1351 Caldes era carrer de Barcelona i començà la seva vida municipal. A partir d'aquest moment, Caldes és venuda múltiples vegades.

(1380) **Guillem Ramon de Montcada i Peralta.**

(1382) **Pere d'Urgell,** comte d'Urgell.

(1410) **Elionor de Fenollar.**	∞ ↓	Ramon Torrelles i Blanes.
Martí Benet de Torrelles i de Fenollar.		

L'any 1445 Caldes torna a ser nomenada carrer de Barcelona.
Durant la guerra de Remences, Caldes és contrària a Joan II.
Durant la guerra contra el Francès i la guerra Carlina, Caldes va ser atacada i incendiada.

(1907) **Anna Girona i Vidal,** marquesa de Caldes.	∞ ↓	Domènec Joan de Sanllehy i Alrich.
Carles Sanllehy Girona, segon marquès de Caldes.	↓	

reial. Durant els ss. XIII i XIV fou un prestigiós centre menestral on destacaven les indústries de draperia (fabricació de draps) i blanqueria (adob de pell).

Caldes està situada a l'encreuament de dues branques del camí reial, però també a Caldes coincidien tres grans rutes comercials: el camí del vi, del Vallès cap a la plana de Vic; el camí del blat, de la plana a Barcelona; i el camí del glaç, també de la plana a Barcelona. També hi passa la via ramadera.

La gran diferència entre Caldes i Granollers va ser que la primera era lloc reial, la monarquia catalana no només tenia la jurisdicció i el benefici del terme, sinó que hi tenia residència, un palau.

El comte de Barcelona, Ramon Berenguer, era el més gran terratinent de Caldes, ja que posseïa masos i la major part dels boscos. Gran part rural del terme municipal actual de Caldes pertanyia al Castell de Montbui, d'aquí el nom de la població.

Caldes va actuar, durant l'Edat Mitjana fins a l'any 1320 (moment en què la capitalitat la va tenir Granollers), com una espècie de centre polític comarcal. A la ciutat hi havia el Palau Reial i les dependències del veguer. El rector de Caldes, des del 1324, va tenir el títol d'Ardiaca del Vallès.

Malgrat la rivalitat, Caldes i Granollers van viure gran part de la seva història sota el poder dels mateixos senyors, ja que les baronies de Montbui i la Roca van tenir en molts moments una vida paral·lela.

Descripció de la fortificació

La poderosa muralla que estem descrivint era un circuit de murs amb portals i torres que els protegien i que avui no existeix de forma completa, perquè el creixement de la ciutat ha obligat a ampliar la seva superfície.

L'estructura d'aquesta muralla forma una el·lipse en la qual un dels seus laterals llargs és paral·lel a la Riera de Caldes, fins al torrent de Can Camp. A partir d'aquí, l'altre lateral llarg es correspon en l'actualitat amb l'avinguda de Pi i Maragall i el carrer Major, fins a tancar l'oval de nou a la Riera de Caldes.

Aquesta estructura ens resulta força evident avui, perquè es conserven els corredors paral·lels que resseguien la muralla en tota la seva extensió, com una mena de passeig de ronda, amb el nom actual de Corredossos (de dalt i de baix).

A l'interior de la muralla, la disposició dels carrers ens remet al model d'estructura urbana de les ciutats romanes: una gran plaça central i l'antic fòrum romà, en el qual desemboquen els carrers principals que, de nord a sud i d'est a oest, es creuen en perpendicular. La plaça s'obre a tocar de la font d'aigua calenta.

A partir de la plaça, els quatre carrers principals conduïen a l'exterior de la població tot travessant quatre sortides, els portals més antics de Caldes: el de Vic, el de Santa Susanna, el del Salze i el de Santa Esperança.

A la mateixa plaça resten encara algunes construccions medievals. Al costat de les termes romanes hi ha l'hospital de Santa Susanna, edificat al s. XIV (encara que reformat al s. XVI), i darrere d'aquest edifici, hi trobem la capella de Santa Susanna, de la qual es tenen notícies des del s. XI. L'antic hospital acull el Museu de Caldes, o Museu Thermàlia.

A la plaça de l'església hi ha l'església de Santa Maria, lloc que anteriorment ocupaven l'antic Palau Reial i una església romànica.

Els portals de les muralles devien estar formats per dues torres oposades (avui només queda la torre de Bellit). Cada una devia tenir una capelleta superior dedicada a l'advocació d'un sant, rengleres de sageteres i devia estar coronada de merlets.

Si comencem un itinerari per la muralla a partir de l'extrem nord-oest, pel Portal del Pont (1) (davant de l'actual aparcament municipal descobert), veurem els fragments de muralles més evidents de tot el municipi. Aquesta muralla està integrada a les façanes de les cases situades a la baixada del carrer Major i al carrer del Pont. Aquest portal havia de ser molt poderós perquè el pont era l'element imprescindible per travessar la Riera de Caldes. A continuació teníem el portal de Santa Susanna (2), que comunicava amb la capella de Santa Susanna, l'hospital amb el nom de la mateixa santa (on s'allotjaven els forasters i els pobres del voltant) i la plaça Major. Aquest portal donava directament a la riera. Continuant cap al sud per la vora de la riera trobem un altre portal molt important, la Portalera (3), que avui es correspon amb la cantonada dels carrers Roma i Muralla. Aquest punt es relaciona amb un altre indret fonamental de la ciutat medieval. A la dreta del portal hi trobem l'església de Santa Maria i el que fou el Palau Reial. En aquesta zona, uns 30 m al voltant de l'església, també hi hauria el cementiri.

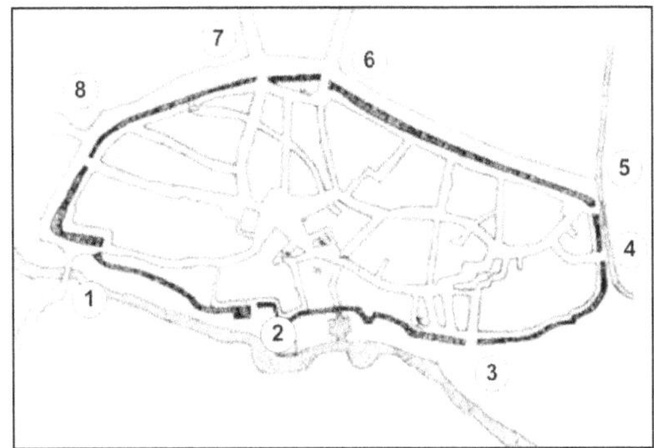

Esquema de la muralla de Caldes de Montbui a l'actualitat.

El camí ral, l'antiga via romana, que venia de Barcelona, entrava a Caldes per la Portalera. Entrant per aquesta porta a mà esquerra trobàvem el Call jueu.

Ja al sud ens trobem amb l'altra riera que desaigua en aquest punt a la riera de Caldes. Aquí hi havia un altre portal, el de Santa Esperança (4). Entrant per aquest portal a mà esquerra havíem de trobar el Palau Reial de grans dimensions. Avui aquest portal comunica el parc del Bugarai.

A poca distància trobem el portal d'en Roig o de l'Àngel. Era un portal també important i ben defensat, perquè significa una possible sortida cap a Barcelona. Avui es correspon amb l'avinguda Pi i Maragall i hi trobem un pont

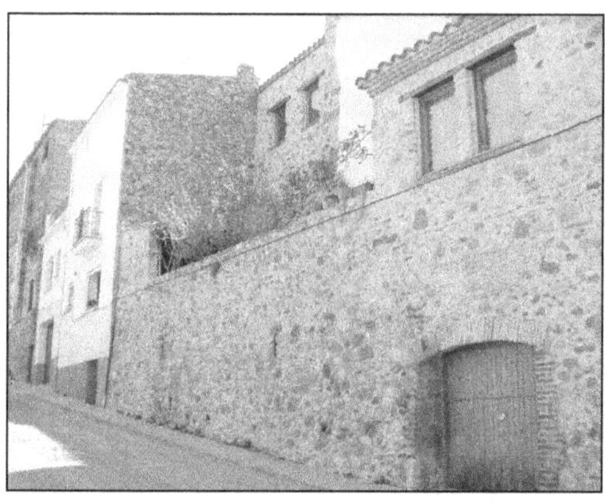

Imatge d'un fragment de la muralla de Caldes de Montbui totalment integrat en l'estructura arquitectònica de les vivendes actuals en el centre de la ciutat.

modern (antigament n'hi deuria haver també un de romànic).

A l'alçada de la plaça Major, però a la muralla est, tenim el portal del Salze (6), per on passa el Torrent del Salze, que entrava al centre de la ciutat. Era l'única aigua freda de què es disposava, i desaiguava a la riera. Avui trobem aquest portal al carrer que duu el mateix nom: Torrent del Salze.

Molt a prop d'aquest portal trobem el portal Nou (7) o d'en Bellit. La porta estava franquejada per dues torres, de les quals només queda la torre d'en Bellit o també anomenada «la Presó». L'antiga torre del portal d'en Bellit i del camí de Bigues va ser edificada l'any 1347. El 1867 va ser rehabilitada per fer de presó. La seva estructura arquitectònica és la típica del sistema emmurallat i defensiu medieval. La torrassa té una forma gairebé semicircular per la part de fora de la ciutat antiga, per contra, l'interior és gairebé recte. Aquesta forma busca augmentar el perímetre exterior per tenir una millor defensa. La torre està formada per una planta baixa i dos pisos. L'ampit de la coberta està rematat per merlets fets en una restauració recent.

El portal que tenim al nord era el portal de Vic (8), on arribava el camí ral de Vic, i antiga via romana. Avui és el punt on el carrer Major passa a dir-se passeig del Remei.

Sabem que Pere el Cerimoniós va disposar una ciutat amb nou portals. El novè podria estar a la muralla est, coincidint amb els actuals carrers Agulló o Madella, perquè estava comunicat directament amb la plaça Major, però no tenim documentació sobre això.

El pont consta de dos arcs de mig punt de diferent amplada, recolzats en un pilar central i dos estreps laterals que l'enllacen amb els marges de la riera. L'arc més gran, situat a l'esquerra si mirem aigües amunt, és el que salva el pas de l'aigua. El de la dreta, de dimensions més reduïdes, està situat en un replà rocós, en una cota més elevada respecte del nivell del llit de la riera. Aquest és d'estil romànic aprofitant l'estructura i la situació d'un pont anterior, segurament romà, del qual només queda la base del pilar central, la de l'estrep dret i, potser també, alguna resta de l'esquerre. S'ha modificat i reconstruït durant els ss. XVI-XVII i XIX.

Llegendes

ORIGEN DE LES AIGÜES TERMALS

Protagonistes: Aigües termals
Tema: Origen de les aigües

DES de l'antiguitat, l'home ha associat l'interior de la Terra amb el foc. Segurament arran de l'observació dels fenòmens volcànics i les surgències d'aigües termals. Aquests fenòmens només es poden explicar si es pren en consideració l'existència d'algun focus calent en profunditat.

A la mitologia de l'antiga Roma ho van solucionar atribuint les emanacions volcàniques a l'activitat de Vulcà, fill de Júpiter i Juno i espòs de Venus, el déu del foc i de l'elaboració dels metalls que, sota terra, forjava les armes dels altres déus. Així es creia que les erupcions volcàniques eren producte de la seva activitat a la forja subterrània i s'entenia que res de bo es preparava i els déus s'estaven armant. Anteriorment, a Grècia, segurament perquè els fenòmens volcànics no eren tant a la vista com a tocar del Vesubi, aquest déu no existia, però alguns dels seus poders s'atribuïen a Plutó o Hades, fill de Cronos i de Rea, déu dels morts, els inferns, les profunditats de la Terra, i la riquesa, sobretot la que proporcionaven els metalls arrencats de les profunditats d'aquesta.

La mitologia cristiana, que beu de Grècia i Roma, situa sota terra l'infern, el foc etern, el regne del Diable, i en la imaginació medieval es manté aquesta idea d'un món sobrenatural subterrani lligat, entre altres atributs, al foc, i així passa a la cultura popular i a la toponímia.

L'explicació científica de l'escalfor anòmala de les aigües termals de Caldes de Montbui està relacionada amb l'activitat de la falla del Vallès, que ha permès l'ensorrament de la plana del Vallès respecte de la serralada Prelitoral (Montseny, el Farell, la Mola...). De fet, al llarg d'aquesta falla hi ha més surgències termals, amb aigües de característiques i propietats similars i que comparteixen el mateix origen que les de Caldes.

L'explicació llegendària local es relaciona amb una àliga: diuen que fa molts anys, una àguila enorme feia temps que havia fet el seu cau a Sant Feliu de Codines. Aquesta àliga era un animal enorme, que esgarrifava només de veure, i quan passava volant per damunt de Caldes, gairebé semblava que fos de nit. Aquest animal tenia el costum de caçar les ovelles dels habitants i la gent vivia aterrida.

Per protegir els seus ramats havien decidit amagar-los a les Elies. Allà hi ha una balma enclotada en els contraforts del Farell, i hi estaven protegides perquè l'àliga no tenia prou espai per a planejar.

Una vegada, una ovella es va perdre i va sortir de la zona protegida i l'àliga se la va emportar cap al seu niu. El noiet que vigilava el ramat, per no patir el càstig d'incomplir les seves feines, va agafar uns quants còdols i la seguí al seu cau. Allà li va llençar pedres i li va ferir l'ull, deixant-la mig estabornida. Va agafar el xai i va tornar ràpidament al poble.

Fragment de la muralla de Caldes de Montbui integrat en la retícula urbana.

Quan l'àliga es va refer volia castigar el poble; decidí agafar una gran pedra, d'un o dos quintars, per tal d'esclafar les cases del poble. Va llençar la pedra damunt de la població, però va caure enmig dels camps i va fer un forat enorme.

Quan van arribar els habitants van veure que de dins del forat brollava aigua calenta i tothom va ser molt feliç.

L'àliga, quan va veure l'alegria de tot el poble, plena de ràbia, no va sortir mai més del seu niu fins que va morir.

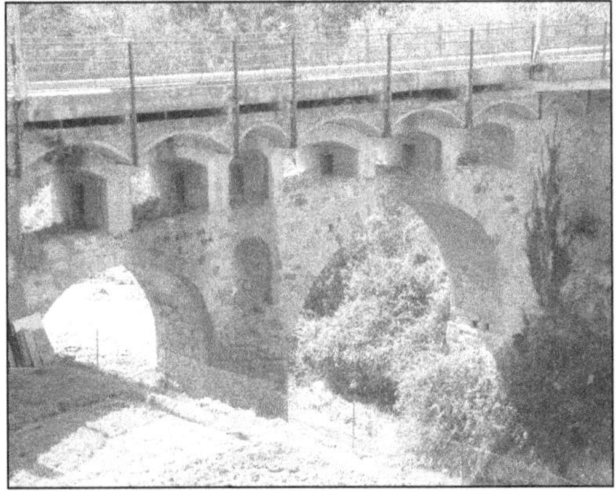

El pont romànic de Caldes de Montbui.

LA LLEGENDA DE LA FADA DEL CAMPANAR

Protagonistes: Fades
Tema: Gorg, dona d'aigua i encantament de pedra

CONTEN que al campanar de Caldes, hi vivia una fada que es divertia fent sonar les campanes un xic abans de l'albada i veient la cara empipada de la gent que s'adonava massa tard que encara era fosc; o repicant-les injustificadament, o fent foc. El seus repics també havien servit alguna vegada per allunyar tempestes i pedregades. Tothom es queixava al sagristà que feia de campaner. Aquests, els campaners, durant generacions, havien guardat silenci sobre l'origen de les campanades.

El fill del campaner volia desxifrar el misteri però no podia veure la fada perquè els humans no tenen aquesta capacitat. La fada, per fer-lo desistir, va decidir fer-se una mica visible posant-se enmig d'un raig de lluna. La visió era tan magnífica que Pere se'n va enamorar immediatament.

Quan es va despertar va buscar per tot arreu aquella noia, però no la trobava. Va recordar que el seu avi li havia dit que la nit de Sant Joan, al gorg d'en Pèlags s'ajuntaven totes les fades de la contrada i prenien consistència corpòria i es podia parlar amb elles. Però si les fades veien algú que les espiava el castigaven d'una forma terrible.

Termes romanes a Caldes de Montbui.

En Pere ho va fer i se li van aparèixer les fades de la contrada: la fada del molí de l'esclop, la de Sant Sebastià de Montmajor, la del Castell de Montbui, la del Castell de Sentmenat, la del Palau Solità... i la del campanar de Caldes.

Ell, sense poder-se reprimir, oblidant tota precaució, va travessar les aigües del gorg i es va dirigir cap a la reunió. En descobrir-lo, la fada de la Torre Roja, la més vella, va decidir convertir-lo en pedra. La fada del campanar va estar d'acord, però va demanar que fos la pedra del gorg perquè es poguessin veure cada any. I així va passar i cada any li retornava la consciència.

Quan a les nits de lluna plena repica el campanar es pot veure una petita claror al costat de la columna; és la fada.

LA CAPELLA DEL REMEI I LA PLUJA

Protagonista: Verge
Tema: Fe per demanar aigua

DIU la tradició que la capella del Remei era una de les capelles del Vallès on el veïnat i gent d'altres parròquies solien acudir solemnement per tal de demanar pluja. Les principals són: la Mare de Déu del Corredor, la de Bellulla (Canovelles), la de Sant Esteve de Vilanova de la Roca (avui anomenat Santa Quitèria), la del Remei (a Caldes de Montbui), i la Torre de les Aigües (Palou).

Fonts bibliogràfiques

Ballart, Josep; *Resum de la història de Caldes de Montbui;* Ajuntament de Caldes.

XIX Ronda vallesana. Caldes de Montbui; Unió Excursionista de Sabadell; 1998.

Caldes de Montbui

◆◆◆ Torre Vella o Torre Nova ◆◆◆

Nom: es coneix amb el topònim de Torre Vella («Casabeya» des de 1299).
Localitat: Caldes de Montbui.
1r propietari: monestir de Sant Cugat del Vallès.
Funció: caràcter defensiu.
Propietat actual: abandonada com a torre defensiva entre els ss. XIV-XV, avui és una masia a nom de Julián Saiz Saiz.
Estat actual: la tipologia constructiva de les restes actuals i visibles es correspon a la dels ss. X i XI.
Reconstrucció: avui està totalment reconstruïda.

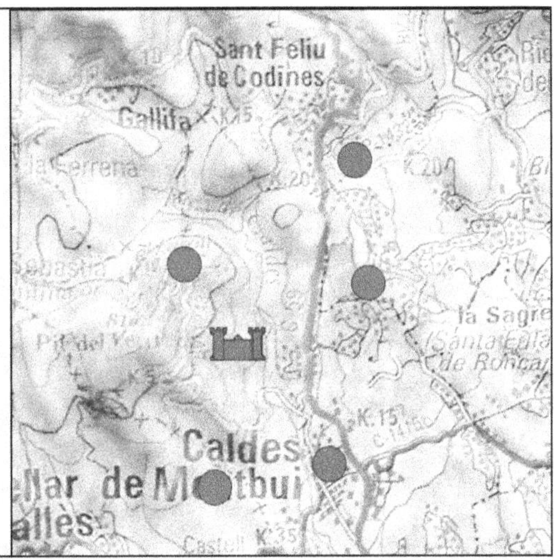

La torre està situada a la defensa de la vall de la Riera de Caldes. En aquesta tasca participa també amb els castells del Farell, Torre Roja, les Muralles de Caldes, Montbui, Palau-solità, Sentmenat i Gallifa (aquests tres últims pertanyen a una altra comarca).

Està situada dalt d'un turonet entre la riera i la muntanya del Farell, aïllada, envoltada de terres. El color clar del material de la seva façana i la seva situació fan que la casa sigui visible des de molt lluny.

La Torre Vella.

Descripció del castell

La torre és de planta quadrangular, de 4,20 m per 5,40 m. L'edifici principal té tres pisos d'alçada i, a partir d'aquí, s'inicia la torre de vigilància. Els murs fan entre 1 m i 1,10 m de gruix.

Durant segles, aquesta torre ha estat en ruïnes, però fa poc temps ha estat reconstruïda de forma força fidel a l'original i s'utilitza com a mas. Va ser propietat de Vidal de Vallgornera i Branciforte (mort el 1768), quart duc de l'Aranella, príncep de Niscemi, senyor d'Albons i de la torre de Caldes, habitant de Palerm (Si-

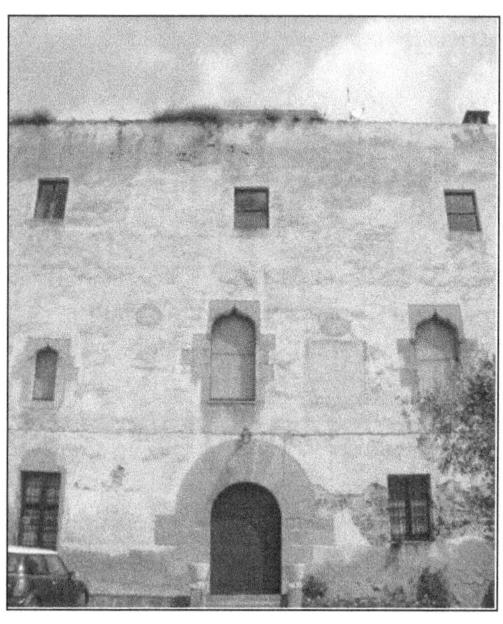

Imatges de la façana de la Torre Vella, a Caldes de Montbui.

cília). L'any 1887 ens consta que estava deshabitada i en ruïnes.

S'han recuperat algunes restes de ceràmica que es poden datar entre els ss. X i XI.

A totes les façanes de l'edifici s'hi poden veure finestrals gòtics.

La porta principal és allindada amb arc de mig punt.

Llegendes

EL MAS DE LES SERPS

Personatge: Serp
Tema: Por a les runes

AQUESTA casa es coneix amb el nom de Mas de les Serps. La tradició popular diu que va pertànyer a un poderós cavaller que va anar a fer productiu i habitable aquell indret tan isolat i va construir-hi una casa senyorial. Tothom fuig d'aquesta casa perquè està habitada per serps, especialment per una de molt gran que ha travessat dues vegades el mar. Amb la seva mirada, o amb la lluentor del gros carboncle que porta al mig del front, enlluerna i fascina de tal forma que qui l'arriba a veure mor dessagnat, xuclat per la terrible bèstia.

Diuen també que quan aquesta serp mou les seves anelles enormes es produeix un terratrèmol i se sent de molt lluny, com si algú arrossegués unes cadenes enormes.

Fonts bibliogràfiques

Història

Maspons i Labrós, Francesc; «Excursió collectiva al Farell»; *Butlletí de l'Associació d'Excursions Catalana;* 1887 vol. IX.

Llegendes

Bell-lloc, Maria; *Llegendes catalanes;* Tipografia espanyola; 1881.

CÀNOVES I SAMALÚS

••• CASTELL DE CÀNOVES •••

Nom: Castell de Cànoves.
Localitat: Cànoves.
Any de constitució: les primeres notícies són de l'any 1113.
Altitud: 346 m.
1r Propietari: Ramon Guillem de «Canoas».
Funció: vil·la romana que protegia la via romana que anava de Granollers a Cànoves.
Propietat actual: Francesc Melenchón.
Estat actual: força malmès.

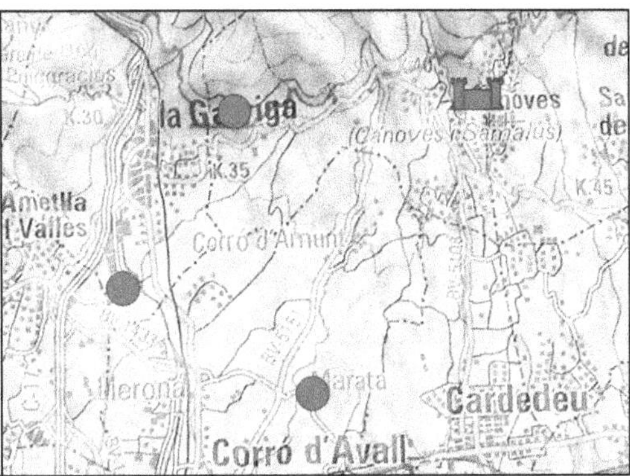

Cànoves va ser una vil·la romana situada a la via romana que anava de Granollers a Cànoves. Després, va servir per defensar el camí ral medieval, una vegada situat el castell a la defensa de la vall de Vallfornès. En aquesta tasca participa també amb els castells de Tagamanent, Samalús i Vallfornès. Cànoves i Samalús es van unir per primera vegada al s. XV, però després van formar batllies separades, fins a la fusió definitiva en un sol terme l'any 1840.

Aquest és un castell molt diferent als altres; es troba en un lloc molt baix, prop d'un camí que surt cap al Montseny. Les restes del castell romanen dipositades a prop de la riera de Vallfornès, al costat d'un mas nou anomenat el Castell, davant del molí de les Pipes i a uns 600 m del nucli antic del poble de Cànoves.

Descripció del castell

Del Castell de Cànoves, situat al peu de la carretera de Vallfornès, no en resta sinó un munt de runa força notable que, a més del mur amb les obertures d'antics finestrals amb forma d'arc de mig punt rebaixat, té dins del seu perímetre altres murs força alts amb espitlleres. De la majoria de parets només queden els fonaments i pedres enmig de la runa i la vegetació.

La seva situació no era gaire estratègica, motiu pel qual semblava més aviat un casal residencial que no pas a una fortalesa militar.

Es fa difícil identificar el perímetre del mur, ja que està pràcticament enderrocat. La part que millor es conserva és, potser, una que dóna al mas, un lloc força alt amb tres grans finestres. És difícil saber les característiques pròpies d'aquest edifici, ja que era força gran.

Els murs de la nau orientada de nord-est a

Imatge de les restes del Castell de Cànoves abans de la seva reconstrucció. (A. Gallardo, arxiu CEC.)

PROPIETAT DEL

El 1025 Berenguer Ramon I atorga uns privilegis a uns pobles units des de llavors formant el terme de les Franqueses. El comte els reconeix la lliure possessió de propietats i béns mobles i els eximeix de tota jurisdicció que no sigui la del príncep. Cànoves hi participa de les Franqueses, malgrat que van ser alienades.

(1113) **Ramon Guillem de Canoas** (Cànoves).

(1157) **Adalgars de Cànoves.**

S'inicia la senyoria dels Bell-lloc a Cànoves, castlans de Montcada i Reus. No és la branca dels veïns Bell-lloc del Castell de Bell-lloc.

Arsendis de Cànoves.	⚭ ↓	Bernat de Bell-lloc.
Bernat de Bell-lloc (mort el 1190).	⚭ ↓	Agnès.
Bernat de Bell-lloc (mort el 1235).	⚭ ↓	Elisenda.
Simó de Bell-lloc (mort el 1235). Hipoteca el Castell de Cànoves.	⚭ ↓	Catalona.
Bertran de Bell-lloc (mort el 1259).		
Simó de Bell-lloc i d'Alamany (mort el 1322). Agrega la propietat del Castell de Bell-lloc.	⚭ ↓	Guillema de Capellades i Timbors de Castellnou.

(1340) **Bernat de Cabrera.** Pere el Cerimoniós fa una permuta a Bernat de Cabrera: li canvia el vescomtat de Bas per Cànoves i Bell-lloc.

↓

(1341) **Ponç de Cabrera.** Donació de totes les seves propietats abans d'entrar al Monestir de Sant Salvador de Breda.

(1345) **Huguet d'Empúries.** El rei li atorga el castell mort Ponç i empresona Bernat de Cabrera, pare i fill.

Se separen les històries del Castell de Cànoves i el Castell de Bell-lloc.

(1376) **Guerau de Queralt.**

Malgrat ser franquesa, el 1380 el rei va vendre Cànoves a Eimeric de Centelles. L'any 1397 Martí l'Humà la va reincorporar a la Corona. Eimeric va ser pres a Cànoves.

(1380) **Eimeric de Centelles.**	⚭ ↓	Elionor de Milany, **Brunissenda de Perellós** i Alamanda de Cervelló.
Gilabert VII de Centelles.	⚭	Brunissenda de Bellvís i Beatriu de Castellar.

Per defensar Joan II, els Centelles van ser desposseïts de la baronia i les seves propietats i amb la victòria final van ser perdonats. Durant un curt temps Pere de Torruella va empenyorar Cànoves.

sud-oest tenen una longitud de 19 m i una amplada de 8,20 m. La part del sud-oest, que és la millor conservada, té una alçària de 9 m. Cap al nord-oest s'estén una altra nau que té una longitud d'uns 15,5 m i una amplada d'uns 16 m. La paret nord-est, molt malmesa, devia tenir un gruix de 130 cm.

A les imatges, es poden identificar els murs de l'antic Castell de Cànoves.

CASTELL DE CÀNOVES

Titular		Cònjuge
Crisògon Andreu.	⚭ ↓	Elionor de Cardona i Francesca de Perelló-Fenollet.
(1472) **Pere Galceran de Cruïlles i de Centelles** (mort el 1497). La propietat passa al seu cosí.		
Guillem Ramon de Centelles (mort el 1490).	⚭ ↓	Elionor Martí, **Violant de Clariana** i Margarita Eslava.
Lluís de Centelles (mort el 1538).	⚭ ↓	Toda Carròs, comtessa de Quirra.
(1557) Pere de Congost és arrendatari. El castell està en runes i deshabitat.		
Guillem Ramon II Carròs de Centelles (mort el 1565).	⚭ ↓	Joana de Pinós-Fenollet.
Lluís de Centelles (mort el 1586). Hereta el seu cosí.	⚭ ↓	Francesca d'Alagón.
Joaquim Carròs de Centelles i de Pinós (mort el 1601).	⚭ ↓	Elisabet Castellana de Mesquita i Marianna de Pinós-Fenollet.
Alamanda Carròs de Centelles i Mesquita (morta el 1607).	⚭ ↓	**Cristòfor de Centelles i Mercader.**
Joaquim Carròs de Centelles i de Calataiud. Fill d'una segona esposa de Cristòfor.	⚭ ↓	Estefania de Montcada i Beatriu de Saavedra.

Titular		Cònjuge
Francesca de Pinós-Fenollet i de Zurita, cunyada de Joaquim, mort sense descendència.		
Ramon de Blanes i de Centelles Carròs.	⚭ ↓	Marianna de Tamarit i Anna de Sentmenat.
Joan de Centelles.	⚭ ↓	Elisabet Desbosc i Descatllar.
Francesc Xavier de Centelles.	⚭ ↓	Anna Maria de Calataiud i Elisabet Pinós.
Francesc Xavier de Centelles II.	⚭	Marianna de Pinós i Francesca de Marimon.
Maria Francesca de Moncayo.	⚭ ↓	Antonio de Pignatelli.
Joaquim III de Pignatelli.		
Lluís III de Pignatelli, germà de Joaquim.		
Joan Domingo de Pignatelli, germà de Lluís.	⚭ ↓	Trinitat Wall.
Joan Baptista I.	⚭ ↓	Maria Salud Manrique de Lara i Maria **Adelaida de Belloni.**
Joan Baptista II i Concepció, la germana.	⚭	
L'any 1840 Cànoves i Samalús s'uneixen formant un sol municipi.		

Llegendes

PORTES DE L'ESGLÉSIA DE SANT MUS (CÀNOVES)

Personatge: Traginer
Tema: Càstig

ERA la festa de Sant Mus i se celebrava el seu aplec. Va passar un traginer i va cridar: «Sant Mus: no m'amussaràs ni a mi ni al bestiar!». Al cap de breus moments el traginer i el bestiar tenien les barres amussades.

Penedit d'haver fet aquella burla, va prometre pagar les portes de ferro, i va quedar així guarit.

CASTELLCIR

••• CASTELL DE CASTELLCIR •••

Nom: Castell de Castellcir o de la Popa.
Localitat: Castellcir.
Any de constitució: 1014.
Altitud: turonet i roca en forma de vaixell, 858 m.
1r propietari: Geroard Castellcir, casat amb Ermessenda.
Funció: defensa de la vall de la Riera de Castellcir-Tenes.
Propietat actual: el 1942 va ser venut a un particular, Enric Torelló i Cendra; però els terrenys són del senyor Bosc.
Estat actual: ruïnós.
Reconstrucció: El castell va ser reconstruït l'any 1300 i a principi del s. XVI.

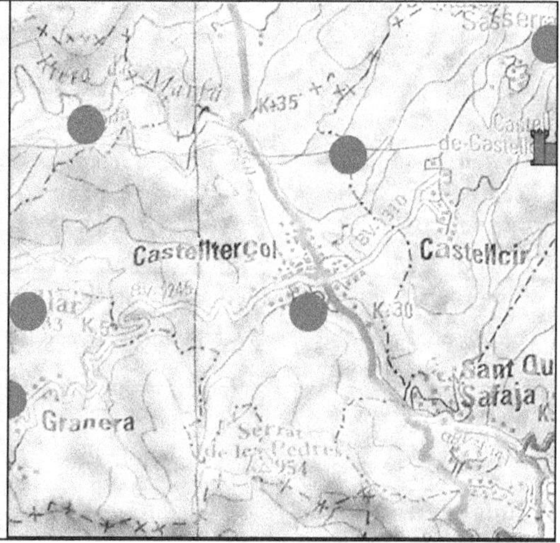

Anomenat la Popa per la forma de vaixell de la roca on està, cim d'un contrafort de la Sauva Negra (un dels boscos més espessos de Catalunya).

Dalt del castell romanen les restes de l'ermita de Sant Martí.

El Castell de Castellcir sempre ha estat considerat un dels millors castells de la comarca, sobretot el més airós. A causa de l'alçada té unes vistes formidables, que devien ser una peça clau a l'hora de visualitzar possibles atacs.

Tot i que està força ben conservat, es troba en estat ruïnós. Fins fa quaranta anys, aquest castell encara era habitat.

La imatge de 1906 mostra la part del Castell de Castellcir avui desapareguda (arxiu CEC).

El castell, ara al Vallès Oriental, sempre ha estat situat entre el Vallès, el Bages i Osona.

El castell s'ubica a la defensa de la vall de la Riera de Castellcir-Tenes. En aquesta tasca participa també amb els castells de Torrassa dels Moros, Llobateras, Bertí, el Villar, Can Draper i Casal de l'Olivet.

Els castells de Santa Coloma Sasserra, Castellcir, la Sala de Sant Llogari, Marfà, Castellterçol i Granera van formar part de la sotsvegueria del Moianès des del s. X.

El Moianès formava part del comtat d'Osona i va patir els mateixos canvis que aquest: entre el 935 i el 1054 va ser un comtat independent que, després, es va incloure en les propietats dels comtes de Barcelona; l'any 1356 el rei Pere III va crear un nou comtat d'Osona a favor de Bernat de Cabrera.

Els béns dels Cabrera van ser confiscats l'any 1364 i retornats el 1373 però amb un poder afeblit per part d'aquesta família. L'any 1574 el comtat va ser comprat per Francesc de Montcada i actualment encara existeix.

Descripció del castell

El conjunt del Castell de Castellcir està format pels murs perimetrals o muralles avui fragmentaris (havien de rodejar tot el penyal), les restes de l'edifici principal i la capella de Sant Martí de la Roca. Les edificacions, encara imponents, ocupen una àrea d'uns 570 m^2, repartits en una fortalesa de planta i dos pisos.

Tot el conjunt del castell de la Popa està aixecat sobre la pedra, sense fonaments. Actualment presenta un avançat procés de degradació, amenaçant ruïna les poques estructures que resten dempeus.

L'edifici principal és una estructura longitudinal formada per diferents cossos. L'entrada és a la banda nord (1). Per arribar a la porta i salvar el cingle hi ha una ampla escalinata, força solemne, formada per 40 o 50 graons de pedra amb barana sòlida. La portalada originària, romànica, amb volta, és l'únic accés al castell. Es conserva un distribuïdor cobert amb volta de canó (2). La porta principal està situada a la base de la Torre de l'homenatge, un espai molt protegit, sota cobert. Aquesta torre gòtica és de planta quadrada i tenia merlets, i encara avui conserva la volta de pedra.

Als dos costats de la torre trobem, sense sostre actualment, les parets del que devia ser la resta del castell gòtic, la cuina amb la seva llar i menjador a l'ala dreta (3), l'escala per anar al pis superior i els annexos amb una cisterna i un pou. A l'extrem de la dreta, a l'oest, hi hauria hagut una poderosa torre al costat de la muralla. A l'esquerra del distribuïdor central tenim les habitacions (4). Immediatament al costat esquerre del distribuïdor, a la paret sud, hi havia una torreta de 4,2 m de llargària. Queda una gran sala, possiblement menjador o tinell sense cobertes (5). Són encara visibles els encofrats que recolzaven sobre la planta noble on resten dempeus els festejadors. La resta de dependències són un munt de ruïnes de difícil identificació.

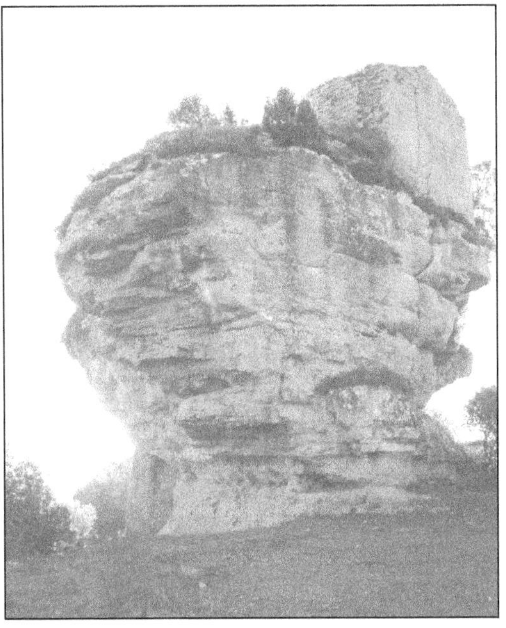

La Popa.

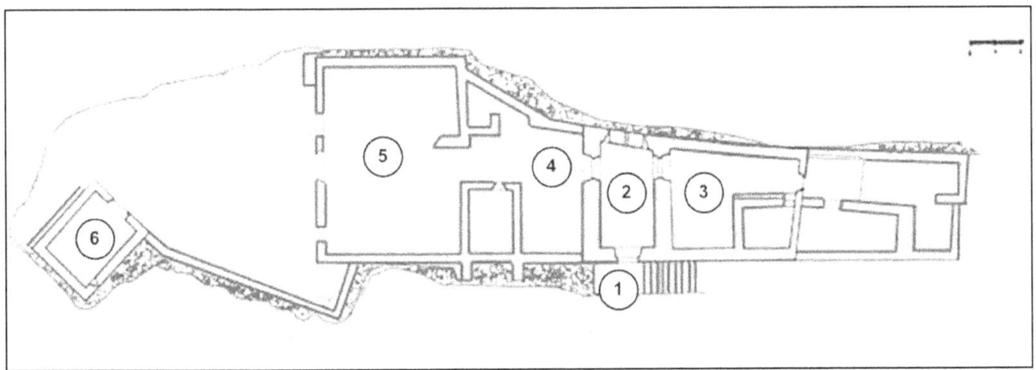

Esquema de la planta del Castell de Castellcir.

PROPIETAT DEL

Cirvi o Cir (d'aquí prové el terme Castellcir)		
Geroard Castellcir.	⚭ ↓	Ermessenda.
Guillem Geroard Castellcir.		
(1107) **Guillem Ramon d'Odena.**		
(1117) **Bertran Guillem I de Castellcir.**	⚭ ↓	Dolça Tedmar de Castellterçol.
Bernat II de Castellcir.	⚭ ↓	Adelaidis.
Bernat III de Castellcir.	⚭ ↓	Guillema.
Bernat IV de Castellcir.	⚭ ↓	Elisenda.
(1294) Germans **Roger i Gelabert de Castellcir.**		
Jaume II enderroca el castell per la rebel·lia dels germans Roger i Gelabert de Castellcir. Els germans Castellcir donen suport a la baronia de Montbui i els Centelles en la guerra contra el Bisbat de Vic. L'any 1300 reconstrueixen el castell. Els Centelles es converteixen en enemics i assetgen el Castell de Castellcir.		
Bernat V de Castellcir, també germà de Roger i Gelabert.	⚭ ↓	Constanza.
Van reconstruir el castell empenyorant-lo als Bell-lloc. El 1348 es pateix la pesta negra i moren tots els habitants del castell.		
(1340) **Bernat de Bell-lloc.**	⚭	**Orpai.**

(1363) **Gilabert de Centelles i de Montcada.**	⚭ ↓	Toda de Vilanova.
Eimeric de Centelles i Vilanova.	⚭	Elionor de Milany, Brunissenda de Perllós i Alamanda de Cervelló.
(1383) **Ramon Planella.**		
Pere de Planella, germà.	⚭ ↓	Violant.
(1408) **Roger de Planella.**	⚭	Beatriu de Torrelles.
(1411) **Gispert de Planella.**	⚭	Joana de Vilanova.
(1424) **Ramon de Planella.**	↓	
El 1437 la reina Maria converteix Castellcir momentàniament en carrer de Barcelona. (1439) Després d'un plet contra la reina i la decisió anterior, **Isabel Planella** torna a tenir la propietat del castell.		
Pere de Planella i de Torrelles.	↓	
Els Planella van lluitar a la guerra de Remences contra Joan II.		
Pere Joan de Planella.		
Joan II li treu la jurisdicció del castell als Planella per rebels i l'hi entrega als Centelles. Malgrat tot, els Planella es continuen denominant senyors de Castellcir.		

El nucli central va ser ampliat amb construccions successives que van formar un gran casal allargassat i van servir de mas fins als anys quaranta. L'organització a l'interior del castell era molt clara: a la dreta, els masovers, a la part esquerra, es repartia el bestiar; a la dreta, cuina i menjador, i a l'esquerra, annexos i habitacions.

A l'extrem del penyal, dalt del castell, es troba l'antiga església de Sant Martí de la Roca (6), també d'origen romànic, d'una sola nau, completament reformada al s. XVI (a la façana hom llegeix: 1531). El s. XVII van construir el campanar per a dues campanes, van baixar la nau del mig dotze o tretze pams, van treure un pilar per banda i van fer la sagristia; van reduir el cor, que arribava fins a mitja església. Al s. XVIII es van convertir en ulls de bou les dues finestres en forma de creu amb què acabaven les naus laterals. A finals del s. XIX es va alçar 15 pams fent-hi grades i es va recular l'altar 14

CASTELL DE CASTELLCIR

Crisògon Andreu, la propietat passa al seu nebot.	⚭	Elionor de Cardona i Francesca de Perelló-Fenollet.
(1472) **Pere Galceran de Cruïlles i de Centelles,** la propietat passa al seu cosí.	→	**Guillem Ramon de Centelles.**
(1472) **Manel de Planella,** senyor no oficial de Castellcir.	⚭	Margarida de Talamanca.
El 1514 els Planella són perdonats i recuperen Castellcir.		
(1514) **Pere de Planella.**		
Felip II retorna la plena jurisdicció que els Planella havien tingut abans de la guerra. Serà efectiva el 1599.		
(1555) **Joan de Planella i Descatllar.**	⚭ ↓	Elisabet Riambau.
(1560-69) **Francesc de Planella i Riambau.**	⚭ ↓	Elisabet Despujol i de Malet.
(1599) **Joan Francesc de Planella i Despujol.**	⚭ ↓	Victòria de Cruïlles i de Soler de Roger.
(1621) **Pere de Planella i de Cruïlles.**	⚭ ↓	Maria Vila i Massó.
(1639) **Joan Baptista de Planella Cruïlles i Vila.**	⚭	Maria de Sala.

(1689) **Manuel de Planella,** nebot.	↓	
Pere de Planella i de Dussay.	↓	
Bonaventura de Planella i de Teixidor.	⚭ ↓	Maria Teresa de Llar i de Vertamon, comtessa de Llar.
Francesc Gaietà de Planella i de Llar.	↓	
Antoni de Planella i Fiveller.		
Gaietà de Planella i Fiveller, germà.		
El 1812 es va extingir el senyoriu jurisdiccional, però es mantenen els títols.		
Gaietà Maria d'Amat i d'Amat, parent de Gaietà de Planella.		
Josep de Càrcer i d'Amat, nebot.	↓	
Maria dels Dolors de Càrcer i d'Amat.	↓	
Salvador i Maria Antònia de Vilallonga de Càrcer.		
(1942) **Enric Torelló i Cendra.**		
Frederic Torelló.		

pams cap a la paret. La seva portada va ser espoliada i es troba a una casa de Mura. El retaule de l'altar major amb la imatge de Sant Martí va ser restaurat pel pintor Gallés de Castellterçol i es troba als salons de la Casa Planella de Castellterçol. La imatge gòtica de Santa Maria ara presideix la moderna església del poble. Aquesta parròquia va tenir culte fins al 1962.

A la volta del portal de la capella hi havia l'escut en relleu a la pedra amb les armes de la casa.

A la *Carta arqueológica de España,* de 1945, s'esmenta que al mur del castell de Castellcir hi ha un relleu en pedra d'un guerrer ibèric. Aquesta peça no es pot veure actualment, potser a causa d'un robatori. Segurament, al turó, hi devia haver un poblat anterior a l'ocupació romana.

Es parla d'unes «figures de moro» treballades en pedra, una és a la llar de foc i fa les funcions de coixí d'un arc de portal o de finestra

Silueta actual del Castell de Castellcir, amb l'ermita a l'esquerra del castell, sobre la roca.

del temps en què es va fer el castell; l'altra s'ha utilitzat per la paret que forma l'escala d'entrada, està malmesa i representa un home ben deshonest amb les cames tancades i un estrany capell que li cobreix el cap i li baixa pels costats de la cara. Molt probablement siguin parts d'una estela preromana amb un guerrer de tipus ibèric.

El Castell de Castellcir està situat dins de la propietat privada del Bosc i es troba en un estat de ruïna gairebé total. No s'hi pot accedir en cotxe; cal deixar-lo a una mitja hora a peu del castell. Al llibre *Castellcir* apareix una fotografia de principis de segle en la qual es veu el castell en un estat perfecte, arrapat a les pedres del turó, amb la capella a poca distància.

Església o parròquia de Sant Martí de la Roca.

El castell es va mantenir dret i amb teulats fins als anys cinquanta (algunes fotografies de principis de segle permeten comprovar que les dues ales del castell estaven dempeus), quan el propietari es va endur les teules. La ruïna es va consumar tot seguit amb l'espoliació de finestres i portals i altres elements treballats. Ara, roman dempeus algun mur.

L'any 1903, segons Estany, es conservaven la major part de les dependències, la torre de l'homenatge, etc. Però tots els habitacles s'havien convertit en corrals d'ovelles i corts de porcs.

El castell, construït a la mola rocosa, va sofrir diverses modificacions i reconstruccions, com a mínim durant el 1300 i a principi del s. XVI.

El penyal on està el castell forma una gran bauma similar a un gran vaixell. Tement que algun terratrèmol fes oscil·lar el cingle es van construir dues sòlides agulles de pedra per reforçar la roca.

Llegendes

El senyor de Castellcir assassí
Protagonistes: Cavaller i Papa
Tema: Salvatgisme feudal perdonat

L'esperit bel·licós dels Castellcir es reflecteix en aquesta llegenda transcrita al llibre *Castellcir:*

«Diuen que el senyor de Castellcir, enutjat amb el rector perquè aquest li recriminava contínuament la seva conducta, un dia li va disparar una fletxa amb la ballesta des del castell i el va matar mentre estava celebrant missa. Després, endut pel remordiment, se'n va anar de pelegrí a Roma a demanar penitència. El Papa el va absoldre a condició que edifiqués una nova església en un lloc que no es veiés des del castell (per no poder rebre cap altre capellà les fletxes del senyor) i que fos igual de forma i disposició que la de Sant Jaume de Galícia. El senyor va complir la penitència i va fer construir l'encara existent església vella de Castellcir. El turó on hi havia l'església anterior va quedar pelat i erm».

Aquesta llegenda es pot relacionar amb un fet històric documentat. L'any 1299 Gilabert de

Festejador encara existent al Castell de Castellcir.

Interior actual del Castell de Castellcir. Es poden veure les grans dimensions interiors del castell que tenia tres pisos d'alçada..

Castellcir va ser excomunicat per un homicidi sacríleg del passat, per haver mort un canonge de Vic i un altre clergue, i haver-ne encara ferit un altre que va guarir. D'entre el fet històric i la imaginació popular, en va sortir, sens dubte, aquesta llegenda.

Una altra versió de la mateixa llegenda, extreta de *Historias y Leyendas del Vallés,* ens parla d'una carta que va enviar el cardenal de Porto i Santa Rufina al Bisbe de Vic, com a representant del Papa Bonifaci VIII (a 22-11-1299), on li explicava que Gelabert de Castellcir havia comès els assassinats esmentats anteriorment. Com que el senyor no es va poder dirigir a la seu apostòlica per les enemistats contretes i altres dificultats del viatge, demanava que se li perdonés l'excomunió i se li perdonessin els pecats.

La sentència de Roma va ser que a totes les esglésies on havia comès els seus crims, Gelabert de Castellcir havia de presentar-se nu i sense sabates, sols amb calzes i sostenint un bastó a la mà i una corretja al coll, demanant ser rebut pels preveres en el moment de màxima afluència de gent i quan els sacerdots recitaven els salms penitencials. En aquell moment havia de confessar, públicament, els seus crims. També havia de comunicar que ell i els seus descendents perdien el dret de patronatge d'esglésies. Finalment, havien de fer aixecar uns temples.

Una altra versió diu que la mort del capellà va venir motivada pel fet que el senyor, veient una cosa negra que es movia, el va confondre amb un corb, i va disparar.

TÚNELS I POUS

Protagonista: Túnel

Tema: Sortida secreta del castell

DIUEN que l'edifici feudal tenia una sortida subterrània que donava pas a un altre indret, on hi havia una gran torre. Aquesta era coneguda amb el nom de «Torrassa», a uns quilòmetres del castell. Pertanyia als comtes de Llar.

La gent, que estava plena de curiositat, més d'un cop es va ficar a dins, però el fort vent apagava les torxes. Van passar molts anys i els pagesos el van tapar: resulta que en aquell forat sempre s'hi perdien xais i porcs.

No se sap res del cert, però es diu que a la Torrassa hi ha un xai d'or enterrat.

EL POU DEL CAVALLER

Protagonista: Cavaller

Tema: Encantaments

SOTA el bosc de Sauva Negra hi ha un pou anomenat el Cavaller. Diuen que moltes nits sense lluna, se sent en aquest indret el trot d'un cavall. Ningú mai no l'ha vist, però fa molt de temps que la gent sap que aquest cavall és d'un cavaller que sorgeix de les profunditats del pou.

Potser algun dia algú el pugui veure, però de moment tothom escolta la veu dels més grans: «Vés que si vas per allí, no et surti el cavaller».

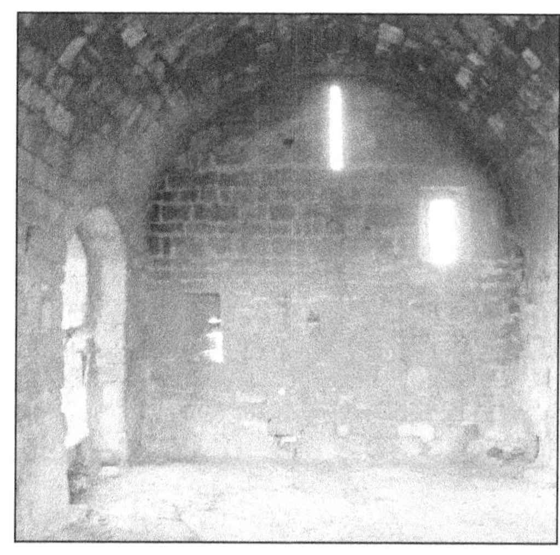

Distribuïdor cobert que es troba quan es traspassa la porta del castell.

Fonts bibliogràfiques

Història

Dantí i Riu, Jaume i Ruiz i Calonja, Joan; *Castellcir (ss. X a XVIII);* Rafael Dalmau Editor.

Dantí i Riu, Jaume; *Castellcir;* Rafael Dalmau Editors, 1993.

Pladevall, Antoni; «El castell de Castellcir»; *Programa de Festa Major 1976;* Ajuntament de Castellcir.

Pladevall, Antoni; *Castellterçol;* Ed. Eumo.

Garcia-Pey, Enric; «Marfà»; *El 9Nou,* 8 novembre 1996.

Estany, Metres; «Excursió a Castellcir»; *Butlletí del Centre Excursionista de Catalunya,* 1903, vol XIII.

Osona, Arthur; «Excursió particular a Castellcir i Sauva Negra»; *Butlletí de l'Associació d'Excursions Catalana;* 1886 vol. VIII.

Llegendes

Mora, Ramón; «El castigo papal a Gelabert»; *Vallès,* 21 desembre 1985.

Castellcir

⬥⬥⬥ Casal de Santa Coloma ⬥⬥⬥

Nom: Casal de Santa Coloma.
Localitat: Castellcir.
Any de constitució: s. XII.
Altitud: 773 m.
1r propietari: Guillem de Santa Coloma.
Funció: defensa de les rieres de Castellcir i Fontscalentes i el camí ral cap a Vic.
Propietat actual: Josep Gros Pujol.
Estat actual: ruïnós.
Reconstrucció: l'any 1386 el casal originari de Santa Coloma estava en ruïnes. Els Giol van construir una masia al costat de l'església amb les ruïnes del casal anterior.

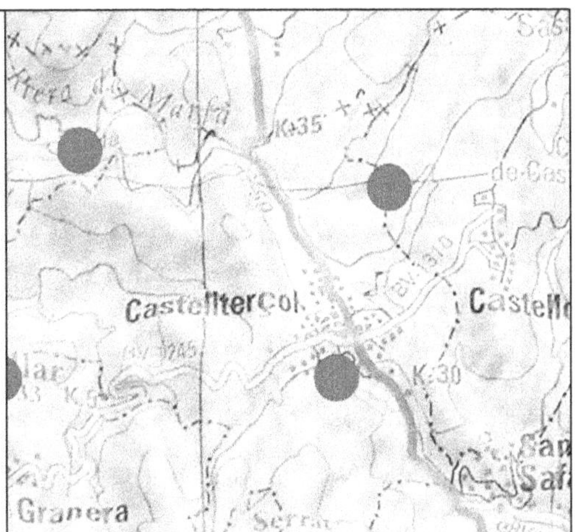

L'església parroquial de Santa Coloma Sasserra està documentada des del 939.

«Sasserra» significa «superior», per distingir-la de Santa Coloma «inferior», o de Centelles. També apareix com «Ipsa Serra», d'on deriva el mot Sasserra.

L'església i, especialment, les restes de l'antiga fortificació de Santa Coloma Sasserra, estan situades en un lloc molt estratègic. Estava protegint dos torrents o rieres (de Castellcir i Fontscalentes), domina visualment amb perfecció el Castell de Castellcir, domina perfectament el poble de Moià, i té en línia recta tres torres o campanars força llunyans, superposats en alçada: el de Castellterçol, el de Granera i el de Sant Llorenç del Munt. Està a la capçalera de la vall de Marfà. Per tots aquests motius podem dir que Santa Coloma Sasserra és un indret de molta bellesa i de gran valor estratègic.

Els castells de Santa Coloma Sasserra, Castellcir, la Sala de Sant Llogari, Marfà, Castellterçol i Granera van formar part de la sotsvegueria del Moianès des del s. X.

El Moianès formava part del comtat d'Osona i va patir els mateixos canvis que aquest: entre el 935 i el 1054 va ser un comtat independent que, després, va passar a mans dels comtes de Barcelona; l'any 1356 el rei Pere III va crear un nou comtat d'Osona a favor de Bernat de Cabrera.

Imatge de la parròquia de Santa Coloma Sasserra. La datació romànica és vàlida pel que fa al campanar. L'absis, original del s. XII, va ser desfigurat al s. XVII.

PROPIETAT DEL CASAL DE SANTA COLOMA SASSERRA

Els Santa Coloma sempre van tenir la jurisdicció total de la seva propietat. Mai va pertànyer al comte ni a cap monestir.

(1183) **Guillem de Santa Coloma.**	↓	
Pere de Santa Coloma.	⚭ ↓	Ermessenda.
Dolça de Santa Coloma, néta de Guillem.	⚭ ↓	Guillem de Talamanca.
Bernat de Santa Coloma.	⚭ ↓	Arsendis.
Bernat de Santa Coloma.	⚭ ↓	Gaia del Congost.
Bernat de Santa Coloma.	⚭ ↓	Elisendis.
Francesc de Santa Coloma.	⚭ ↓	Alamanda de Vilalba Sasserra.

A partir del s. XIV els Santa Coloma resideixen a Sant Celoni, només alguns membres ho fan (de forma habitual) a Santa Coloma Sasserra.

Joan Francesc de Santa Coloma.	⚭ ↓	Sança.

(1386) La casa de Santa Coloma està en ruïnes. Els arrendataris ja no tenen l'obligació de viure-hi.

Galzeran de Santa Coloma o de Reixach.	⚭ ↓	Isabel de Reixach.
Francesc de Santa Coloma.	⚭	Eufrasina.
Galzeran de Santa Coloma.		
Francesc Joan de Santa Coloma.	⚭	Beatriu de Despujol.
Caterina de Santa Coloma.		
Leonor de Santa Coloma.	⚭ ↓	Macià de Corbera i Carles March.
Beatriu de Corbera.	⚭ ↓	Francesc de Sant Climent.
Riambau de Corbera i de Sant Climent.	⚭	Violant de Castellet.

A mitjan s. XVI es va construir un mas al costat de l'església amb les pedres de les ruïnes del Casal de Santa Coloma. Aquest edifici s'anomena Mas Giol.

(1547) **Peregrí de Santa Coloma,** germà.
Pere Giol, arrendatari i, posteriorment, propietari.
(1982) **Mercedes d'Alós.**
Josep M. Gros Pujol.

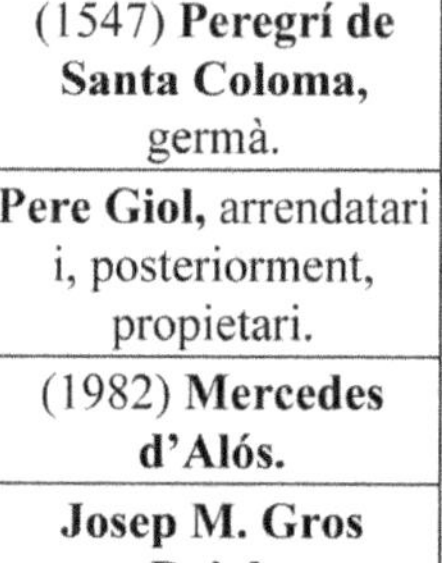

Antiga rectoria de Santa Coloma Sasserra convertida en un mas molt reformat.

Els béns dels Cabrera van ser confiscats l'any 1364 i retornats l'any 1373 però amb un poder afeblit per part d'aquesta família. El 1574 el comtat va ser comprat per Francesc de Montcada, i encara existeix a l'actualitat.

L'antic terme de Santa Coloma avui està repartit entre els municipis de Castellcir, Moià (on hi havia la capella de Santa Eugènia de Gomar, del terme de Santa Coloma) i Balenyà (on hi ha la capella en ruïnes de Santa Maria de Sauvanegra o de Santa Maria Savall, del terme de Santa Coloma), però el seu centre històric està a Castellcir.

Descripció del castell

Avui, visitant Santa Coloma Sasserra, no podrem descobrir l'estructura típica d'una *domus* o quadra perquè el mur no envolta totalment tots els edificis que antigament formaven una *domus* tradicional i l'edifici principal ha desaparegut en la seva totalitat. Les quadres o *domus* (moltes derivades de vil·les romanes) eren un conjunt d'edificis amb diferents funcions tancats per un gran mur formant un barri. En aquest conjunt hi havia els habitacles, la capella, el cementiri, els corrals, els graners, ferreries i molins (si eren necessaris). Avui podem veure gran part d'aquests edificis disseminats i sense la protecció del mur.

Actualment, l'antic Mas Giol és només un conjunt de ruïnes. El Mas Giol que podem veure avui és un gran casal del s. XVI, amb la façana principal encarada a llevant. Està articulat en tres cossos, l'original de planta rectangular i els altres dos perpendiculars a l'anterior i aixecats a la seva façana sud. El nucli central presenta coberta a dues aigües i té planta baixa i dos pisos. Posteriorment, s'hi han construït dependències annexes, com estables, graners i altres.

L'edifici està aixecat sobre la roca. El seu parament és de grans carreus de pedra.

A ponent, i adossat a ell, hi ha l'antiga parròquia de Santa Coloma Sasserra, encara amb culte. És un edifici romànic bastant gran, força desfigurat, rematat amb una creu de pedra, amb un campanar del s. XI i un absis del XII realçat al s. XVII, quan li van afegir capelles laterals. La nau és de volta de canó. A l'altar major hi ha un retaule que representa la vida del martiri de Santa Coloma. El portal és rodó i llis, sense cap escultura. La rectoria és un gran casal del s. XIII.

A l'altra banda de l'església, hi trobem el cementiri. Al magnífic prat, s'hi pot veure un roure descomunal, una bonica creu de ferro (que havia estat anteriorment de pedra) i la gran rectoria, avui reconstruïda com a mas. La dovella central té les dates de 1567 i 1767, moments de la seva ampliació i remodelació. Conserva, transformades, unes grans galeries orientades a migdia.

El Mas Giol, amb l'antic mur que tancava tota la domus *de Santa Coloma Sasserra fent un barri.*

Llegendes

Els llops i el Mas Giol
Protagonista: Sauva Negra
Tema: Assassinat d'un nadó

Al Mas Giol s'explica una història de pares a fills. El Casal de Santa Coloma es troba en una zona força salvatge amb gran boscúria anomenada la Sauva Negra. Diuen que segles enrere hi havia al bosc moltes feres, com ara llops, senglars i óssos. S'explica que una dona va sortir a buscar aigua deixant el seu nadó al bressol. Quan va tornar, una enorme fera havia devorat el seu fill.

Fonts bibliogràfiques

Pladevall, Antoni; «El Casal de Santa Coloma Sasserra»; *Programa de Festa Major 1982;* Ajuntament de Castellcir.

Osona, Arthur; «De Sant Feliu del Pinyó per Castellterçol a Santa Coloma»; *Butlletí de l'Associació d'Excursions Catalana;* 1888 vol. X.

Castellcir

••• Castell de Marfà •••

Nom: Castell de Marfà.
Localitat: Castellcir.
Any de constitució: 939.
Altitud: 720 m.
1r propietari: monestir Sant Benet de Bages.
Funció: defensa de la vall de Marfà.
Propietat actual: Josep Oriol Casanovas Huertas.
Estat actual: reconstruït com a mas.
Reconstrucció: defensa de la Vall de Marfà, frontera amb el Moianès.

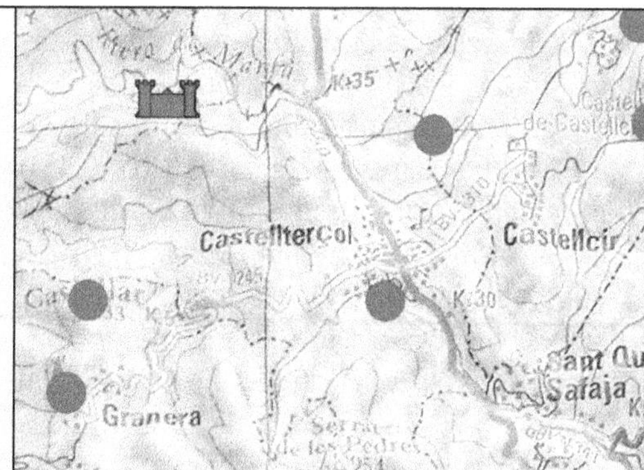

Marfà pertany a Castellcir a partir del s. XIX però no hi termeneja. Per això s'atribueix a Moià o a Castellterçol, atès que està a quilòmetres de distància de la seva capital. El lloc de Marfà es troba a la vall homònima. Les aigües d'aquesta vall no són vallesanes, ja que desemboquen a la riera de Calders, que aboca les aigües al Llobregat. Marfà està situat a l'extrem nord del Vallès Oriental, fent frontera amb les actuals comarques d'Osona i el Bages. L'altra vessant de la vall de Marfà és territori de Moià.

Els castells de Santa Coloma Sasserra, Castellcir, la Sala de Sant Llogari, Marfà, Castellterçol i Granera van formar part de la sotsvegueria del Moianès des del s. X.

Com hem vist a l'apartat referit al Castell de Castellcir, el Moianès va compatir els canvis històrics del comtat d'Osona, que va ser atorgat per Pere III a favor de Bernat de Cabrera. Finalment, el comtat va ser comprat per Francesc de Montcada i encara existeix a l'actualitat.

En un principi aquest sector de la vall de Marfà era un terme independent però durant els anys 1845 i 1848 va passar a ser municipi integrat a Castellcir, quan tenia deu cases habitades per quinze famílies i un total de setanta-sis habitants. Ara es troba totalment despoblat.

Descripció del castell

Cal situar el Castell de Marfà a l'actual mas Marfà, on no trobem restes medievals perquè ha estat diverses vegades reconstruït.

Marfà havia estat, antigament, un petit terme senyorial format pel Castell de Marfà, una senzilla construcció situada on avui hi ha el mas Marfà; una gran casa senyorial força ben conservada pels seus propietaris, els quals no hi viuen habitualment, però tenen cura de boscos i edificis. La propietat de Marfà incloïa, a part de la casa, la Datzira, els Sors, la Casa de les Vinyes, el molí de Brotons i el Coll. Així es conservava fins que l'any 1941, Ignasi de Torrent Pisserra, va vendre part de la propietat a Maria Bellet Baquer (mare de Marcel·lí Casanovas), separant-ne els masos de la Datzira i els Sors. Molts d'aquests molins, avui deshabitats i en estat ruïnós, conserven encara elements defensius, com ara espitlleres, ja que estan situats a la mateixa llera del riu.

Alguns molins de Marfà van ser molt apreciats perquè eren una bona font d'ingressos per als seus propietaris, com el molí de Brotons (incrustat en una mena de balma per la qual es precipita un salt d'aigua) i el de la Tosca (al cos-

Dues perspectives del Mas Marfà que permeten entendre la disposició dels diferents elements de l'antic castell.

tat del santuari de la Mare de Déu de la Tosca). La finca té ara més de 300 hectàrees, principalment cobertes de bosc, entre 500 i 800 m d'altitud. Aquí, durant els ss. XI-XII, hi va haver l'antiga església de Santa Maria de les Illes (de notable concurrència), la de les Vinyes i la de la Datzira.

El conjunt de l'antic Castell de Marfà està format per l'edifici principal, el molí, els murs perimetrals i l'església de Sant Pere de Marfà. Encara hi ha restes d'aquestes muralles que havien d'unir l'edifici i la capella, situats a distància considerable, avui convertides en la base d'una tanca.

L'edifici principal té avui l'estructura d'una *domus:* una casa envoltada per un mur tancat i per una porta adovellada formant un barri. Dins del tancat trobem totes les dependències per portar a terme la vida habitual amb independència exterior: habitacles, corrals, graners, etcètera.

L'edifici principal és un conjunt estètic d'elements adossats amb el pas del temps on no es distingeix el castell originari. L'actual mas és una construcció sòlida, de línies netes i grans volums, amb teulada a dues aigües vers els laterals. Malgrat que es troba al costat del riu, està enclavat en un lloc elevat i força vertical sobre el corrent, la qual cosa feia força fàcil la seva defensa. La façana de pedra està encarada a

Ermita abandonada de Sant Pere de Marfà, situada al costat del Mas Marfà.

PROPIETAT DEL CASAL DE MARFÀ

Marfà va ser una quadra autònoma, amb jurisdicció plena. El monestir de Sant Benet de Bages n'aconseguí la jurisdicció, però no la va executar. Els castlans o propietaris pràctics van recuperar la capacitat d'impartir justícia segles després.

(1060) **Tedmar Mir de Castellterçol** o **Miró de Castellterçol.**	⚭	Ermessenda.
Rotllan de Castellterçol.		
(1111) **Guillem Tedmar I de Castellterçol** (mort el 1134).	⚭ ↓	Gincona.

Ramon Xedmar (mort el 1198).

(s. XII-1381) **Llinatge Marfà** sense atributs militars.		
(1383) **Ramon Planella.**		
Pere de Planella, germà.	⚭ ↓	Violant.
(1408) **Roger de Planella.**	⚭	Beatriu de Torrelles.
(1411) **Gispert de Planella.**	⚭ ↓	Joana de Vilanova.
(1439) Després d'un plet contra la reina **Isabel Planella** torna a tenir la propietat dels castells.		
Pere de Planella i de Torrelles.		

Els Planella van lluitar a la guerra de Remences contra Joan II.

Pere Joan de Planella.

Joan II li treu la jurisdicció del castell als Planella per rebels i l'hi entrega als Centelles.

Crisògon Andreu, la propietat passa al seu nebot.	⚭	Elionor de Cardona i Francesca de Perelló-Fenollet.
(1472) **Pere Galceran de Cruïlles i de Centelles,** la propietat passa al seu cosí.	→	**Guillem Ramon de Centelles.**

(1472) **Manel de Planella,** senyor no oficial de Castellcir.	⚭	Margarida de Talamanca.

L'any 1514 els Planella són perdonats.

(1514) **Pere de Planella.**		
(1555) **Joan de Planella.**	↓	
(1560-69) **Francesc de Planella.**	⚭ ↓	Elisabet Despujol.
(1599) **Joan Francesc de Planella i Despujol.**		
(1621) **Pere de Planella i de Cruïlles.**	⚭ ↓	Maria Vila.
(1639) **Joan Baptista de Planella Cruïlles i Vila.**		
(1689) **Manuel de Planella,** nebot.		
Pere de Planella i de Dussay.		

A partir de 1714, amb el Decret de Nova Planta, Marfà va passar a dependre del Corregiment de Manresa i del partit judicial de Vic.

Isidre Marfà Pons.	⚭ ↓	Maria Torras.
Josepa Marfà Torras.	⚭ ↓	Segimon Casamitjana.
Isidre Casamitjana i Marfà.	⚭ ↓	**Teresa de Torrens i Higuero.**
Antoni de Torrents i Font.	↓	
(1941) **Ignasi de Torrent Pisserrà.**		
Maria Bellet Baquer.	↓	
Marcel·lí Casanovas Ballet.	↓	
Josep Oriol Casanovas Huertas.		

migdia. A la part anterior de l'immoble s'obren diverses dependències encerclades per un mur de pedra. La part baixa de la façana presenta una arcada ritmada d'arcs de mig punt. Hi ha un cos afegit amb una galeria formada per quatre arcs. A la part posterior de l'edifici, hi ha dos cossos simètrics encarats al nord. El de l'esquerra té una galeria d'arcs a la part superior. S'hi poden veure, també, finestres conopials afegides. En aquesta banda nord hi ha una torre bastant alta de construcció moderna. No sabem si està aixecada sobre les restes d'una altra de més antiga.

Es troba a poca distància de l'església de Sant Pere de Marfà, d'origen molt antic, però refeta l'any 1774 i restaurada el 1943. L'església no té culte en aquests moments. És remarcable el portal de la part de ponent, que té l'arc format per un emmarcament de pedra esculpida profusament a base de garlandes, flors, fulles i angelets; el sostenen unes columnes també molt treballades. Les imatges i els paraments de culte es conserven a Moià.

L'enclavament de Marfà va ser unit, l'any 1845, al municipi de Castellcir.

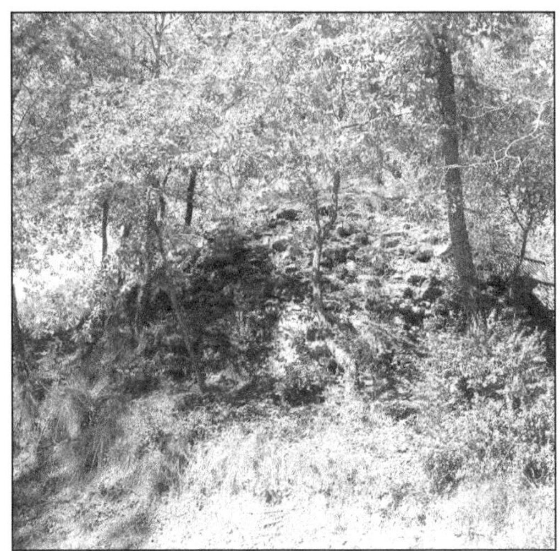

Pou de glaç de considerables dimensions de la Fàbrega.

Llegendes

EL CASAL DE MARFÀ
Protagonistes: Bruixes
Tema: Encantaments

Es relaciona el Casal de Marfà amb històries de bruixes que immobilitzaven els bous de la Datzira i que conjurava un masover de Marfà, en Piu, ajudant del rector, llegint un gran llibre envoltat d'espelmes. La força pública va lliurar en Piu de morir a mans d'aquells que patien els seus maleficis.

Les valls de Marfà reben el nom del país de les bruixes.

RIVALITATS DEL CASAL DE MARFÀ
Protagonistes: Molins
Tema: Rivalitats

Els diferents masos de Marfà, alguns dels quals, molins, tenien les seves rivalitats, com ho indica la vella dita, recollida pel Pare Llogari Picanyol, a l'estudi que va fer de la Vall de Marfà:

Tant hi ha del Cei al Sors,
com del Sors a la Datzira;
tant hi ha del Sors al Xei,
com del purgatori al cel.

Fonts bibliogràfiques

Garcia-Pey, Enric; «Marfà»; *El 9Nou;* 8 novembre de 1996.

Pladevall, Antoni; «L'antic terme de Marfà»; *Programa de Festa Major 1986;* Ajuntament de Castellcir.

Gamisans, Enric; «La casa de Marfà i l'ermita de Sant Pere»; *Programa de Festa Major 1986;* Ajuntament de Castellcir.

Castellcir

••• La Torrassa del Moro •••

Nom: la Torrassa del Moro.
Localitat: Castellcir.
Any de constitució: 1014.
Altitud: situat a la vall, molt a prop de la riera de Castellcir.
1r propietari: els Castellcir.
Funció: defensa de la boca d'una mina que comunicava amb el castell i de la riera de Castellcir.
Propietat actual: el 1942 va ser venuda a un particular, Enric Torelló i Cendra; però els terrenys són del senyor Bosc.
Estat actual: ruïnós.
Reconstrucció: no.

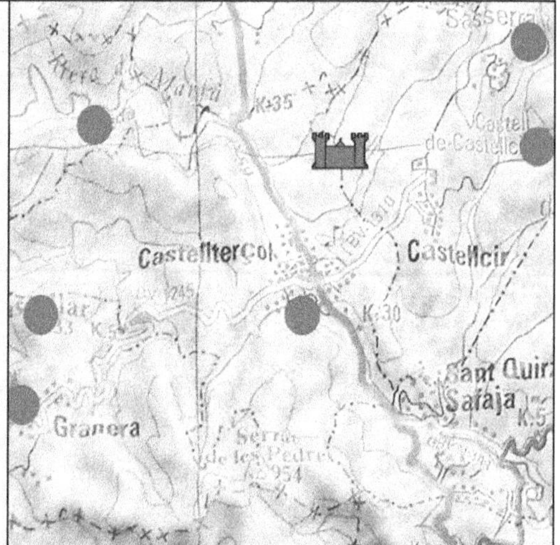

Les construccions del Castellcir són visibles des de la Torrassa del Moro, en estat ruïnós, i són més tardanes.

La torre està situada a la defensa de la vall de la riera de Castellcir-Tenes. En aquesta tasca hi participa també amb els castells de Castellcir, Llobateras, Bertí, el Villar, Can Draper i Casal de l'Olivet.

Aquesta torre podria correspondre al primitiu Castell de Tenes, del qual va prendre nom la riera del Tenes, esmentat l'any 1008 i que en un document de 1014 hi apareix com del Tenes o Castellcir, nom que es va mantenir. En aquesta documentació se'l cataloga com a centre d'un terme o jurisdicció.

Descripció del castell

El conjunt de la Torrassa del Moro està format per un mur perimetral i una torre.

La torre estava envoltada d'un cercle de muralles, tancant un recinte d'uns 22 m x 15 m.

Es troba descentrada a l'interior del pati, seguint les irregularitats del terreny.

Actualment, podem veure una torre rodona de la qual queda poc més d'un quart de cercle. El seu aparell és de lloses planes i petites. L'alçada des de la base és d'uns 12 a 13 m, el mur té 2 m de gruix i el diàmetre era de 8 a 9 m. El conjunt devia tenir una alçada d'almenys 14 m, dividida per tres sostres.

La porta devia estar enlairada, a un nivell superior del que resta de la paret.

Està situada al cim d'un turonet, entre un torrent i un camp, en un lloc no massa estratègic per a una torre de guaita.

Antoni Pladevall opina que la torre és el residu més significatiu del primitiu Castell de Tenes, que després va generar l'esmentat Castell de Castellcir. Els 14 m d'alçada dels sostres i el tancat de les muralles fan que s'acosti molt al tipus de castell característic de mitjan s. XI.

Imatge del que resta dempeus de la Torrassa del Moro.

També s'ha dit que podria ser la torre del primitiu Castell de Vacarisses, que és probable que després el situessin en un altre lloc.

Aquestes similituds fan pensar que l'anomenada Torrassa del Moro no havia estat una simple torre de guaita, com tantes altres «torres del moro» que es troben a Catalunya.

Segons la tradició, defensava una mina que comunicava amb el castell. Aquestes runes, per tant, són un enigma que fan pensar en la localització del primitiu Castell de Tenes.

Llegendes

TÚNELS I POUS

Protagonistes: Túnels
Tema: Sortida secreta del castell

DIUEN que l'edifici feudal tenia una sortida subterrània que donava pas a un altre indret, on hi havia una gran torre. Aquesta era coneguda amb el nom de «Torrassa», a uns quilòmetres del castell. Pertanyia als comtes de Llar.

La gent, que estava plena de curiositat, més d'un cop es va ficar a dins, però la ventolera apagava les torxes. Van passar molts anys i els pagesos la van tapar: resulta que en aquell forat sempre es perdien xais i porcs.

No se sap res del cert, però es diu que a la torrassa hi ha un xai d'or enterrat.

CASTELLTERÇOL

••• CASTELL DE CASTELLTERÇOL •••

Nom: Castell de Castellterçol o conegut com el Castell de Sant Miquel.
Localitat: Castellterçol.
Any de constitució: 898.
Altitud: situat en un turonet, al centre d'una vall drenada pel torrent del castell, a 715 m d'altitud.
1r propietari: senyor Terçol.
Funció: solament podia servir per a la defensa, i encara amb molt perill d'ésser assetjat pels quatre costats. Sentinella del pas natural del Vallès-Moianès.
Propietat actual: recinte històric i museu obert al públic. La propietat és de Josep M. Anzizu.
Estat actual: es conserva un fossat, una part de les muralles de defensa amb sagetes i les restes de l'antiga residència dels senyors (s. XII). Actualment s'hi fan excavacions.
Reconstrucció: reconstruït l'any 1420. Hi continuen els treballs arqueològics.

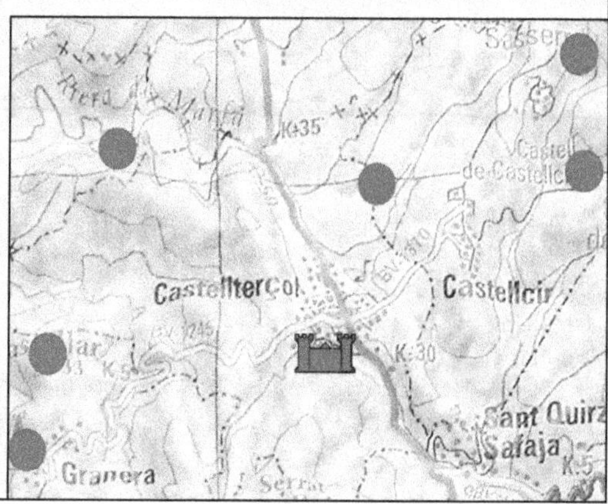

El Castell de Castellterçol té una situació aparentment enclotada, perquè es troba envoltat de muntanyes més altes i no té la posició inaccessible que hom busca en els primitius castells. Però des de la perspectiva de la mentalitat medieval veurem que el castell està molt ben situat, fins i tot des del punt de vista estratègic. Hi ha una defensa natural, formada pels graons de roca i el relleu abrupte que té el turonet per tres de les seves bandes i per un gran fossat cavat, artificialment, a la muntanya, que protegeix el sector més suau i accessible.

El castell es veu, perfectament, des del nucli urbà, però el que més destaca no és precisament el castell antic, sinó la casa dels masovers i una gran torre, construïda a finals del segle passat, presumiblement per tal que l'antiga propietària, la família Moresch, pogués veure des de dalt de la torre la població de Moià.

El castell està en vies de restauració per part del seu actual propietari. D'acord amb l'Ajuntament, s'hi celebren actes públics com concerts corals. Fins fa uns anys no en quedava gairebé res, d'aquest castell, però gràcies a unes reconstruccions que van fer l'Ajuntament i la Generalitat, avui podem imaginar-nos com

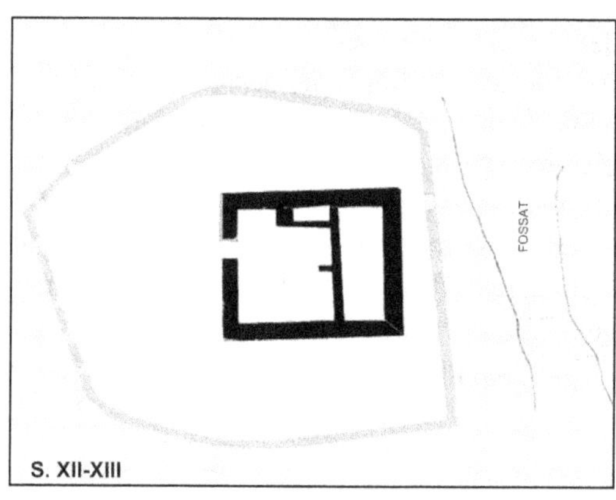

Esquema de la planta del Castell de Castellterçol entre els ss. XII-XIII.

devia ser aquest castell originàriament. A més, s'ha netejat i excavat el turó.

Castellterçol forma part, amb Moià, de la subcomarca del Moianès. Això implica que el seu passat se situa entre el comtat de Barcelona i el d'Osona. Els castells de Santa Coloma Sasserra, Castellcir, la Sala de Sant Llogari, Marfà, Castellterçol i Granera van formar part de la sotsvegueria del Moianès des del s. X.

El Moianès formava part del comtat d'Osona i va patir els mateixos canvis que aquest: entre el 935 i el 1054 va ser un comtat independent que, després, va passar a mans dels comtes de Barcelona; l'any 1356 el rei Pere III va crear un nou comtat d'Osona a favor de Bernat de Cabrera.

Els béns dels Cabrera van ser confiscats l'any 1364 i retornats l'any 1373, però amb un poder afeblit per part d'aquesta família. L'any 1574 el comtat va ser comprat per Francesc de Montcada i actualment encara existeix.

Descripció del castell

Avui, el conjunt conservat o excavat està format per unes muralles exteriors (3) amb les cor responents sageteres i el fossat que el defensava (en alguns punts excavat a la roca), l'edifici de la *domus* en ruïnes (1), la torre de defensa, un gran mas habitat (2) i una església (4). Aquest castell conserva molts més elements medievals i més antics que altres de més coneguts o populars. És un castell petit en extensió, perfectament adaptat a l'orografia del terreny, però devia tenir una gran alçada.

L'element central del castell són les ruïnes d'una construcció de planta lleugerament rectangular, l'antiga residència dels senyors del s. XII, amb una superfície interna de 750 m^2, amb façanes de 15 m de llargària per 12 m d'amplada. Actualment forma una mena de cub dintre de les muralles i al costat de la masoveria. L'edifici tenia planta baixa, dos pisos i ter rat. L'interior del castell està a més de 4 m d'al-

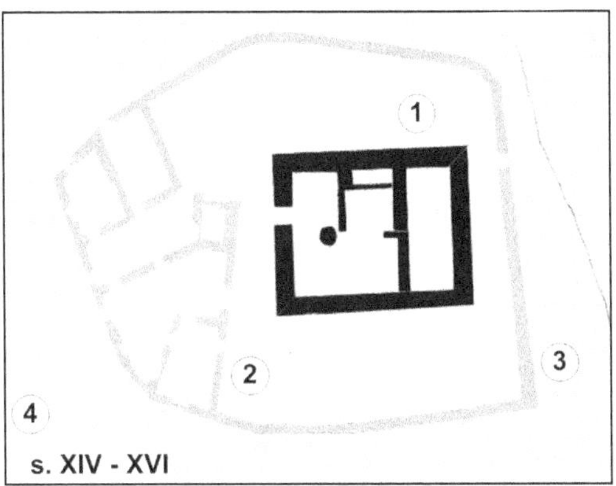

Esquema de la planta del Castell de Castellterçol entre els ss. XIV-XVI.

çada respecte del nivell exterior. Dins del recinte queden dues parets en angle i, al nord, sobresurt un altre mur. Els murs exteriors del castell vell (i les muralles exteriors) estan assentats directament sobre la roca del terra (sense fonaments) i per aquest motiu resisteixen. El sector sud era el més inaccessible orogràficament. L'accés s'efectuava per una porta adovellada amb volta de mig punt, oberta al mur sud-est, on després es va construir la masoveria. En aquest costat, s'hi devia trobar la torre de l'homenatge. Queda el basament dels murs de la torre a la base de l'actual torre del s. XIX.

El canvi de propietat l'any 1259 va implicar reformes al castell, introduint un nou estil arquitectònic: el gòtic. La *domus* es va convertir en aquest moment en un palau a l'ús de l'època. Els grans canvis es van produir a l'interior de l'edifici. La planta baixa es va remodelar totalment; es va dividir en dues habitacions cobertes amb un sostre embigat i sostingut per arcs faixons apuntats. Una de les habitacions es devia utilitzar com a celler, mentre que l'altra ha funcionat com un gran distribuïdor, des de la qual s'accedia, a través d'unes escales laterals, al primer pis.

No s'han trobat restes de la cisterna o de pous, però sí que hi ha una canalització excavada a la roca del terra al centre de l'edifici, creuant d'oest a est. Pel mur d'aquest costat hi

PROPIETAT DEL CASTELL DE CASTELLTERÇOL		
Terciol (mort el 898).		
(1060) **Miró.**	↓	
(1111) **Tedmar Mir de Castellterçol** o **Miró de Castellterçol.**	⚭ ↓	Ermessenda.
Tedmar Mir va cedir la jurisdicció del castell al Monestir de l'Estany.		
Guillem Tedmar I de Castellterçol (mort el 1134).	⚭ ↓	Gincona.
Ramon Xetmar (mort el 1198), bisbe de Vic i arquebisbe de Tarragona.		
Xetmar de Castellterçol, germà.	⚭ ↓	Catalana.
Guillem Xetmar II.	⚭ ↓	Guilleuma.
Guillem Xetmar III.	⚭ ↓	Beatriu de Cabrera-Castelló.
Arnau Xetmar (mort el 1259).	⚭ ↓	Guilleuma.
Ramon Xetmar, germà. Ven el castell al monestir de l'Estany.		
Ramon Xetmar ven el castell i el terme al Monestir de l'Estany. Els Xetmar continuen a altres comarques. El Monestir n'és propietari fins el 1574.		
(1229) **Guillem de Montbui,** prior de l'Estany.		
L'estructura del castell està formada pel castell vell o alt i el castell inferior o masoveria. S'arrenda el castell inferior per tal de rendibilitzar el patrimoni.		
(1329) **Francesc de Torre,** arrendatari de la masoveria.	↓	
(1334) **Berenguer de Torre,** arrendatari de la masoveria.		
Pere Bovet, arrendatari de la masoveria.	↓	
Eulàlia Bovet, arrendatària de la masoveria.		
L'any 1420 el rei va fer reconstruir el castell. El terratrèmol de 1448 li va causar importants danys. El 1575 el rei Felip II de Castella va fer de Castellterçol carrer de Barcelona perquè el poble en va pagar la llibertat feudal.		
(1644) **Família Tos,** arrendatària de la masoveria.		
L'any 1715, en temps de Felip V, l'edifici va quedar malmès.		
(1735) **Família Guàrdia,** arrendatària de la masoveria.		
Família Maresch, arrendatària de la masoveria.		
Família Barraquer, arrendatària de la masoveria.		
(1982) **Lluís Oller Sobregrau.**		
Josep M. Anzizu ha iniciat l'excavació del castell. Propietari de la masoveria.		
Diputació de Barcelona.		

trobem els desguassos; és aquí on hi devia haver algun tipus de dipòsit.

Segurament a causa del terratrèmol de 1448, el castell vell va quedar molt malmès i va ser necessari fer-hi reformes d'apuntalament dels arcs que sostenien el primer pis. Tot i que es va

Imatge del turó on està situat el Castell de Castellterçol i la disposició dels diferents habitacles.

mantenir la distribució anterior, una part de la gran habitació, ara dividida en dos espais, es va utilitzar com a cuina.

Des de l'any 1993 s'està portant a terme l'estudi arqueològic de les restes del Castell de Castellterçol, que avui es pot donar per acabat.

A mitjan s. XIV, quan el castell ja havia perdut bona part de la seva funció militar, es va construir entre la muralla est i la façana principal del recinte central del castell un mas (2), que els documents anomenen mas castell inferior, per oposició al castell vell o superior.

L'edifici es va construir com un cos rectangular adossat al pany de la muralla sud-est. D'aquesta construcció es conserven els arcs faixons que sustentaven la coberta d'embigat de fusta. La construcció es va fer al costat de l'entrada principal, cosa que fa pensar que devia ser la més malmesa. Les dimensions del castell vell es van reduir (hom pensa que s'estenia fins al mateix mur de la masoveria).

Durant el s. XVI el castell va iniciar una progressiva destrucció, per l'abandonament del recinte central del castell com a residència, malgrat que el mas continuava habitat. Els propietaris del mas no van fer cap inversió econòmica per tal d'impedir la desaparició del castell. En aquest segle es va construir una nova entrada al mas, obrint la muralla per la part del fossat.

Durant els ss. XVII-XVIII, es va aixecar un pis d'alçada sobre l'estructura del mas.

El mas ha continuat habitat fins avui. És per això que una part de les estructures de la Baixa Edat Mitjana ens ha arribat amb modificacions força significatives. Els propietaris del mas, agràriament actiu, no es van preocupar mai de mantenir dempeus el castell i reparar les desfetes del temps. Simplement, es van dedicar a espoliar els elements decoratius reaprofitables.

Del castell queda l'alta muralla (3), d'uns 4 m de mitjana (malgrat que originàriament devia fer uns 10 m) que mostra múltiples sage-

Imatge dels murs perimetrals del sector est del Castell de Castellterçol.

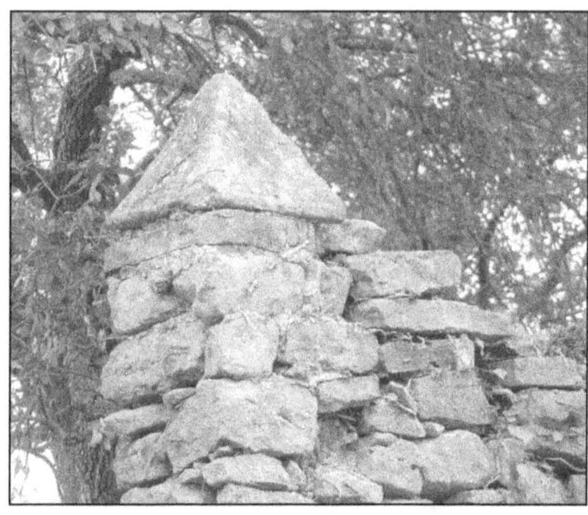

Imatge d'uns dels pinacles trobats a les excavacions. Algun d'ells s'ha col•locat a la part alta de la muralla actual.

teres i que segueix bona part del perímetre del turó, una forma poligonal de cinc costats, damunt de la qual el s. XVI es va construir una gran masia, que té un gran portal. El mur és, en aquest punt, la façana del mas. Els murs antics amb espitlleres són obra romànica (ss. XI-XII); aquestes muralles de bon carreu romànic tenen, a la part baixa, ara destinada a estables, uns bonics arcs de mig punt, d'estructura molt antiga, que indiquen que fa molts segles havia estat un habitatge o un lloc de serveis. Tots els murs tenen 1 m d'amplada i presenten filades d'espitlleres d'uns 60 cm d'alçada, fet que els confereix un innegable aspecte defensiu. S'han trobat un gran nombre de pinacles que estarien situats a la part més alta de la muralla com si fossin merlets.

Al costat nord, el fossat està excavat a la roca, però en alguns punts està reomplert de terres.

Possiblement hi devia haver una altra muralla exterior al peu del turó, abraçant en el seu traçat la capella de Sant Miquel. El fet que la porta original es trobés al sector nord, on ara hi ha la porta de la masoveria, corrobora aquesta hipòtesi.

En un pla inferior al castell, una mica enlairada, hi ha l'antiga capella de Sant Miquel (4), del s. XII, que dóna nom al castell, però que ara ret un culte especial a la Mare de Déu del Remei; per això aquesta capella també es coneix amb aquest nom. La capella va ser ampliada el segle passat quan l'amo del castell va tenir la pensada de construir una torre estreta i alta que devia ser rodona a l'època medieval. Malgrat això, l'església conserva la seva estructura romànica original de nau rectangular amb volta de canó i amb absis semicircular.

El castell vell de Castellterçol està situat sobre un turó, defensant directament la vall, i envoltat de muntanyes força més altes, especialment al nord-est, en direcció a Granera. Això fa pensar que era un castell vulnerable i fàcil d'atacar. Per completar la seva funció defensiva havia d'estar envoltat de poderoses torres de guaita. Avui en queden dues: una al nord, la Serradora (cap a Moià), i l'altra al sud, la Noguera, cap a Sant Feliu de Codines. Però perquè la comunicació fos perfecte faltaria alguna torre més, possiblement a la part més alta de l'actual població. Totes dues són torres quadrades de tres pisos d'alçada, d'estructura força paral·lela.

Llegendes

LLEGENDES DE BRUIXES

Protagonistes: Bruixes
Tema: Conjurs contra les bruixes

La llegenda del Pla del Boix

EXPLICA la llegenda que un paborde estava a l'ermita de Sant Fruitós de Castellterçol. Havia estat un any de molta pluja i la vegetació estava molt crescuda. L'indret, anomenat el pla del Boix, estava tot verd.

Els camps de blat del senyor del castell estaven preparats per a la sega.

De cop va començar a tronar i va caure una tempesta molt furiosa. El paborde va pensar que això significaria la fi d'una collita molt bona. Va començar a resar. De cop, va veure entre els núvols un conjunt de bruixes que anaven cridant.

Va llençar el seu llibre d'oracions amb molta força i va ordenar a les bruixes que descarreguessin la tempesta allà on caigués el llibre.

Va caure pedra durant una bona temporada, deixant desert l'indret. Actualment és un lloc maleït, trist i erm, on no creix la vegetació.

D'aquesta manera el mossèn va protegir les collites i les terres del senyor.

Altres llegendes de bruixes

A Castellterçol van tallar els cabells d'una dona suposadament bruixa, la qual se'n va anar a Caldes on una gitana la va reconèixer a la font del Lleó i la va matar amb un cop de galleda al cap.

Hi havia bruixes a les quals era inútil empresonar, colpejar, cremar o empaitar, ja que tenien la virtut de fer-se fonedisses; l'expressió «fes-te fúmer, o fuma't» recorda la traça de les bruixes en esdevenir fum i desaparèixer. N'hi havia que ho feien per les xemeneies de les cases, per on introduïen malediccions i desventures; per això s'aconsellava tenir sempre una mica de foc a la llar i gratificar els escura-xemeneies.

A Castellterçol, el Pla de les Forques era un lloc de reunió de bruixes, on s'havien penjat els delinqüents, untats amb vesc i resines perquè cremessin de nit. Castellterçol té el seu call de les bruixes al costat del carrer de Moià.

A Castellterçol hi havia un gat tot negre que s'enfilava i es tornava gras. Qui el veia li tenia por. Un dia li llençaren una paella d'oli bullent a l'esquena i l'endemà un home del poble va patir un gran dolor a l'esquena i començà a caminar geperut.

Diu la veu popular que els llibres de les bruixes no cremaven. Una vegada en varen trobar a una biblioteca a Castellterçol, els portaren a cremar a la plaça de la Riba i els llibres saltaren del foc i xisclaren.

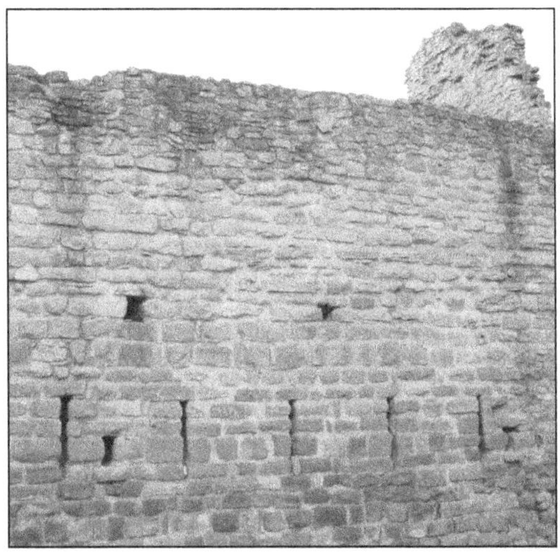

Espitlleres amb molta inclinació dels murs exteriors del castell vell. Aquest edifici havia d'existir abans de la construcció del mur perimetral perquè aquestes espitlleres comunicaven amb l'exterior.

ETIMOLOGIA
Protagonista: Castellterçol
Tema: Etimologia

L'ESCUT de Castellterçol mostra un castell amb tres sols al damunt; els tres sols corresponen a una imaginativa relació amb el topònim.

Fonts bibliogràfiques

Història

Pladevall i Font, Antoni; *Castellterçol. Història de la vila i del seu terme;* Eumo ed.; Castellterçol.

Miquel, Marina; Alonso, Icíar; «El Castell de Castellterçol: de castell termentat a unitat d'explotació agrària» a *Actes I Congrés d'Arqueologia Medieval i Moderna;* Generalitat de Catalunya.

www.ordenatas.es/castell/historia.htm

Llegendes

Capdevila, Joan; «La llegenda del Pla del Boix»; *XIII Ronda Vallesana,* 1992.

Arús, Ramon; «D'on ve el nom de Castellterçol»; *XIII Ronda Vallesana,* 1992.

El Figaró - Montmany de Puiggraciós

••• Castell de Montmany •••

Nom: Castell de Montmany. Conegut, popularment per Castell dels Moros, Castell del Prat, o Castell de la Rovira.
Localitat: El Figaró-Montmany (es troba a la part nord de la vall de Montmany).
Any de constitució: 1187.
1r propietari: possessió de la casa comtal de Barcelona.
Altitud: 684 m.
Funció: sentinella del pas del Congost (via natural entre l'Osona i el Vallès).
Propietat actual: l'any 1982 pertanyia a Joan i Antoni Molist i Alcaide.
Estat actual: actualment el castell es troba en ruïnes.

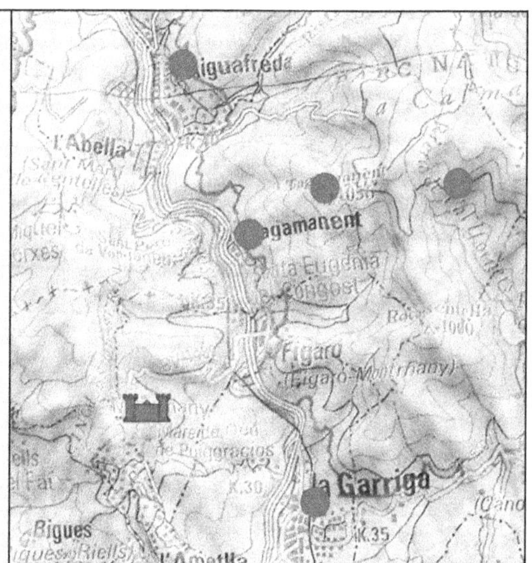

Es creu que el topònim de Montmany significava «muntanya gran», el nom antic de Puiggraciós.

Al turó de Puiggraciós hi va haver un poblat ibèric, típic de zones molt enlairades i amb molts elements defensius. A més, tota la vall que existeix entre el Tenes i la Riera de Caldes va estar densament poblada d'habitacles ibers. Un d'aquets seria el de l'Ollar, molt a prop de Montmany, la qual cosa demostraria l'antiguitat de l'indret.

Pel Congost passava la via romana que anava a Ausa (Vic) des de Granollers (Semproniana); per tant, no seria estrany que el castell tingués uns antecedents romans, com ara una senzilla torre de vigilància.

El castell consta en totes les transmissions de domini dels membres de la família Santaeugènia.

El castell està situat a la defensa de la vall del Congost. En aquesta tasca participa també amb els castells de Tagamanent, Pedralba, Rosanes, Blancafort, Cruïlles i el Castell de Centelles (tot i no pertànyer a la comarca del Vallès Oriental).

Des d'aquest punt es pot divisar tot el Vallès i es veu el mar entre les muntanyes de la Serra de Marina.

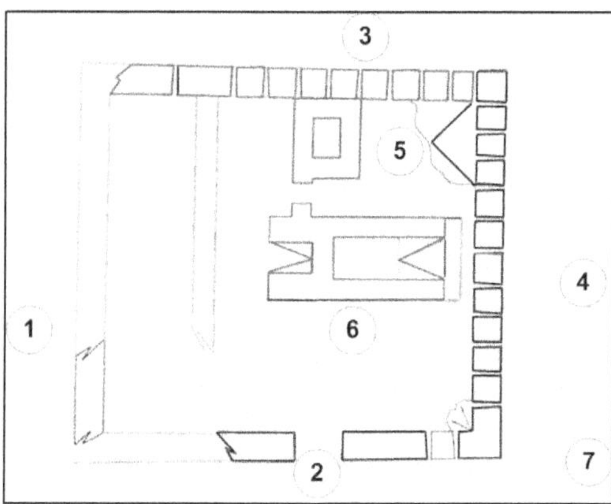

Esquema de la planta del Castell de Montmany.

El Castell de Montmany sobre el turó i estat de conservació dels murs est, gairebé sencer, i el nord i sud de forma fragmentada.

Descripció del castell

El Castell de Montmany està situat en un poderós turó, disposat de forma paral·lela als cingles de Bertí. És a dir, el seu mur oest (1), avui gairebé desaparegut, fa una línia que segueix la falla de Bertí. El seu mur sud (2) està orientat cap a la plana del Vallès. La seva visió des d'aquesta zona arriba perfectament fins al mar i la ciutat de Barcelona (avui hi podem divisar perfectament les torres Mapfre des d'aquest angle). A l'angle sud-est divisem el Puiggraciós i, per sobre dels cingles, el Castell de Bertí o Clascar. El seu mur nord (3) ens dóna una perspectiva perfecta de l'inici septentrional del pas del Congost. El mur est (4) es conserva gairebé sencer però conté importants escletxes.

El recinte del castell és petit perquè s'adapta perfectament a l'orografia irregular del terreny. Estem parlant d'un important castell d'escassa superfície però de gran alçada, que forma un imponent conjunt.

El Castell de Montmany és una construcció de planta rectangular (15,20 m x 16,20 m) en la qual resten, gairebé sencers, els murs est i nord, d'uns 9 m d'alçada, que mostren nombroses espitlleres a molts nivells, però especialment a la part més baixa i per sota de la línia del sòl del castell, per poder atacar els enemics que pujaven la carena. Això fa pensar que especialment per la banda est el castell tenia una planta subterrània o, com a mínim, algunes estances per la guàrdia. Per l'alçada dels murs i les restes d'embigat es dedueix que l'alçada del castell era d'uns tres pisos. Dels murs situats al sud i a l'oest queden vestigis i fan entre 1 i 1,10 m de gruix.

A l'interior hi ha altres restes de parets i, adossada al cantó nord-est, hi ha una sala o habitació (5) que podria ser una cisterna rectangular de 4,55 m x 6,10 m que aprofita com a mur sud la paret transversal.

Al centre de la construcció (6), a 1,20 m del mur est, hi ha un cub l'interior del qual fa 1,70 m x 3,50 m i que potser podria ser una altra cisterna o el basament d'una rectangular torre de l'homenatge. Per l'estructura del castell podríem pensar que la torre principal havia de ser al centre, però cap de les restes que podem contemplar semblen corroborar-ho.

Propietat del Castell de Montmany

Blancafort i Montmany van ser considerades franqueses des de 1025. Són jurisdicció comtal. La mitja jurisdicció era dels senyors de Centelles. La guarda del Castell de Montmany era responsabilitat dels senyors de Blancafort, o Santaeugènia.		
(1144-1176) **Pere de Santaeugènia.** Montmany és una guarda del Castell de Blancafort de la Garriga.	ꝏ ↓	Dolça.
Pere Gros de Santaeugènia.	ꝏ ↓	Adaleda.
(1183) **Pere de Santaeugènia.**		
Gaia de Santaeugènia.	ꝏ ↓	Guillem de Bell-lloc.
(1244) **Pere de Santaeugènia** o **de Bell-lloc Santaeugènia.**	ꝏ	Berenguera de Lluçà.
Bernat de Santaeugènia.	ꝏ ↓	Beatriu.
Sança de Santaeugènia.	ꝏ ↓	Vescomte Guerau VI de Cabrera.
Marquesa de Cabrera i de Santaeugènia.	ꝏ	Ponç V, comte d'Empúries.
(1300) **Elisenda de Castellet.**	ꝏ	Guillem de Tagamanent.
(1306) **Pere de Santaeugènia.**		
(1319) **Ramon de Centelles i de Montcada** compra el domini total al rei.		
Gilabert de Centelles, cosí de Ramon.	ꝏ ↓	Toda de Vilanova.

(1388) **Eimeric de Centelles i Vilanova.**	ꝏ ↓	Elionor de Milany, Brunissenda de Perellós i Alamanda de Cervelló.
El rei Martí l'Humà converteix la Garriga i Montmany en patrimoni reial.		
Gilabert VII de Centelles.	ꝏ	Brunissenda de Bellvís i Beatriu de Castellar.
Durant la guerra de Remences, amb els Centelles a favor de Joan II, inicialment la Generalitat castiga els Centelles traient-los les propietats, incloent-hi Montmany. Posteriorment van ser perdonats.		
(1472) **Crisògon Andreu de Centelles.** La propietat passa al seu nebot.		
Pere Galceran de Cruïlles i de Centelles (mort el 1497). La propietat passa al seu cosí.		
Guillem Ramon de Centelles (mort el 1490).	ꝏ ↓	Elionor Martí, Violant de Clariana i Margarita Eslava.
Lluís de Centelles (mort el 1538).	ꝏ	Toda Carròs, comtessa de Quirra.
L'any 1519 els Centelles eren senyors de Montmany amb tota la jurisdicció civil i criminal.		
N. Encio Rey.		
(1982) **Joan i Antoni Molist i Alcaide.**		

Queden escasses restes del mur perimetral del castell (7), que devia ser molt poderós. A mitja alçada del turó, pel cantó sud-est, en podem trobar alguns fragments. Davant de la façana sud, s'hi dibuixa la vall o el fossat.

Actualment la vegetació silvestre va clivellant i malmetent amb l'ajuda del sol, de l'aigua, i del vent, les restes del castell.

La parròquia de Sant Pau de Montmany contenia la marededéu gòtica de Puiggraciós, que es va traslladar a l'ermita-monestir de Puiggraciós quan la parròquia va quedar inservible. Avui és difícil localitzar aquesta capella.

Al llibre *Els Sots Feréstecs* de Raimon Casellas s'ésmenta el Castell de Montmany. En aquest llibre es relata el neguit i el dolor de mossèn Llàtzer pel fet que l'ermita de Puiggraciós, a principi de segle, s'havia convertit en bordell, ja que hi feien estada la bagassa i els feligresos que havien abandonat la parròquia de Sant Pau de Montmany:

«I a darrera, cap a darrera, ajuntant-se de mica en mica amb les feixes de conreu, se li apareixia el tossalot de Romaní amb el Castell dels Moros dalt de tot, traient el cap com un espectre. Roques, turons, feixes, espadats, tossals, cingleres, se donaven la mà tot a l'entorn, formant una roda de muntanyes negres que esglaiava de mirar».

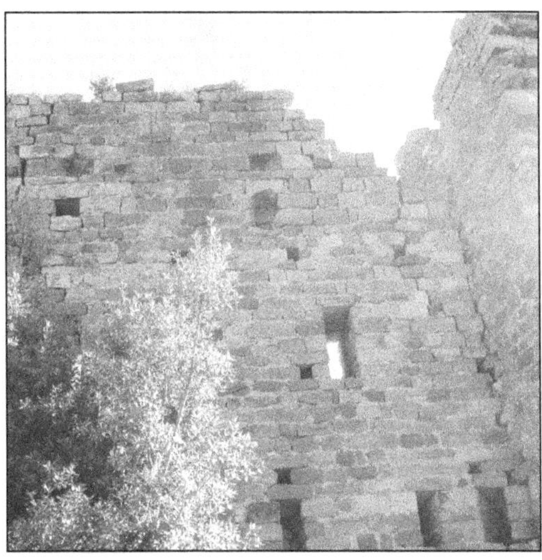

Finestres de la segona planta i embigat del seu sostre en el Castell de Montmany.

Llegendes

LLEGENDA DE LA CAMPANA: (LLEGENDA HABITUAL A MOLTS POBLES DE CATALUNYA)

Protagonistes: Personatge històric, tresor, àrabs

Tema: Robatoris

LA campana de Sant Cristòfol de Monteugues va ser atribuïda a Carlemany. Sant Cristòfol de Monteugues es troba en un lloc tan amagat que no és visible fins que hi ets a tocar. Aquesta situació pot explicar la creença que diu haver estat refugi de cristians en temps de persecucions, i que els cristians hi venien des de Montcada per celebrar-hi els Sants Oficis. És una capella que hom creu que va erigir Carlemany com a mostra d'agraïment a la victòria aconseguida al «pla de la batalla» contra els àrabs.

Es creu que al costat de la capella hi va ser enterrat el cabdill moro amb tots els seus ornaments. Aquest fet ha originat un nombre considerable de furgades pels voltants. I diuen que encara s'hi troben nombrosos ossos i alguna moneda, per poc que es furgui.

A la capella, hi havia la cèlebre campana de Carlemany, molt antiga, baixa i ampla, que portava la inscripció *«Carolus Magnus me fecit».* Segurament feia referència a la fundació de la capella. Tenia un gran interès arqueològic, motiu pel qual la van robar una nit. Als lladres, no se sap com, els va caure la campana i va anar rodolant cap avall. No van saber trobar-la. Uns anys més tard, la va trobar un pastor de Ca n'Oliveres de Montmany i se la va endur a casa seva.

LA ROCA CENTELLA

Protagonista: Pedra

Tema: Origen del lloc

PUJANT cap al pla de la batalla i anant a cercar la Roca Centella, trobem una curiosa pedra que ha donat nom a la muntanya. És una pedra blanca, d'un metre i escaig d'alçada, i que porta esculpits un escut barrat i la llegenda MONTMANY, en la qual es poden llegir les darreres quatre lletres, motiu pel qual es presta a voler llegir la paraula CARLEMANY.

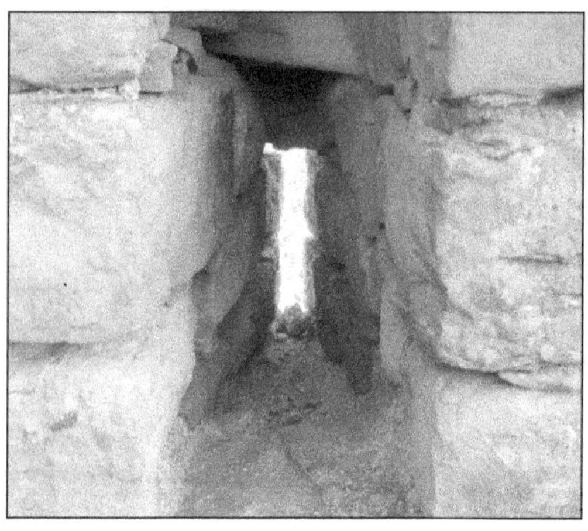

Espitllera del Castell de Montmany.

L'Aleix de les Tòfones
Protagonistes: Camperols
Tema: Astúcia i engany

Aquesta llegenda narra la història d'un avi molt, molt vell, que vivia a Montmany. Ningú no coneixia la seva edat, però tothom creia que devia tenir uns noranta o cent anys. Aquest era tan vell, però a la vegada tan fort, que el poble pensava que es tractava d'un bruixot.

El vell feia cas omís dels comentaris que feien sobre ell, sabia que mai li podrien fer cap mal perquè sempre anava ben acompanyat per uns gossos. Ja fos pels gossos o bé per l'aspecte del bruixot Aleix, els nois fugien temorosos.

Es dedicava a collir tòfones, i encara que es resistien, ell les arrencava amb certa facilitat. Mentre el poble havia de beure vi ranci o menjar el pa florit, l'Aleix podia permetre's el luxe de menjar com un marquès, amb la seguretat de disposar de més menjar sota terra. La gent del poble havia pensat, més d'una vegada, assassinar l'Aleix o robar-li la collita, ja que li tenien molta enveja. Fins i tot alguna vegada havien intentat sorprendre'l pel camí i fer-li donar els diners o matar-lo, però mai s'havia arribat a aquest punt perquè li tenien molta por; deien que tenia un pacte amb el dimoni.

Tothom deia: *«qui sap què hi deu haver darrere la negror tremolosa d'aquelles tàpies mig enfonsades!».*

Un dia va córrer pel poble el rumor que l'Aleix havia desaparegut. No se'l trobava per enlloc. La gent no parlava d'una altra cosa. Fins al punt que, prenent certes precaucions, van decidir anar a Can Romaní, on ell vivia, per tal d'esbrinar què passava, però allà no van trobar gossos, ni mobles, ni res. El poble va passar molts mesos sense saber res d'ell, fins que un pastor de Can Sunyer va assegurar haver vist l'Aleix entre les alzines més altes del bosc de Brera, però ningú no el va creure.

Al cap d'uns dies, el porquer del Malaric va dir que l'havia vist pel serrat de Puiggraciós. A partir d'aquell moment, tothom veia l'Aleix per tot arreu. Tothom l'havia vist a la mateixa hora a diferents llocs. Aquella figura va tornar a ser el fantasma dels camperols. Però no sabien on devia viure, perquè ningú l'havia tornat a veure al casalot del Romaní.

Alguns pensaven que podia estar-se a l'església, que feia temps que estava abandonada. Van anar a comprovar-ho i aleshores el van veure caminant cap a Puiggraciós.

Els veïns van pensar que aquell era un bon moment per actuar i fer tot allò que no s'havien atrevit a fer abans; van pensar que primer allunyarien els gossos a cops de garrot. Mentre rumiaven això, l'Aleix ja s'havia acostat a ells somrient per sota el nas com si olorés les males intencions de la gent.

Els veïns van veure que es trobava completament indefens, sense gossos i brut, molt brut. Es va anar apropant cap a ells i els va demanar, per caritat, diners.

L'Aleix havia aconseguit fer veure que era pobre i l'havien cregut; ara mai més el molestarien per demanar-li diners, i va murmurar: *«La Figo vus fai a tuts».*

Fonts bibliogràfiques

Oliver, Jaume; *Història de Figaró-Montmany.*

GRANOLLERS

••• CASA DEL CONESTABLE •••

Nom: Casa del Conestable.
Localitat: Granollers. Carrer de Sant Roc 8-10.
Altitud: es troba al pla, dins de la ciutat.
Funció: residència dels senyors de Montbui.
Estat actual: no està en perfectes condicions arquitectòniques.

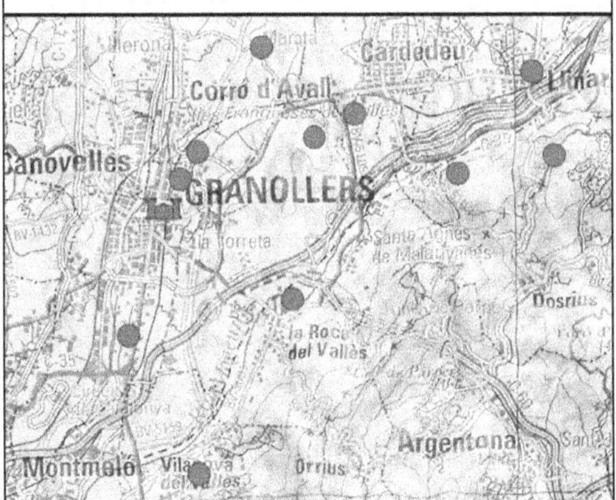

El palau s'ha vist reduït a una tercera part del que era inicialment.

Descripció del castell

L'actual Casa del Conestable comprèn la façana i el cos central del que va ser l'antic palau senyorial dels Montbui al carrer de Sant Roc de Granollers.

En la línia i la tipologia del gòtic civil català del s. XV, el conjunt presenta un parament de pedra vista, sense picar, i una estructura amb planta baixa i dos pisos. L'accés s'efectua per un portal adovellat de mig punt, amb una fina motllura guardapols. Al pis noble trobem una finestra coronella gòtica d'arc trevolat o de tres ulls, que manifesta la categoria de la casa. Al segon pis hi ha una finestra conopial trilobulada.

El palau ha patit greus danys durant els darrers cinquanta anys: a principi del s. XIX la part occidental de l'edifici va ser enderrocada per construir-hi una casa moderna. L'any 1940 l'Ajuntament va donar permís per enderrocar la part oriental del palau. Les finestres de pedra es van vendre al propietari de Can Many. Al seu lloc es va construir un altre edifici modern. Per tant, només resta la part central de l'antic palau senyorial.

L'escut que hi havia a la porta interior de l'escala portava la muntanya i la «T», símbol dels Tagamanent. Aquest escut es troba a la Casa Many a la «Serra de Palou».

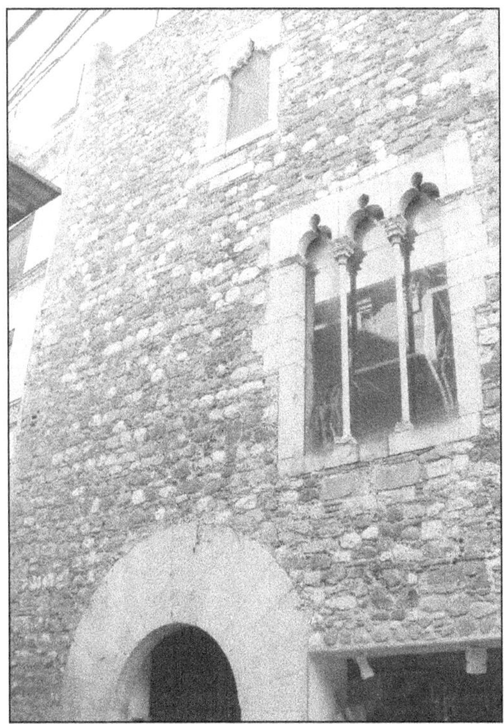

Façana de la Casa del Conestable.

PROPIETAT DE LA CASA DEL CONESTABLE		
(1444) **Jaume de Tagamanent.**	∞ ↓	Isabel de Palou.
Isabel de Tagamanent.	∞	Joan de Montbui.
El 1466 hi va morir a la casa dels Tagamanent Pere IV, Conestable de Portugal, rei de Catalunya. D'aquí ve el nom popular de l'edifici. Durant la guerra de Remences, Granollers va ser presa per les tropes reialistes. Els remences hi van fer un atac, van entrar a la casa del Conestable de Portugal i hi van matar un membre de la família Montbui-Tagamanent.		
Joan de Montbui i de Tagamanent.		
Francesc Benet de Montbui i de Tagamanent.	∞ ↓	Elisabet.
Elisabet Miquela de Montbui i de Tagamanent.		
Jaume de Rocabertí-Tagamanent i de Sarriera, mort el 1582.	∞ ↓	Aldonça Descoll i de Tord.
Dalmau de Rocabertí.		
Miquel de Rocabertí-Tagamanent-Descoll i d'Icard.	∞	Maria d'Alentorn i de Salbà.

S'està estudiant la possibilitat d'incorporar l'edifici al Patrimoni Municipal.

L'interior està una mica abandonat avui. Externament, la seva funcionalitat comercial actual disminueix la visió dels seus elements artístics i històrics, però aquest fet potser n'ha afavorit la conservació.

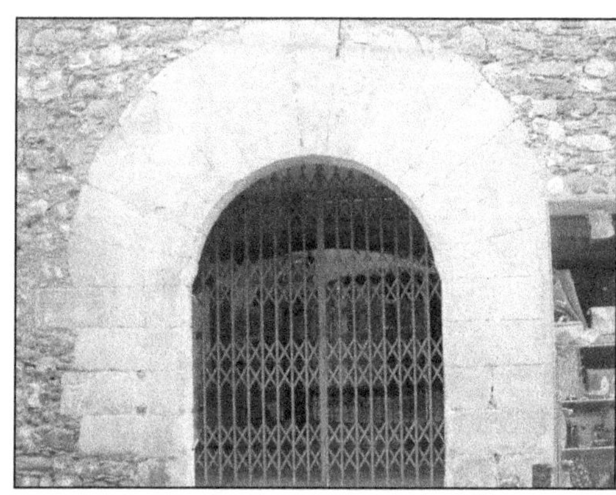

Portalada d'entrada a la Casa del Conestable.

Llegendes

Protagonista: Personatge històric
Tema: Genealogia

JA només el nom amb què es coneix la casa és llegendari, ja que no ens diu el cognom del propietari o d'algun dels propietaris que va tenir, sinó que ens parla d'una personalitat (el provisional rei de Catalunya, Pere IV, Conestable de Portugal), el qual, diu la tradició, va viure i morir en aquesta propietat.

Fonts bibliogràfiques

Estrada i Garriga, Josep; «La Casa del Condestable»; a *Vallès,* núm. 2010, 22 desembre, 1973.

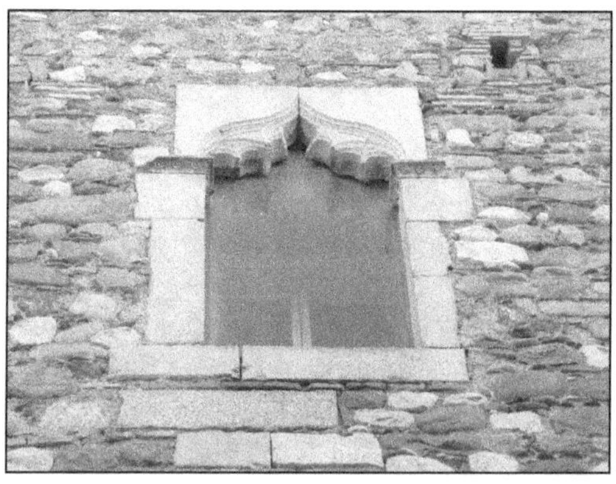

Finestra gòtica a la façana de la Casa del Conestable.

GRANOLLERS

••• TORRE PINÓS •••

Nom: Torre Pinós.
Localitat: Granollers.
Any de constitució: probablement el seu origen era del s. XIV.
Altitud: es troba en un turó.
Propietat actual: és propietat de les hereves d'Edelmiro Estapé, però està en tràmits de convertir-se en propietat municipal.
Estat actual: en estudi de restauració.
Reconstrucció: sí.

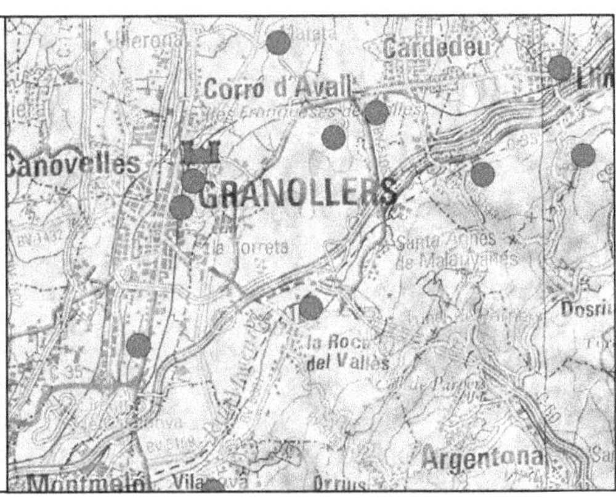

La Torre de Pinós està situada al punt orogràfic més destacat de Granollers.

Hi ha certa similitud entre l'aparell constructiu de la torre i de les muralles de Granollers, la qual cosa fa pensar que són coetànies, del s. XIV, malgrat que presenti consolidacions d'època moderna.

La Torre Pinós és una torre de guaita, de planta circular, amb 4 m de diàmetre i 10 m d'alçada. El gruix dels seus murs és de 65 cm. A 3 m del terra es veu el recolzament de les bigues del primer pis, i a 6 m, les restes d'una falsa volta.

La torre actual té una part inferior més antiga, una mitjana del s. XVI (mateixa època en què es va reorganitzar la defensa de la Catalunya litoral amb torres de guaita), i els merlets superiors, que són del s. XIX.

Al s. XVI es va fer una reconstrucció del pis superior d'aquell moment.

Imatge de la part superior de la Torre Pinós.

Llegendes

LA LLEGENDA DE LES CENT DONZELLES O DE GALZERAN DE PINÓS

Protagonista: Personatge històric
Tema: Miracle i tribut de les cent donzelles

A Galzeran de Pinós (avantpassat dels Pinós de Granollers) se'l relaciona amb la batalla d'Almeria, on el van fer presoner i es va portar a terme el rescat de les cent donzelles i el miracle de Sant Esteve. La parròquia de Granollers estava (i està avui) sota l'advocació de Sant Esteve, potser en record d'aquesta llegenda.

L'any 1147 el comte de Barcelona Ramon Berenguer va dur a terme una expedició a Almeria, per lluitar contra els infidels, en la qual participaren molt nobles de Catalunya (cinquanta-tres), entre ells Galzeran de Pinós com a almirall de la flota catalana. Amb ell s'esmenten també Ramon de Cabrera, senyor de Montclús; Pere Bertran de Bell-lloc, Francesc de Montbui i Bernat de Far.

Galzeran de Pinós i el seu company Santcerní, senyor de Sull, van ser empresonats als setge de la ciutat, i van ser emportats terra endins. Mentrestant, el comte de Barcelona va prendre la ciutat i se'n va tornar a Catalunya, i Galzeran de Pinós va passar més de cinc anys empresonat.

El rescat que demanaven els àrabs era de cent mil dobles d'or, cent draps d'or, cent cavalls blancs, cent vaques bragades i cent noies verges. Aquest era un rescat digne d'un príncep. L'entrega de tantes donzelles significava per aquest poble la condemna de viure sense futur, ja que es tractava de les dones parideres de la zona. Pere Galzeran de Pinós, el pare, i la seva muller, Berenguera de Montcada, van aconseguir reunir el cabal necessari per aplegar tot el que el rei moro exigia, menys les cent donzelles. Els vassalls de la baronia de Pinós van oferir les seves filles (qui tenia tres filles n'oferia dues, qui en tenia dues n'entregava una, i qui en tenia una la sortejava per si hi aniria o no), que foren lliurades al port de Salou per fer efectiu el rescat.

Hi ha diferents versions de la llegenda i una afegeix que tres donzelles s'ofegaren voluntàriament abans de deixar-se violar pels infidels. D'aquesta manera, a l'església de Bagà, hi havia fins fa poc uns enterraments de fusta que la creença popular deia que eren de les donzelles ofegades a Salou, fet fals, evidentment, perquè eren restes d'homes.

Galzeran de Pinós, empresonat, demanava a Sant Esteve la gràcia de recuperar la llibertat, i el dia anterior a l'arribada de les noies, se li va aparèixer Sant Esteve a la presó i el va alliberar, davant l'astorament del guardians. Simultàniament, el mateix li passava al seu company Santcerní, alliberat per Sant Genís.

Pinós i Santcerní van ser traslladats miraculosament a la platja de Salou, on van trobar la comitiva de rescat. El fet de la participació miraculosa d'éssers celestials ja apareix als *Fets dels Apòstols* quan Pere està dormint a la presó i se li apareix un àngel que se l'emporta fora, li cauen les cadenes i els guardians no s'adonen de res.

Quan va tornar a casa i va veure l'església de Sant Esteve, es va agenollar i va caminar un bon tros amb els genolls nus fins a l'església.

Galzeran va ser molt generós amb els que havien contribuït al seu rescat i a les cent donzelles els va atorgar a perpetuïtat grans franqueses.

En aquest relat, hi trobem dos temes essencials: el del tribut en éssers humans i el del sant que miraculosament treu de la presó un captiu.

No consta històricament la participació de Galzeran de Pinós en la conquesta d'Almeria, ni consta que fos almirall, malgrat que ho va poder ser. Tampoc era fill de Berenguera de Montcada, sinó d'Adelaida. Els seus néts Bernat, Ramon Galzeran I, Pere i Berenguer Galzeran de Pinós sí que van ser fills de Berenguera, però no van poder participar a la batalla d'Almeria.

La llegenda va ser recollida de la tradició oral en acta notarial a Bagà l'any 1431, a petició dels freners de Barcelona, que tenien Sant Esteve com a patró. Va ser inclosa per Tomic a *Històries e conquestes,* així com pel pintor Tramulles a les pintures de la capella de Sant Esteve de la catedral de Barcelona.

La llegenda de les cent donzelles és herència de la llegenda grega de Teseu i la seva victòria sobre el Minotaure, gràcies a la qual va lliurar Atenes del vergonyós tribut en nois i donzelles que la ciutat es veia obligada a pagar a Minos de Creta cada nou anys per alimentar el Minotaure (terrible bèstia tancada al laberint de Creta). Teseu, el fill del rei Egeu, va formar part

Imatge de la Torre Pinós, encerclada naus industrials i per cablejat de les xarxes elèctriques.

d'aquest grup, i li van posar la condició que si tornava amb vida havia de dur les veles blanques de la seva nau. Amb l'ajut d'Ariadna, filla de Minos, enamorada de Teseu, va aconseguir matar la bèstia i sortir del laberint amb Ariadna. Quan va arribar a les costes d'Àtica es va oblidar de canviar les veles i el seu pare es va suïcidar.

Alguns aspectes del relat reapareixen després a la vella versió del Tristany, del s. XII:

- El rei de Cornualles es veia obligat a pagar al d'Irlanda cada quatre anys un tribut consistent en tres-cents nois i tres-centes donzelles que havien de servir durant tres-cents dies l'any el rei irlandès.
- Tristany, nebot del rei de Cornualles, lluita en combat singular amb el temible gegant Morholt, que s'havia presentat per emportar-se els nois i les donzelles. Tristany guanya i el tribut és abolit.
- Anys després, Tristany, greument malalt i enllitat, espera l'arribada d'una nau que, si porta veles blanques, significa que porta la seva amada Isolda, però un company del cavaller li diu que les veles són negres i Tristany mor.

La història mostra la possibilitat de versemblança d'aquesta llegenda, malgrat que es poden precisar alguns detalls. L'heroi devia ser Galzeran III de Pinós, fill d'Estefania (no Berenguera de Montcada), i marit de Berenguera. Va viure entre 1134 i 1194 i va morir al monestir de Santes Creus, convertint-se ell i tota la seva família en benefactors del monestir. Gràcies a un esdeveniment històric es reviu un tema mític.

La veritat dels rescats de les cent donzelles, segons el concili de Narbona, és que els àrabs es dedicaven a segrestar homes importants per demanar el rescat esmentat. Els cristians prometien grans recompenses a qui oferís donzelles. Alguns es dedicaven a segrestar donzelles per poder cobrar aquestes recompenses.

El gremi de freners de Barcelona tenia Sant Esteve com a patró i van fer esforços per difondre aquesta llegenda durant l'època referida.

A Vilaseca, fins l'any 1936, existia el «Piló del Rescat» en record dels fets llegendaris mencionats. L'any 1965, l'Ajuntament ha fet reviure la importància del «Piló del Rescat o de Sant Esteve», creant un bon monument.

GRANOLLERS

⁂ TORRE DE LES AIGÜES ⁂

Nom: Torre de les Aigües.
Localitat: Palou (actualment Granollers).
Any de constitució: al voltant de 1134.
Altitud: es troba al pla de Palou, al centre d'una vall.
1r propietari: casa pairal dels Junyent.
Funció: antiga vila romana que servia per a la defensa de la vall de Palou i la via romana de Barcelona a Vic.
Propietat actual: actualment és un restaurant a nom de Francesc Tuset Guinart.
Estat actual: està en ús, malgrat que no està en perfectes condicions arquitectòniques.
Reconstrucció: l'any 1535 va ser reconstruït perquè havia quedat totalment ensorrat.

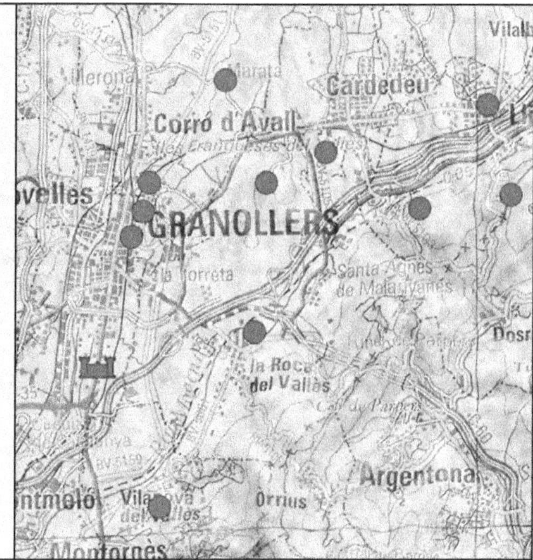

Es creu que la casa és molt antiga ja que la fortalesa està construïda sobre una vil·la romana que servia per a la defensa de la vall de Palou i la Via Augusta; per aquest motiu està a la plana. Suposadament aquesta casa és el palau d'on prové el nom «Palou» i té un origen romà. El nom ha passat per grafies diferents: Palaciolo, Palaol, Paladol, etcètera.

Els pobles que contenen el terme «Palau» (o un derivat) estan situats a pocs quilòmetres de l'antic camí o via romana i es tracta de mansions medievals o baiximperials que tenen una directa relació amb la ruta.

Palou apareix documentat l'any 924 al *Cartulari de Sant Cugat* i al *Liber Antiquitatum*.

El llinatge Palou és ben il·lustre en la història de Catalunya. Entre d'altres, podem citar Berenguer de Palou, bisbe de Barcelona, senyor del Castell de Montbui i guerrer de la segona meitat del s. XII. Va compaginar perfectament la vida religiosa i la militar. Va servir els reis Pere II el Catòlic i Jaume I el Conqueridor i va participar en expedicions militars a Úbeda, a la conquesta de Mallorca (on va perdre mig peu i va guanyar el títol de canceller del regne) i València. Va contribuir a la fundació de nombroses cases de religiosos, com ara els franciscans (el propi Sant Francesc d'Assís va venir a Barcelona amb aquesta finalitat), i l'Orde de la Mercè. Va morir amb el final de segle i fou enterrat a la catedral barcelonina.

A la conquesta de Sardenya (1323) es van distingir els Palou, i més tard, un tal Bertomeu, d'aquest llinatge, nou senyor de Montbui, el qual va dirigir una esquadra per sotmetre l'esmentada illa.

Descripció del castell

El conjunt d'edificis anomenat Torre de les Aigües té l'estructura d'una vil·la romana transformada. Hi trobem un grup de construccions principals i accessòries, situades al voltant d'un

PROPIETAT DE LA TORRE DE LES AIGÜES

Torre de les Aigües o Mas Junyent. Els Junyent eren nobles de la cort.	A la base de la torre hi ha la capella de la Verge de les Aigües (considerada popularment com l'antiga església de Palou), que fins al 1936 allotjava la imatge de la Verge.
Joan Junyent.	**Francesc Tuset i Guinart.**
(1506) **Francesc Junyent.**	
(1542) **Francesc Junyent.**	
(1555) **Galzerà de Junyent.**	
(1597) **Miquel Junyent.**	
(1688) **Francesc Junyent.**	

pati, formant un barri, i amb un mur que les tanca. La vil·la romana i la *domus* medieval incloïen totes les dependències imprescindibles per a la vida rural: habitacles dels senyors i dels servidors, magatzems, estables, pallers, i, si era possible, molins.

La torre té planta quadrada amb tres nivells i la coronen uns merlets. A la base de la torre hi ha la Capella de la Verge de les Aigües, d'estil goticitzant. Fins al 1936 aquesta capella allotjava la imatge de la Verge de les Aigües, verge de la pluja. Tradi-cionalment s'ha considerat que aquesta capella era l'antiga església de Palou, documentada des de mitjan s. XII. Presumiblement, l'any 1134 ja existia la capella de les Aigües. Té una porta gòtica rectangular amb relleus que fan de capitells de les columnes dels brancals.

Al primer pis de la torre hi ha una finestra de pedra d'arc pla amb relleu apuntat a la part superior. Des de l'exterior es poden observar les cantoneres de la torre.

L'edifici ha estat arrebossat.

La porta del barri és un gran arc. A la seva dovella hi ha un curiós relleu format per tres cares que semblen coronades sobre dos escuts: en el primer, hi ha un lleó rampant, que representa les armes dels Junyent, i en l'altre, tres flors de lis i un arbre arrencat.

A l'interior del barri hi ha un pou amb dos columnes. Els edificis de l'interior són de paredat i un d'ells té una finestra gòtica. Al centre de la façana exterior hi ha dos edificis posteriors de diferent alçada amb paredat arrebossat.

A prop de la Torre de les Aigües hi havia una capella amb una imatge de la Mare de Déu del Lledó. La capella va ser enderrocada a mitjan s. XIX. A l'església de Sant Julià hi ha una reproducció de la primitiva imatge del s. XIII.

Llegendes

IMPORTÀNCIA DE PALOU

Protagonista: Localitat
Tema: Importància de la localitat
Dita popular: Si el Vallès en fos un ou, el rovell fóra Palou.

COMTE JUNYENT

Protagonista: Cavaller
Tema: Brutalitat feudal

Es diu que el comte de Junyent va matar els tres barons que podien heretar la propietat i els seus retrats apareixen al relleu de la porta, sobre l'escut.

VERGE DE LES AIGÜES

Protagonista: Verge
Tema: Miracle de pluja

LA Torre de les Aigües s'anomena així perquè a la planta baixa de la torre hi havia una capella amb un retaule molt important i la figura de la Verge de les Aigües. Posteriorment, tot el retaule va passar a l'església de Sant Julià de Palou i durant la Guerra Civil espanyola tot es va destruir. Sota un lledoner es diu que «fa molt temps» es va trobar la imatge de la Mare de Déu de les Neus, potser per preservar-la de la destrucció dels enemics en temps de guerra, i se li va fer una capella que avui està derruïda. Es creu que hi havia una relació entre la Mare de Déu de les Aigües i la de les Neus; la primera es considerava protectora de la pluja.

Només al Vallès ja hi ha diverses capelles on, solemnement, acudia el veïnat o gent d'altres parròquies per tal de demanar pluja. D'aquestes capelles, les principals són la Mare de Déu del Corredor, la de Bellulla (Canovelles), la de Sant Esteve de Vilanova de la Roca (avui anomenat Santa Quitèria), la del Remei (a Caldes de Montbui), i la Torre de les Aigües.

Un dels pobles que més visitava la Torre de les Aigües era les Franqueses, on hi havia molta devoció, ja que alguna vegada havien patit una sequera de quatre mesos i les pregàries que havien fet a les parròquies de les Franqueses no havien tingut èxit, però les que havien fet a la Torre de les Aigües sí.

La importància d'aquesta capella queda patent perquè dels tres dies de precs (dilluns, dimarts i dimecres) que es feien abans de l'Ascensió, dos s'anava a la Capella de les Aigües. Quan encara existia la Capella del Lledó, els dilluns s'hi feia missa i ningú no anava després a la parròquia sense passar primer per la Torre de les Aigües.

TEMPLERS A PALOU

Protagonista: Cavaller
Tema: Història popular

DIUEN que la casa de Palou era de la milícia del Temple, els templers.

DONES D'AIGUA A PALOU

Protagonista: Dona d'aigua
Tema: Amor entre humà i dona d'aigua

UNA altra tradició molt coneguda diu que l'home de la Torre es va casar amb una dona d'aigua amb la condició de no ésser-li retret el seu origen: l'incompliment d'aquesta condició va fer desaparèixer la dona per sempre més. Les filles apareixien ben pentinades i arreglades. El pare va preguntar la causa d'això i, davant la resposta, va proposar a les filles que posessin agulles entre el seu vestit i el de la seva mare per retenir-hi la dona d'aigua. Aquesta mai més va tornar a aparèixer.

ORIGEN DE LA TORRE DE LES AIGÜES

Protagonista: Convent de monjos
Tema: Origen fortificació

AQUESTA coneguda llegenda es deu haver situat en aquest indret a causa del nom de la torre.

L'origen popular de la Torre de les Aigües no era un castell moro, sinó un convent de monjos.

GOIGS DE NOSTRA SENYORA DEL LLEDÓ

Protagonista: Verge
Tema: Poders curatius

ELS Goigs de Nostra Senyora del Lledó parlen de les malalties que curava la Verge: esterilitat, problemes del part o amb la llet dels nadons, febres, trencadures, crup, verola i pesta. I també protegeix el poble d'altres mals: guerra, problemes en la producció agrícola i mort correcta.

Fonts bibliogràfiques

Gallardo, Antoni; *Del Mogent al pla de la Calma;* CEC 1938.

Maspons i Camarasa, Jaume; «La Torre de les Aigües de Palou»; *La Veu del Vallès.*

Granollers

••• Muralles de Granollers •••

Nom: muralles de Granollers.
Localitat: Granollers.
Any de constitució: 1291.
Funció: defensa de la ciutat-mercat.
Propietat actual: municipal en alguns trams i privada en totes les construccions afegides a la muralla.
Estat actual: només hi ha visibles alguns trams.
Reconstrucció: es van fer diferents fases de construcció i manteniment de les muralles.

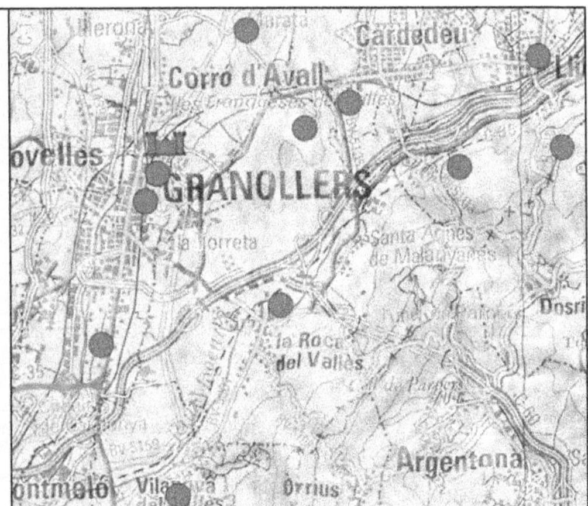

D'antic, des del temps dels romans, Granollers va tenir una finalitat de mercat: l'antiga estació o *mansio* de Semproniana (Granollers) figura com a una de les posades romanes (final i principi de les etapes de la Via Augusta) en els Vasos Apol·linars de Vicarello.

Semproniana devia agrupar les propietats de Sempronius. És molt difícil conèixer els propietaris o senyors de les vil·les romanes.

La situació de la ciutat no és estratègica (com és important en el cas d'un castell) sinó que es troba a la vall, a l' encreuament de camins molt importants, de pas de persones (branques de la Via Augusta, de Roma a Tarraco; la de Barcino a Ausa (Vic) i la d'Iluro (Mataró) a Aquae Calidae (Caldes) i de rutes comercials del blat, el vi, el gel o la via ramadera. És a dir, està en un lloc força vulnerable i, possiblement, si no hagués estat mercat tan important no hauria estat tan fortificada.

Això implica que el poblament a Granollers és continu des del temps dels romans fins avui, com a mínim.

Aquestes vies romanes es van convertir en camins rals a l'edat mitjana i en època medieval el mercat va continuar sent un dels més importants del Vallès. Per tant, la funció de la vil·la es va mantenir en l'època medieval.

Fins a l'any 944 no apareix la primera referència del topònim Granollers, citat com a *Granularios Subteriore*.

Les muralles de Granollers són una fortificació amb funcions diferents a les dels altres castells o cases fortes esmentades en aquest llibre. La funcionalitat de defensa i atac que tenen els castells es veuen reduïdes, en el cas de les muralles, a la protecció de l'activitat econòmica que es porta a terme a l'interior de la vila: el comerç, que implica una acumulació d'elements de valor. Les muralles no protegien la ciutat dels enemics militars, sinó, principalment, dels lladres i bandolers.

La gran diferència entre Caldes i Granollers va ser que la primera era lloc reial. La monarquia catalana no tan sols tenia la jurisdicció i el benefici del terme, sinó que hi tenia un palau com a residència. Granollers va ser propietat privada de diferents senyors. Els comtes de Barcelona tenien el seu palau en aquesta vessant del Vallès a Sant Pere de Vilamajor.

PROPIETAT DE GRANOLLERS

L'any 1025 el comte de Barcelona Berenguer Ramon I dóna un privilegi a Granollers i a altres poblacions i les denomina franqueses. Amb això el comte els reconeix la lliure possessió de propietats i béns mobles i els eximeix de tota jurisdicció que no sigui la del príncep. Ràpidament la ven amb posterioritat.	(1380) **Guillem Ramon de Montcada i Peralta** rep Granollers de Martí l'Humà com a agraïment personal.
(1253) El rei la cedeix al Bisbat de Barcelona.	(1382) Guillem Ramon de Montcada i Peralta ven Granollers a **Pere II, comte d'Urgell.**
Pere Montornès.	**Jaume II, comte d'Urgell.**
(1287) **Pere Marquès,** senyor de la Roca, compra Granollers i els drets del mercat.	**(1408)** El rei Martí I dóna Granollers a **Ramon de Torrelles i Blanes,** senyor de la Roca i de Montbui.
(1316) **El rei Jaume II** compra Granollers a Pere Marquès.	(1342) El rei Alfons IV va considerar Granollers Carrer de Barcelona quan els seus habitants van pagar 10.000 florins per la seva llibertat.
(1320) Granollers passa a ser capital de la vegueria del Vallès, en lloc de Caldes. (1342) El rei Pere el Cerimoniós eximeix la població del pagament de tributs i ratifica els privilegis anteriors agraït per la col·laboració en la campanya de Mallorca.	(1462-72) Granollers sota el domini dels **senyors de Pinós.**
(1343) El rei Pere el Cerimoniós ven Granollers a **Pere Arnau Marquès.**	El 1466 mor a Granollers Pere IV, Conestable de Portugal, rei català. Granollers lluita a la guerra de Remences contra Joan II. Joan de Montbui és el Capità de Granollers i del Vallès. L'any 1471 Granollers és conquerida per Joan II i el 1485 saquejada pels remences.
(1374) La ciutat guanya un plet al monarca perquè vol tornar a ser propietat reial en virtut dels privilegis anteriors.	**Francesc Galceran de Pinós-Fenollet i de Mur.**
(1377) Pere el Cerimoniós ven Granollers al seu fill **Martí l'Humà.**	**Galceran VII de Pinós- Fenollet i de Mur,** germà.
	Els anys 1588 i 1592 Granollers pateix una epidèmia de pesta.

Descripció de la fortificació

El conjunt de la muralla de Granollers té un perímetre de 2.800 m i un traçat hexagonaloide, força rectangular. Les muralles protegien el que ara és el «rovell de l'ou de Granollers». Donaven protecció a uns mil habitants i als pagesos de la rodalia. El material de construcció eren pedres del riu Congost. La muralla feia 5 m d'alçada per 1,20 m d'ample.

Les muralles recorrien els actuals carrers Constància, plaça Maluquer i Salvador, Santa Esperança, Sant Cristòfor i una secció que no es correspon amb cap carrer actual travessant una part de l'actual església i el mercat de Sant Carles. Al costat d'aquests murs, per la part exterior, està documentada l'existència d'un fossat al voltant de tot l'hexàgon que forma la planta de les muralles.

El primer recinte defensiu emmurallat de 1291 és possible que es correspongui amb els trams de mur localitzats a la rectoria, a la plaça de l'Església i al pany localitzat darrere de la capella de Sant Anna. És possible que aquesta muralla, no identificada arqueològicament fins ara, tingués un traçat anterior a la de 1373 que inclogués el que ara és el centre de la vila.

Malgrat que els murs antics han estat molt maltractats i la majoria han desaparegut i d'altres es troben en mal estat, encara podem resseguir-ne algun a través dels «corredossos» (carrers interiors de les muralles), corredors estrets, com una mena de passeig de ronda, dels que tenim una mostra al carrer de Constància, de Sant Cristòfol, de Santa Esperança i d'altres.

A l'interior de la muralla de 1373 la disposició dels carrers ens remet al model d'estructura de les ciutats romanes: una gran plaça central, el fòrum, en la qual desemboquen els carrers principals que, de nord a sud i d'est a oest, es creuen en perpendicular. La plaça s'obre al mercat, a l'actual Porxada i al conjunt de places: de les Olles, dels Cabrits, de l'Oli, del Blat, de les Gallines i de la Fruita. D'aquestes places, la dels Cabrits, del Blat, les Gallines i la Fruita, està provat que eren porticades, ja que en cada una d'aquestes s'ha trobat restes de les voltes.

A partir de la plaça, els carrers principals, en forma de gran estel de sis braços, conduïen a l'exterior de la població tot travessant sis sortides, els portals més antics de Granollers.

Dintre de la muralla de 1373 hi havia el temple parroquial, la porxada, els carrerons i les placetes que encara podem trepitjar. Comprenia el nucli antic de Granollers i disposava d'onze torres de fortificació rodones i quadrades i estava resseguida d'una espitllera, una obertura espaiosa per dins i estreta perque fora va ser practicada al mur amb finalitats defensives i de vigilància.

Tenia cinc portes d'entrada i de sortida defensades per una torre amb capella cadascuna, que van ser obertes a l'advocació d'un sant i que el segle XVI van ser coronades per capelles, amb l'excepció d'un portal obert amb posterioritat, el Portalet. La de Santa Anna(1) s'obria en direcció al camí de Caldes de Montbui; la de Sant Antoni (2) empalmava amb les dues antigues vies romanes que miraven cap al nord, l'una a Girona i a Roma i l'altra cap a Vic pel camí ral; les de Sant Roc (3) cap a Bell-lloc i la de Santa Esperança (4) cap a la Roca, que enfocaven la costa mediterrània, i la darrera, la de Sant Cristòfol (6), mirava al sud, a Barcelona. El Portalet (5) també tenia aquesta direcció.

El sector est, el que més creixement urbanístic ha suportat amb la creació de les principals artèries de comunicació i amb la construcció de

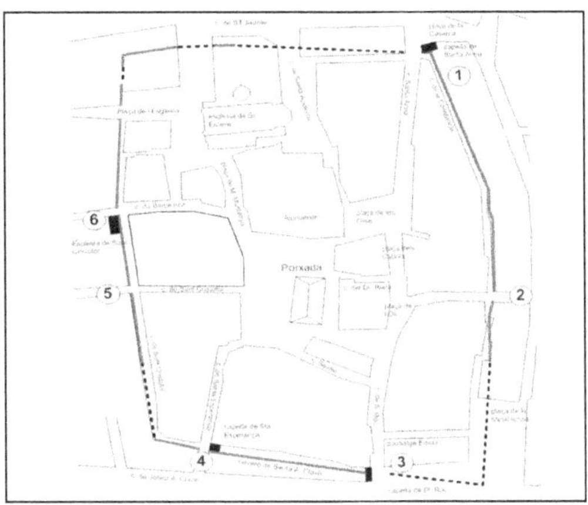

Esquema del traçat de la muralla de Granollers.

cases importants, és el que menys nombre de restes de la muralla presenta.

En començar la tercera guerra carlina, l'abril de 1872, es va fer construir una altra muralla, molt més feble i trencadissa que la medieval. Hi ha qui afirma que la seva missió no era específicament bèl·lica, sinó que resultava un tancat per controlar les mercaderies que entraven i sortien de la vila, o bé una barrera per evitar l'entrada dels empestats i evitar el contagi. La seva inconsistència va quedar provada quan el 17 de gener de 1875 tres mil carlins van

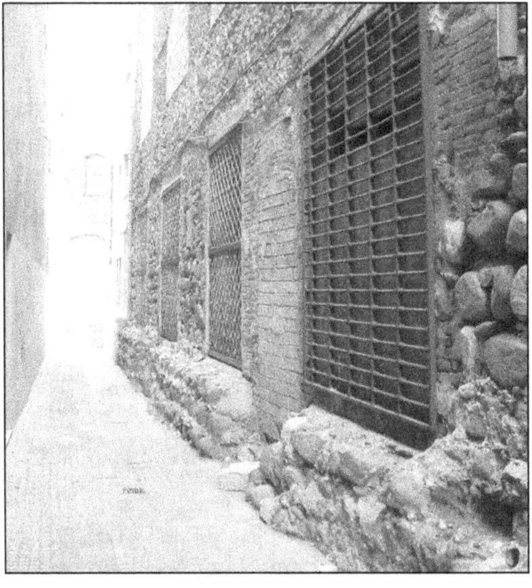
«Corredór» interior de la muralla de Granollers.

entrar fàcilment a Granollers, van ocupar l'Ajuntament i es van endur, com a ostatges, 35 veïns i el mateix alcalde, Pere Maspons.

La mostra més important de l'arquitectura gòtica amb reconstrucció modernista granollerina és l'hospital medieval que avui és la Biblioteca Pública Tarafa. L'hospital el va fundar Bertran de Seva (senyor de Marata i de la *domus* del Villar, a Sant Feliu de Codines, i jutge de Barcelona) el 1329. El 1528 Pere de Clariana i de Seva el va donar a la vila de Granollers. Va ser hospital fins a 1823. L'Ajuntament el va cedir a la Mancomunitat de Catalunya i hi van crear una biblioteca el 1926. J. M. Raspall va reformar l'edifici el 1927.

Llegendes

REMENCES A GRANOLLERS

Protagonistes: Remences
Tema: Lluita contra el noble

HOM explica la història de la presa de Granollers pels remences com si fos un cant de *La Ilíada* o la història del cavall de Troia.

La ciutat estava ben defensada. Les muralles estaven acabades de construir i la ciutat tenia quatre portes ben custodiades.

Era dijous, dia de mercat a Granollers, i uns quants remences, com si fossin pacífics venedors de productes del camp, van entrar a la vila entre els pagesos, deixant entrar els seus companys d'armes, i cremaren la part de ponent.

La incursió acabà en desfeta.

ETIMOLOGIA DE GRANOLLERS

Protagonistes: Aus
Tema: Etimologia

Es desconeix el sentit que té l'ocell que hi ha a l'antic escut de Granollers i quina relació té amb el seu nom. Durant temps s'ha pensat que era una gralla i l'etimologia popular ha posat nom als diaris locals amb derivats d'aquest animal: *La Gracolaria* i *La Gralla.*

Alguns pensen que el nom de Granollers prové de «granolla», antiga forma catalana de granota. Aquesta espècie de batracis era molt abundant als aiguamolls del Congost i, per tant, el nom voldria dir «lloc de granotes», encara que a l'escut hi ha una gralla o un corb.

El primer escut de la ciutat és de l'any 1447. En aquesta època la influència política a Granollers se la disputaven tres famílies: els Torrelles, els Sentmenat i els Corbera (al seu escut hi ha un corb). És molt possible que aquesta última família imposés el seu senyal a l'escut, que fins aquell moment només tenia barres.

Francisco Piferrer, al llibre *Nobiliario de los Reinos y Señoríos de España,* també diu que l'animal que hi ha a l'escut de Granollers és un corb.

El corb i la gralla són molt semblants, malgrat que el primer és més gran.

Aquest animal no té res a veure amb el nom de la ciutat, perquè si fos «terra de gralles o terra de corbs» avui dia s'anomenaria Grallera o Corbera. Perden tot sentit, doncs, els noms dels diaris locals, basats en una falsa toponímia.

Fonts bibliogràfiques

Sesé, Jaume; Corominas, Agustí; i Gener, Manel; *Les muralles. La vila medieval;* Ajuntament de Granollers, 1987.

Verde, Josep; «Desempolvando la historia»; a *Vallès,* núm. 371, 8 de febrer de 1948.

Queralt, Marta; «A la recerca de la muralla del XIII»; *El 9Nou;* 14 gener 2005.

–; «Apareix una torre de l'antiga muralla medieval de Granollers»; *El 9Nou;* 18 març 2005.

–; «El fossat tal com era, a la vista»; *El 9Nou;* 15 juliol 2005.

–; «Les obres en una casa permeten descobrir part de la necròpolis nord del Granollers romà»; *El 9Nou;* 1 abril 2005.

www.granollers.org.

La Garriga

••• Casa Blancafort •••

Nom: Molí de Blancafort.
Localitat: la Garriga.
Any de constitució: 1183.
Altitud: el casal és un molí i es troba en una fondalada, per sota del nivell de la carretera, a l'alçada del riu.
1r propietari: família Centelles.
Funció: sentinella del pas del Congost (via natural entre Osona i el Vallès).
Propietat actual: família Dachs.
Estat actual: actualment és un molí i una masia.
Reconstrucció: l'any 1535 va ser reconstruït perquè havia quedat totalment ensorrat.

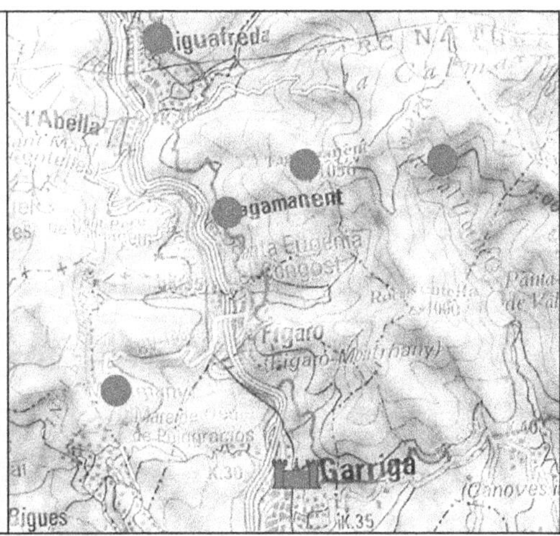

La Garriga es va formar al voltant de la deu termal (possiblement unes antigues termes romanes), però s'hi han trobat restes d'època paleolítica. L'àmbit geogràfic de l'antiga Lauro ibèrica incloïa, segons Josep Estrada, les valls del Congost, del Tenes, de la riera de Cànoves, l'alt Mogent, la mitjana i alta Tordera i la vall inferior del Mogent. Aquest indret va estar densament poblat d'habitacles ibers dispersos. La Garriga formava part d'aquesta àmplia zona anomenada Lauro. Aquesta demarcació tenia prou població i producció agrícola per tenir moneda pròpia. Lauro és una zona molt rica des del punt de vista arqueològic i amb molts vestigis.

Tota la plana formada per les Franqueses, Llerona i la Garriga és una zona d'ampli domini romà. S'hi han trobat nombrosos vestigis. El conjunt de Can Terrers de la Garriga, una vil·la romana construïda a mitjan s. I aC, conserva restes molt clares de piscines destinades als banys. El complex termal de la vil·la romana de Can Terrers és un dels monuments més notables de tot el Vallès. Aquesta vil·la tenia unes 30 ha de terra i l'espai edificat podia ser d'uns 3.000 m^2. Disposava de banys i de premses i molins per a l'oli i el vi; a mitjan s. III dC es va ampliar i es van convertir els antics banys en premses d'oli i dipòsits gràcies a l'especialització en aquest conreu.

Un dels accessos a la Casa Blancafort.

Propietat del Casal de Blancafort

Blancafort i la Garriga van ser considerades franqueses des de 1025. Són jurisdicció comtal. La guarda del castell de Montmany era responsabilitat dels senyors de Blancafort. Els senyors que posseeixen la jurisdicció civil són els Centelles.

(1144-1176) **Pere de Santaeugènia.** Montmany és una guarda del castell de Blancafort de la Garriga.	⚭ ↓	Dolça.
Pere Gros de Santaeugènia.	⚭ ↓	Adaleda.
(1183) **Pere de Santaeugènia.**		
Gaia de Santaeugènia.	⚭ ↓	Guillem de Bell-lloc.
(1244) **Pere de Santaeugènia** o **de Bell-lloc Santaeugènia.**	⚭	Berenguera de Lluca.
Bernat de Santaeugènia.	⚭ ↓	Beatriu.
Sança de Santaeugènia.	⚭ ↓	Vescomte Guerau VI de Cabrera.
Marquesa de Cabrera i de Santaeugènia.	⚭	Ponç V, comte d'Empúries.
Gilabert de Centelles compra el domini total al rei.	⚭ ↓	Toda de Vilanova.
Eimeric de Centelles compra el domini total al rei.	⚭	Elionor de Milany, Brunissenda de Perellós i Alamanda de Cervelló.

(1380) Eimeric de Centelles compra la jurisdicció al rei.
El rei Martí l'Humà converteix la Garriga en patrimoni reial. L'any 1400 s'instal·la amb la seva dona i la Cort a la Garriga durant un mes per prendre banys.
(1467) La corona entrega la Garriga a Martí Joan Torrelles per la seva participació en la guerra de Remences.

(1467) **Martí Joan de Torrelles.**	⚭	Francina.
Llorenç d'Altarriba.		
Pere de Blancafort, castlà.		

El molí va ser derruït entre el 1520 i el 1535. La Garriga es converteix en Carrer de Barcelona.

(1520) **Segimon de Blancafort,** castlà.
(1576) **Jaume de Blancafort,** castlà.
(1616) **Pere Pau de Blancafort,** castlà.
(1646) **Pau Joan de Blancafort,** castlà.

L'any 1670 els Blancafort compren la jurisdicció i es converteixen en senyors de Blancafort.

Francesc IV Gassol de Sentmenat.	⚭	Maria Antònia de Vilallonga i Maria Agnès de Fluvià.
(1982) **Ramon Dachs Dachs.**		

Això prova que en aquesta zona el poblament va ser continu des de la prehistòria fins a l'actualitat.

El molí de Blancafort es troba a la riba esquerra del Congost i arran del camí ral de Barcelona a Vic. El seu nom ja té connotacions bèl·liques que deixen clares les seves funcions defensives.

El castell està situat a la defensa de la vall del Congost. En aquesta tasca participa també amb els castells de Tagamanent, Pedralba, Rosanes, Cruïlles, Montmany i el Castell de Centelles (tot i no pertànyer a la comarca del Vallès Oriental). La fortalesa de Blancafort va tenir inicialment un notable valor estratègic per la seva situació al peu del camí d'Osona i a l'entrada del Congost, al nord de la Garriga. Els Centelles van tenir especial interès a controlar totes les fortificacions que donaven entrada al comtat d'Osona des del Vallès: les fortaleses del Congost i Bertí.

Hi havia una altra família noble a la Garriga

Forn i sauna de les termes romanes de l'excavació de Can Tarrès.

amb força importància a la cort catalana, però feudatària dels Blancafort: els Noguera. Vivien a la banda nord de la Garriga, en una gran casa que duu el mateix nom (la Noguera), amb una torre amb teulada en punxa que recorda la de la Doma, i una perfecta finestra conopial. Aquesta casa fou citada l'any 1198, i fou la pairal dels Noguera, enterrats al claustre de la catedral de Barcelona. Aquests són: Pere de Noguera, mort el 1295; Berenguer, mort el 1323, i a la lleuda del qual hi ha un escut amb un noguer arrencat; i Maria i Bernat, morts el 1396 i el 1321, als escuts del quals hi ha la noguera i una torre, que dóna nom a l'anomenada aleshores Noguera de la Torre.

Descripció del castell

El molí de Blancafort té l'aparença externa d'una quadra o *domus* medieval fortificada. Aquest tipus de construccions presenten un conjunt de dependències amb múltiples funcions (habitacles, corrals, graners, molins, etc.) al voltant d'un pati envoltat per un mur perimetral o muralla. En aquest cas, es tracta d'un casal, un conjunt d'edificacions, amb finestrals gòtics i estructura de fortificació rural: al voltant de l'era.

La finca es troba al costat del Congost, a un nivell inferior de l'actual autovia. Actualment el mur té dues portes, l'una al sud i l'altra al nord de l'era. Segurament a l'edat mitjana només en tindria una, la del nord, defensada per una torre al costat de la porta.

El molí de Blancafort és un conjunt molt interessant, en el qual destaca la complexitat. A prop de l'era i de la casa vella hi ha la casa nova, avui dia pallissa deshabitada, de planta baixa i dos pisos, situada a la façana de ponent de la casa vella. A una de les finestres de la casa nova hi ha una inscripció que diu: IHS PAU IOAN BLANCAFORT 1646.

Imatge de les dependències situades al voltant de l'era de la Casa Blancafort.

Dependències de la Casa Blancafort.

Al costat oest de la casa nova hi ha la bassa per retenir l'aigua pel molí, una torre de defensa coberta amb una teulada piramidal, un celler (sens dubte el més valuós i representatiu de la població), un molí unit per un porxo i situat a llevant i, al seu costat, una capella dedicada a Nostra Senyora dels Misteris, beneïda l'any 1676.

La casa vella, adossada a la nova però una mica més reculada, consta de planta baixa i pis. La coberta és a dos vessants. Està construïda en pedra. El portal d'entrada és d'arc de mig punt adovellat. Al damunt hi ha una finestra conopial i les obertures dels costats són quadrades amb marc de pedra.

El molí conserva el disseny original de molí fariner hidràulic set segles després de la seva construcció. Tècnicament, els elements del molí de Blancafort mostren les característiques bàsiques dels molins millorats durant el s. XIII. És clarament un molí feudal.

Llegendes

LA MORT DE LA PRINCESA

Protagonista: Personatge històric
Tema: Curació

EL primer comte de Barcelona, Guifré el Pilós, va tenir, entre d'altres, una filla anomenada Xixilona o Quíxol. La princesa Xixilona era preciosa i delicada, però la seva fràgil salut li feia estar sempre atesa pels metges. Aquests li van aconsellar les aigües termals de la Garriga i la malaltissa princesa hi va fer cap.

Desgraciadament, el 22 de febrer de l'any 945 la princesa va morir sense que les aigües poguessin fer el miracle.

No existia cap prova d'aquests esdeveniments, però el 1842 es va descobrir a una capella bizantina, que avui és la capella de la Mare de Déu del Camí (al costat de Can Terrers), una làpida de marbre amb inscripcions i que cobria les despulles de la princesa en un sepulcre, que és una petita urna de 68 cm x 26 cm amb una creu de relleu.

Així deia un text trobat: *«Ací reposa Xixilona, de bona memòria, consagrada a Déu, filla de Guifré, comte. Que Déu la perdoni. Amén. La qual va morir 8 de les calendes de març, de l'era 983; any de l'encarnació del Senyor; any 8, regnant Lluís, fill de Carles, rei».*

Sembla que els motius històrics pels quals Xixilona o Quíxol va romandre al poble eren més aviat espirituals, ja que regia un priorat erigit en aquells indrets per la seva germana Emma, abadessa de Sant Joan de les Abadesses. Suposadament, aquest priorat era el de Santa Maria del Camí, nom que està relacionat amb el camí ral que anava cap a Vic. El seus pares, els comtes de Barcelona, li van assignar un lot de béns a la Garriga i van fundar o restaurar per a ella una capella i hospici o lloc d'acolliment de pobres i pelegrins. Al s. XIII era un hospital del Camí Ral. Al s. XIV només hi restaven dues monges que, segons els documents de l'època, no portaven pas una vida gaire religiosa, la qual cosa va obligar el 1307 al bisbe de Barcelona, Ponç de Gualba, a suprimir el monestir.

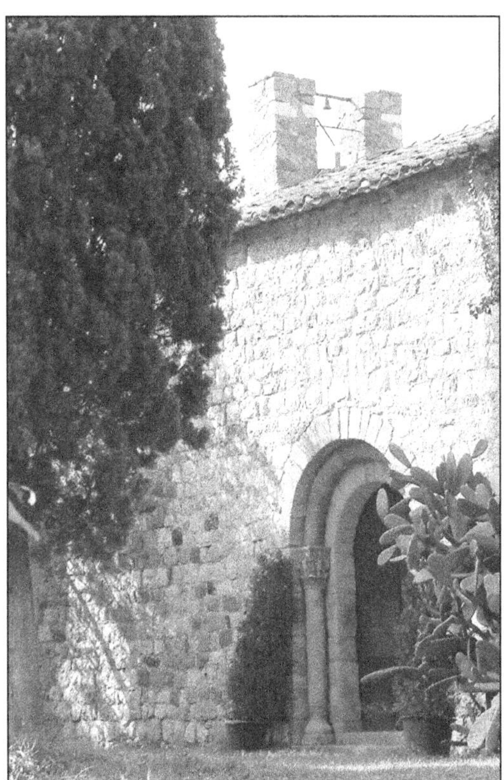

Can Tarrés és un conjunt d'edificacions al voltant d'un gran pati: a la banda nord hi ha la masia, i al sud, la capella preromànica de Santa Maria del Camí, a la imatge de l'esquerra (antic hospital per allotjar els viatgers del Camí Ral), d'una sola nau de volta de canó apuntada i absis rectangular. A l'interior de la capella es troba la làpida sepulcral i la inscripció de l'enterrament de Xixilona, filla del comte Guifré el Pilós.

LA GARRIGA, CORT DE CATALUNYA

Protagonista: Personatge històric
Tema: Banys termals reials

Hi ha qui diu que la Garriga va ser cort, perquè l'any 1400 el rei Martí l'Humà va estar-se un temps a la població per tal de prendre banys termals i ho va fer acompanyat de tota la seva cort; és a dir, va convertir la Garriga en capital del regne per un mes.

Fonts bibliogràfiques

Cuspinera i Font, Lluís; *La Garriga. Guia arquitectònica;* Caixa de Pensions «La Caixa».

Ronda Vallesana 1982.

Sesé, Jaume; *Lloc de pas;* Monografies Contrapunt.

Pladevall, Antoni; «Sta. Maria del Camí»; *Analecta* núm. 3; juliol-setembre, 1985.

Oliver i Bruy, Jaume; *El molí feudal de Blancafort de La Garriga;* Treball, 1995.

Florés, Berta; «Cartes del rei Martí l'Humà a la Garriga»; *El 9Nou;* desembre 2004.

–; «Descobert un edifici romà amagat sota els camps de Can Terrés»; *El 9Nou;* 24 març 2005.

Guasch, Joaquim; «Excursió a l'Ametlla i La Garriga. 5 Octubre 1879»; *Anuari Associació Catalanista d'Excursions Científiques,* 1879.

Granera

••• Castell de Granera •••

Nom: Castell de Granera.
Localitat: Granera.
Any de constitució: 971. En aquesta data apareix com a alt domini de la casa comtal de Barcelona i integrat en el comtat de Manresa o d'Osona.
Altitud: 824 m sobre el nivell del mar.
1r propietari: comtessa de Barcelona i Berenguer Ramon I.
Funció: defensa. Construït sobre roques i amb gran visibilitat.
Propietat actual: Salvador de Vilallonga i de Càrcer, 8è marquès de Castellbell.
Estat actual: aspecte exterior encara majestuós malgrat que es troba en ruïnes.
Reconstrucció: a la dècada dels setanta s'hi van fer algunes obres de neteja i consolidació amb la intenció de fer-lo servir d'hostal o parador.

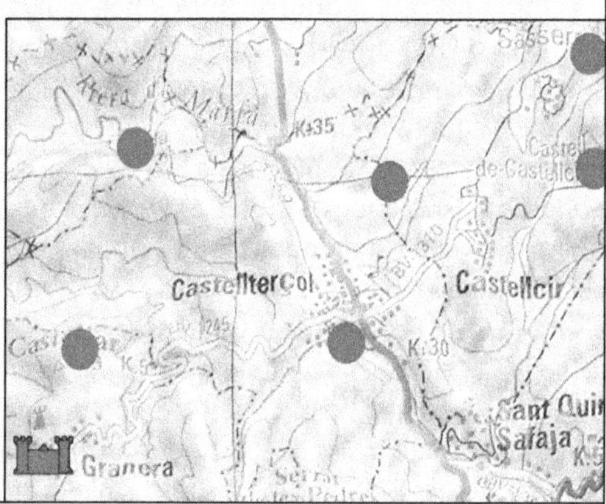

Granera, avui al Vallès Oriental, pertanyia a l'època medieval al Moianès, terreny entre el comtat de Barcelona i el d'Osona.

Els castells de Santa Coloma Sasserra, Castellcir, la Sala de Sant Llogari, Marfà, Castellterçol i Granera van formar part de la sotsvegueria del Moianès des del s. X.

El Moianès formava part del comtat d'Osona i va patir els mateixos canvis que aquest: entre 935 i 1054 va ser un comtat independent que, després, va passar a mans dels comtes de Barcelona; l'any 1356 el rei Pere III va crear un nou comtat d'Osona a favor de Bernat de Cabrera.

Els béns dels Cabrera van ser confiscats l'any 1364 i retornats l'any 1373, però amb un poder afeblit per part d'aquesta família. L'any 1574 el comtat va ser comprat per Francesc de Montcada i actualment encara existeix.

Pels volts de la festivitat de Reis, passa un raig de sol per la roca Foradada de Montserrat que arriba a la roca que hi ha sota el castell. Cada any hi va molta gent a veure-ho, tot i que la seva visió depèn molt del fet que les condicions meteorològiques siguin favorables.

Descripció del castell

Granera és un castell imponent per la posició que ocupa i per la compacta massa de la seva pedra, que ha sobreviscut al pas del temps amb una solidesa excepcional.

El castell conserva tots els elements fonamentals.

La seva planta és un quadrilàter, lleugerament allargat i irregular, per adaptar-se al penyal rocós. L'aparell, de bons carreus, presenta gairebé el mateix aspecte en totes les seves parets, però s'hi poden distingir dues èpoques principals. Una tercera part, la de l'angle nord-oest, aproximadament, deu ser del s. XII, mentre que la resta correspon a una reconstrucció del s. XIV.

A l'interior del recinte murat hi ha notables restes d'un gran casal amb estructures gòtiques: finestrals d'arc rebaixat, finestres coronelles i festejadors, cartel·les a l'embigat, una capella i altres edificacions.

La porta d'entrada al castell (1) és de mig punt a la façana est. Passada la porta, hi trobem restes de dependències d'una planta, adossades al mur tant a dreta com a esquerra. Mirant el pati d'armes (2) de cara, les estances de la dreta són les més antigues. Hi trobem una llarga estança coberta amb volta de canó, que encara s'aguanta dreta.

Era un castell d'una sola planta, llevat de la part central (edifici principal), on sembla haver-hi hagut un segon pis que sobrepassava l'altura del camí de ronda i dels merlets.

A l'edifici principal, cal destacar l'existència d'un mur interior on es veuen diversos rengles i, ja de l'època gòtica, la gran sala rectangular (3), sense coberta, amb una xemeneia de pedra i les dues finestres amb festejadors. Estava coberta amb sostre de bigues; les mènsules, de pedra, estan a la vista. La vida que s'hi feia queda clarament evocada pels elements que han sobreviscut. Hi ha la gran xemeneia de pedra, única comoditat durant l'hivern. Aquesta era la zona més inexpugnable i, al mateix temps, la més assolellada, i va ser aquí on es van situar les habitacions principals i on s'obriren finestres amb els seus festejadors de pedra. Una d'elles havia estat proveïda de reixa, cosa sorprenent, ja que és impossible que ningú escali el penya-segat per aquella banda. La reixa, més aviat devia servir per impedir-ne la sortida, no l'entrada. Aquesta característica ha creat llegenda.

També hi ha altres edificacions d'ús indeterminat.

Al seu costat, una portella de mig punt (4) comunica amb una habitació irregular i molt estreta, probablement oratori privat dels senyors, ja que té una finestra que dóna a la capella.

Al centre, i al costat de la boca de cisterna, hi ha la capella (5), de mides molt petites. Va ser totalment desfigurada durant el s. XVII. L'exterior té unes característiques força homogènies que responen bàsicament a una recons-

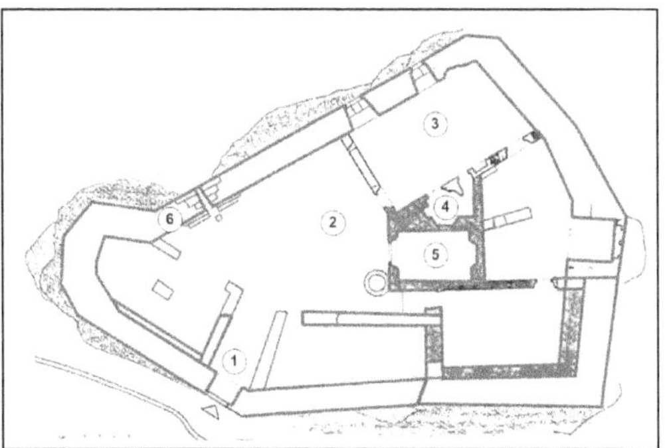

Esquema de la planta del Castell de Granera.

trucció o unificació feta durant el s. XIV. El castell conserva tot el recinte de murs, amb tres arquivoltes (o arcs) (6) construïdes al mur de ponent per poder mantenir la continuïtat del pany de paret davant el buit de la roca, ja que la penya està partida. Aquest arc va ser utilitzat com a poterna sobre l'abisme, per a un descens desesperat en cas d'abandó de la fortalesa. Els merlets que coronaven els murs han desaparegut totalment; només es conserva el camí de ronda i el seu parapet. A totes les cares del castell, hi ha sageteres senzilles, fins i tot a les finestres descrites anteriorment.

La situació d'aquest castell és estratègica, i sembla que la dita popular «Granera, el dimoni n'era» vulgui realçar aquesta situació dificultosa. El bastió manté la tipologia del castell roquer, tot dominant el poble i el límit natural que marca l'altiplà del Moianès.

La zona del Rabal del castell se situa al sector més septentrional del poble, a la dreta de la carretera que enllaça el nucli amb Castellterçol, a redós del castell.

El seu darrer propietari va construir sota la fortalesa una casa amb aires de castell, on no manca la característica torre rodona.

El Castell de Granera va patir un incendi l'any 1994 i s'hi van fer obres de consolidació. Hi havia un projecte per fer-hi un hostal o parador que no ha prosperat.

Podem veure una torre de defensa amb matacà a una casa del Raval de Baix.

PROPIETAT DEL CASTELL DE GRANERA

Granera és propietat de la casa comtal de Barcelona.

(1023) **Comtessa Ermessenda.**	⚭ ↓	**Ramon Borrell.**
(1046) **Bernat Guifré de Balsareny.**	↓	

Ho traspassa a la seva neboda.

Guisla de Balsareny.	⚭	Berenguer Ramon I, comte de Barcelona.
Berenguer de Guàrdia, últim vescomte de Barcelona.	⚭ ↓	Ermessenda de Castellvell.

Donació com a premi per les conquestes de Tortosa i Lleida.

(1159) **Arbert II de Castellvell** mor sense descendència.

L'any 1170 la propietat de Granera torna a la Corona. Donació com a premi per les conquestes de Tortosa i Lleida.

(1170) **Pere I de Sentmenat.**	⚭ ↓	Ermessenda.
Sibil·la de Sentmenat.	⚭	Arnau de Tornamira.

La propietat de Granera torna a la Corona.

Pere de Gravalosa.		
(1310) **Pere Martí** compra.		
Roger de Planella.		
(1375) **Pere de Planella.**	↓	
(1399) **Ramon de Planella.**		
Pere de Planella, germà.	⚭ ↓	Violant.
(1408) **Roger de Planella.**	⚭	Beatriu de Torrelles.
Gispert de Planella.	⚭	Joana de Vilanova.
Pere de Planella i de Torrelles.	↓	

Els Planella van lluitar a la guerra de Remences contra Joan II i l'any 1467 els van confiscar les diferents propietats.

(1469) **Pere Joan de Planella.**		
(1559) **Miquel Despalau.**		
(1600) **Antoni Despalau.**		
Cosina d'Antoni Despalau.		
(1625) **Josep Despalau.**		
Maria de Despalau.		
(1639) **Jacint Sala i Cervera,** baró de Granera.	↓	
Maria de Sala.	⚭	**Joan Baptista de Planella, Cruïlles i de Vila.**
(1689) **Manuel de Planella,** nebot de Joan Baptista.	↓	
Pere de Planella i de Dusay.	↓	
Bonaventura de Planella i de Teixidor.	⚭ ↓	Maria Teresa de Llar i Vertamon.
Francesc Gaietà de Planella i de Llar.		
Antoni de Planella i Fiveller.		
Gaietà de Planella i Fiveller, germà.		

L'any 1812 s'extingeix el senyoriu jurisdiccional, però es mantenen els títols.

Gaietà Maria d'Amat i d'Amat, parent de Gaietà de Planella.

Josep de Càrcer i d'Amat, nebot.

Maria dels Dolors de Càrcer i d'Amat.

Salvador i Maria Antònia de Vilallonga de Càrcer.

Llegendes

EL PRESONER DE GRANERA
Protagonista: Noble
Tema: Empresonament

DIU la llegenda que al Castell de Granera, hi residia un presoner d'alta categoria. Aquesta teoria té origen en una reixa que hi havia a una de les dues finestres gòtiques del castell.

Aquesta havia de ser una presó molt còmoda, situada a la part més noble del castell i amb una vista panoràmica excepcional. Una paret dividia la gran sala, separant les dues finestres en dues estances. Això és el que fa pensar en un presoner noble de gran categoria.

No es coneix, des del punt de vista documental, el presumpte presoner de Granera, però les característiques del monument afavoreixen aquesta creença.

EL GOS FIDEL DEL CASTELL DE GRANERA
Personatge: Senyor feudal
Tema: Fidelitat

DIU una altra llegenda que el senyor de Granera va marxar a la guerra i durant set anys els seus familiars i altres desconeguts no van saber res d'ell. Passat aquest temps, el senyor va tornar ple de goig i alegria amb el desig de tornar a veure la família.

El desengany, però, va ser considerable: a la seva muller li havien dit que ell era mort i s'havia casat amb un altre home.

El seu fill estava a punt de casar-se amb una dona de mala reputació, desprestigiant d'aquesta manera el nom de la família. La seva filla havia decidit casar-se amb el fill del més gran enemic del senyor de Granera; unió que només pretenia enfonsar el nom i el patrimoni dels senyors de Granera. La seva mare s'havia enamorat d'un servent jove, amb qui havia provocat multitud d'escàndols i amb qui pretenia casar-se.

El Castell de Granera.

Els seus vassalls li havien perdut el respecte i preferien ser governats per l'esposa, ja que aquesta era més permissiva. Només el seu gos, que des que ell havia tornat s'havien fet inseparables, es va alegrar de veure'l.

Decebut, el senyor de Granera va menysprear la seva família i va fer del seu gos fidel l'hereu de tots els seus béns i dominis.

LLAMPS GUARIDORS
Personatges: Bruixes
Tema: Encantaments

ES pensava que el llamp procedia del cel per voluntat de les bruixes.

Encara se sent a dir: «Au, vés a Granera i que et toqui un llamp», en sentit remeier. Hom conta que un veí d'aquesta població tenia una nafra incurable que mai cap metge no havia sabut curar, fins que un dia li caigué un llamp al damunt i la nafra desaparegué.

Fonts bibliogràfiques

www.weblandia.com/castillos/granera.htm.
Pladevall, Antoni; *Castellterçol;* Ed. Eumo.

LA ROCA DEL VALLÈS

◆◆◆ CASTELL DE LA ROCA DEL VALLÈS ◆◆◆

Nom: Castell de la Roca del Vallès.
Localitat: situat al cim d'un turó que hi ha al centre de la població de la Roca del Vallès.
Any de constitució: 1030. El castell no és documentat fins al s. XI.
1r propietari: Arnau Mir de Santmartí, senyor de la Roca per encàrrec del comte de Barcelona.
Funció: defensa del *pretorium* o fortalesa romana i defensa del camí romà.
Propietat actual: Antoni Rivière el va comprar el 1949. Ara hi viu el seu fill.
Estat actual: totalment reconstruït, cal apuntar que és un dels millors conservats.
Reconstrucció: el castell va patir diferents ampliacions i el van reconstruir els Torrelles l'any 1465 (després de la guerra de Remences). Els Rivière van acabar l'última reforma el 1952.

El Castell de la Roca està situat a una zona poblada des de l'època prehistòrica i amb poblament continu fins a l'actualitat. En el seu terme es troben molts elements de cultura lítica, entre els quals destaca el cromlec de Pins Rosés i els dòlmens de Can Planes i Cèllecs, la Pedra de les Orenetes, la Pedra de les Creus, la Pedra Foradada i la galeria coberta de Can Gol. Aquesta ruta prehistòrica coincideix amb l'antic camí ramader de Cèllecs a Vilanova. La posterior via romana de Parpers (que creua la Serralada Litoral entre Argentona i Vilanova del Vallès) seguirà el mateix itinerari. Al cim de Cèllecs també trobem un poblat laietà, excavat i estudiat.

Es creu que el castell està construït sobre les ruïnes d'un *pretorium* romà (castell, campament romà i *mansio* o posada final d'unes de les etapes de la Via Augusta segons els Vasos Apol·linars de Vicarello). Aquesta és la teoria que defensa Carreras Candi, però això implicaria que la Via Augusta travessava el Mogent i no queden restes de cap pont romà en aquest indret. Federico Palli situa *praetorio* a Llinars. El concepte de *praetorio* també podia significar casa d'oci al camp. El poble romà ha deixat força restes pels llocs propers al castell, especialment a la toponímia.

Afortunadament el castell està reformat. Tot i que consta que l'any 1862 es trobava pràcticament enderrocat, ja que a l'escriptura de venda realitzada per la comunitat de Santa Maria del Mar a Jaume Miquel ni tan sols apareix.

Estava situat entre els castells de Bell-lloch, del Far, Dosrius, Sant Vicenç o Burriach, Montornès, Palauet i la vila de Granollers; alguns d'ells del Vallès Oriental i altres del Maresme. La banda de mar estava vigilada pel Castell de Sant Vicenç o de Burriac i pel Castell de Vilassar. Des d'allí es transmetia la informació a la Fortalesa de Céllecs, on s'han trobat ruïnes d'aquesta construcció i d'allà a la Roca.

Per la banda sud; és a dir, el camí que anava

a Barcelona, hi havia els castells de Montornès o Sant Miquel, avui en ruïnes. Per la banda del nord, direcció a Hostalric, s'estenia una xarxa de comunicació formada per Bell-lloch, Dosrius i el Far, també en ruïnes. Per la part nordoest es distingeixen el Castell de Caldes de Montbui i la Fortalesa de Sant Julià de Palou.

Al seu voltant es diu que hi havia dos castells més, l'existència dels quals no s'ha pogut provar: el Castell de Céllecs i el Castell de Maurins. El Castell de Céllecs, al cim i encarat al mar, està documentat per Carreres Candi i Arthur Osona *(Excursió a la Roca,* Associació d'Excursions Científiques de Catalunya, 1885) al s. XIX. Arthur Osona l'anomena també Turó Gros. «La gran munió de pedres i enderrocs que es troben, fins bastant avall del cono, aixís com los restos de parets, donen fe que en aquell cim existí un castell feudal, que va pertànyer a la baronessa de Rocafort, Maria Manuela de Peguera i de Pedrolo; avui pertany al senyor Cunill, propietari d'Òrrius i veí de Barcelona.»

Segons Pere Català i Roca el Castell de Maurins no pot ser el Castell de la Roca per incongruència documental i, segurament, havia de ser el mas Soler, avui en ruïnes. Carreras Candi opina que el Castell de Maurins, o dels Moros, era el propi Castell de la Roca.

El Castell de la Roca està situat dalt d'un petit i rocós puig. Com que quedava envoltat de precipicis en tres dels seus límits, esdevenia bastant estratègic, perquè salvava la plana amb una fonda vall al peu de les muralles. La poca altura del puig feia que quedés un xic enfonsat el castell amb relació a les muntanyes que l'envoltaven per la part del Maresme; les fondalades escapaven de la seva vigilància. Això, potser, no era gaire important, perquè la seva missió era defensar el camí ral i ser l'última fortalesa del Besòs, abans d'arribar a Barcelona. Per a suplir la insuficiència de la seva situació, van ser construïdes a l'Edat Mitjana algunes torres i fortaleses en altres indrets del seu territori.

El Castell de la Roca, juntament amb el de Montbui, ha significat un dels castells més importants del Vallès Oriental per la seva tasca de defensa nord de Barcelona. Des del cim de Cèllecs i el coll de Parpers es domina perfectament la costa i la vista sobre el mar arriba molt lluny. Malgrat ser un terme situat, principalment, a les alçades de la Serralada Prelitoral, el castell està situat gairebé a la vall per tal de controlar el pas pel Mogent i pel Camí Ral.

Descripció del castell

Tota la història del castell mostra una evolució formal que coincideix amb l'augment del seu protagonisme en la defensa de Catalunya: es va passar d'una torre circular al s. X a un petit castell feudal al XII i, després, a l'estructura actual més àmplia al s. XIV coincidint amb la importància de la corona d'Aragó abans de la seva unió amb la corona de Castella. Després de la guerra de remences el castell va quedar destruït.

Tot i la importància històrica que va tenir el Castell de la Roca, han sobreviscut molt pocs elements de la fortificació d'època romànica.

Al s. XVIII, aquelles ruïnes magnífiques van cridar l'atenció del viatger anglès Enric Swimburne, el qual, a l'hora de descriure la regió del Vallès en el viatge que va fer l'any 1775, es va fixar en aquestes restes senyorials, qualificantles de valentes i superbes. A les fotos i dibuixos antics podem observar les ruïnes amb molt més detall que avui, i gaudir de les construccions refetes, ja que actualment el conjunt del castell està envoltat d'un dens bosc que dificulta la visió d'aquesta joia arquitectònica.

Carreras Candi va fer una descripció de les ruïnes abans de la reconstrucció que, afortunadament, va ser molt acurada, intentant imitar la forma del castell al s. XVI. Aquesta reconstrucció va durar vint anys, finançada per la família Rivière Manén, intentant ser molt fidel i reconstruir els elements indispensables perquè el castell es mantingués, sense innovacions, i a l'interior del recinte edificar allò que fos necessari per tal que el lloc resultés habitable.

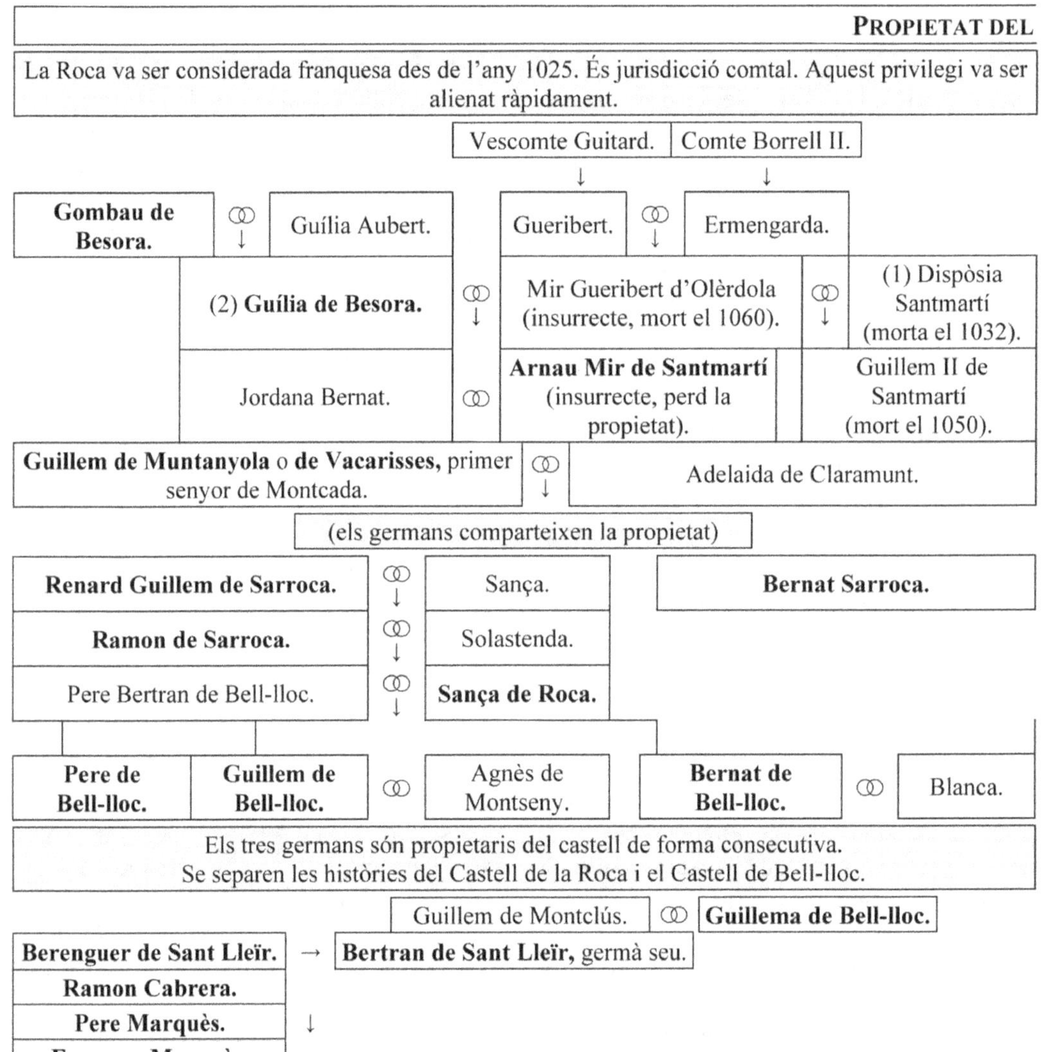

L'estructura d'aquest castell és força complexa per la quantitat de blocs que el componen i els murs que l'envolten. La forma dels edificis s'acomoda a l'orografia del terreny. En aquesta fortalesa es conserven diferents torres, algunes resistents a la destrucció i altres totalment reconstruïdes. Com que tot el conjunt és tan poderós no s'hi acaben de distingir les torres, semblant un únic bloc irregular, a diferència d'altres castells. La façana oest està protegida per dues torres quadrades en els seus extrems, però la torre de l'homenatge està més avançada que l'altra quadrada del sector nord-oest (3). També podem observar diferents torres amb altres plantes a la zona de llevant i als murs exteriors.

Les torres formen part de les restes romàniques més antigues i els principals elements defensius que van quedar dempeus. A l'angle sud-oest de la fortificació sobresurt una massissa torre mestra (1) de força alçada (un pis més que la resta) i planta rectangular, amb un fort talús. La torre de l'homenatge és el veritable símbol

CASTELL DE LA ROCA

Pere Arnau Marquès.	⚭	Maria de Margens.
Per primera vegada els vilatans paguen a la corona el dret de ser carrer de Barcelona. Es firma un compromís que impossibilita la revenda. Malgrat tot, el rei, necessitat de diners, torna a vendre el castell. El bandolerisme és habitual a la Roca.		
Ramon de Torrelles.	⚭	Elionor de Fenollar i Elionor de Rosanes i de Llacera.
El poble torna a pagar el carretatge. El rei torna a vendre el castell.		
Martí Benet de Torrelles i de Fenollar.	⚭ ↓	Violant Maria de Sentmenat.
Martí Joan Torrelles.	⚭ ↓	Francesca de Bell-lloc.
La Roca participa en la guerra de Remences: és conquerida per les tropes reialistes i les tropes de la Generalitat l'assetgen durant cent dies. Martí Joan aconsegueix el títol de baró.		
Martí Joan Torrelles II.	⚭ ↓	Anna d'Hospital.
Jeroni Restitut de Torrelles i Hospital.	⚭ ↓	Rafaela de Llordat.
Àngel Ramon de Torrelles i de Llordat.	⚭ ↓	Maria Anna de Torrelles.
Els creditors li treuen la propietat i la venen als vilatans. S'inicia la vida municipal del terme, malgrat que el castell continua en mans dels Torrelles.		
Pere Antoni de Torrelles i de Torrelles (mor sense descendència).		
Ramon Martí Joan, cosí del pare de Pere Antoni.	⚭ ↓	Elisabet de Gualbes-Santcliment.
Elionor de Torrelles i de Gualbes-Santcliment.	⚭ ↓	Joan (II) de Sentmenat i d'Alentorn.
La pesta arriba a la Roca.		
Ramon de Torrelles-Sentmenat.	⚭ ↓	Marina de Pinós.
		Traspàs al germà.
Francesc de Torrelles.		
	↓	Traspàs al germà.
Miquel de Torrelles.		
	↓	Traspàs al nebot.
Pere de Sentmenat-Torrelles i Perapertusa.		
A l'acabament de la guerra del Francès, el castell està en ruïnes. L'any 1714 li confisquen els béns a Pere de Sentmenat i la propietat del castell passa a Santa Maria del Mar. Els religiosos no van fer cap ús del castell. Els Torrelles continuen sent barons teòrics de la Roca.		
Comunitat de Santa Maria del Mar.		
(1862) **Jaume Miquel.**		
Magí Porta i Rubió.		
Joaquim Alomar.		
Francisco Rivière Chavany.		
Antoni Rivière Manén.		

del castell i del poble. La seva cornisa està rematada amb merlets de formes quadrangulars, com la resta del conjunt. La planta baixa només s'obre a l'exterior amb sageteres; la planta noble tenia sales amb finestrals als dos costats de l'angle sud. Aquestes finestres que apareixen als murs són d'èpoques posteriors, imitant l'estil gòtic. Tot això dóna a l'edifici un aspecte ferm i compacte.

A l'extrem oposat, al nord-est, trobem una bestorre de planta triangular de caràcter defensiu i una altra de semicircular. La majoria d'aquestes construccions van ser fetes o refetes després de l'any 1465 en la reforma dels Torrelles després de la guerra civil. Únicament la torre circular de llevant (4) pot considerar-se, per la seva forma troncocònica i el seu aparell constructiu, del s. XIII o més tardana. És possible que aquesta torre sigui anterior al mateix castell.

La visió més coneguda i venerada del castell és la del conjunt de l'edifici principal i la torre de l'homenatge, formant un angle amb la torre en el vèrtex i sobresortint cap a l'exterior, tant en la perspectiva que es visiona des del centre del poble (façana sud) com la que es té quan un entra al poble (façana oest). La planta de l'edifici principal o nucli residencial és el conjunt de dos rectangles perpendiculars. El conjunt mostra dos cubs units a la torre. L'alçada del conjunt és una combinació d'edificis de dos i tres nivells; les torres tenen quatre pisos. Aquí és on s'hi troba tota la profusió del luxe arquitectònic de la mansió senyorial. La planta baixa de totes dues ales forma una volta. Els murs del pis baix del castell són espitllerats. Per sobre, hi trobem la planta noble, amb la sala major a la façana oest (2), que respon a les característiques de les construccions senyorials de la darrera època gòtica: finestrals geminats amb capitells treballats i fines columnes. El saló d'honor era una estança grandiosa anomenada Tinell, una de les peces més destacades de l'edifici on resten tres esplèndids finestrals gòtics. Aquesta sala té una forma allargada, diferents portes allindades i arcs gòtics, fets amb pedra, que sostenen un sostre fet a dues aigües.

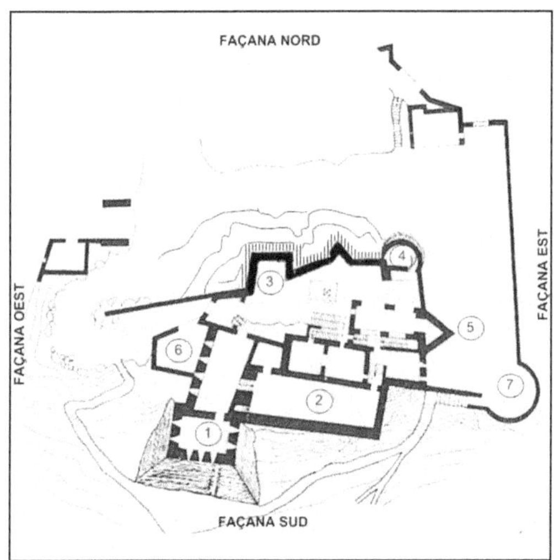

Esquema de la planta del Castell de la Roca.

De les habitacions i disposició interior són interessants alguns detalls, com algunes parets de vuit pams de gruix, les presons, les voltes de pisos, les canalitzacions d'aigües pluvials, els conductes de les xemeneies, etcètera. Crida l'atenció un morter de pedra encastat entre les pedres més altes d'una de les parets, que va ser utilitzat com a material de construcció.

Entre la porta i la gran torre hi havia l'espai d'una gran estança amb una gran finestra que encara tenia l'escut dels Torrelles.

Els murs de les façanes s'havien conservat intactes als costats nord, est i oest (els més escarpats); i el tancament sud i les parets interiors estaven enderrocades i es van aixecar en la reconstrucció. Tots els murs dels edificis del conjunt del castell estan coronats per merlets rectangulars.

El mur del castell té algunes rareses: el parament forma un sortint de dues cares que formen un angle (5). Aquest element s'anomena *rediente* a l'arquitectura castellana. Consisteix en el següent: un cop alçada la fortificació en el seu conjunt, s'adossava aquest element on calia trencar la línia del mur per millorar els angles de protecció i tir. Aquest element és excepcional en l'arquitectura catalana.

El castell és ara (com era) una magnífica construcció senyorial de l'última època gòtica amb bonics i airosos finestrals dividits per una o dues columnetes, rematats amb treballats capitells. Moltes de les cases de la població llueixen finestrals similars, alguns, segurament, provinents del castell. Fins i tot l'escala de marbre blanc va ser aprofitada per en Flaquer de Samalús (procurador dels béns de la comunitat de Santa Maria del Mar), entre els anys 1810 i 1820. Alguns lòbuls i arcs de finestrals també es troben a la mateixa casa.

L'accés a la fortalesa es feia per la part occidental (amb pont llevadís), amb la porta actualment reconstruïda en la seva totalitat (malgrat que hi ha altres punts d'entrada), deixant a la seva dreta una petita construcció de la qual només queden els fonaments i que, ateses les

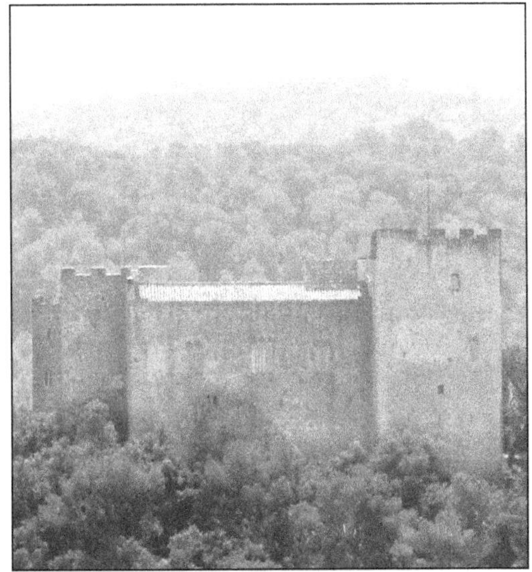

Imatge del Castell de la Roca.

seves dimensions, es creu que devia ser la capella del castell (6). Les finestres annexes ostentaven frisos amb dibuixos de caps humans, dels quals en resta un en el seu lloc. Traspassant aquest mur s'entra al pati d'armes.

Els murs de protecció o muralla es conserven a trams intermitents. A un extrem del mur s'alça una torre cilíndrica, corba i oberta per darrera (7). Actualment, en aquests murs dominen més les funcions pràctiques de creació de terrasses i contenció de terres que la de protecció dels edificis.

És interessant assenyalar com a servei important de la casa l'existència del pou de gel al peu dels murs, al vessant del Mogent, excavat a la roca. Al poble es parla d'un camí subterrani des del castell, cap al nord o nord-oest (la part del glacis), fins al circuit o muralla major. A l'edifici hi ha una cambra estreta i fonda que bé podria ser la caixa de l'escala de descens a la comunicació subterrània.

Durant les obres de reconstrucció han aparegut restes d'ornamentació que evoquen un aspecte sumptuós al palau dels Torrelles, com peces de ceràmica esmaltada amb el seu escut.

Al voltant de tota la població probablement hi havia un conjunt de torres que col·laboraven en la tasca defensiva i informadora. Carreras Candi situa una torre i l'entrada d'una mina que comunica amb el castell a la pujada a Parpers, al peu de la casa anomenada Centelles o Sant Joan, al costat de Can Company, a l'embrancament de dos torrents. Carreras Candi creu que la capella de Sant Miquel va ser construïda amb les pedres de la torre.

Llegendes

BRUIXES I DRAC DE LA ROCA

Protagonistes: Bruixa i Drac
Tema: Destrucció i por del poble

D. Francesc Ubach i Vinyeta ens explica al diari *Lo Gay Saber*, amb el títol «La bruixa del Castell» una llegenda en la qual una bruixa, cavalcant un drac de set caps amb els ulls encesos com brases ardents i una rústega cabellera voleiant a l'aire, va passar una nit a la Roca, nit en què va arrabassar una festa enviant a la gent del poble una mànega d'aigua. També s'explica que va matar i carbonitzar una de les més gentils donzelles.

Hi ha altres versions de la llegenda, com la de la «Llegenda del drac». Aquesta diu que a la Roca va haver-hi una vegada un drac de set caps, símbol dels set pecats capitals i, cavalcant damunt d'ell, una bruixa d'ulls encesos i rústega cabellera. Tots dos tenien els habitants del poble atemorits, i ningú no s'atrevia a pujar al castell en ruïnes. Al capvespre tothom tancava les portes i s'encomanava a Déu per no trobar-se amb l'horrible aparició. La nit d'un dissabte, quan una mànega d'aigua va caure sobre la gran festa que hi havia al poble, es trobà, passada la tempesta, el cadàver carbonitzat d'una de les seves donzelles. Uns quants estaven amb el Senyor rector, els altres amb el senyor Batlle. Els primers per intentar salvar alguna cosa, els segons per plantar la Creu al camp de la bruixa. Des d'aquesta festa que ja no es tornà a dei-

Ruïnes del Castell de la Roca a principi del s. xx. (Flaquer 1927, arxiu CEC.)

xar veure més, ni a sentir-se parlar de les seves maleses.

Francesc Ubach explica una llegenda titulada «La bruixa del Castell», una versió que afegeix detalls sobre els conreus, on diu que una bruixa acompanyada per un drac monstruós rondava pel cel, fins que un dia va arribar al poble de la Roca. Allà va acabar amb tota la collita que els pagesos havien conreat i va enviar una gran quantitat de foc i aigua; aquesta última per emportar-s'ho tot, i el foc per carbonitzar una de les més gentils donzelles del poble.

A aquest conte es posa de manifest la «sort» que va tenir, històricament, aquest poble.

Durant la restauració del castell efectuada després de la guerra civil es van trobar, als subterranis del castell, gran quantitat d'ossos, molts dels quals eren d'animals grans.

Més sobre bruixes

UNA de les bruixes que va ser condemnada i cremada a Caldes tenia com a nom de casada Eulàlia Puig, però el seu nom de soltera era Eulàlia Roure i era germana d'Antoni Roure, que va participar en la construcció del convent de caputxins de la Torreta (terme de la Roca).

Cavaller astut

Protagonistes: Cavallers
Tema: Astúcia

PERE Català i Roca cita en diverses ocasions el Castell de la Roca al seu llibre *Llegendes de Castells Catalans,* per ser aquest un castell amb llegendes sobre l'astúcia humana. Ens diu que a l'Edat Mitjana molts cavallers posaven els ferrats dels cavalls al revés de tal manera que, els cavalls, quan sortien del castell semblava que hi entraven.

Joan Amades ens explica la següent llegenda: al castell vivia un brau cavaller cristià que causava gran estrall als moros. Aquest cavaller guerrejava de dia, i de nit es tancava al castell per reposar i refer les forces perdudes per poder-se lliurar novament a la lluita. Els moros, que de dia el temien, volien saber on dormia per matar-lo traïdorament, però el cavaller, molt enginyós, despistava el camí que feia: duia el cavall ferrat al revés, de manera que, pel rastre de les ferradures, quan anava semblava que venia i al contrari. Quan els moros el cercaven pel voltant del castell, creien que de dia hi entrava i de nit en sortia i que, per tant, no podia ser l'habitant del castell la persona que cercaven, ja que de dia guerrejava.

Princeses del castell

Protagonistes: Princeses
Tema: Encantaments

Hi ha gent que parla de l'existència de set princeses tancades pel seu pare al Castell de la Roca. Diuen que quan el pare morí, lluny d'aquell indret, elles encara hi romanien. Asseguren que avui encara hi són encantades a la fortalesa, i encanten el seu entorn.

Representació dels canvis produïts amb la restauració de la façana sud, la que es veu des del centre de la localitat de la Roca.

EL CAPITÀ TESTAFORT

Protagonista: Lladre
Tema: Fill perdut

Els senyors del Castell de la Roca tenien al seu servei un matrimoni molt estimat que durant molts anys els havien servit amb fidelitat i honradesa. Un dia, desgraciadament, van desaparèixer i els senyors van contractar un jove matrimoni en el seu lloc.

Des d'aquell dia començaren a succeir fets misteriosos al castell: desapareixia bestiar, morien servents, fins i tot un matí el senyor del castell va aparèixer mort: l'havien assassinat.

Totes les sospites apuntaven al jove matrimoni que servia els senyors, de manera que van ser despatxats, sense posar fi a les malifetes: van segrestar el fill dels castellans, que només era reconegut per un forat que tenia a l'orella.

Després van passar uns anys de tranquil·litat, fins que una banda de lladres, encomanats per un home anomenat Testafort, portaren el pànic de nou a la comarca. Una nit, els lladres, van assaltar el Castell de la Roca, però van ser ven-

Imatge de la façana sud del Castell de la Roca, vist des del centre del poble.

çuts i el seu capità, Testafort, empresonat. La senyora del castell va voler veure qui era Testafort i, amb sorpresa, va descobrir que era un jove valerós i ben plantat i que, a més, tenia un forat a l'orella. Era, per tant, el seu fill, aquell nadó que s'havien emportat per ensenyar-li el mal camí.

Quan Testafort va conèixer la veritat, va renunciar a la seva vida anterior. I gràcies a la seva devoció cap a la Verge de Montserrat va fer com a ofrena una corona lluminosa.

L'antiga ermita de Malanyanes

Protagonista: Personatge històric
Tema: Avarícia

El despotisme dels senyors feudals propietaris del castell –els Torrellas– es va fer evident quan es van quedar els diners que

Imatge de l'església preromànica de Santa Maria de Malanyanes, reconstruïda al segle XI i situada al bosc de ca n'Alzina. És d'una sola nau i absis rectangular. De la seva estructura original es conserven algunes finestres i l'ara d'altar.

els fidels dipositaven per al culte a la capella de Santa Maria de Malanyanes, i això va produir l'abandonament i decadència del culte a la seva verge. Malgrat tot, la tradició popular ha mantingut la creença que aquesta verge és defensora de les parteres i allà reben la benedicció *post-partum*.

Cromlec de Pins Rosés

Protagonista: Megàlit
Tema: Esperits

A la zona de Pins Rosés (el llindar entre Santa Agnès, terme de la Roca, Cardedeu i Llinars) hi ha encara un petit circuit de set pedres que formen el cromlec de Santa Agnès o de Pins Rosés, al centre del qual hi són les pedres que formaven el dolmen descompost.

La tradició popular diu que en aquest lloc hi hagué un hostal o refugi de criminals anomenat «dels lladres», potser per ser aquest un lloc de pas per la Via Augusta, motiu pel qual era lògic que hi hagués un hostal. Quan s'acollia allí un hoste ric, se li donava una habitació distingida i moria ofegat. El seu cos servia d'aliment l'endemà per als altres clients.

Un dia, un home d'una gran bellesa va arribar a l'hostal i la minyona es va enamorar d'ell; li va dir que aquell seria l'últim dia de la seva existència, explicant-li el motiu. Ell li va proposar matrimoni i ella li va explicar una estratègia per lliurar-se de la mort. Li va dir que sota del llit hi trobaria un mort i que l'havia de posar a sobre del llit i ell amagar-s'hi a sota. A la nit, un tallant que penjava del sostre va caure damunt del cadàver.

El xicot va marxar amb la criada i quan va fugir ho va comunicar a les autoritats, les quals van enderrocar el local. Només es va marcar amb el cromlec el lloc on estava el llit dels assassinats.

Joan Amades, al *Costumari Català,* acaba la llegenda d'una forma sorprenent: «Cada any, per la nit de Nadal, surt de sota terra, en aquell

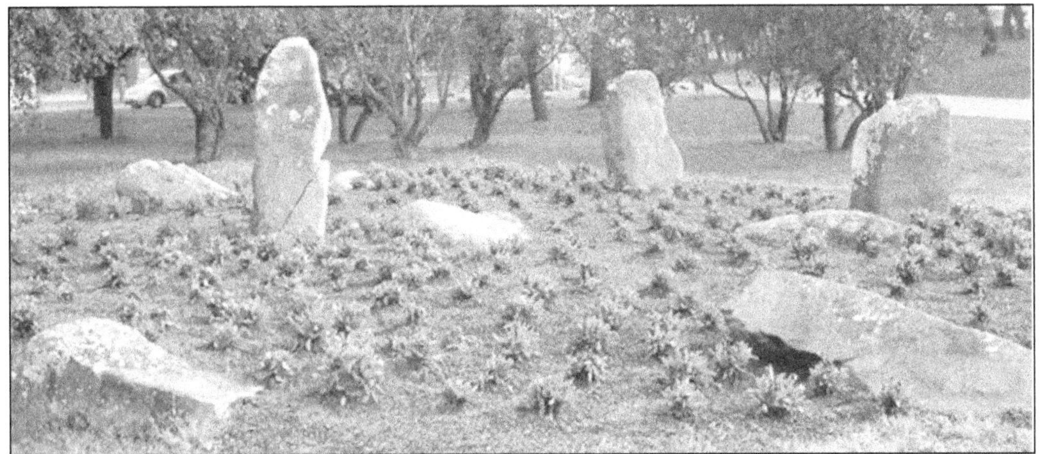

El cròmlec de Pins Rosés.

paratge on hi havia hagut l'hostal, una llarga i inacabable corrua de fantasmes, que són les ànimes de les víctimes dels hostalers. Els desventurats corren i salten per aquells indrets i fan un gran ball en forma de rotllana al voltant de les pedres que formen el megàlit, enmig d'un gran silenci humà, però amb un gran cruiximent i espetec d'ossos que provenen dels seus esquelets, amagats sota la mortalla que els cobreix».

EL BURGÈS MARQUÈS, SENYOR DE LA ROCA

Protagonista: Personatge històric
Tema: Morositat

EL senyor de la Roca havia de donar un tribut anual al rei: un parell de galls d'indi o capons. Per haver ignorat aquesta tributació durant més de vint anualitats, Pere Arnau Marquès fou obligat pel rei, l'any 1392, a lliurar el Castell de la Roca al batlle general de Catalunya.

TOPONÍMIA, ETIMOLOGIA

Protagonista: Toponímia
Tema: Recerca dels orígens

EL nom d'un dels barris de l'actual terme municipal de la Roca és la Torreta, i es creu que aquest nom té origen en una torre de guaita que hi havia a la zona. Sembla que aquesta torre estava situada a una masia, desapareguda fa poc temps, anomenada Can Facundo. Pot refermar aquesta creença el fet que aquesta hipotètica torre, que donaria nom a la zona, estaria en línia recta entre la Torre de Pinós i la Torrassa de Palou.

Mossèn Jordi Sales situa el llegendari coll de les Forques (lloc d'execució medieval del Castell de la Roca, on es penjaven els delinqüents perquè la seva exposició pública servís d'exemple) al coll de Parpers, lloc que també va ser escollit durant la guerra civil per a practicar execucions.

MIRACLES

Protagonista: Verge
Tema: Miracle

AL llibre *Miracles de la Mare de Déu de Belulla* s'esmenta el miracle d'un pagès de Valldeoriolf que va ser curat.

Diferents fets relacionats amb el convent de caputxins de la Torreta tenen un contingut miraculós; per exemple, la decisió del seu emplaçament abans de la construcció. Es va construir el convent en el lloc on els frares van trobar un pa enmig de la vegetació.

El gegant Jofre, segons la llegenda, fill del gegant Odó.

GEGANT DE LA ROCA
Protagonista: Gegant
Tema: Casament de gegants

A la Roca, hi vivia un gegant, Odó, molt valent i molt treballador. Havia lluitat aferrissadament en cent batalles contra els moros i la seva fama era coneguda a tot el Vallès. Quan no havia de fer la guerra es dedicava a fer de pagès i se sentia satisfet, al capvespre, veient des de dalt del castell tots els boscos dels seus grans dominis i els conreus que regava ell mateix amb una gran galleda que omplia de les aigües del Mogent, que en aquella època baixaven molt netes.

De tant en tant el gegant de la Roca es posava trist perquè en tota la rodalia no hi havia cap geganta que li pogués fer de parella. Prou cercava pels pobles veïns i ho preguntava a tothom.

Un pelegrí que baixava de Montserrat li va parlar del vell gegant de Cardona, que tenia una filla fadrina, Emma, molt gran i molt bonica. El gegant de la Roca va agafar el gaiato, que solia acompanyar-lo en les seves caminades, i se'n va anar cap a Cardona. De lluny, va veure el gran castell sobre el Cardener i es va quedar astorat, perquè castell i riu eren molt més grans que els de la Roca.

Es presentà al castell i conegué la noia, que era tan formosa que en va quedar enamorat i va demanar al seu pare permís per casar-s'hi. Però el vell gegant de Cardona, que era molt desconfiat, li va posar una condició: «Et passaràs mil anys aquí amb nosaltres i si demostres que ets valent, treballador, i que te l'estimes de debò, te la donaré com a muller i podràs tornar a la Roca». Van tenir un fill que es va dir Jofre.

I així fou com l'any 1989 el Gegant i la Geganta vingueren a la Roca des de Cardona i arribaren precisament el dia de la Festa Major.

CAN JOAN CANYAMÀS
Protagonistes: Personatges històrics
Tema: Sublevació

PUJANT a Parpers es troben unes runes que la gent coneix amb el nom de Can Sant Joan. Aquestes pedres ens recorden una història relacionada amb els remences.

El 7 de desembre de 1492 Joan de Canyamàs va atemptar contra el rei Ferran el Catòlic quan sortia de la Capella de Santa Àgueda, a Barcelona. El rei va estar fins al dia 21 convalescent perquè la ferida s'estenia entre l'orella i el coll.

L'historiador Pròsper de Bofarull va dir sobre aquest ésser violent: *«Se llamaba Juan de Canyamàs, que es una población del Vallès, cerca del Castillo de la Roca».*

Diferents pobles lluiten per l'origen d'aquest senyor.

Carreras Candi, l'any 1895, afirmava el següent: «Prop de la Capella de Sant Miquel hi havia el 1492 la casa d'en Joan Canyamàs».

El tribunal, malgrat pensar que aquest atacant

no era un criminal sinó un boig o deficient, va dictaminar una sentència cruel: lligat a un pal i posat dalt d'una carreta va ser passejat pels carrers de Barcelona i mutilat bàrbarament fins a arribar al portal Nou, on el van lapidar i cremar.

Els seus companys remences el van considerar un màrtir i van anomenar-lo Sant, juntament amb la seva casa pairal Can Sant Joan.

L'any 1652, amb la mort d'una nena, la família Canyamàs va quedar sense successió.

Segons una escriptura de 1700, el mas Canyamàs formava part de la propietat de Can Company d'Amunt.

Capella del Sant Crist de Can Ribes

Protagonista: Carreter
Tema: Càstig

Van passar dos carreters per davant de la capella de Can Ribes, entre Cardedeu i la Roca, i un d'ells, en el moment d'encendre's un cigar, va tirar-ne un altre al rostre del Sant Crist, dient-li descaradament: «Té, fuma, barra seca». A l'hora de menjar, va trobar-se que tenia les barres a la boca i no podia prendre res.

Convençut que el mal era degut a la profanació que havia fet al Sant Crist, va fer una prometença que en la seva hora va complir, i va ser capaç, altra volta, de menjar.

La Mare de Déu del Roser de Santa Agnès de Malanyanes

Protagonista: Imatge de la Verge
Tema: Font de riquesa

Aquesta imatge també és coneguda per la Mare de Déu dels Ous, una escultura de plata de l'església. Aquesta imatge va adquirir molta importància perquè se li oferien tots els ous que les gallines ponien en diumenge, per després vendre'ls i comprar ciris molt grossos. Es va arribar a crear una confraria de la Mare de Déu dels Ous, que disposava de gran capital i fins i tot funcionava com a prestadora sense interès o a un interès molt baix.

Fonts bibliogràfiques

Història

Carreras i Candi, Francesc; *Lo Castell de la Roca del Vallès;* Patronat Municipal de Cultura i Esbargiment, 1988 i *Butlletí del Centre Excursionista de Catalunya;* núm. 1-16; 1881-1985.

–; «Excursió a La Roca»; *Butlletí del Centre Excursionista de Catalunya;* 1983, any III.

Sales i Masferrer, Mn. Jordi; *La Roca del Vallès i Miscel·lània Roquenca.*

El castell; Ajuntament de la Roca del Vallès.

Català i Roca, Pere; «La Roca. Castillos restaurados por sus dueños»; a *Castilllos de España;* març 1971.

Ametller, Rosa; «Notes històriques 2: Història de la Roca durant els ss. XII i XV»; *Roquerols,* núm. 9, juny 1985.

March, Susana; «El castillo de la Roca»; *Vallès,* núm. 1186, novembre 1964.

Alcalà, Cèsar; «Anecdotari: El castell en la història»; *Roquerols,* núm. 123, octubre 1997.

Valls i Durán, Pere; «Valldoriolf»; a *El 9Nou,* núm. 243, 2 de març 1992.

Bigas, Joan; «Antiguitat de la nostra església», *Contravent,* núm. 16, desembre 1978.

–; «La població de Vilanova al s. XIV», *Contravent,* núm. 17, febrer 1979.

–; «La guerra de remences», *Contravent,* núm. 33, juny 1979.

Mauri, Joan-B; «Es recupera el camí romà de Parpers»; *El 9Nou;* 24 març 2005.

www.weblandia.com/castillos/larocav.htm.

Llegendes

Viñallonga, J.; «El capitán Testafort»; *El Vallès,* 21 desembre 1985.

Giménez, R.; «La bruixa del Castell»; *El Vallès,* 21 desembre 1985.

Bell-lloc

••• Castell de Bell-lloc •••

Nom: Castell de Bell-lloc.
Localitat: fortificació situada al cim del turó de Bell-lloc.
Any de constitució: la primera menció és de l'any 1073.
Altitud: 160 m.
1r propietari: Gueribert Guitard. El primer document que ho esmenta és un testament de Guília Arbert, muller de Gueribert Guitard, en el qual disposa que tots els seus béns passin al seu marit i als seus fills.
Funció: defensa dels tres torrents que l'envolten i que formen dues valls importants.
Propietat actual: empresa Santa & Cole.
Estat actual: la torre del castell que quedava dempeus va ser adaptada al s. XVIII com a capella. La masia es manté en bon estat.
Reconstrucció: L'any 1460 el castell fou destruït com a conseqüència de la guerra dels remences i el 1706 acabaren les obres de reconstrucció. L'any 1808, però, durant la guerra del Francès, el castell fou saquejat i cremat. No s'ha tornat a reedificar de nou.

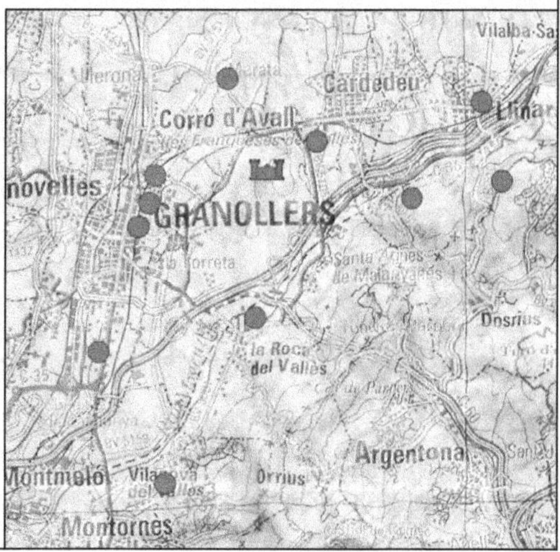

Bell-lloc està situat davant d'una altra fortificació anomenada Vilalba. Aquesta vila té origen romà i en el seu terme s'hi han trobat restes d'enterraments prehistòrics. Al seu voltant, hi tenim la Roca i Granollers, poblacions que han estat ciutats romanes i on s'hi han trobat restes neolítiques. Per aquest motiu, Bell-lloc s'inclou en una zona de poblament continu des de l'època prehistòrica fins a l'actualitat.

Sembla falsament que pel fet d'estar al centre de la plana del Vallès, Bell-lloc no tingui una funció estratègica. Amb els castells de Vallforners, Cànoves, Vilalba i la Torrassa del Moro (i de Dosrius, Argentona i Mataró, a la comarca del Maresme) està situada en línia recta, defensant la riera de Vallforners, més endavant anomenada de Cànoves, que va a desaiguar al Mogent. Aquesta trajectòria fluvial és paral·lela a una secundària via romana que venia transversalment des del Maresme fins al pla de la Calma. Era molt important defensar aquesta possible entrada d'invasors directament des del mar. Vilalba i Bell-lloc són dos elements defensius fonamentals ja que creen una porta ben custodiada per aquest pas en el lloc més feble, la plana, entre la dificultat orogràfica del Montseny i de la serralada prelitoral.

Bell-lloc, situat al cim d'un turó, domina una altra conca hidrogràfica per l'altre vessant de la muntanya, que és el torrent de Valldoriolf, que travessa Granollers i va a desaiguar també al Mogent però a força quilòmetres de distància.

Els sants Pere i Pau han anat lligats a la família Bell-lloc des de la fundació del monestir de Sant Pau del Camp, i es van convertir en els patrons de les dues capelles que es van construir al terme del castell.

Fins l'any 1836 Bell-lloc va ser un terme propi. A partir d'aquesta data es va annexionar a Santa Agnès i, posteriorment, a la Roca.

El terme «Bell-lloc» és un topònim molt estès per tota la geografia catalana, la qual cosa demostra la gran importància que ha tingut aquest cognom que va tenir el seu origen al Vallès i que ha donat nom a centenars de pobles, castells, ermites, carrers, fonts, valls, urbanitzacions, etcètera. La importància conqueridora, molt propera als monarques i comtes de Barcelona, dels primers Bell-lloc, especialment de Bernat de Bell-lloc, va fer que molts pobles o feus de Catalunya tinguessin aquest atribut en el topònim o en alguna de les seves construccions. Els canvis de propietat posteriors no han aconseguit que l'atribut Bell-lloc desaparegués dels seus topònims.

A tall d'exemple, parlarem del poble de Bell-lloc d'Urgell; el mas Bell-lloc de Cantallops, un altre a Girona capital, també a la Seu d'Urgell, igualment a Santa Cristina d'Aro, a Savallà del Comtat; trobem la casa Bell-lloc a Vic; la torre Bell-lloc a Sant Andreu del Palomar (avui en ruïnes); el Castell de Bell-lloc a Sant Pere de Ribes, el de Roquetes del Garraf, un altre castell a l'Aldea, a Reus, a Fontrubí, a Foix, etcètera.

A part de les dues capelles del Castell de Bell-lloc del terme de la Roca, també existeix l'església de Santa Maria de Bell-lloc a Santa Maria de Queralt, entre d'altres.

Nombrosos carrers de múltiples pobles també tenen aquest nom; però podem destacar, per la seva capitalitat, el carrer Comtes de Bell-lloc a Barcelona, a les Corts.

Són les armes de la família: en camper de gules, tres petxines d'or, ben arrenglerades. Lema: *«Ab alta cuncta»*. Altres duen en camper d'argent, sis rodelles de gules posades en dos pals. I unes altres, un escut partit d'or i atzur, amb un castell a cada banda.

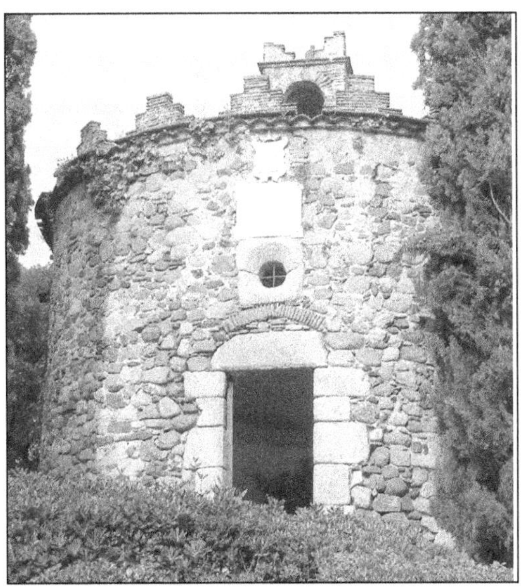

Torre dels Bell-lloc.

Descripció del castell

L'antic castell dels Bell-lloc no és altra cosa, actualment, que una gran masia enmig del bosc. El conjunt actual està format per l'únic reducte de l'antic castell, la torre de l'homenatge (transformada en capella de Sant Pau), el pati d'armes, restes de murs i muralla, i la masia (que també conté una altra capella, la de Sant Pere).

El 1808 els francesos van cremar el castell i no es va aixecar de nou. Es conserven encara algunes restes de mur.

La torre, de planta circular, té un diàmetre d'uns 5,20 m exteriors amb 90 cm de gruix del mur i té uns 5-6 m d'alçària. La porta de la capella i la finestra són del s. XVIII.

Al mur de la torre es pot llegir la següent làpida:

«Sots la torre d'homenatge
jauen assí los Solers,
faels é braus cavallers,
qui mostraren gran coratge
contra l'únic vasallatge
de la invasió sarraïna:
en los vehinats, que domina
exa forsa, llur llinatge

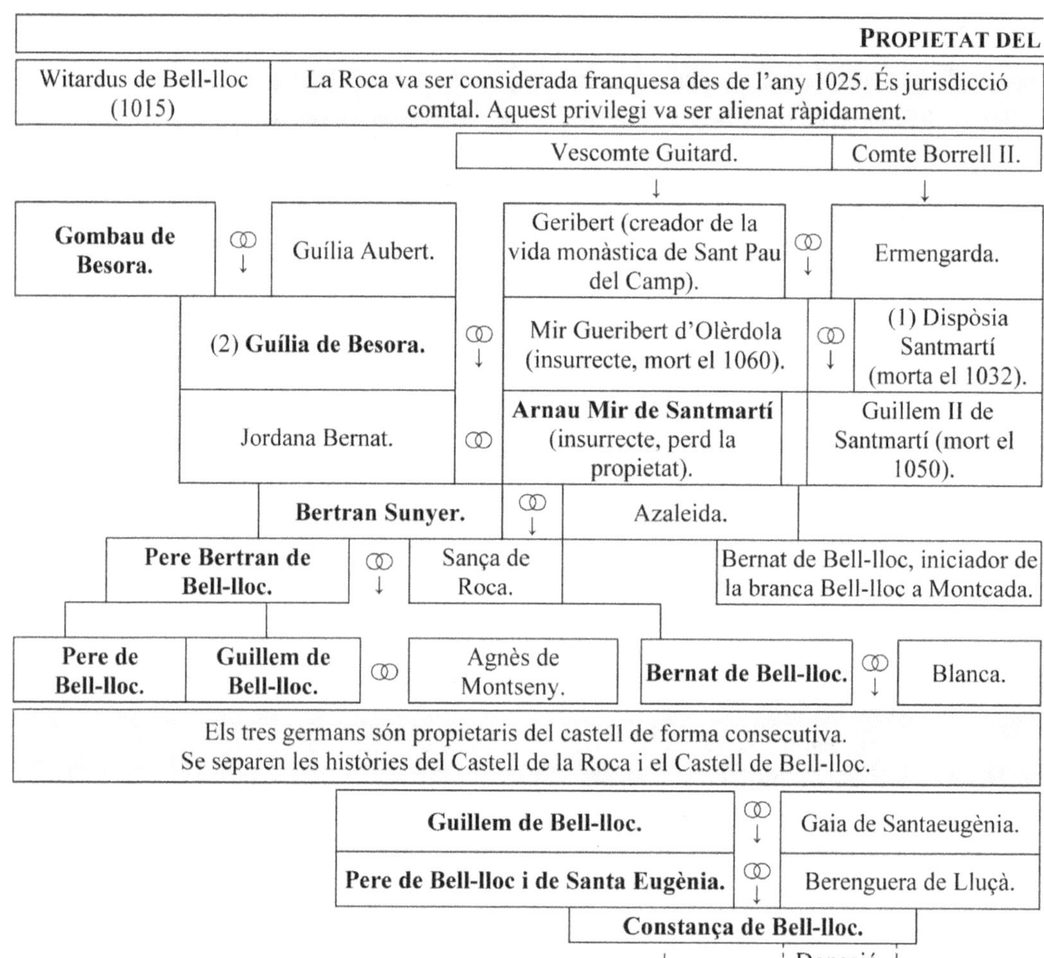

hagué alous é feus honrat:
fins avuy s'es conservat,
sens que'l temps li fassa ultratge.
Descendents d'aquesta gent,
Puix de llur blassó gaudiu,
Viadors que assí veniu,
Pregau resquiescat: Amen».
P.C. i M.B.

Darrere la capella queden vestigis d'una muralla. La masia té al davant una esplanada a l'extrem de la qual se situa la capella rodona de Sant Pau, que era la torre de l'homenatge de l'antic castell. Imaginem que l'esplanada va ser pati d'armes.

Dintre de la masia (temps enrere estava aïllada) hi ha la capella de Sant Pere, que no va ser mai parròquia (el castell pertanyia a la de Santa Maria de Cardedeu), però té diferents privilegis atorgats per diferents pontífexs.

La masia de Bell-lloc és un edifici noble, molt ben conservat pels seus propietaris actuals, destinat a obra social. La masia inclou l'antiga parròquia. La descripció que fa de la masia A. Aulèstia i Pijoan el 1878 és la d'un mas antic i grandiós, amb un conjunt de terrats i galeries sostinguts per contraforts que li donen un aspecte de riquesa i grandiositat.

Actualment, la finca té diferents fonts d'explotació: els fantàstics edificis de l'escola, les

CASTELL DE BELL-LLOC

Simó de Bell-lloc.	∞	Timbors de Castellnou.
Bernat de Cabrera.	∞ ↓	Timbor de Fenollet.
Ponç de Cabrera.	∞	Beatriu de Cardona.
Se separen les històries del Castell de Cànoves i el Castell de Bell-lloc. Els Cabrera cauen en desgràcia i el rei atorga la propietat a un familiar.		
Pere II de Bell-lloc.	∞ ↓	Saurina.
Bernat de Bell-lloc.	∞ ↓	Orpay.
Pere III de Bell-lloc.	∞ ↓	Ròmia.
Bernat II de Bell-lloc.	∞ ↓	Isabel de Sentmenat.
Pere IV de Bell-lloc.	∞ ↓	Caterina Amat.
Bernat III de Bell-lloc.	∞ ↓	Beatriu de Santjust.
Jeroni de Bell-lloc.	∞ ↓	**Elisabet Bofill.**
Traspàs al germà.		
Pere V de Bell-lloc i de Santjust.	∞	Magdalena Pongem.
Bernat-Pau de Bell-lloc.	∞ ↓	Jerònima de Palau.
Pere Pau de Bell-lloc.	∞ ↓	Joana d'Erill.
Joan Pau de Bell-lloc.		

Traspàs a la germana.		
M. Gràcia de Bell-lloc.	∞	Tomàs Macip i Gargallo.
Joan de Macip i Bell-lloc.	∞ ↓	Joanna de Bell-lloc i Vedruna.
Traspàs a la germana.		
Anna de Macip i Bell-lloc.	∞ ↓	Jeroni de Bell-lloc i Vedruna.
Ramon de Bell-lloc i Macip.	∞ ↓	Lluïsa Alemany i Descatllar.
Juan Pablo de Bell-lloc i d'Alemany Descollar.		
Melcior de Bell-lloc i Lleotart.		
Josep Marian de Bell-lloc i de Maris.	∞ ↓	Josefa de Portell i d'Oms.
M. Mercè de Bell-lloc i Portell.	∞ ↓	**Ramon de Mercader i de Novell.**
Joaquim Mercader i de Bell-lloc.	∞	Laura de Zufía i de Perales.
Arnau de Mercader i de Zufía.	∞	Paulina Pozzali.
Traspàs al germà.		
Francesc Xavier de Mercader i de Zufía.		
Traspàs al germà.		
Pere de Mercader i de Zufía.		
Pere de Mercader i Piqué.		
La Caixa de Pensions.		
Santa&Cole.		

diferents hectàrees de conreus (especialment fruiters), la fusta i d'altres.

El Palau Mercader, que havia estat la residència dels comtes de Bell-lloc a Cornellà de Llobregat, és un edifici noble construït durant la segona meitat del s. XIX (1865). L'edifici és de planta quadrangular amb quatre torres octogonals als angles que li confereixen un aire de castell medieval. Consta de tres plantes distribuïdes al voltant d'un pati interior obert. La planta baixa, antigament zona destinada als carruatges i a l'exposició d'aus dissecades, està habilitada actualment com a recepció, sala d'exposicions temporals i taller per a les visites escolars. La planta noble de l'actual museu, minuciosament restaurada aquests darrers anys, és un conjunt de sales, decorada cadascuna amb un estil diferent, amb una riquesa extraordinària en la decoració, mobiliari i obres d'art. Els comtes de Bell-lloc hi van instal·lar les seves col·leccions d'armes, ceràmiques, pintures i altres objectes artístics, que conferien al palau aires de museu, més que de residència. Aquesta va ser la nova localització del museu i arxiu que el comte tenia al palauet del centre de Barcelona. El caràcter de personatge públic del comte de Bell-lloc feia que el seu museu-palau fos conegut i visitat per nombroses personalitats i amistats socials. Entre les pintures destaquen les de Francesc Masriera i Josep Cusachs, a

A la façana, a l'interior de l'església i al claustre de Sant Pau del Camp, a Barcelona, encara hi són presents diverses representacions de l'escut dels Bell-lloc esculpides a la pedra.

més del retrat de l'arxiduc Carles d'Àustria, obra d'Andreu Vaccaro. La col·lecció pictòrica arrenca del s. XVII.

L'interès de la col·lecció d'armes, a més de la seva diversitat cronològica, rau en el fet que van ser utilitzades per les diverses generacions dels Mercader i els Bell-lloc.

La Torre Miranda va ser una torre que Arnau de Mercader i Bell-lloc va fer construir a Cornellà de Llobregat com a observatori astronòmic i mirador de les aus migratòries del delta del Llobregat. És una construcció de planta hexagonal de 3 m de costat i 27 m d'alçada. És d'estil eclèctic, ja que combina historicismes medievals amb elements neomudèjars.

Els Mercader també tenien propietats a Barcelona: una finca a prop del Born i un palauet entre el passeig de Gràcia i Provença, on el comte tenia instal·lat un «Museu d'Antiguitats i curiositats» que, amb l'Eixample, es va transformar en habitatges.

Llegendes

Assassinat i perdó papal

Protagonista: Personatge històric
Tema: Penediment i perdó

SEGONS explica Joan Amades, quan el comte de Barcelona marxava de la ciutat, el senyor de Bell-lloc (Gueribert Guitard) s'hi quedava com a governador. Aquí comença la llegenda. Un enviat del Papa va venir a comprar-hi uns cavalls; però els tractes no van arribar a bon terme i va morir assassinat a mans del governador. Després de cometre el crim, va refugiar-se en una cova prop del mar, a la muntanya de Montjuïc. Van passar els anys i ell seguia amagat al mateix indret, fins que un bon dia van aparèixer un parell de pelegrins en una barca. Es veu que eren Sant Pere i Sant Pau, els quals, enviats pel Papa, li comunicaven el seu perdó. Com a penitència havia de construir dos monestirs, un a cada cantó de la ciutat de Barcelona i, segons diu la llegenda, aquests van ser els de Sant Pere de les Puel·les i el de Sant Pau del Camp (no va construir els edificis, sinó que hi va fundar els monestirs). Felip II va ser qui va donar-li el títol de comte a un membre de la família Bell-lloc i Felip V l'hi va retirar per la seva participació a la guerra al costat de l'arxiduc. Amadeu de Saboia l'hi va tornar a donar. I, en el seu escut, va posar unes petxines en agraïment als sants pelegrins.

Dansa de Bell-lloc o Ball Pla

Protagonista: Noble
Tema: Convivència nobles-poble

DANSA d'origen medieval, que és una variació del ball de l'Espolsada que es balla a Marata. El pagès més ric del terme de Bell-lloc treia a ballar la comtessa i el comte feia el mateix amb la dona més jove i maca de la contrada.

Lledoner mil·lenari
Protagonistes: Arbre
Tema: Origen d'un lloc

Es diu que antigament no es posava la primera pedra quan s'iniciava un edifici, sinó que es plantava un arbre. És per això que el vell lledoner que hi ha al costat de l'antiga casa es creu que té tants anys com la fortificació, és a dir, més de mil.

Origen dels comtes de Bell-lloc
Protagonista: Personatge històric
Tema: Origen nobiliari

Diu la *vox populi* que l'última comtessa de Bell-lloc, Paulina Pizzali, era una cantant d'òpera que va ser ferida al Liceu el dia que es va llençar la bomba. El comte hi era present, la va auxiliar i al final es van casar.

La fisonomia de la comtessa podia corroborar la seva condició de cantant d'òpera, ja que tenia un bust prominent.

Personatges suposadament històrics
Protagonista: Personatge històric
Tema: Origen nobiliari

Diuen alguns historiadors que buscar un origen comtal al fundador del Castell de Bell-lloc va ser una pràctica habitual del romanticisme quan es buscava un passat il·lustre de totes les cases feudals. El personatge Gueribert Guitard no està absolutament documentat. Els goigs que es cantaven a la festa de Sant Pere, patró de la capella, deien d'aquest llegendari vescomte:

De humilitat altra prova
donà lo valent Guibert;
puix que patí fam i fred
ficat en molt trista cova.

Esperits dels Bell-lloc
Protagonista: Bell-lloc
Tema: Esperits

Es diu que a l'ermita de Sant Andreu del Far, a les tombes dels Bell-lloc, se senten cadenes el dia de Tots Sants.

Els tres pins
Protagonista: Arbre
Tema: Execucions

La finca Bell-lloc, i especialment la masia, per les seves dimensions i aïllament va ser considerada un refugi per a tots dos bàndols durant la Guerra Civil. La masia i l'església eren contínuament registrades, es van cremar tots els elements religiosos i la documentació. En diferents indrets de la finca, però especialment en un extrem (la zona de Tres Pins), es diu que hi va haver un lloc d'execucions durant la guerra.

Al costat hi havia Can Pelegrí i la capella de Sant Salvador dels Prats (erigida el 1073 i enderrocada el 1897).

Fent de fita termenal hi creixia un arbre centenari, un pi de tres branques que sortien de la mateixa soca i que va ser abatut pel vent i les obres del gas l'any 1963.

Fonts bibliogràfiques

Torras, Cèsar August; «Excursió al Castell de Bell-lloc i sos entorns. 11 de maig de 1879»; *Anuari de l'Associació Catalanista d'Excursions Científiques,* 1879.

«Al museu del Sr. Comte de Belloch lo dia 14 de mars de 1880»; *L'Excursionista,* 1878-81.

Aulèstia i Pijoan, A.; «Excursió a Santa Agnès de Malanyanes i la Roca»; *Memòries de l'Associació Catalanista d'Excursions Científiques*; 1878 vol. II.

Támaro, Eduard; *Butlletí del Centre Excursionista de Catalunya;* 1915, vol. XXV.

⬩⬩⬩ TORRE MARATA ⬩⬩⬩

Nom: Torre Marata o Torre de Seva.
Localitat: Marata (les Franqueses del vallès).
Any de constitució: 904.
Altitud: 181 m.
1r propietari: Bertran de Seva.
Funció: era una vil·la romana situada a la via que anava de Granollers a Cànoves.
Propietat actual: família Borrell.
Estat actual: reconstruït.
Reconstrucció: la gran reconstrucció s'ha dut a terme al s. XX.

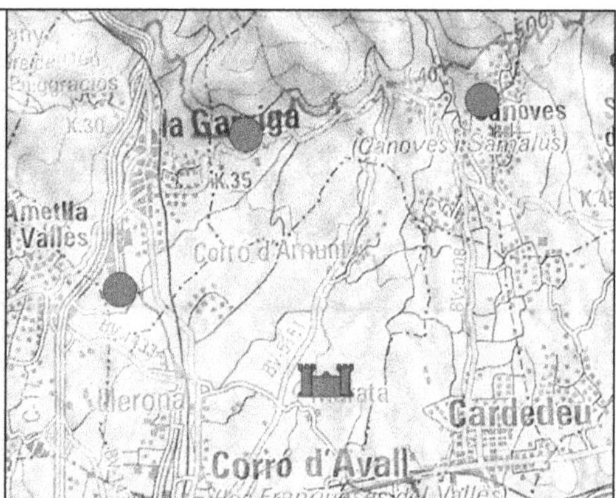

L'àmbit geogràfic de l'antiga Lauro ibèrica comprenia, segons Josep Estrada, les valls del Congost, del Tenes, de la riera de Cànoves, l'alt Mogent, la mitjana i alta Tordera i la vall inferior del Mogent. Aquest indret va estar densament poblat d'habitacles ibers dispersos. Marata formava part d'aquesta àmplia zona anomenada Lauro. Aquesta demarcació tenia prou població i producció agrícola per tenir moneda pròpia. Lauro és una zona molt rica des del punt de vista arqueològic i amb molts vestigis.

Tota la plana formada per les Franqueses, Llerona i la Garriga és una zona d'ampli domini romà, on s'han trobat nombrosos vestigis. Marata és una casa molt antiga d'origen romà. Estava situada a la via romana que anava de Granollers (Semproniana) a Cànoves. Participava en la seva defensa i en la del posterior camí ral medieval. Les vil·les romanes són uns organismes agraris amb jurisdicció pròpia i autonomia legal i econòmica.

Totes aquestes dades demostren que Marata es troba en una zona amb poblament continu des de l'època ibèrica fins a l'actualitat.

No hi ha cap nucli urbà, ni tan sols cap antiga església parroquial que porti el nom de les Franqueses. Les Franqueses formen part del conjunt de pobles beneficiats per un privilegi, atorgat pel comte de Barcelona Berenguer Ramon I, l'any 1025, als habitants de la ciutat i del comtat de Barcelona, a algunes zones del Vallès, al Castell d'Olèrdola i al Penedès. El comte els reconeix la lliure possessió de propietats i béns mobles i els eximeix de tota jurisdicció que no sigui la del príncep.

Al s. XIII les noves franquícies les tenien Llerona, Marata, els dos Corrons, Samalús i Cànoves.

Avui la Torre de Seva també rep el nom de Can Torrassa.

Descripció del castell

Poc queda de la fisonomia de vil·la romana de Marata. Sí que existeix un mur perimetral que tanca un conjunt de dependències o edificis que cobrien les funcions imprescindibles per fer d'aquesta finca una entitat autònoma, però avui, la muralla no configura un tancat o barri amb totes les construccions (habitacles, graners, quadres, molins, ferreries, etcètera) i la fortificació de la torre domina sobre els altres elements.

Marata és un gran edifici de planta rectangular, curosament reformat al s. XX, amb cos rectangular orientat a migdia i una torre quadrada a l'extrem sud, tot acabat amb merlets. La finestra principal, renaixentista, molt treballada, porta la data de 1561. La porta és d'arc rodó amb escut escarpell al centre, inclòs en un de més antic i de dimensions més grans; estava protegida per una lladronera de la qual es conserven el tres permòdols. Lateralment es compten algunes finestres més senzilles: dues de gòtiques decadents d'arc el·líptic, una de conopial a la torre i diverses a la façana principal i oposada fent dos arquets, com a tradició de les coronelles. El portal es va empetitir per fer un nou portal enquibit en l'antic.

L'edifici consta de planta baixa i dos pisos, acabats amb merlets. La part superior de l'edifici es va afegir amb posterioritat, com mostra el parament. Hi ha matacans i obertures d'espitllera als tres pisos.

La façana principal hi té adossada, a l'extrem, una torre de planta quadrada.

La torre està situada en un lloc no gaire elevat, la qual cosa ens confirma que no es tractava de cap castell defensiu, sinó d'una torre residencial d'una família benestant.

La seva seu actual ha estat reformada, potser amb excessius aires de grandesa.

Diuen que al castell, s'hi custodia una estàtua romana que procedeix d'una masia de Corró.

Al davant hi ha una capella dedicada antigament a Sant Abdó i Sant Senén, patrons dels hortolans, edificada l'any 1606. Actualment és la capella de Montserrat, amb absis rodó i planta rectangular, també saquejada l'any 1936.

La localitat de Marata conserva l'originària parròquia dedicada a Santa Coloma, malgrat que només manté de l'església primitiva la nau central i l'absis.

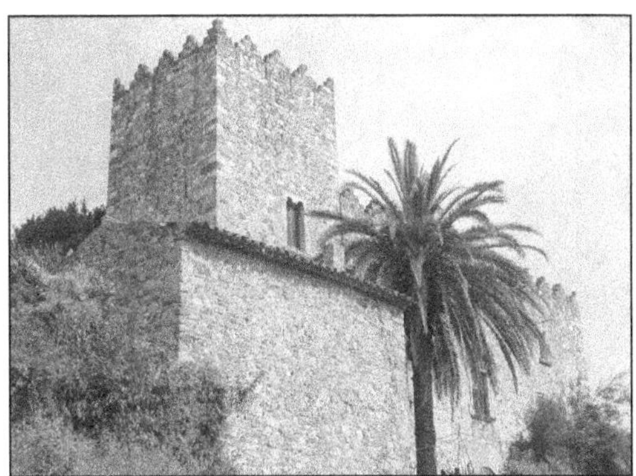

Imatge de la Torre Marata i, en primer terme, la capella.

Façana principal de la Torre Marata amb els matacans i les finestres d'estil renaixentista i gòtic.

Llegendes

NAIXEMENT DEL REI

Protagonista: Personatge històric
Tema: Naixement d'un rei
i consecució de franqueses

A «De Granollers a Aiguafreda», *El 9Nou* ens explica una falsa referència històrica a l'adjudicació de les Franqueses.

Conta la tradició que una virreina de Barcelona transitava pel camí antic de Granollers. Quan va arribar a la sagrera de Corró d'Avall, a prop de l'església, va donar a llum un infant.

Merlets i sageteres (a dalt) i una vista de la Torre Marata (a baix).

Els veïns la van acollir «amb tota franquesa» i la van auxiliar. La virreina, agraïda, va concedir als nascuts dintre del terme municipal el dret de dir-se «fills de Barcelona». En commemoració d'aquesta gràcia, es va instal·lar un pedró a la plaça, amb l'escut de Barcelona i el nom de les Franqueses inscrit a sota.

Com a llegenda és bonica, però la realitat històrica de l'origen de les Franqueses és una altra.

BALL DE L'ESPOLSADA

Protagonista: Noble
Tema: Convivència nobles-poble

És originari de Marata un ball anomenat ball de l'Espolsada. El ball Pla o ball de Bell-lloc és una dansa d'origen medieval, que és una variant de la que es balla a Marata. El pagès més ric del terme de Bell-lloc treia a ballar la comtessa i el comte ho feia amb la dona més jove i bonica de la contrada.

PROPIETAT DE LA TORRE DE MARATA

El 1025 Berenguer Ramon I atorga uns privilegis a uns pobles units des de llavors formant el terme de les Franqueses. El comte els reconeix la lliure possessió de propietats i béns mobles i els eximeix de tota jurisdicció que no sigui la del príncep. Al s. XIII es confirmen aquestes franqueses, però el rei Alfons, necessitat de diners, les adjudica a Ramon Cabrera.

Ramon Cabrera.		
(1280) **Pere Marquès.**	↓	
Francesc Marquès.	⚭	Alamanda de Cartellà.
Bertran de Seva.		
Simó Salzet.		
(1467) **Martí Joan de Torrelles.**		
Antic de Cabrera, (mort el 1551).	⚭ ↓	Anna de Colom.
Frederic de Cabrera, (mort el 1594).	⚭ ↓	Jerònima de Satorres.
Elisabet de Cabrera.	⚭ ↓	Joan Llull i Soler.
Jerònima Llull i de Sentmenat.	⚭	Bernat Turell i Bussot.
Antoni Magarola.	⚭	Elisabet de Magarola.
(1986) **Anton Marimon.**	⚭	Maria Plana.

Fonts bibliogràfiques

webmun.diba.es/franqueses/historia.htm.
franqueses.diba.es/historia.htm.

Lliçà de Vall

••• Castell de Lliçà de Vall •••

Nom: Castell de Lliçà de Vall.
Localitat: Lliçà de Vall.
Any de constitució: 1094.
Altitud: situat a la plana.
1r propietari: Arbert Bernat.
Funció: defensa de la Via Augusta, Camí Ral medieval i del torrent de Medrans.
Propietat actual: Jaume Angruns.
Estat actual: desaparegut.

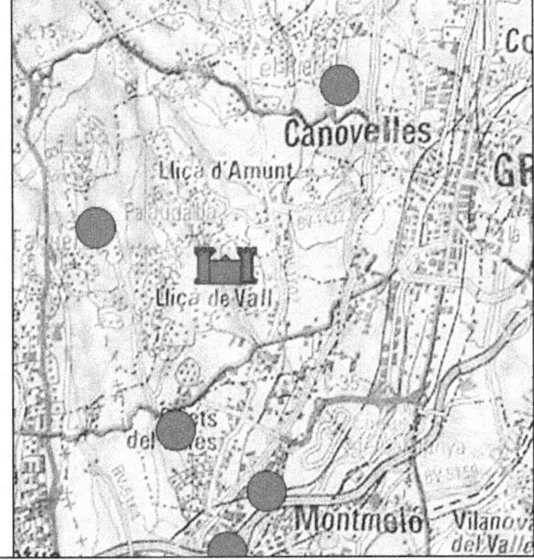

L'àmbit geogràfic de l'antiga Lauro ibèrica comprenia, segons Josep Estrada, les valls del Congost, del Tenes, de la riera de Cànoves, l'alt Mogent, la mitjana i alta Tordera i la vall inferior del Mogent. Aquest indret va estar densament poblat d'habitacles ibers dispersos. Lliçà formava part d'aquesta àmplia zona anomenada Lauro. Aquesta demarcació tenia prou població i producció agrícola per tenir moneda pròpia. Lauro és una zona molt rica des del punt de vista arqueològic i amb molts vestigis.

Tota la plana formada per les Franqueses, Llerona, la Garriga i Lliçà és una zona d'ampli domini romà, on s'han trobat nombrosos vestigis. Estava situada a la via romana que anava de Granollers (Semproniana) a Caldes *(Aquae Calidae).* Participava en la seva defensa i en la del posterior Camí Ral medieval.

L'any 946 s'esmenta un lloc anomenat «Licano Subteriore», nom amb què es designava fins al s. X el conjunt de propietats del ric romà Licius, que s'estenien des de Granollers fins a Caldes. És estrany conèixer els propietaris o senyors d'aquestes vil·les.

És a dir, «Licano Subteriore» és el nom d'una antiga vil·la romana situada sobre la mateixa via romana a Granollers-Caldes, per això devia ser a la plana. Com hem comentat a altres apartats, les vil·les romanes eren uns organismes agraris amb jurisdicció pròpia. A l'Edat Mitjana la majoria de les vil·les es converteixen en quadres o *domus* i mantenen la seva autonomia.

Totes aquestes dades demostren que Lliçà està en una zona amb poblament continu des de l'època ibèrica fins a l'actualitat.

El Castell de Lliçà era anomenat, també, Castell dels Moros, situat a les propietats de Can Cosconé, que posteriorment s'anomenarà Can Vilardebó.

El castell té relació amb la Vall del Tenes, nom que rep la vall del torrent que, provinent del NE, desaigua prop del castell a l'avui torrent de Medrans, en aquell temps considerat un riu.

PROPIETAT DEL CASTELL DE LLIÇÀ DE VALL

Lliçà de Vall va ser una vila romana (Liciano Subteriore) situada sobre la Via Augusta.

Propietari		Cònjuge
Albert Bernat.	↓	
(1094) **Bernat Arbert.**	↓	
(1109) **Ponç Arbert.**	∞ ↓	Eiculina.
(1113) **Pere Arbert,** germà, excomunicat viatja a Jerusalem.	↓	
Adelaida Arbert.	∞ ↓	Ramon Subirats.
(1185) **Ramon Subirats Arbert.**		
(1209) **Guillem Ramon de Moncada.**	∞	Elionor Martí, **Violant de Clariana,** Margarita Eslava.
Ramon de Vilanova.		
(1321) **Jaume de Fonts.**		

Propietari		Cònjuge
Pia Almoina.		
(1337) **Francesc de Vallgornera.**	↓	
(1344) **Blanca de Vallgornera,** germana.	∞ ↓	Bernat de Vilademany.
El rei Joan I compra Lliçà i la incorpora al patrimoni de la Corona.		
(1381) **Ramon Llull.**		
(1385) Els habitants de Lliçà compren la seva redempció i es converteixen en carrer de Barcelona. El rei tornarà a vendre aquesta propietat.		
(1450) **Cartoixa de Montalegre.**		
El s. XVII Lliçà torna a ser de domini reial.		
Jaume Angruns.		

Descripció del castell

Avui el castell està destruït i no coneixem la seva morfologia. Al turó de la Font de Can Vilardebó es conserven les restes de la torre de defensa de l'antic castell.

No se sap si el castell tenia una torre aïllada o si aquesta estava adossada a l'edifici principal.

Masia medieval de Can Gurri, a Lliçà de Vall.

Les restes de la torre han estat utilitzades com a forn de pedra.

Se sap que moltes de les pedres de les fortificacions del castell es van utilitzar en la reconstrucció del temple parroquial que va ser mig enderrocat per un terratrèmol durant la segona meitat del s. XVI.

L'actual edifici està completament restaurat, és a dues aigües amb torres quadrangulars laterals. Té doble façana amb portes amb onze dovelles a cadascuna. Cal destacar una finestra coronella i una de lobulada.

Llegendes

EL SOT D'EN NOSTRIS

Protagonistes: Bruixes i tresor
Tema: Robatori i encantaments

AVUI, el Sot d'en Nostris és un famós indret amb carrers, cases, gent que hi transita sense temors i angoixes... però anys enre-

Pou de glaç a les proximitats de la masia medieval de Can Gurri.

re era un paratge solitari, totalment contrari a l'aspecte que ofereix actualment.

El vianant que passava pels voltants de Lliçà, més concretament fent el camí vora el forn de l'obra i arran del bosc, feia el pas més ràpid quan arribava a aquest punt, sense mirar enrere, ni fer cas dels sorolls...

Realment era un indret molt temut. De generació en generació es transmetia la consigna de fer el senyal de la Santa Creu quan es parlava del Sot d'en Nostris. Les dones no parlaven mai del Sot d'en Nostris, tenien molta por, i si en alguna ocasió l'esmentaven, repetien tres vegades seguides l'antífona del Sant Trisagi: «Sant Déu, sant Fort, sant Immortal, lliureu-nos, Senyor, sempre, de tot mal».

Fins i tot portaven un ram de fonoll penjat al coll, creient que això les protegiria d'encantaments i embruixaments. Qui treballava al bosc intentava evitar desplaçaments llunyans i fatigosos, per això solia dormir en alguna caravana al mateix bosc, a prop de la feina.

Al Sot d'en Nostris, un dia es van sentir sorolls de cadenes, un altre es van veure bruixes que es convertien en gossos i gats, per això cal passar-hi abans de les dotze, perquè després,

Torre medieval de Can Coll, construïda l'any 1576, malgrat que hi ha documentació sobre la casa i la torre a partir de 1305. Els Coll van ser castlans del castell de Lliçà de Vall.

tombada la mitjanit, les bruixes eren més folles i agressives.

Hi ha qui, des dels voltants del «Sot d'en Nostris», assegura haver vist llumenetes, flames de foc que sortien de la terra que cobria els recent enterrats, i que eren les ànimes d'aquells difunts que imploraven sufragis i oracions per haver mort impenitents.

Una vegada, els més valents van voler comprovar si era cert que existien les bruixes i van anar fins aquell indret, confiant en l'ajuda d'una bona estaca. Quan les bruixes van aparèixer, els valents van fugir; abans, però, un d'ells va donar una bastonada a l'esquena a una de les bruixes, aleshores una encantadora, o potser un bruixot, i van conjurar-lo de la següent manera: «la bastonada que li has donat, als de casa teva l'has propinat». I certament així va succeir. Quan el «valent» tornà a casa, es va tro-

Imatge de Can Oliveres, masia medieval del Sot dels Nostris.

Detall dels finestrals de la masia medieval de Can Oliveres, amb rostres que també es troven al guardapols.

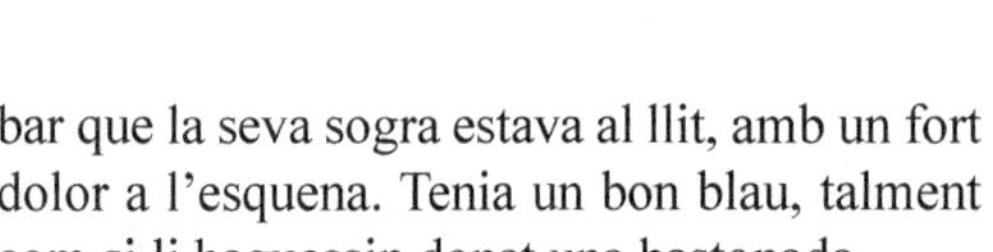

bar que la seva sogra estava al llit, amb un fort dolor a l'esquena. Tenia un bon blau, talment com si li haguessin donat una bastonada.

Hom conta una altra història sobre bruixes: diuen que un home que volia reprendre la seva jornada es va trobar que, a causa de la pluja, el camí estava tot fangós i no podia seguir perquè els seus peus quedaven enganxats al fang (asseguren que eren les bruixes que el tenien agafat pels peus). I mentre aquestes el tenien retingut, a mitjanit, va sentir com el gall cantava en un indret prop del bosc. Com tothom sabia, allà on canta el gall a mitjanit senyal que hi ha or enterrat. Immediatament tothom es va llençar a la recerca del botí, procurant distreure els altres.

Diuen que buscant, buscant, un home va trobar el famós tresor. Amagant-lo per no haver-lo de compartir, anava dient: «és per en Nostris», és a dir, «és per mi». És per això que aquesta troballa s'anomena «Sot d'en Nostris».

Diuen que aquest or es va trobar realment i que si hi era, era perquè el van enterrar allà. Hi ha diferents versions sobre «l'enterrador»: uns lladres que es refugiaven a la part obaga del bosc, els cabdals enterrats, algun veí del poble... Finalment diuen que van ser soldats francesos de l'època napoleònica dels quals, com a mínim, un, va ser executat per les cases del municipi de Lliçà. Abans d'executar-lo, va revelar on havia amagat el botí. La mort d'aquest soldat es pot donar per certa, ja que l'ha confirmat un veí de Lliçà, el mateix que va trobar el tresor.

Fonts bibliogràfiques

Història

Carreras i Font, Núria; Garriga i Martínez, Núria; Maynou i Hernàndez, Núria; Salvador i Corros, Montserrat; Vílchez i Villar, Xavier; *Lliçà de Vall 1.000 anys d'història;* Ajuntament de Lliçà de Vall.

Garriga i Andreu, Joan; *De Licano Subteriore a Lliçà d'Avall.*

Masó i Cabot, Joan; «El Castell de Lliçà de Vall», *Fent camí,* núm. 31, desembre 1996.

«El Sot d'en Nostris»; *Fent camí,* núm. 9, juliol 1984.

Medina, José; «Una vil·la romana del s. I queda al descobert als Gorgs»; *El 9Nou;* desembre 2004.

Busto Veiga, Anna M; «La masia de Can Coll: símbol de la pagesia benestant de Lliçà de Vall»; *Notes 20;* 2005.

Llegendes

Masó, Joan; «Anecdotari i llegendes de Lliçà de Vall»; *Fent camí,* núm. 9, juliol 1984.

Llinars del Vallès

••• Castellvell de Llinars •••

Nom: Castell del Far o Castellvell.
Localitat: Llinars del Vallès.
Any de constitució: 1023 (com a castell i no com a torre de vigilància, que ho era des de l'època romana).
Altitud: 401 m, a la serralada prelitoral, al cim d'un turó. S'albira el coll de Can Bordoi i tota la vall del Mogent. Es va erigir com a vigilància del coll i de les vies forjades.
1r propietari: l'any 1041 el posseïa Gombau de Besora.
Funció: vigilància i defensa del camí de Barcelona i el camí cap al mar. Força estratègic.
Propietat actual: Sr. Roca de Can Bordoi.
Estat actual: enderrocat per un terratrèmol.
Reconstrucció: excavat entre els anys 1970 i 1974. Al llarg del s. XIV, en mans dels Corbera, se suposa que es va produir una reforma a fons: van convertir en cisterna la nau central i van bastir l'escala del pati, la torre quadrada del costat nord-est i els pisos superiors.

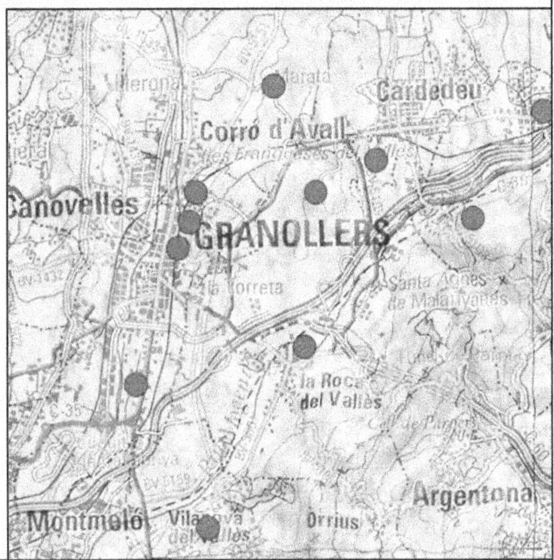

A la zona propera al castell hi ha restes prehistòriques, com ara la Pedra Arca i el Cau de la Mustela.

La zona de muntanya de Llinars del Vallès va ser ocupada pels ibers, fet que demostra la utilitat de talaia del Coll. La necròpolis del Coll se situa cronològicament entre el 650 i el 575 aC (segona meitat de la primera edat del ferro). S'hi van descobrir tres estructures: una tomba d'incineració i dues sitges de planta circular amb ceràmica ibèrica. La Tomba del Guerrer va ser descoberta l'any 1953. Incloïa quinze vasos ceràmics, un abundant aixovar metàl·lic, amb armament defensiu i ofensiu de ferro, elements decoratius de bronze i un recipient ritual. Com que va ser una troballa aïllada, es va pensar que es tractava de la tomba d'un personatge il·lustre, cremat i inhumat en el decurs d'una transhumància. Posteriorment s'han descobert a la mateixa zona tres estructures més, entre les quals destaquen una tomba d'incineració amb peces ceràmiques i elements d'ornamentació personals en bronze.

Es creu que el castell va ser aixecat sobre restes ibèriques, al cim d'un turó. Possiblement el castell, inicialment, va ser una talaia, una torre com la Torrassa del Moro, i després es va anar engrandint amb construccions al voltant de la torre, formant una fortalesa sobre la roca.

Una de les *mansions* (hostals o parades de les etapes de la Via Augusta) gravades als vasos apol·linars de Vicarello és Praetorio. Carreres Candi va afirmar que aquesta *mansio* era un castell i un campament romà situat a la Roca, a l'altra banda del riu. Estudis posteriors, especialment de Federico Pallí, situen Praetorio a Llinars, que havia de ser un nucli important en les comunicacions terrestres romanes. També a Llinars es menciona una vil·la romana anomenada Liniarus a la base del turó on està el

PROPIETAT DEL CASTELLVELL DE LLINARS

El Castellvell es construeix sobre unes ruïnes ibèriques. La Torrassa dels Moros és d'origen romà. Tots dos monuments van ser unes talaies i després es va engrandir el Castellvell envoltant la torre.

			Vescomte Guitard. ↓		Comte Borrell II. ↓	
Gombau de Besora.	∞ ↓	Guília Aubert.	Geribert.	∞ ↓	Ermengarda.	
(2) **Guília de Besora.**	∞	**Mir Gueribert d'Olèrdola** (insurrecte, mort el 1060).		∞ ↓	(1) Dispòsia Santmartí (morta el 1032).	
Jordana Bernat.	∞	**Arnau Mir de Santmartí** (insurrecte, perd la propietat).			Guillem II de Santmartí (mort el 1050).	
(1070) **Guillem Ramón de Castellvell** i **Dorca de Castellvell,** germans.						

Els castlans a principis del s. XII són Pere Armengol, Arnau Pere de Far i Pere Armengol de Far.		
Bertran Sunyer (mort el 1110).	∞ ↓	Azaleida.
Pere Bertran (mort el 1158).	∞ ↓	Sança de Roca, senyora de la Roca.
Pere Bell-lloc (mort el 1175).		
Guillem de Bell-lloc, germà (mort el 1172).	∞ ↓	Agnès de Montseny.
Guillem de Sant Viçenç, nebot		
Bernat de Far.	∞ ↓	Geralda.
El senyors del Far van tenir nombrosos problemes amb l'església.		
Rimbau Desfar.		
Rimbau Desfar, conseller reial, va transformar la capella del castell en una estranya estructura càtara.		
(1280) **Bernat de Centelles.**	∞	Saurina de Terrassa.

(1285) **Ramón de Cabrera.**		
Sibil·la des Far.	∞ ↓	Romeu de Corbera.
Riambau de Corbera I.	∞ ↓	Elisenda de Cartellà.
Bernat de Corbera (mort el 1367).		
Pelegrí de Corbera, germà.	∞	Guillema.
Rimbau II de Corbera, altre germà.	∞ ↓	Elionor de Foixà.
Rimbau III de Corbera.	∞	Geralda.
El 1448 el Castellvell va ser enderrocat per un gran terratrèmol.		
Jaume-Macià de Cobera.	∞ ↓	Leonor de Santa Coloma.
(1513) Beatriu de Corbera.	∞ ↓	Francesc de Santcliment.

Castellvell. La seva funció era protegir la Via Augusta. El concepte de Praetorio també podia significar casa d'oci al camp.

Són nombroses les teories que asseguren que el Castell Vell es va construir sobre una talaia romana. Les pedres més antigues d'aquest castell són similars a la de la Torre dels Moros, d'origen romà, com el Castell de la Roca. Inicialment devia rebre el nom de Castell de Bellvei, o un altre nom gairebé idèntic.

L'existència de restes prehistòriques i poblament iber i romà a la zona demostren la importància estratègica de l'indret i el poblament continu.

El castell està dintre d'un sistema estratègic medieval ben definit. Amb els castells de Montnegre

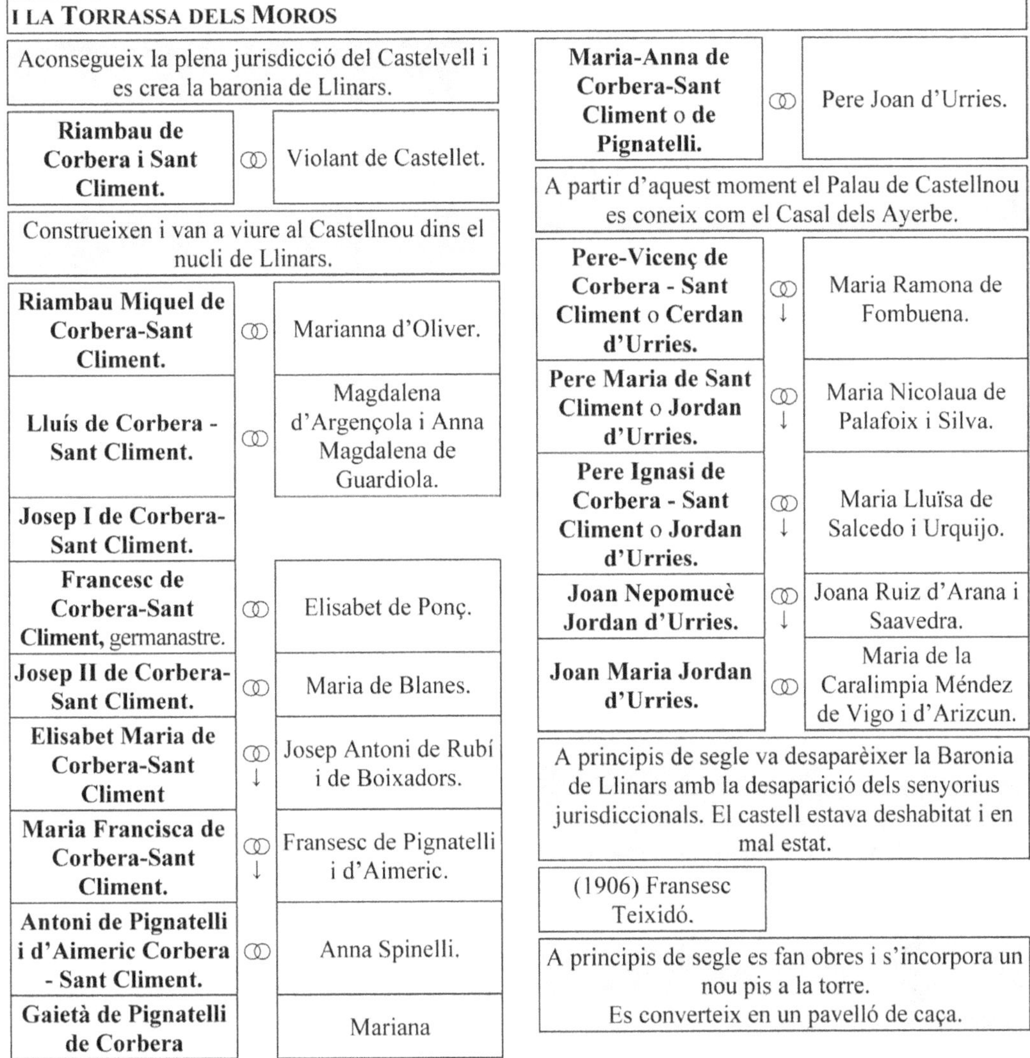

I LA TORRASSA DELS MOROS

Aconsegueix la plena jurisdicció del Castelvell i es crea la baronia de Llinars.

Riambau de Corbera i Sant Climent.	⚭	Violant de Castellet.

Construeixen i van a viure al Castellnou dins el nucli de Llinars.

Riambau Miquel de Corbera-Sant Climent.	⚭	Marianna d'Oliver.
Lluís de Corbera - Sant Climent.	⚭	Magdalena d'Argençola i Anna Magdalena de Guardiola.
Josep I de Corbera-Sant Climent.		
Francesc de Corbera-Sant Climent, germanastre.	⚭	Elisabet de Ponç.
Josep II de Corbera-Sant Climent.	⚭	Maria de Blanes.
Elisabet Maria de Corbera-Sant Climent	⚭ ↓	Josep Antoni de Rubí i de Boixadors.
Maria Francisca de Corbera-Sant Climent.	⚭ ↓	Fransesc de Pignatelli i d'Aimeric.
Antoni de Pignatelli i d'Aimeric Corbera - Sant Climent.	⚭	Anna Spinelli.
Gaietà de Pignatelli de Corbera		Mariana

Maria-Anna de Corbera-Sant Climent o **de Pignatelli.**	⚭	Pere Joan d'Urries.

A partir d'aquest moment el Palau de Castellnou es coneix com el Casal dels Ayerbe.

Pere-Vicenç de Corbera - Sant Climent o **Cerdan d'Urries.**	⚭ ↓	Maria Ramona de Fombuena.
Pere Maria de Sant Climent o **Jordan d'Urries.**	⚭ ↓	Maria Nicolaua de Palafoix i Silva.
Pere Ignasi de Corbera - Sant Climent o **Jordan d'Urries.**	⚭ ↓	Maria Lluïsa de Salcedo i Urquijo.
Joan Nepomucè Jordan d'Urries.	⚭ ↓	Joana Ruiz d'Arana i Saavedra.
Joan Maria Jordan d'Urries.	⚭	Maria de la Caralimpia Méndez de Vigo i d'Arizcun.

A principis de segle va desaparèixer la Baronia de Llinars amb la desaparició dels senyorius jurisdiccionals. El castell estava deshabitat i en mal estat.

(1906) Fransesc Teixidó.

A principis de segle es fan obres i s'incorpora un nou pis a la torre.
Es converteix en un pavelló de caça.

i la Roca, van crear una línia de castells paral·lela al riu Mogent i la serralada lateral que protegia Barcelona i el camí ral, antiga Via Augusta.

Es parla de dos castells molt propers a la zona de muntanya de Llinars: el Castell del Far (o Castellvell) i el Castell del Coll. La prova la tenim en els testaments dels Corbera. L'any 1542, Rimbau de Corbera s'intitula senyor dels castells del Far i del Coll, però no hi ha restes d'aquest últim castell, que havia de ser veí, ja que està l'església de Sant Esteve del Coll, prop de la Torrassa dels Moros, o a Collsabadell.

La història del Castell de Llinars és plena d'heretgies i excomunicacions, catarisme o, com a mínim, problemes amb l'església. Diuen que la seva destrucció, provocada pel terratrèmol, va ser un càstig diví.

Entre els anys 1344 i 1489, un autor anònim magrebí va escriure una crònica geogràfica-històrica sobre la península Ibèrica i les Illes Balears. Dedica un dels seus capítols a l'enumeració de les campanyes d'Almansor contra territoris cristians. En la descripció de la setzena incursió es parla del Vallès Oriental i, en

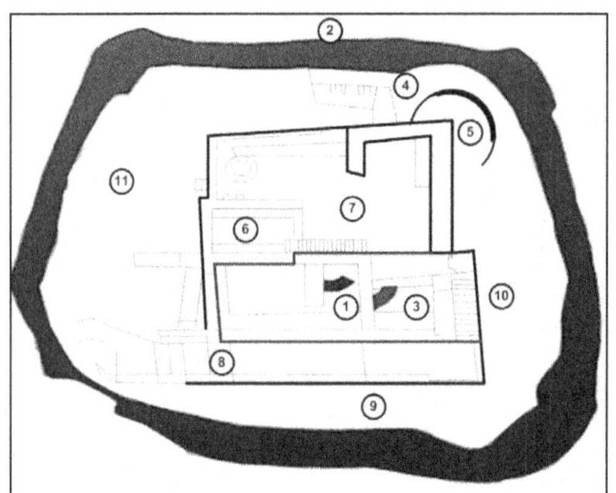

Esquema de la planta del Castellvell de Llinars o Far.

Façana i mur est del Castellvell de Llinars. S'observa la localització dels murs sobre les roques.

concret, apareix el topònim del Far. Per tant, la primera cita d'aquest castell data del 982.

Descripció del castell

El castell està en un lloc plenament estratègic, dominant gran part de la comarca i les vies de comunicació (l'antiga via romana, de Barcelona al Pirineu, i el camí cap a la costa). Sembla que quan es va construir el castell medieval ja existien aleshores una talaia romana (el Far), una església i un fossat artificial.

El castell està situat al cim d'un turó de la serralada prelitoral. La seva morfologia està perfectament adaptada a l'orografia. El castell era petit i la superfície rocosa on es va construir escassa: 30 m x 25 m. Estava envoltada per una vall de forma oval uns 9 m més avall, excavada a la roca.

Les restes del castell formen una complexa estructura, en la qual hi ha carreus romans, un tros de fonament d'un absis de ferradura orientat a l'est d'un temple preromànic en un espai força reduït (1), restes del fossat del s. X (2) i part d'una base de l'absis d'una capella romànica (3). Aquests temples van estar totalment amagats sota l'edifici durant gairebé tota la història del castell. Les restes del talús d'una torre prismàtica al sector oest (4) es troben a una alçada molt inferior del pla del castell, força metres per sota. També hi ha indicis d'una torre rodona pels volts de l'any 1100, a l'angle NO (5).

Podem veure la primera planta d'una torre rectangular, suposadament càtara, del 1200, amb volta de canó i convertida, un segle més tard, en cisterna (6). A l'est hi ha una escala a la qual s'accedia damunt de la volta.

El pati de cavallers o pati d'armes (7) es troba a la banda nord, entre la torre de l'homenatge i el mur exterior. L'entrada es feia pel sector NE (8). Hi ha restes dels murs exteriors del castell (9). El gran bloc de la construcció és el palau del s. XIV (10), fruit de la darrera ampliació. L'actual mas (11) es creu que va ser construït després del s. XVI sobre les restes i amb les pedres de l'església de Santa Maria, fora de les muralles, a un pla inferior que la superfície del castell. Tots aquests elements estan acuradament consolidats, una autèntica obra de conservació per part del seu actual propietari, que manté un magnífic museu a Can Bordoi amb les troballes de l'excavació del castell.

Actualment, les restes han estat consolidades i el conjunt es pot visitar (després de les excavacions efectuades durant els anys 1970-1974); a Can Bordoi trobem el museu del jaciment.

Durant les excavacions va aparèixer gran quantitat de ceràmica amb l'escut dels Corbera. Tot el que s'ha trobat ens revela que era un castell d'una família important, hi vivien persones refinades, fins i tot dones, en un ambient luxós.

El luxe de les ceràmiques i del vidre, i un cert descuit de l'armament, demostren la funció plenament residencial del castell durant els últims cent anys. El mobiliari domèstic tenia una certa austeritat, excepte els teixits. Segurament hi vivia també un petit grup estable de servidors, algun domèstic i uns quants esclaus. S'hi han trobat també unes màscares de ferro que L. Monreal considera també càtares. Però semblen elements defensius, de l'arnès habitual del s. XI.

Llegendes

LLEGENDA PROTAGONITZADA PER BERNAT DE CENTELLES

Protagonistes: Personatge històric i espasa de virtut
Tema: Duel

L'ANY 1274 va tenir lloc un duel entre Bernat de Centelles i Arnau de Cabrera. El primer en va sortir vencedor, amb irregularitats. Arnau va denunciar davant del rei que Bernat havia combatut de forma incorrecta perquè portava l'espasa de Vilardell (que si es deixava cap per avall ella sola es girava i es posava recta). També duia una alba («camisa») del prior de Sant Pau de Barcelona que el protegia, ja que tenia la virtut que qui la duia no podia ésser mort ni vençut; i també portava una capseta de ferro que contenia una pedra preciosa anomenada «diamàs», considerada virtuosa perquè a aquell que la duia no li podien trencar cap os. Tots aquests elements no es podien portar en batalla perquè abans del duel juraven que no duien res que fos de virtut. Jaume I va dictaminar que el perdedor tenia raó perquè Bernat havia actuat contra les ordinacions de Catalunya, contra els costums de la guerra i contra el que havia jurat. La premsa groga de l'època va afegir dades morboses sobre aquest duel: es diu que la mare d'Arnau de Cabrera (Guillema d'Empúries) va ser amant de Jaume I, igual que ho va ser la seva esposa Sibil·la de Saga.

Cisterna del Castellvell de Llinars que alguns investigadors també han apuntat com a possible capella càtara.

Fonts bibliogràfiques

Història

Monreal, Lluís; Barrachina, Jaume; *El Castell de Llinars del Vallès: un casal noble a la Catalunya del s. XV;* BCN, Abadia de Montserrat, 1983.

Comes i Duran, Pere; *L'església de Sant Esteve del Coll. La parròquia i la muntanya de Baix;* Cardedeu 2001.

Llinars del Vallès. (Imatges i records); Ajuntament de Llinars.

Aventín, Mercè; Salrach, Josep M ; *Llinars i la seva història;* Ajuntament de Llinars.

Nit de càtars al Castell Vell de Llinars; Generalitat de Catalunya; Llinars, 1987.

Estrada Garriga, José; *Tradiciones y leyendas como fuente de investigación arqueológica en el Vallès;* Granollers, 1950.

Bramon, Dolors; *El Castell Vell de Llinars citat en una crònica àrab d'un autor anònim medieval magribí.*

Muñoz, Vanessa; «Nous treballs a la necròpolis del Coll aporten dades del bronze final»; *El 9Nou;* 22 octubre 2004.

Mauri, Joan; «Els arqueòlegs amplien dades del pas dels ibers als romans a Can Suari»; *El 9Nou;* 3 juny 2005.

Llegendes

Barrachano, Francesc; «El dolmen de Pedra-Arca»; *Vallès,* 21 desembre 1985.

Llinars del Vallès

⋄⋄⋄ Castellnou de Llinars ⋄⋄⋄

Nom: Castellnou de Llinars.
Localitat: Llinars del Vallès.
Any de constitució: 1548.
Altitud: 197 m (lleugerament més alt que la vila).
1r propietari: Rimbau Corbera.
Funció: residència senyorial.
Propietat actual: Girona.
Estat actual: reconstruït.
Reconstrucció: s'han fet reformes en diferents segles, especialment amb els canvis de titularitat.

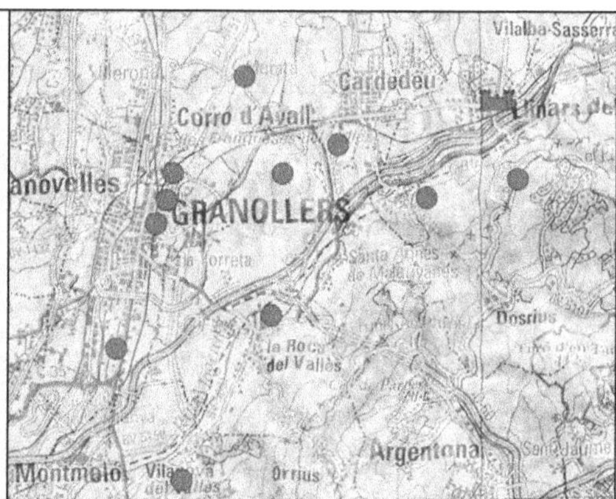

Una de les «mansions» (hostals o parades de les etapes de la Via Augusta) gravades als vasos apol·linars de Vicarello és Praetorio. Carreres Candi va afirmar que aquesta «mansió» era un castell i un campament romà situat a la Roca, a l'altra banda del riu. Estudis posteriors, especialment de Federico Pallí, situen Praetorio a Llinars, que havia de ser un nucli important en les comunicacions terrestres romanes. També a Llinars es menciona una vil·la romana anomenada Liniarus. La seva funció era protegir la Via Augusta.

Basament de la torre inferior del Castell de Montornès.

El Castellnou és un dels millors palaus renaixentistes conservats del país. Combina els elements residencials i defensius. L'any 1983 va ser declarat monument historicoartístic.

La funció d'aquest castell no era assegurar un domini territorial, sinó fer evident una categoria personal (en la qual es prioritzava el confort); és un palau.

Descripció del castell

El Castellnou no oblida els aspectes defensius (troneres i torretes) de casa forta. Ha estat declarat monument historicoartístic (1983).

El Castellnou de Llinars va ubicar-se al cim d'un turó del centre del poble, que domina el tram de Camí Ral i que anava de Girona a Granollers i Barcelona i, en una cruïlla amb la carretera que marxa cap a l'interior, per Vila-

Escut de la família Corbera.

Escala d'accés a les plantes superiors del Castellnou de Llinars des del pati d'armes.

major i la Garriga fins a Sant Llorenç. Es tracta d'una situació de gran proximitat a la vila i, pràcticament, al seu mateix nivell.

No es coneix l'arquitecte, però era un home sabedor dels nous corrents estilístics i havia trencat amb el gòtic.

El conjunt del Castellnou està format per l'edifici principal, amb els seus elements residencials i defensius, el mur perimetral i els jardins i boscos.

El bloc residencial està format per un gran edifici de planta quadrada de 26,8 m de costat i tres plantes, cobert a quatre aigües i obrat amb element corrent de palets de riera, excepte les cantonades, que són de pedra granítica.

Les façanes de l'edifici mostren la rigidesa, sobrietat i elegància de les línies rectes del renaixement.

La porta de l'edifici (1) és de grans dovelles, oberta a l'est, amb la imatge del Far o Castellvell davant seu, dalt del turó; a sobre, hi té un bell escut dels Corbera, datat de 1558, amb cinc corbs, flanquejat de dos lleons i orlat d'un entaulat clàssic sostingut per columnes i tot coronat amb un bust de guerrer.

A l'esquerra de la porta principal, n'hi ha una de petita que donava accés a una antiga capella (2), documentada l'any 1779. La capella té una porta interior i una altra de directa a fora i sembla erigida posteriorment, a la construcció del castell.

La planta baixa conserva bastant la disposició antiga. Per un vestíbul d'arc rebaixat s'entra al pati. El pati de cavallers o pati d'armes (3) té un cert aire mallorquí, formant un petit claustre. El sostre dels laterals d'aquest claustre està format per arcs gòtics. Aquests trams de volta de creueria, un parell de portes i les finestres de la part baixa, són els pocs elements de tradició gòtica.

A la planta baixa del pati s'obren tres arcades desiguals; al pis, una galeria de sis arcs molt poc apuntats, sostinguts per columnes toscanes. Hi ha una arcuació de dues plantes (4), formant un solemne pòrtic a la gran escala i a la galeria de la planta noble.

A la planta baixa hi ha cellers (6) coberts de volta d'aresta, sense claus, i un recinte sota l'escala a guisa d'estudi o presó, cobert de la mateixa manera.

L'escala (5), molt ampla i majestuosa, va ser reformada; els poms provenen del convent de Sant Joan a Barcelona.

Les successives reformes i particions fetes pels

PROPIETAT DEL CASTELLNOU DE LLINARS

Es va construir el Castellnou després de la destrucció del castell del Far. Els veïns de Llinars van col·laborar econòmicament en la nova construcció.

Riambau de Corbera i Sant Climent.	⚭	Violant de Castellet.
Riambau Miquel de Corbera - Sant Climent.	⚭	Marianna d'Oliver.
Lluís de Corbera - Sant Climent.	⚭	Magdalena d'Argençola i Anna Magdalena de Guardiola.
Josep I de Corbera - Sant Climent.		
Francesc de Corbera - Sant Climent, germanastre.	⚭	Elisabet de Ponç.
Josep II de Corbera - Sant Climent.	⚭	Maria de Blanes.
Elisabet Maria de Corbera - Sant Climent	⚭ ↓	Josep Antoni de Rubí i de Boixadors.
Maria Francisca de Corbera - Sant Climent.	⚭ ↓	Fransesc de Pignatelli i d'Aimeric.
Antoni de Pignatelli i d'Aimeric Corbera - Sant Climent.	⚭	Anna Spinelli.
Gaietà de Pignatelli de Corbera		Mariana.
Maria-Anna de Corbera - Sant Climent o **de Pignatelli.**	⚭	Pere Joan d'Urries.

A partir d'aquest moment el Palau de Castellnou es coneix com el Casal dels Ayerbe.

Pere-Vicenç de Corbera - Sant Climent o **Cerdan d'Urries.**	⚭ ↓	Maria Ramona de Fombuena.
Pere Maria de Sant Climent o **Jordan d'Urries.**	⚭ ↓	Maria Nicolaua de Palafoix i Silva.
Pere Ignasi de Corbera - Sant Climent o **Jordan d'Urries.**	⚭ ↓	Maria Lluïsa de Salcedo i Urquijo.
Joan Nepomucè Jordan d'Urries.	⚭ ↓	Joana Ruiz d'Arana i Saavedra.

En temps de guerra el castell va servir de fortificació, hospital, dipòsit d'armes i asil del futur general Prim.
El 1879, la sala principal del castell, joia de la pintura renaixentista, servia de saló de ball per a la població.

Joan Maria Jordan d'Urries.	⚭	Maria de la Caralimpia Méndez de Vigo i d'Arizcun.

A principis de segle va desaparèixer la baronia de Llinars amb la desaparició dels senyorius jurisdiccionals. El castell estava deshabitat i en mal estat.

Sr. Montgat.
Sr. Liebre.
Família Bosch.
Joan Girona.

Avui les dependències del castell estan dividides en diferents habitacles on habiten diverses famílies.

propietaris han transformat de tal manera la primera planta que no és possible refer-la.

Al pis principal només es conserva una gran sala de 14 m x 7 m, situada sobre la porta principal a la façana est. L'habitació està decorada amb un magnífic enteixinat de sis compartiments, de 3 x 13 cassetons amb pilastres simulades en el fris que emmarquen trenta-dos ovals tot al voltant de la sala. Dotze d'aquests ovals representen els mesos de l'any, amb el nom en català i el seu signe zodiacal. Repeteixen la iconografia medieval relacionada amb els treballs del camp, que es poden veure als tapissos. Set més representen planetes, i uns altres set, les virtuts cardinals i teologals: prudència, justícia, fe, esperança, caritat, fortitud i temprança. Sis ovals tanquen escuts de llinatges que entronquen amb els Corbera. Aquestes pintures són obra d'un mestre anònim i provincià, i tenen un caràcter plenament popular.

Aquestes pintures són una veritable joia, ja que són les úniques pintures murals de tema profà (normalment els motius eren de caràcter religiós o bèl·lic) que hi ha al Principat. Curiosament, aquestes pintures s'havien cobert de capes de pintura i havien estat totalment amagades fins que els propietaris actuals les van descobrir.

Tot el saló està cobert per un magnífic enteixinat de fusta fosca, que es conserva sense cap desperfecte.

Avui, els habitacles del palau estan dividits en diferents pisos que pertanyen a diverses famílies.

Els elements defensius del palau estaven formats per troneres a la planta baixa, i torretes (ara desaparegudes) a la part alta de les façanes. A les cantonades, hi havia petites torretes de defensa de planta triangular a la part superior que encara avui s'intueixen per les marques de la seva eliminació. També es conseven altres defenses, les troneres, a les cantonades baixes dels dos angles de la banda nord.

El recinte extern, amb jardins, boscos i plans ben urbanitzats, forma un bon marc a la grandiositat del castell.

El mur perimetral del palau es conserva parcialment. L'entrada principal estava situada a l'est, igual que la façana principal (paral·lela a la carretera actual). L'entrada actual es troba al nord-oest. La carretera que porta al castell n'havia estat la fossa; hi havia un pont que hi passava per sobre.

Aquest casal va passar dels Corbera als Ayerbe i a d'altres propietaris. Aquests canvis de propietat van provocar reformes i transformacions. En una d'aquestes obres va aparèixer un bell escut angular de pedra, amb les armes dels Corbera i d'un altre llinatge.

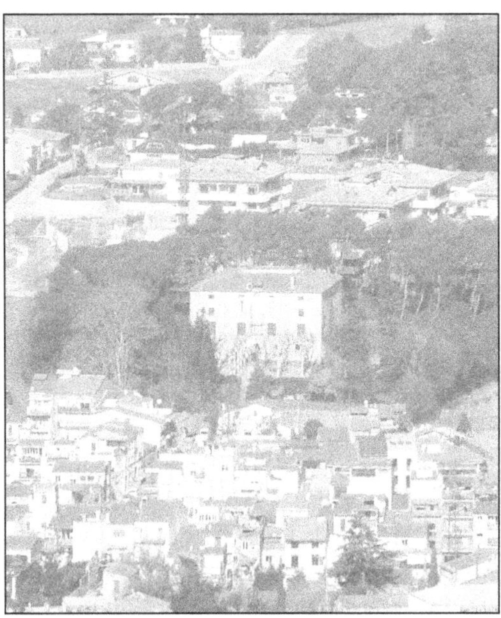

Vista del Castellnou des del Castellvell de Llinars.

Llegendes

BRUTALITAT DELS CORBERA

Protagonistes: Personatges històrics

Tema: Poc civisme

És una llegenda que expliquen els actuals habitants de Castellnou de Llinars.Diuen que els Corbera arribaven a les estances principals del primer pis pujant amb el seu cavall per les escales, descavalcant-lo a la porta de la gran sala i deixant que el cavall baixés sol fins a les quadres.

Fonts bibliogràfiques

Pi i Cabanyes, Oriol; *Cases senyorials de Catalunya;* Edicions 62, 1990.

El Castellnou de Llinars; Monografies de Monuments Historicoartístics; Generalitat de Catalunya.

«El preu d'un castell»; *El 9Nou,* 25 febrer 2002.

Llinars del Vallès

••• Torrassa dels Moros •••

Nom: Torrassa dels Moros.
Localitat: Llinars del Vallès.
Any de constitució: 919.
Altitud: 413 m.
1r propietari: a l'Edat Mitjana era de Gombau de Besora.
Funció: vigilància del camí ral i la seva bifurcació cap al Maresme.
Estat actual: falta el pis superior i està, aparentment, abandonada.
Reconstrucció: darrerament s'ha pogut llegir a la premsa que l'Ajuntament de Llinars del Vallès condicionarà la Torrassa o Torre del Moro i convertirà els voltants en un parc natural.

La torrassa està situada sobre el cromlec de Pinsrosés que es troba a la plana, justament a la divisió del terme de Llinars amb Cardedeu i la Roca. A la zona propera al castell hi ha restes prehistòriques, com ara la Pedra Arca i el Cau de la Mustela.

La zona de muntanya de Llinars del Vallès va ser ocupada pels ibers, fet que demostra la utilitat de talaia del Coll. La necròpolis del Coll se situa cronològicament entre el 650 i el 575 aC (segona meitat de la primera edat del ferro). El mateix Castellvell de Llinars està construït sobre restes ibèriques.

La Torrassa dels Moros havia estat una talaia romana que protegia la via Augusta i una via secundària que la unia amb la branca de mar, pel paratge de Can Bordoi, al lloc on hi ha l'ermita de Sant Cristòfol (aquest camí s'anome-

La Torrassa dels Moros a Llinars del Vallès.

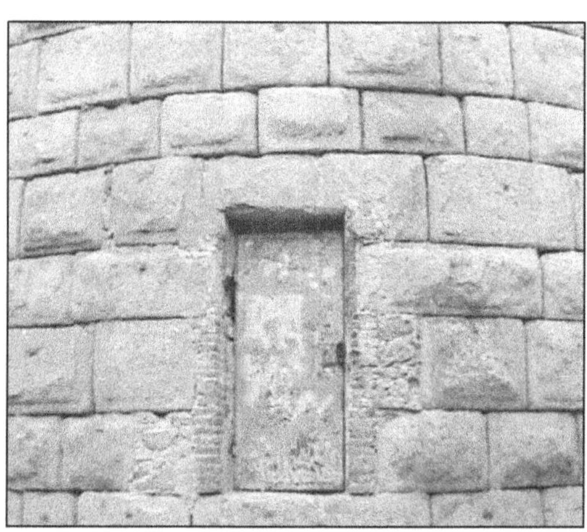

Detall dels carreus de la Torrassa dels Moros.

nava Vies Forcades). Per tant, vigilava dues vies.

A prop de la Torrassa hi ha un jaciment romà, Can Collet, on hi ha documentat un taller d'àmfores que data de la segona meitat del s. I aC i la primera meitat del s. I dC.

La tradició assenyala «la Torrassa del Moro» com a palau del rei moro de la contrada.

Aquestes dades demostren el poblament continu que hi va haver a la zona des de temps prehistòrics fins a l'actualitat.

La Torrassa o Torre del Moro es troba a 417 m i el seu terrat és a 430 m, el punt més elevat de la muntanya de Baix.

El full del mapa Borssa-Almera (1913) l'anomena «Torrassa malaia romana».

Descripció del castell

La Torrassa dels Moros és una construcció molt senzilla, almenys la part conservada visible, ja que va poder envoltar-se de construccions complementàries fetes amb materials menys duradors, però de les quals és possible que quedin fonaments enterrats. Com a mínim hi ha senyals d'un mur exterior.

És un edifici romà, aprofitat en època medieval.

La torre està gairebé intacta. Es tracta d'una torre circular que mostra dos nivells clarament diferenciats: el primer d'època romana (les pedres estan molt ben tallades, és regular en nou fileres de pedres de 60 per 45 cm) i el segon, més irregular, possiblement medieval. La part antiga té una alçada de 4,5 m, amb un diàmetre exterior de 9,5 m. L'interior fa només 5,5 m perquè el mur té un gruix de 2 m.

La seva planta és circular, lleugerament atalaiada o cònica. Inicialment hom va pensar que es tractava d'un monument funerari.

Darrere de la Torrassa hi havia la capella de Sant Sebastià, documentada l'any 1640.

Per ampliar la informació sobre la història de la Torrassa del Moros, vegi's l'esquema que apareix a l'apartat del «Castellvell de Llinars».

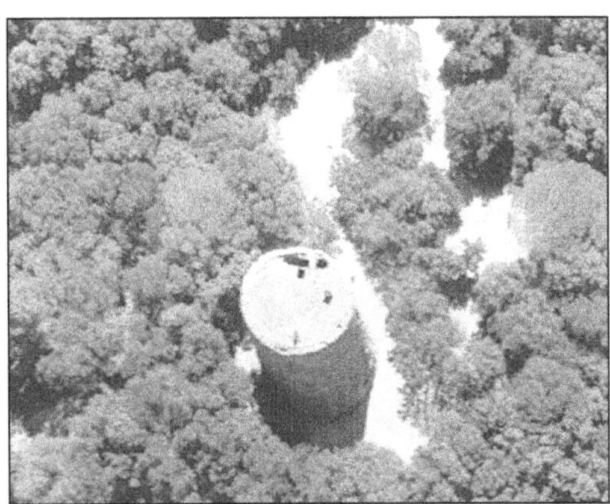

Fotografia aèria de la Torrassa dels Moros. (Arxiu ICC.)

Llegendes

LLEGENDARI DE LA TORRASSA DELS MOROS

Protagonistes: Moros

Tema: Astúcia contra els moros

UNA creença molt generalitzada de totes les torres és que la seva construcció s'atribueix als moros. Aquesta és l'explicació popular a l'origen desconegut de moltes construccions antigues que, més o menys arruïnades, s'han anat conservant a través dels segles. Un exemple és la Torrassa del Moro, a Llinars.

Segons el poble, tots els castells van ser construïts pels moros, quan, en realitat, va ser al Vallès on menys rastre ens queda del seu pas.

Al Baix Montseny hom diu que la Torrassa del Moro era un punt d'avís per als pagesos quan els recaptadors d'impostos del rei moro venien a fer la seva feina. La pagesia del Coll pujava a la torre i feia un gran foc. Aquest foc significava que els veïns ja podien amagar els seus caps de bestiar, pels quals pagaven impostos.

Fonts bibliogràfiques

Comas, Pere; «Una visita a la Torrassa o Torre del Moro»; *Plaça Gran,* 25 febrer de 1983.

Martorelles de Dalt

••• Castellruf •••

Nom: Castellruf.
Localitat: Martorelles de Dalt.
Any de constitució: 1060.
Altitud: 459 m. sobre el nivell del mar.
1r propietari: Radulf.
Funció: sentinella del pas natural del Vallès al Maresme.

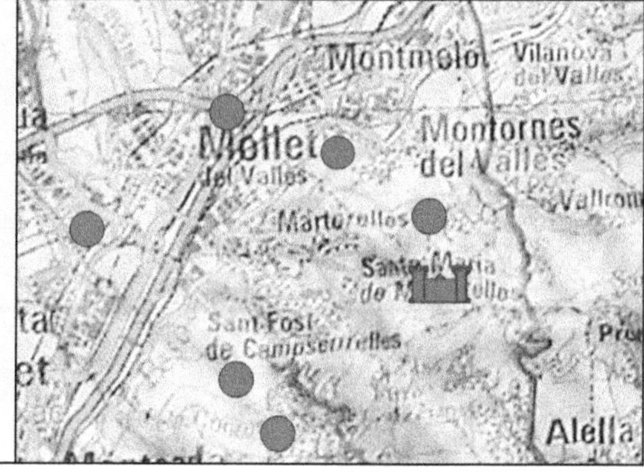

A mitja alçada del turó de Castellruf trobem el dolmen de Castellruf (simple, sense corredor, datat entre el 5000 aC i el 1000 aC), i al vessant de mar un altre dolmen anomenat de Can Gurri (de galeria catalana, on es van trobar puntes de sageta, ceràmica hallsttàtica, fragments de vasos campaniformes, una punta de llança i un punyal de bronze. Data del II mil·lenni aC).

Al cim del turó de Castellruf, on s'alçava el castell homònim avui desaparegut, s'han trobat testimonis de dos poblats ibèrics fortificats, controlant l'àrea on desenvolupaven la seva activitat agrícola, d'una extensió aproximada de 1.200 m^2. Arran de les darreres intervencion arqueològiques de l'any 1985, amb les dades proporcionades per la ceràmica i les diferents fases constructives que assenyalen les diverses construccions, s'ha establert que el nucli de poblament ja existia abans de mitjan s. IV aC. El poblat va experimentar una reestructuració important amb la construcció de la muralla, en un moment no anterior a mitjan s. III aC i, finalment, en una data no posterior a mitjan s. I aC va ser abandonat. S'han trobat dos grups de cases arrenglerades, les unes al nord, lleugerament excavades a la roca i amb una paret més gruixuda que feia a la vegada de muralla, i les altres al sud. L'assentament està envoltat per dues muralles: la primera encercla la part superior del turó i la segona passa paral·lela per sota de la primera. Hi ha onze construccions dins de la primera muralla, i entre aquesta i la segona muralla. El poblat està envoltat de vegetació, cosa que en fa difícil la visualització.

Aquestes restes de pobles antics gairebé superposades ens demostren que el poblament en aquest turó va ser continu. Això denota la importància estratègica de l'indret, valorada per tots els pobles que han residit a Catalunya.

El castell està situat a la defensa de les valls que uneixen el Vallès i el Maresme. En aquesta tasca hi participa també amb els castells de Sant Miquel, Torre del Talegro, Torre Tavernera, Sant Lleí, Campsentelles i Cabanyes.

No lluny de Santa Maria de Martorelles de Dalt s'aixeca el turó anomenat de «Castell Ruf». La identificació del nom «Ruf» amb «Radulfo» i «Rodolph» ha estat assenyalada per autoritats com Mn. Josep Mas i Carreras Candi, però això no priva que Balori negui l'existència del castell. La menció del «castro vocitato Radolph», pròxim a Martorelles, consta ja l'any 1060. Deduïm, per tant, que un poderós noble, Radulf, va imprimir el seu nom i la seva personalitat sobre aquestes terres llevantines de Barcelona.

El topònim de «Martorelles» té una relació directa amb un cementiri cristià. Al s. XI aquesta població ja es feia dir «Martorelias Superioras».

Descripció del castell

Actualment el Castell de Castellruf està totalment en ruïnes i completament cobert de vegetació, la qual cosa impedeix la visualització de les restes.

Una guia excursionista editada l'any 1921 indica que al capdamunt del turó de Castellruf romanen «tan sols quatre enderrocs del que va ser l'antic castell feudal».

Per les restes que s'observen, sembla que juntament amb els dos reductes defensius (un que estava orientat migjorn i l'altre que donava a sol-ponent) hi havia, al bell mig del turó principal, una tercera edificació, més gran i més ampla, amb forma de peça quadrada, amb contraforts i un talús molt poderós. L'edifici principal tenia una única entrada i sortida, que mirava cap a migjorn.

En un angle d'aquest compartiment quadrat hi havia una escala d'obra de graons desiguals, repartits amb molt poca traça, que servia per pujar al terrat.

Aquest terrat estava protegit i coronat per una paret circumdant, de quatre a cinc pams d'alçada. Cada dues o tres passes s'obrien unes troneres en forma de merlets protegits.

Al bell mig d'aquell sostre hi havia una mena de cadafal de pedra, més enlairat que la superfície del terrat.

Damunt d'aquella plataforma s'hi feia foc per tal de fer senyals (fogueres brillants de nit i fumeres espesses de dia).

Quan els de Castellruf encenien fumarada de dia era senyal i avís que hi havia «moros a la costa». Quan encenien la foguera els de Sant Miquel, senyal que els moros venien de la banda de terra endins.

Sagetera per a la defensa del castell entre la vegetació a Castellruf, en total estat d'abandonament.

Per què van destruir el baluard de Castellruf i es va conservar el de Sant Miquel? Diuen que Castellruf era una plaça fortificada, focus de resistència. Sant Miquel era una torre de guaita que podia servir als defensors o als atacants.

Llegendes

ALMANÇOR A CASTELLRUF
Protagonistes: Moros
Tema: Guerra contra els moros

Es narren uns fets pseudohistòrics que volen explicar l'escassetat de restes del Castell de Castellruf, àmpliament documentat.

Diuen que quan Almançor va cremar Barcelona (985), van guanyar la batalla del Pla de Matabous (als voltants de la Mogoda), i els àrabs van matar els cristians que trobaven. Castellruf i Sant Miquel van ser els refugis del comte Sunyer i els seus homes. El fill bastard d'Almançor, el jove Abd-el Muzafar, juntament amb tres-cents homes, va posar setge a Castellruf i al Castell de Sant Miquel, demostrant una clara superioritat numèrica. No hi va haver lluita ni matança, no hi trobem restes humanes ni ossos sepultats. El castell no va ser

PROPIETAT DEL CASTELLRUF

La llegenda explica que l'any 985 Castellruf va ser assetjat per Almançor, després de cremar Barcelona, on estaven refugiats els nobles importants. La rendició va significar la destrucció del castell. No es coneix la veritat de la història. L'any 1025 Martorelles era una franquesa reial. Algunes franqueses van ser ràpidament alienades.

(1060) **Radulf.**

Berenguer Bernat de Cabanyes.

(1141) **Azalaida de Cabanyes.** ⚭ Guerau de Rocavert.

↓

(1175) **Pere de Rocavert.**

(1255) **Bernat de Sant Vicenç.**

El castell passa a ser propietat reial. L'any 1343 el rei el ven a la baronia de Mogoda.

(1343) **Berenguer de Sant Vicenç.**

Pia Almoina de la Catedral de Barcelona.

A finals del s. XIV Martorelles i Mollet van tenir problemes per delimitar els seus termes.

Cartoixa de Montalegre.

L'any 1550 (útil des de 1568) Martorelles es converteix en Carrer de Barcelona.

cremat ni envestit, només assetjat. La rendició va ser força ràpida, i llastimós el fet que els cristians haguessin de destruir la seva fortalesa. Els enderrocs van haver d'escampar-se i dispersar-se per tal que no poguessin reconstruir-lo, per això a la zona no queden restes dels poblats ibèrics ni amb prou feines pedres del castell. Després d'això va retenir captius els joves i més forçuts i als vells i les dones els va donar la llibertat. Tot el poble de Martorelles va quedar destruït i l'església cremada, sense objectes de culte. L'havien utilitzat com a estable per als seus cavalls.

El Castell de Sant Miquel, que era una talaia amb muralla, no va ser derruït perquè no era una fortalesa tan principal com Castellruf.

Es conserva l'epitafi d'aquest fet:

«Una vegada, varen estar aquí
els moros sarraïns,
i ens varen esclafar sense gota de miraments,
com si fóssim una iarada d'escorpins...
...No perquè ells siguessin més valents,
sinó perquè nosaltres estàvem tancats a dins
i ells, a fora, eren prop de quatre-cents...».

Sobre la presència àrab a la contrada corria una dita en la llengua popular dels pobletans: «De moros i de llops, val més sentir-ho a dir, que no pas veure'ls a venir».

I una altra de més irònica que també deia:

«Moros van i moros vénen,
és senyal que no s'entenen.
Moros vénen i moros van,
no s'entenen ni s'entendran».

NIT DE TOTS SANTS

Protagonistes: Propietaris morts
Tema: Vida després de la mort

JOAN Amades va recollir una llegenda que diu que la nit de Tots Sants es troben a Castellruf tots els antics propietaris del ja inexistent castell, el quals, dalt del turó, s'entaulen i mengen sense pronunciar cap paraula. Tots van vestits amb riques vestimentes que cobreixen els ossos dels comensals.

Fonts bibliogràfiques

Balori, J.; *Orígens històrics de Catalunya;* Barcelona 1899.

Sindreu, Jaume; «Martorelles històrica i llegendària»; Fascicle 33-60; Martorelles, 1990.

«El poblat ibèric de Castellruf»; *Notes* 8.

MOLLET DEL VALLÈS

••• L'HIPOTÈTIC CASTELL •••

MOLLET (Moledo) era un indret romà important perquè estava situat en un estratègic encreuament de vies romanes: la Via Augusta, que venia dels Pirineus a Tarragona, i la via que venia de Barcelona a Vic passant per Caldes. Aquestes vies van ser diferents branques del camí ral durant l'Edat Mitjana.

Entre els múltiples orígens del topònim «Mollet», n'hi ha un molt fonamentat que afirma que té relació amb un mil·liari de la Via Augusta, potser desaparegut. Tindria relació amb el nom «Molló» del Coll d'Ares.

A Mollet, no s'hi han trobat restes iberes i molt poques de romanes (Can Besora, Can Flaquer i paviment al voltant de l'església), ben al contrari que a les poblacions veïnes. Consolida aquesta afirmació el fet que la tradició oral identifiqui els territoris del Baix Vallès amb una zona d'aiguamolls molt poc habitada.

La localització de Mollet és força estratègica; es troba en un niu de comunicacions molt proper a Barcelona i paral·lel a un nus hidrogràfic. Mollet està al costat del Besòs i molt a prop de la confluència amb la riera de Caldes i de la riera del Tenes amb el Mogent. Aquest indret havia d'estar defensat o per un castell o per diverses cases fortes propietat de famílies nobles de la zona. No és lògic pensar que aquest indret tan important estigués totalment indefens.

Diferents historiadors han afirmat, a partir de l'estudi de les teories de Vicenç Plantada, que aquest convertia en història el contingut de diverses llegendes i no eren «castells» (com ell ho va denominar) ni l'honor que Pere Ramon i Berenguer Ramon van tornar al bisbat, ni Can Mulà, ni Can Borrell (cases fortes de Mollet que Vicenç Plantada, en un moment o altre, va anomenar castells). Aquest fet no implica que a Mollet no hi hagués fortificacions ni senyors feudals. Reafirmant la idea que a Mollet va haver-hi un castell, Vicenç Plantada manifesta que l'any 1892 va morir Pere Ros i Comas, masover del Castell de Mollet (s'està referint a Can Mulà), propietat del seu cosí Ramon Ros.

Llegendes

Sobre el Castell de Mollet i altres personatges històrics

Protagonistes: Personatges històrics
Tema: Càstig d'actitud feudal salvatge

CELS Gomis ens explica una llegenda històrica que centra la gran discussió sobre l'hipotètic Castell de Mollet.

Era en aquell temps senyor de Mollet i del seu castell en Pere Ramon, gran enemic de l'església. Li havia fet tant mal com havia pogut;

Imatge de la façana de l'església de Sant Vicenç de Mollet, protagonista d'algunes llegendes sobre la història de Mollet. Segons Vicenç Plantada, la parròquia originària va ser construïda amb les pedres de l'antic castell de Mollet.

PROPIETAT DE L'HIPOTÈTIC CASTELL DE MOLLET

Inicialment, la majoria de les terres de Mollet pertanyien al monestir de Sant Cugat del Vallès. Ja al s. XII el domini és del bisbat de Barcelona. Els diferents senyors feudals de Mollet intenten en diferents moments de la història adjudicar-se drets jurisdiccionals.

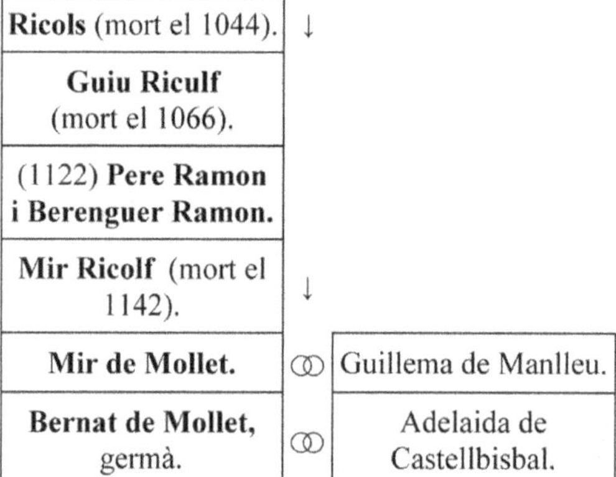

Ricols (mort el 1044).
Guiu Riculf (mort el 1066).
(1122) **Pere Ramon i Berenguer Ramon.**
Mir Ricolf (mort el 1142).
Mir de Mollet.
Guillema de Manlleu.
Bernat de Mollet, germà.
Adelaida de Castellbisbal.

La corona aconsegueix la plena jurisdicció de mans del bisbat i ven ràpidament la propietat.

(1381) **Marc Planella.**

Mollet, Parets i Gallecs es converteixen en Carrers de Barcelona pagant redempció. A la guerra de Remences, Mollet va lluitar a favor de la Generalitat, en contra de Joan II. L'any 1716, amb el Decret de Nova Planta, es va trencar la universitat de Mollet, Gallecs i Parets.

però després se'n va penedir, i per satisfer totes les malifetes que li havia fet, el 15 de desembre de 1122 va cedir la batllia de Mollet i el seu castell a Sant Oleguer, bisbe de Barcelona, amb la condició que al lloc on hi havia la fortalesa hi fessin una església, com així es va fer, sentne aquesta la causa que de l'antic castell no se'n troben ni les ruïnes.

Mossèn Riber especifica els tropells de Pere Ramon: «De molt temps enrera el cavaller Pere Ramon havia vexat i escandalitzat l'església de Barcelona amb les seves sacrílegues violències. Ja els predecessors de Sant Oleguer n'havien patit molt. Especialment un canonge anomenat Berenguer Gaudal, a qui va fer prendre'l i durant molt de temps el va tenir en presó. Però, finalment, commogut per una misteriosa veu i per la divina misericòrdia, va obrir els ulls i va reconèixer les injúries que havia fet. I en satisfacció de totes elles, es va despendre de l'honor i de la batllia de Mollet i ho va lliurar a Sant Oleguer, bisbe de Barcelona».

Jordi Solé Tura fa una revisió d'aquesta llegenda i diu que el motiu del canvi de reacció cap a l'església d'aquest noble va ser la recuperació miraculosa de la seva salut.

PERE RAMON DE MOLLET

Protagonistes: Personatges històrics
Tema: Assassinat parricida

PERE Ramon de Mollet (un pecador) es relaciona amb la història de l'assassí de la comtessa de Barcelona Almodis. Sobrequés explica que «el 29 de juny de 1050 va morir la comtessa Elisabet, deixant al comte Ramon Berenguer I un fill, Pere Ramon, únic baró supervivent dels tres nascuts d'aquest matrimoni. La viduïtat de Ramon Berenguer va durar molt poc temps, ja que el 16 de març de 1051 ja era casat amb Blanca, el llinatge de la qual es desconeix. No sabem per quin motiu el sobirà va repudiar aquesta dona al cap de pocs mesos, per tornar-se a casar, ara amb Almus, Almodis o Adalmodis, filla dels comtes Bernat i Amèlia de la Marca (en el Llemosí) i germana de Ramgarda, muller de Pere Ramon, vescomte de Carcassona i Besiers. Aquest tercer matrimoni del comte es devia produir el 1052, ja que pel febrer de 1053 ja havien nascut dos fills, Ramon i Berenguer, segurament bessons. Almodis era una dona de gran personalitat. Sembla versemblant la presumpció del paper preponderant d'Almodis en l'adquisició dels comtats (de Carcassona i Rasès) per fer-ne un

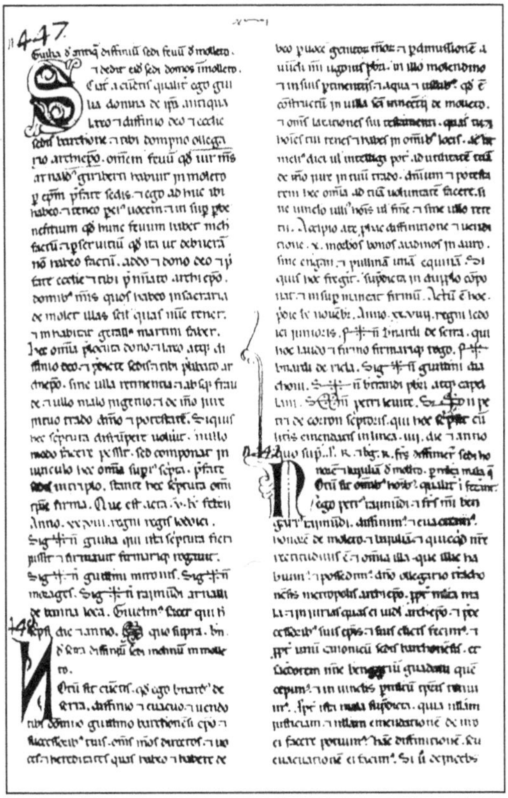

Donació de Pere Ramon i Berenguer Ramon a l'arquebisbe Sant Oleguer, de l'honor i la batllia de Mollet, feta l'any 1122.

lot per als seus fills, tement que l'herència de Barcelona aniria a parar a les mans del fillastre Pere Ramon, nascut d'Elisabet, la primera esposa de Ramon Berenguer. Cap al 1070, quan Pere Ramon ja devia tenir uns vint anys i el seu pare podia il·lusionar-se posant el nom del primogènit en els documents al costat del seu, aquest fill restava en una mena de penombra humiliant. El 16 d'octubre de 1071 Almodis va morir a mans del fillastre. No es coneixen les circumstàncies que precediren el crim, si va ser resultat d'una discussió violenta o d'un assassinat, ni de quin en va ser l'escenari. Sembla que Almodis va ser morta personalment pel primogènit, escanyada o apunyalada. És possible que Pere Ramon hagués fugit o se li hagués facilitat la fugida. Dos o tres anys després de la mort violenta d'Almodis, el col·legi de cardenals, per manament del papa Gregori VII, va dictar la sentència contra Pere Ramon. Segons les «Gesta», Pere Ramon morí al cap de poc temps a «Ispania»; és a dir, en terra de sarraïns, on hauria fugit per esquivar el càstig, encara que l'esmentada font digui que va morir *sub penitentia*. Pere Ramon no va deixar descendència.

AMOR AMB UN TROBADOR

Protagonistes: Personatges històrics

Tema: Amor

DIUEN que una germana del cavaller Ricoulf va enamorar-se d'un trobador i volia anar-se'n amb ell. El trobador va ser despatxat sense miraments i la noia es va esposar amb el senyor de Montcada.

DRET DE CUIXA

Protagonistes: Personatges històrics

Tema: Dret de cuixa

DIUEN que un fill de Pere Ramon havia renunciat explícitament al seu dret de cuixa perquè una jove esposada amb un menestral d'una casa pairal veïna li havia demanat agenollada i plorant que no exercís amb ells aquell dret.

CAMPANES HISTÒRIQUES

Protagonistes: Personatges històrics i campanes

Tema: Origen heroic

COM a dada significativa del pas de Carlemany per les nostres terres ens queda el testimoni d'una de les campanes de l'església, que portava la següent inscripció: *«Carolus Magnus me fecit»*. Desgraciadament es va perdre en el moment de construir l'església sobre les ruïnes de l'hipotètic i tan discutit castell. Aquesta llegenda apareix a molts indrets de la nostra geografia.

MIRACLES A MOLLET

Protagonistes: Sant Vicenç Ferrer
Tema: Miracles

Es diu que Sant Vicenç Ferrer, com a part de la seva tasca evangelitzadora, va fer un miracle a Mollet a principi del s. XV. Diuen que seguia a Vicenç Ferrer una gran multitud afamada que escoltava els seus sermons. L'hostaler de l'Hostal de la Grua li va dir que només els quedava pa florit i dos porrons de vi agre. Vicenç va distribuir la gent en dues fileres i va beneir el pa i el pou amb un Sant Crist. Es va posar a repartir pa (que era fresc) i tothom es va atipar. També van extreure moltes galledes del pou convertides en vi. Sant Vicenç Ferrer va donar la imatge al poble, la qual se situà en una capelleta. Durant la Guerra del Francès la capella es va destruir.

VOT DEL POBLE

Protagonista: Verge
Tema: Vot del Poble

L'ARREL de la Festa Major prové de l'agraïment popular a la Verge de la Pietat. En moments de gran angoixa, per l'epidèmia de la pesta, els fidels s'aplegaven a l'església per invocar els sants, implorant un ajut especial a la Mare de Déu de la Pietat.

Com que l'epidèmia va ser vençuda, els vilatans es van comprometre a celebrar cada any, després de la Mare de Déu d'Agost, una jornada d'acció de gràcies per la intercessió celestial: el vot del poble.

L'església de Sant Vicenç, durant l'època gòtica i fins a la seva destrucció l'any 1936, oferia un altar dedicat a la Mare de Déu. L'actual temple també honora la Verge amb un fresc al sostre del presbiteri, de tall noucentista, obra del pintor Jaume Busquets.

A la façana renovada de l'església hi ha un conjunt escultòric que també té com a protagonista la Verge. A l'exterior, al carrer Sant Oleguer, hi ha un espai de culte, sempre ple d'espelmes, devots i ofrenes florals, amb una escultura dedicada a Santa Maria, Senyora de Mollet.

Fonts bibliogràfiques

Gallés i Pujol, Joan; *Guia historicoartística de l'església de Sant Vicenç de Mollet del Vallès;* Edita Sala Fiveller; Mollet del Vallès, 1985.

Corbalán, Joan; Gordi, Josep; Gordi, Pere; *Moledo-Mollet 993-1993;* Ajuntament Mollet del Vallès, 1993.

Solé i Tura, Joan; *Mollet, una mica d'història;* 1981.

Vilaginés i Segura, Jaume; «Berenguer de "Bannalocha". Batlles episcopals de Mollet»; *Notes 3,* Ajuntament de Mollet del Vallès, 1989.

–; «Mir de Mollet: un senyor feudal del s. XII»; *Notes 2,* Ajuntament de Mollet del Vallès, 1988.

–; «El benefici de Sta. Maria de St. Vicenç de Mollet (s. XIV). Un estudi d'història social»; *Notes 6,* Ajuntament de Mollet del Vallès, 1992.

Galtès, J; «Mollet fa mil anys. L'església, la parròquia i el terme de Mollet del Vallès en el cartulari de Sant Cugat (ss. X-XIII)»; *Notes 6,* Ajuntament de Mollet del Vallès, 1992.

Pérez i Gómez, Xavier; «El règim municipal al Baix Vallès en el s. XVI»; *Notes 7,* Ajuntament de Mollet del Vallès, 1990.

Torrents, Raimon; «Una tradició del poble»; *Contrapunt,* 1 agost 2003.

Susé, Josep M; «Nova aportació als 300 primers anys d'història molletana. Comentaris als pergamins treballats per Mn. Josep Mas»; *Sembra,* 1953.

Montseny

••• Castell de Miravalls •••

Nom: Castell de Miravalls.
Localitat: Montseny.
Any de constitució: 1050.
Altitud: 540 m.
1r propietari: Odó Acutensis.
Funció: defensa de tres valls que s'uneixen a l'alçada del castell.
Propietat actual: propietaris del càmping.
Estat actual: transformat en masia.

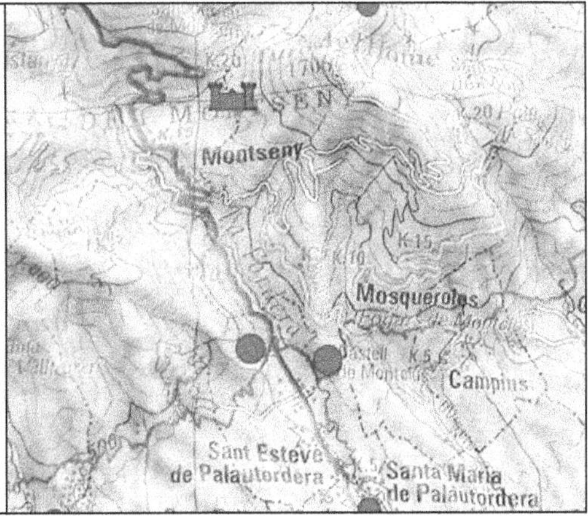

El municipi de Montseny, antigament anomenat de Sant Julià de Montseny, és l'únic que guarda el nom del massís del Montseny. És límit dels bisbats de Barcelona, Vic i Girona i confluència de tres comarques: el Vallès Oriental, Osona i la Selva.

El castell està situat a la defensa de la vall de la Tordera. En aquesta tasca hi participa també amb els castells de les Agudes, Montclús, Fluvià i Santa Maria de Palautordera.

La localització del Castell de Miravalls ha estat incerta al llarg del temps.

Josep M. Pericas situa la ubicació del Castell de Miravalls al turó de Castellar, a la part meridional del Turó de l'Home, sobre el collet de Santa Elena.

Però s'ha arribat a la conclusió, finalment, segons Antoni Pladevall, que el castell es trobava a l'extrem del serrat on hi ha els masos de Can Cervera i Can Jovany.

Ara aquell serrat és un càmping o aparcament de caravanes i té al seu punt culminant el monòlit erigit l'any 1933 a Carles Aribau, amb motiu del seu centenari, amb una estrofa de l'*Oda a la Pàtria:*

«Adéu, tu, vell Montseny,
que des ton alt palau,
com guarda vigilant cobert de boira i neu,
guaites per un forat la tomba del jueu,
e al mig del mar immens la mallorquina nau».

El lloc es coneix encara com «el Castellot». Enmig de la vegetació hi ha clotades que podrien ser part d'un primitiu fossat. L'any 1722 ja estava derruït.

Des del seu emplaçament es veuen perfectament les valls de Sant Marçal, la de la riera Xica, la de Coll Formic i la de la riera de la Castanya, la de la Bascona i altres de secundàries. Per tant, es comprova l'encert del nom de Miravalls, documentat a partir de 1116.

Apareix sempre unit al de les Agudes en les seves mencions. Per tant, les seves històries són paral·leles. Ambdós es trobaven dintre del comtat de Barcelona; els seus senyors intervenien activament en la vida política del comtat de Girona per posseir-hi dominis extensos.

El canvi progressiu del cognom del llinatge d'Agudes o Sesagudes a Montseny i, finalment, Montclús, indica un acostament progressiu vers

PROPIETAT DEL CASTELL DE MIRAVALLS I DEL CASTELL DE LES AGUDES

El Castell de Miravalls i el de les Agudes tenen la mateixa història: són dos propietats molt properes dels mateixos senyors.

Senyor		Cònjuge
(1018) **Odó Acutensis.**	⚭ ↓	Geruberga.
Umbert Odó o **Umbert de Sesagudes.**	⚭ ↓	Sicardis.
(1070) **Guillem Umbert I de Sesagudes.**	⚭ ↓	Guillema.
(1113) **Vescomte Guerau II de Girona.**	↓	
(1151) **Guillem Umbert II de Sesagudes.**	⚭	Agnès.

Llega el burg de Sant Celoni i la baronia del Montseny a l'orde dels Hospitalers. El seu germà Riambau I de Montseny va impugnar aquesta venda i va lluitar contra aquesta ordre de cavalleria.

Senyor		Cònjuge
Riambau I, germà de Guillem Umbert II.	↓	
Guillem Umbert III (Guillem I de Montclús).	⚭	Ramona.
(1230) **Bernat de Miravalls,** castlà.	↓	
(1273) **Guillem de Miravalls,** castlà.	↓	
(1288) **Guillem de Miravalls,** castlà.	⚭ ↓	Joana de Devèse.
Guillem II de Montclús.	⚭ ↓	Gueraua de Cabrera i Guillema de Bell-lloc.
Riambau II.		
(1275) **Ramon de Cabrera,** oncle.		Alemanda.
Bernat I de Cabrera, baró de Cabrera i senyor de Montclús.	⚭ ↓	Leonor de Aguilar.
Bernat II de Cabrera, comte d'Osona.	⚭	Timbor de Fenollet.

Els Cabrera cauen en desgràcia, són perseguits, empresonats, Bernat II és ajusticiat i les seves propietats són alienades. Anys més tard són perdonats i recuperen els seus títols i les seves jurisdiccions.

Senyor		Cònjuge
Bernat III de Cabrera (mort el 1368).	⚭	Margarida de Foix-Castellbó.
Bernat IV de Cabrera.	⚭ ↓	Timbor de Prades.

Bernat IV compra la plena jurisdicció de la baronia del Montseny als Hospitalers.

Senyor		Cònjuge
Bernat Joan de Cabrera (Bernat V).	⚭	Violant de Prades.

El Montseny lluita a la guerra de Remences a favor de la Generalitat, en contra de Joan II.

Senyor		Cònjuge
Joan I de Cabrera.	⚭ ↓	Joana de Devèse.
Joan II de Cabrera.		
Anna I de Cabrera, germana.	⚭	Fadrique Enríquez.
Luis Enríquez, nebot.	⚭	Anna II de Cabrera.
(1573) **Francisco de Montcada.**	↓	
Gastó II de Montcada i Gralla.	⚭	Caterina.
Francesc II de Montcada i Montcada.	⚭ ↓	Margarida d'Alagó-Espés-Castre-Cervelló i Magdalena de Guzmán.
Guillem Ramon IV de Montcada i d'Alagó-Espés-Castre-Cervelló.	⚭ ↓	Ana de Silva-Portugal.
Miquel I (o Miquel Francesc) de Montcada i de Silva.	⚭ ↓	Luisa Feliciana de Portocarrero-Meneses.
Guillem Ramon V de Montcada i de Portocarrero-Meneses.	⚭	Ana Maria de Benavides i Rosa Maria de Castro-Portugal.

La baronia i els comtats dels Montcada van ser abolits pel Decret de Nova Planta el 1714.

Imatge del que resta de l'ermita del Castell de Miravalls.

el pla, a mesura que els perills d'invasions i lluites entre feudals anaven fent menys necessaris els inaccessibles castells de les Agudes i de Miravalls.

«La virtut del Montseny es congria a l'altura», diu el poeta de la *Muntanya d'Ametistes.*

VILA DEL MONTSENY

Sojorn humit de prats i de comelles
de pins i de pollancres i d'albons,
lleganys de boira, fines penjarelles
de les muntanyes pàl·lides del fons.

Sojorn humit, on veig florir tot d'una
entre garriga i gleves de rovell,
el paller d'or de la masia bruna
i el teuladí de campanar vermell.

Temps era temps que en la dolçor somorta
d'aquesta vila d'aigua i pietat,
passejava mon ànima retorta

Llegendes

RATAFIA

Protagonistes: Bisbes
Tema: Creació d'un licor

DIUEN que al punt just on conflueixen els tres bisbats hi ha una taula de pedra, anomenada Taula dels Tres Bisbes. Diu una llegenda que en aquest lloc va néixer el nom del licor que coneixem com «Ratafia».

Església de Sant Julià de Montseny.

i adormia mon cor enamorat.
Ara no sento aquella lleu fadiga,
ni tinc als ulls la fonda lluïssor.
Ara no hi és aquella dolça amiga
que semblava l'estrella del pastor.

Adéu-siau, oh vila engarlandada
amb flors d'amor, que recollí l'atzar!
Ara sou tota muda i despullada,
ara ja no m'aconhorteu l'esguard.

Ara el cos meu adolorit descuida
dins de les herbes l'ànima que mor...
Ara que sou com una entranya buida,
on s'hi passeja l'ombra del record!

Josep M.ª de Sagarra
(1894-1961)

Montseny

••• Castell de les Agudes •••

Nom: Castell de les Agudes.
Localitat: Montseny.
Any de constitució: 1050.
Altitud: 1.706 m.
1r propietari: Odó Acutensis.
Funció: defensiva. Talaia de tot el Vallès.
Estat actual: desaparegut.

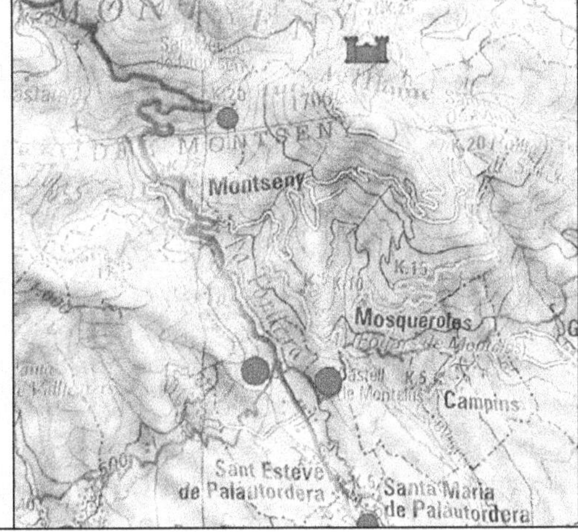

El castell està situat a la defensa de la vall de la Tordera. En aquesta tasca hi participa també amb els castells de Fluvià i Montclús, Miravalls i Santa Maria de Palautordera.

És un dels castells més importants del Montseny, sempre unit a un altre, no menys enigmàtic, anomenat de Miravalls. Ambdós es trobaven dintre del comtat de Barcelona. Els seus senyors intervenien activament en la vida política del comtat de Girona, per posseir-hi dominis extensos.

El canvi del cognom del llinatge d'Agudes o Sesagudes a Montseny i, finalment, Montclús, indica un acostament progressiu vers el pla, a mesura que els perills d'invasions i lluites entre feudals anaven fent menys necessaris els inaccessibles castells de les Agudes i de Miravalls.

Descripció del castell

Es creu que el Castell de les Agudes es trobava a la muntanya que porta el seu nom, a poca distància del coll de Sant Marçal, prop dels Castellets, on encara hi ha el lloc que es coneix com «la baga del castell». Avui, però, no queda rastre d'aquesta construcció.

L'arquitecte Josep M. Pericas va deixar escrit que al cim de les Agudes havia notat l'existència d'un fossat artificial que podria correspondre a l'antic castell. Posteriorment ha assegurat que es trobava a la muntanya de les Agudes, al seu vessant nord, dins de l'actual municipi del poble del Montseny.

Cal imaginar-se com podia ser un castell muntanyenc mil anys enrere: una torre amb una simple muralla.

Llegendes

Les bruixes del Montseny

Protagonistes: Gnoms, bruixes i diables
Tema: Sorolls misteriosos

Les Agudes i el Montseny, en conjunt, amb els seus contraforts, provoquen una por hivernal, sobretot quan la neu domina tot el paisatge. Diu la llegenda que és l'indret escollit pels gnoms, les bruixes i els diables per celebrar, al seu cim, misterioses reunions que donen lloc a terrorífiques maquinacions i maldats infinites.

Es creu que viuen en aquestes condicions tot l'any, ja que al vessant de Sant Marçal, a la «Fageda del Castell», hi ha una esquerda al terreny per la qual s'hi sent murmurar, contínuament, cabalístiques lletanies, rumors que alguns geògrafs han associat a un corrent d'aigua.

Les fades i les bruixes es refugiaven en llocs on no es pogués sentir cap campana beneïda. Per això actuaven després del toc d'oració i sempre lluny d'una església.

Guerau de Liost, el gran poeta del Montseny, és el que millor ha cantat les paitides, nom que ell mateix va crear i popularitzar. A *Selvatana Amor* les defineix així:

Són glacials, potser malaltes
d'un excessiu esllanguiment.
La pal·lidesa de llurs galtes
beu la humitat del firmament.
Oh les paitides amb l'estigma
d'un hibridisme vespertí!
Si pels sentits són un enigma
pels cors serien un delir.

Al marge de l'aspecte poètic i literari, el Montseny ens recorda una altra visió més tràgica i real de les bruixes. Viladrau, Seva, Gualba i el Brull són els llocs de bruixes més documentats del Montseny. Fanatisme, ignorància, superstició i marginació es barrejaven en aquestes persecucions. És probable que la primera creu que es va posar al Matagalls, documentada l'any 1614, hi fou alçada per allunyar les bruixes.

TOPONÍMIA

Protagonistes: Senyals
Tema: Toponímia

Es creu que el nom del poble i la serralada prové del llatí *Monte-Signis* (muntanya de senyals). Cal suposar que els primitius pobladors, així com els invasors, l'utilitzaren per comunicar-se amb altres tribus combatents, per mitjà de fogueres i altres senyals visibles.

A l'Arxiu de la Catedral de Barcelona, s'hi troben diverses grafies catalanitzades: Montesenno, Monte-sinno i Montseny.

Carreras Candi fa una altra interpretació i opina que aquest topònim fa referència a la creu que hi devia haver al cim de la muntanya.

La creu del Montseny s'ha perpetuat al cim del Matagalls i ha estat abatuda nombroses vegades per llamps (tot i que ha estat restaurada ràpidament).

Fonts bibliogràfiques

Història

Pladevall i Font, Antoni; «El Montseny en l'època medieval. Dominis i jurisdiccions»; *Monografies del Montseny,* vol. 6.

–; «El Castell de les Agudes i de Miravalls»; *La Sitja del llop,* núm. 1, juliol 1991.

www.diba.es/parcs/montseny/ocupa.htm.

Llegendes

Boada, Martí; Juncà, Carles; *Llegendes del Vallès;* 1992.

Pladevall, Antoni; «Fades i bruixes al Montseny»; *Revista del Vallès,* 18 de febrer 1989.

Parets del Vallès

••• Torre de Cellers •••

Nom: Torre de Cellers.
Localitat: Parets del Vallès.
Any de constitució: Edat Mitjana (dels darrers segles medievals: s. XIII).
Altitud: 94 m.
1r propietari: Bernat de Cellers.
Funció: defensa de la Via Augusta i posterior camí ral.
Propietat actual: Núria Trias.
Estat actual: reconstruït.
Reconstrucció: s. XV i s. XX.

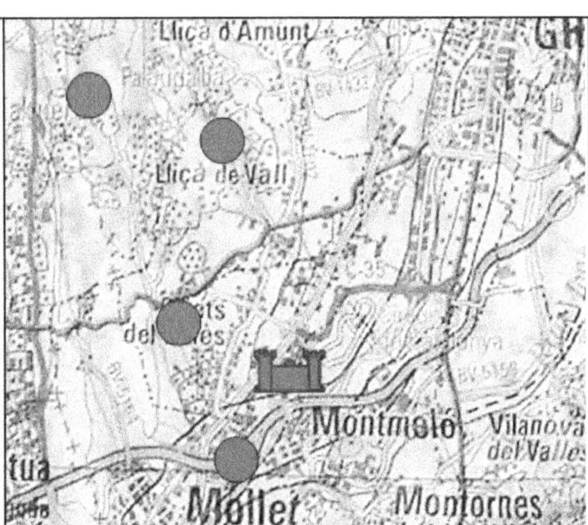

El lloc de Cellers consta habitat des de l'època iberoromana (la casa conserva un gran i interessant forn iberoromà). Als cims de les altes muntanyes, hi trobem els poblats ibèrics i, a la plana, els habitacles, dispersos. Aquest seria el cas de la finca de Cellers, una antiga finca agrícola ibèrica que es va convertir posteriorment en una vil·la romana.

Es pensa que aquesta fortalesa està construïda sobre una antiga vil·la romana anomenada Villa Abdela, situada sobre la Via Augusta, que anava a Barcino (posterior camí ral), a la confluència de la Riera del Tenes i el riu Besòs.

Com hem assenyalat a altres apartats, les vil·les romanes eren uns organismes agraris amb jurisdicció pròpia i autonomia legal i econòmica encarregades a alts funcionaris de l'imperi. A l'Edat Mitjana la majoria es varen convertir en quadres o *domus,* conservant la seva jurisdicció civil i criminal, i fortificant les seves dependències amb muralles o torres. El poder sobre el lloc és d'origen comtal. Les *domus* acostumen a estar a prop dels rius, es dediquen a funcions agràries i ramaderes, i inclouen totes les dependències per portar a terme aquestes funcions, envoltades per un mur perimetral, tancat per una gran porta tot formant un barri.

A la població de Parets podem trobar diferents vil·les romanes amb una densitat anormal. A molts pocs metres de la Torre de Cellers (a l'altra banda de la N-152, però a la mateixa zona entre rius), hi trobem una altra casa fortificada amb torre i restes romanes. És possible que una de les arcades de la casa sigui d'origen àrab.

Aquestes dades demostren que el poblament ha estat continu a la zona des de l'època ibèrica fins avui.

Aquesta fortificació medieval està enclavada al mig d'un polígon industrial, i contrasta amb el seu context per la bellesa del conjunt.

El lloc de Parets va ser de jurisdicció reial, alienada l'any 1383 per l'infant Joan, el qual la va vendre a Marc de Planella. La jurisdicció de Parets va ser retornada al rei per la muller de Bernat Planella el 1385, any que va ser considerada carrer de Barcelona.

Descripció del castell

La Torre de Cellers és avui un mas fortificat ubicat a la plana que s'estén davant de la po-

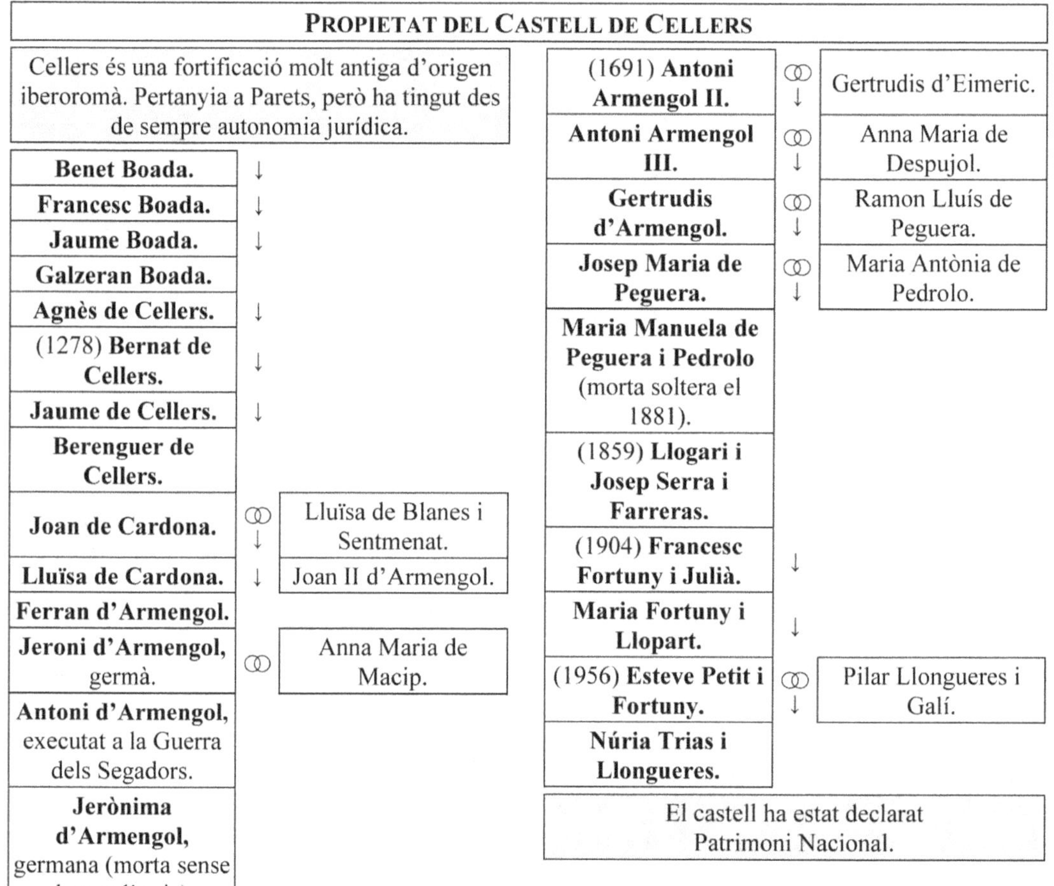

PROPIETAT DEL CASTELL DE CELLERS

Cellers és una fortificació molt antiga d'origen iberoromà. Pertanyia a Parets, però ha tingut des de sempre autonomia jurídica.

Propietari		Cònjuge
Benet Boada.	↓	
Francesc Boada.	↓	
Jaume Boada.	↓	
Galzeran Boada.		
Agnès de Cellers.	↓	
(1278) **Bernat de Cellers.**	↓	
Jaume de Cellers.	↓	
Berenguer de Cellers.		
Joan de Cardona.	⚭ ↓	Lluïsa de Blanes i Sentmenat.
Lluïsa de Cardona.	↓	Joan II d'Armengol.
Ferran d'Armengol.		
Jeroni d'Armengol, germà.	⚭	Anna Maria de Macip.
Antoni d'Armengol, executat a la Guerra dels Segadors.		
Jerònima d'Armengol, germana (morta sense descendència).		
(1691) **Antoni Armengol II.**	⚭ ↓	Gertrudis d'Eimeric.
Antoni Armengol III.	⚭ ↓	Anna Maria de Despujol.
Gertrudis d'Armengol.	⚭ ↓	Ramon Lluís de Peguera.
Josep Maria de Peguera.	⚭ ↓	Maria Antònia de Pedrolo.
Maria Manuela de Peguera i Pedrolo (morta soltera el 1881).		
(1859) **Llogari i Josep Serra i Farreras.**		
(1904) **Francesc Fortuny i Julià.**	↓	
Maria Fortuny i Llopart.	↓	
(1956) **Esteve Petit i Fortuny.**	⚭ ↓	Pilar Llongueres i Galí.
Núria Trias i Llongueres.		

El castell ha estat declarat Patrimoni Nacional.

blació, entre la Riera del Tenes i el riu Besòs.

Es tracta d'un castell possiblement originari del s. XIII i bastit sobre vestigis d'època romana, amb elements del s. X, però reconstruït entre els ss. XIV i XV.

És un casal fortificat de planta quadrada, amb coberta a quatre vessants, i dues torres de planta circular de 5 a 7 m de diàmetre amb merlets als angles oposats de l'edifici. Aquestes torres tenen espitlleres rodones per a armes de foc, la qual cosa significa que hi va haver una reconstrucció durant l'època moderna. Les torres tenen la base en forma de talús al mateix fossar. La construcció conserva diverses sales amb detalls arquitectònics medievals. Avui està envoltada per una vall o fossa salvada per un pont penjat que durant anys ha estat reomplerta de material. Actualment, no conserva el mur perimetral o muralla defensiva.

La façana principal conserva la fisonomia gòtica tardana, amb porta adovellada, finestrals geminats trevolats als laterals i obertura conopial lobulada.

La planta baixa és més fonda que l'exterior. Té diverses sales amb arcs de mig punt que fan d'accés o comunicació entre si. Entrant per la porta trobem una sala doble amb arcs transversals. Al fons hi ha una sala coberta amb volta de canó. A l'esquerra d'aquesta sala hi ha un arc de mig punt amb quinze dovelles.

En alguns indrets encara es conserva l'aparell d'*opus spicatum,* disposat en forma d'espiga, en un mur de 5 m de llarg i només 65 cm de gruix, la qual cosa fa pensar en la seva antiguitat. L'aparell, en aquests casos, recorda la manera de construir del s. X (que podria fer pensar que aquests murs pertanyen a un primer edifici reaprofitat), encara que bàsicament tot el conjunt s'ha de considerar dels ss. XIV o XV. Les parets són molt gruixudes. La llar és al mig de la cuina. Actualment, l'edificació consta de tres pisos, tot i que originàriament es creu que només n'hi havia dos, i el mur devia ser esmerletat en tot el seu perímetre.

Es conserva el pont llevadís, el fossat i un forn ibèric del s. IX, motiu pel qual es creu que la construcció de la torre va tenir lloc pels volts del 850. El forn ha estat trobat al costat de la torre i en una arcada àrab que hi ha a l'interior de l'edificació. Tots aquests elements s'han trobat fent l'excavació de la reconstrucció.

A la plaça que hi ha davant de la casa podem llegir aquesta inscripció: «El 1640. El senyor d'aquest castell, Antoni Armengol, Baró de Rocafort, fou vilment ajusticiat per les forces de Felip IV, després d'haver pactat la capitulació de Cambrils. Serveixi el tràgic record als qui hem de conviure agermanats pregant al Cel que a tots concedeixi la pau».

L'any 1848 es va iniciar la reconstrucció, que es va efectuar en dues fases: de 1948 a 1964, i de 1992 a 1996. Les obres, les va dirigir l'arquitecte Esteve Petit, propietari de la finca.

L'any 1999 va ser reconegut com el castell més ben conservat de Catalunya.

A uns 500 m de la Torre de Cellers, a l'altra banda de l'autovia que va a Vic, hi trobem avui Can Moragues. Aquesta casa té l'estructura d'una vil·la romana amb torre i s'hi han trobat vestigis d'aquest poble, com a Cellers: canalitzacions romanes i algunes dependències. La documentació conservada en testimonia l'existència des de 1207. La seva capella és de 1571. Al s. XVIII pertanyia al convent de la Mercè de Barcelona. La planta de l'edifici principal és rectangular però amb els edificis annexos forma un angle recte. Hi ha teulada a banda i banda i finestres gòtiques ornamentades amb caps esculpits. Adossada a la casa hi ha una capella dedicada a Sant Damià i a Sant Cosme. És molt important la torre de planta quadrada. És propietat particular del senyor Juncosa.

Imatge de la Torre de Cellers a principi del s. XX. La torre era utilitzada com a cort i algunes sales principals com a quadres per al bestiar. La façana estava recoberta, els finestrals malmesos i l'interior, en estat ruïnós. (J. Estorch, 1932. Arxiu CEC.)

Llegendes

TRESOR AMAGAT

Protagonistes: Gnoms, mags i fantasmes. Tresor.
Tema: Tresor amagat

LES llegendes sempre han vinculat el castell amb la màgia i els fantasmes. La troballa d'un tresor de monedes protagonitzada pels masovers i gràcies a la intervenció d'una vaca seria la història fantàstica més estesa.

Fonts bibliogràfiques

Bassa, David; «Viure en un castell»; *El 9Nou;* 19 de març de 1999.

Dantí, Jaume; *Parets 904-2004: Un poble, una parròquia;* Ajuntament de Parets 2004.

Martí, Rosa; *Apunts de la història i geografia de Parets del Vallès;* Caixa d'Estalvis de Catalunya; 1980.

Parets del Vallès

••• Torre de Malla •••

Nom: Torre de Malla.
Localitat: Parets del Vallès.
Any de constitució: 904.
Altitud: 105 m.
1r propietari: Monestir de Sant Cugat del Vallès.
Funció: defensa de l'encreuament de la Via Augusta que anava a Martorell amb la via romana de Barcelona a Vic, passant per Caldes. Després, aquestes vies van ser camins rals.
Propietat actual: Institut Català del Sòl.
Estat actual: reconstruït.
Reconstrucció: final s. XIX.

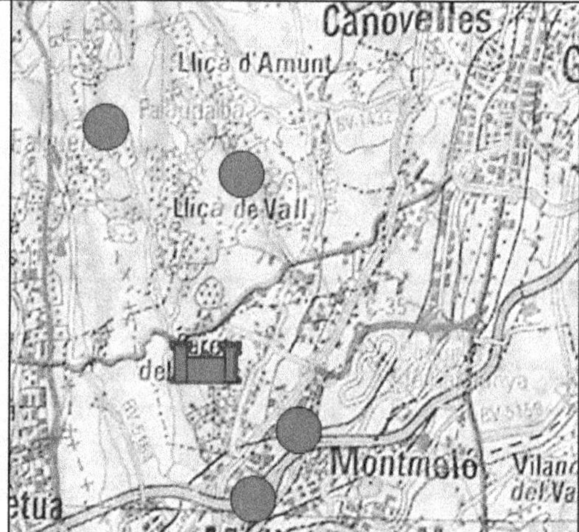

S'han trobat restes possiblement romanes al seu terme. Es creu que la Torre de Malla va ser una vil·la romana anomenada Villa Azir o Villa Luidiviro, que defensava l'encreuament de la Via Augusta que anava a Martorell amb la via romana de Barcelona a Vic, passant per Caldes. Després, aquestes vies van ser camins rals. Per la seva ubicació creiem que devia tenir funció de *mansio* (hostatgeria) i *mutatione* (posta de cavalls o lloc de canvi de la cavalleria).

La seva funció principal era la defensa del camí i dels vianants i la secundària, l'explotació agrícola, adjudicada a un general retirat de l'exèrcit romà. Aquest passat és el que va aconseguir que es mantingués durant l'Edat Mitjana com una propietat amb jurisdicció pròpia i, per tant, amb autonomia, fins que va ser alienada.

En llocs propers a la Torre de Malla s'han trobat elements prehistòrics: el dolmen de la Pedra Salvadora (Mollet); el dolmen de Can Traïdor (Gallecs); enterraments neolítics a Montcada, però a la zona de Gallecs; la Pedra Serrada (o pedra del Diable) a Parets i la Pedra Llarga de Palau. Això fa pensar que aquesta zona ha tingut un poblament continu des de temps antics, o que aquestes vies romanes ja existien i eren transitades des del neolític, i al seu costat se situaven els monuments megalítics i les necròpolis.

Va ser una de les finques expropiades per l'Institut Català del Sòl a Gallecs al s. XX. Aquest paratge natural està format per terrenys i habitacles de diferents municipis.

Descripció del castell

La Torre de Malla és una *domus* o quadra, evolució d'una vil·la romana, però no manté la seva forma i estructura.

L'edifici actual de la Torre de Malla no conserva el mur perimetral propi de les *domus,* ni les dependències de molí. Però hi havia restes d'un mur a prop de la riera, al vessant NE.

L'edifici és de grans proporcions, té planta quadrangular, amb dues torres avançades de planta quadrada de 6,5 m de costat en cada un dels angles de la façana principal, d'alçada desigual; en una, hi destaca un finestral gòtic (ss. XV-

Imatge de la Torre de Malla que ens mostra la seva ubicació entre la riera i el camí carener.

Safareig d'origen romà situat a la Torre de Malla.

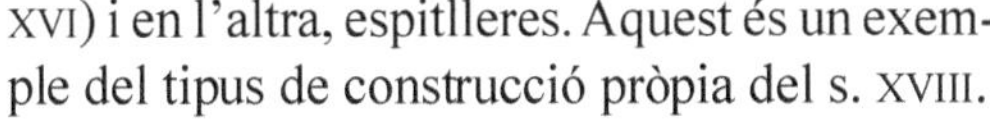

XVI) i en l'altra, espitlleres. Aquest és un exemple del tipus de construcció pròpia del s. XVIII.

Al centre, hi ha el portal emmarcat per un porxo de tres columnes. Conserva l'arc original construït amb grans pedres, retallades per engrandir el pas i permetre l'entrada de carros.

El cos central té teulada en quatre vessants, dos pisos, una porta adovellada i una finestra goticitzant amb el mainell esculpit. Aquests elements són típics dels ss. XV-XVI. A l'interior hi ha voltes de canó i creueria. Les parets de la planta baixa tenen un gruix molt destacat.

A la dreta de l'entrada principal, hi ha un gran estable, amb dues notables arcades. A l'esquerra hi trobem la cuina, amb el foc a terra.

El menjador té una finestra amb festejadors, detall que també tenen altres finestres de la casa. Al fons de l'estança principal, hi ha el celler. A la porta d'accés hi ha pintada la paraula «Perols» amb dues branques de ceps dibuixades.

La casa va tenir múltiples transformacions en funció dels canvis de senyor i de les rendes que percebia. Malgrat tot, sembla que la casa ha estat sempre ben conservada; hi havia mobles de caoba, una sala d'armes i una extensa biblioteca.

Es va fer una restauració a final del s. XVIII (hi ha una llinda de 1789 a la porta de la capella), a final del s. XIX, i al XX s'ha restaurat la teulada, els forjats intermedis i part de la façana.

L'antiga capella dedicada a Sant Iscle (mencionada al s. X) es fa servir de magatzem. Va ser restaurada després de l'incendi de la guerra civil. La porta d'accés a la capella és una porta ferrada emmarcada per una entrada de pedra. La de la llinda porta gravat l'any 1789.

A la finca, hi ha una pica de pedra molt antiga que porta escrita una llegenda: «Qui ama la caritat tot li és perdonat i està unit amb Crist que és vida eterna SIvan y Pav D L C».

Llegendes

Protagonista: Àrab
Tema: Etimologia

EXPLICA la llegenda que la Torre de Malla va ser residència d'un moro, molt ric i poderós. És possible que el nom d'Alzir donés peu a aquesta creença.

MEGÀLITS

Protagonista: Dimoni
Tema: Vendre l'ànima al diable

MOLT a prop de la Torre de Malla, hi trobem diversos monuments megalítics (Pedra Serrada de Parets, dòlmens de Can

PROPIETAT DE LA TORRE DE MALLA

La Torre de Malla és una fortificació molt antiga d'origen romà. Pertanyia a Parets, però ha tingut des de sempre autonomia jurídica. La plena jurisdicció en època medieval la tenia el Monestir de Sant Cugat del Vallès.	**Joan Planella,** germà de Marc.
Ricols (mort el 1044). ↓	A la guerra de Remences, Parets va lluitar a favor de la Generalitat, en contra de Joan II.
Guiu Riculf (mort el 1066).	(1515) **Joanot de Malla.**
Albert de Vilatzir.	L'any 1548 el castell adopta el nom de Torre de Malla i es parla d'ell com a molí. El 1716, amb el Decret de Nova Planta, es trenca la universitat de Mollet, Gallecs i Parets.
(1156) **Girald de Vilatzir,** germà.	
(1200) **Bernat de Vilatzir.**	**Convent de Santa Caterina de Barcelona de frares de Santo Domingo.**
La Corona aconsegueix la plena jurisdicció de mans del bisbat i ven ràpidament la propietat.	(1835) Desamortització de Mendizábal.
Bernat de Planella. ⚭ ↓ Blanca.	**Francesc Mandri.**
	Senyor Clos.
(1381) **Marc Planella.**	(1949) Expropiació de l'Institut Català del Sòl.
El 1393 Mollet, Parets i Gallecs es converteixen en carrers de Barcelona pagant la redempció.	

Traïdor, Pedra Salvadora i Pedra Llarga de Palau), que formen gairebé un cercle al voltant d'aquesta casa i que han creat nombroses llegendes força similars. L'element principal és la ciutat de Martorell i un pacte amb el diable; però hi ha també altres ingredients fonamentals: és molt important el fet d'anar per la Via Augusta i la necessitat de travessar el Llobregat. Per dur a terme aquesta acció és fonamental el pas pel pont del Diable.

Podem dir que hi havia la creença generalitzada que el poble on hom trobava una d'aquestes pedres arques es podia considerar afortunat, puix que la gent senzilla es lliurava de malvestats, desgràcies i pestes.

LA LLEGENDA DE LA PEDRA DEL DIABLE
(també anomenada Pedra Serrada)

AQUESTA llegenda va sortir a la llum al butlletí de l'Associació de Veïns de l'Eixample de Parets (1976).

Un dia, d'això fa segles, sortia de Parets a trenc d'alba pel camí que duu al cementiri un home jueu anomenat Zacaries amb una gran quantitat de cavalls, eugues i mules (les millors bèsties; eren realment molt bones). Volia vendre els seus animals a la fira de Martorell, però cap al vespre, quan arribava al riu Llobregat, van començar a caure unes enormes gotes de pluja i el jueu es va veure obligat a refugiar-se en un hostal al costat de la Via Augusta, prop del pont romà, que s'anomenava l'Hostal de la Llebre. El jueu, que era molt garrepa, no va voler pagar per un llit, i per això es va quedar tota la nit despert. Ell desitjava que la pluja acabés per poder reprendre el seu camí, però la pluja continuava...: *«el diable se m'emporti si no estic a la vila en començar la fira»* deia tot enfadat, mentre llençava al foc farigola i romaní collits la vigília de Sant Joan per apaivagar les tempestes.

Al matí següent, Coloma, la mestressa de l'hostal, va cridar: *«Santa Verge de Montserrat! El riu s'ha emportat el pont!»* (només quedaven els estreps dels marges i l'arc de triomf. L'arc central estava abatut).

Aleshores, Zacaries fet una fúria, va dir que vendria la seva ànima al diable si aquest l'aju-

Probable monument megalític que ha esdevingut objecte de força llegendes. Ubicat al pati de l'escola Pau Vila, és de granit i pesa 3,5 tones, té una forma cilíndrica i allargada, amb un tall a una banda que fa pensar que s'hagués volgut serrar. El 1934 es trobava en una camp en posició horitzontal.

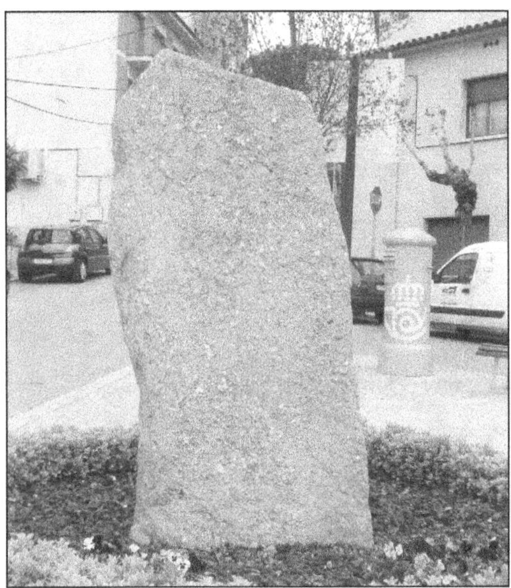

Imatge de la Pedra Llarga.

dava a construir el pont per tal de poder arribar a la fira per vendre el bestiar. Va aparèixer el dimoni i van fer un tracte: si el diable reconstruïa el pont abans del cant del gall, el jueu li donaria la seva ànima. El diable es va posar a treballar de valent per tal d'acabar, i, quan només faltava la darrera pedra, el jueu, per tal de confondre'l, va despertar el gall de l'hostal ruixant-lo amb aigua freda. El gall va llençar un estrident «quiquiriquic» que a la vegada despertà i féu cantar els altres galls, fins que va arribar a oïdes del diable, que aleshores passava per un camí de Parets portant la darrera pedra des del Montseny. En sentir el cant del gall es va pensar que havia perdut i va deixar la darrera pedra a Parets, que era on estava quan va sentir el gall. Aquesta és l'anomenada Pedra del Diable o Pedra Serrada.

Hi ha altres versions de la mateixa llegenda; per exemple, la que fa referència a la construcció de la Catedral de Girona (recollida per Joan Amades).

L'arquitecte constructor de la catedral de Girona, després d'aixecar una de les naus més grans i quan l'obra ja estava gairebé acabada, es va adonar que no sabia tancar la volta. Per això va anar a trobar el diable, el qual li va prometre acabar-la a canvi de la seva ànima. El diable va triar una pedra d'un camp de Parets del Vallès, però la pedra era massa grossa i va enviar dos dels seus acòlits (aprenents) perquè la serressin. Quan estaven a mitja feina, va sonar el toc de l'Ave Maria al campanar de Parets i els diables van fugir cames ajudeu-me deixant la pedra a mig serrar.

Una versió moderna de la llegenda es representa cada any per la festa major de Parets. Se situa al segle XVIII, quan la devastadora guerra de Successió acabà amb l'església de la vila. Parets contracta els serveis de Marcel, arquitecte que repararà l'edifici cremat per les tropes franceses. Marcel coneix la pubilla de Can Serra, l'Elisenda. Paral·lelament a les obres de construcció creix l'amor entre els joves. Marcel necessita una pedra de grans dimensions per

Membres de la Unió Excursionista de Sabadell amb la Pedra Salvadora al s. XIX, avui desapareguda.

tancar la volta de la nau del temple i, desesperat, pacta amb Llucifer la consecució de la pedra abans que el gall canti tres cops a canvi de la seva ànima. El diable arriba amb la pedra a la plaça de la Vila quan intervé Elisenda que, amb una dansa encisadora, deixa bocabadat Llucifer. El Dimoni perd la noció del temps, el gall canta tres cops i el pacte es trenca. Els dos enamorats no es poden endur la gran pedra que encara reposa a l'avinguda de la Pedra del Diable.

PEDRA LLARGA

La llegenda sobre la Pedra Llarga és la llegenda d'un altre megàlit molt proper a la Torre de Malla i que sembla una versió de la història de la Pedra Serrada.

La història se situa al Llobregat, on no hi havia cap pont que deixés passar els viatgers, els quals havien d'embarcar en una gavarra per anar d'un cantó a l'altre. Al servei d'aquesta embarcació hi havia un presoner de guerra esclau del senyor d'aquella terra. Aquest tenia una filla que l'ajudava en les tasques més dures, però com que era molt jove no rendia gaire i es cansava molt aviat. Un home es va enamorar d'ella i li va proposar una solució perquè treballés molt i poguessin passar més temps junts i viure en comunitat: aixecar un pont de banda a banda per evitar els traspassos. Ella no sabia que havia fet un pacte amb el diable, però volia desfer el seu compromís.

L'arribada del sol damunt dels Templers del Palau Solitar aconseguí acabar amb els poders de l'heroi quan únicament li quedava una pedra per col·locar. Aquesta va caure a terra des de tanta alçada que hi quedà oculta.

Sobre la Pedra Salvadora s'explica una història molt semblant. La diferència rau en el fet que la protagonista era una noia sorpresa per una crescuda del riu i que el diable anava a buscar les pedres per construir el pont a Cèllecs. (Avui, les pedres d'aquest monument han desaparegut però hi ha moltes referències històriques i fotografies antigues.)

Aquest és un lloc venerat des de sempre, on es feien processons i es beneïen les vinyes. També en aquest indret es feien rituals per demanar la pluja.

Fonts bibliogràfiques

Història

Dantí, Jaume; *Parets 904-2004: Un poble, una parròquia;* Ajuntament de Parets, 2004.

Martí, Rosa; *Apunts de la història i geografia de Parets del Vallès;* Caixa d'Estalvis de Catalunya, 1980.

www.parets.org.

Llegendes

Bosch i Argilós, Josep; *La Pedra Serrada o Pedra del Diable;* Estudis locals 2; Ajuntament de Parets del Vallès.

Alcayna Alarcón, Mercè; *La Pedra del Diable de Parets del Vallès;* Ajuntament de Parets del Vallès.

Mansergas, Eduard; «La llegenda de la pedra del diable»; *Programa de festes* 1978.

Nadal, Gemma;«Història de la Bèstia»; «La llegenda de la pedra del diable»; *El 9Nou;* 29 abril 2005.

Sant Celoni

••• Vila de Sant Celoni •••

Nom: nucli fortificat de Sant Celoni.
Localitat: Vila de Sant Celoni.
Any de constitució: s. IX (no hi ha referències documentals que ho confirmin).
Altitud: 152 m.
Funció: defensa de la vila i protecció del Camí Ral.
Propietat actual: municipal. Alguna torre i tros de muralla formen part de l'estructura dels edificis.

Estat actual: es conserven una torre i algunes restes de la muralla dins d'algunes cases del carrer Major.

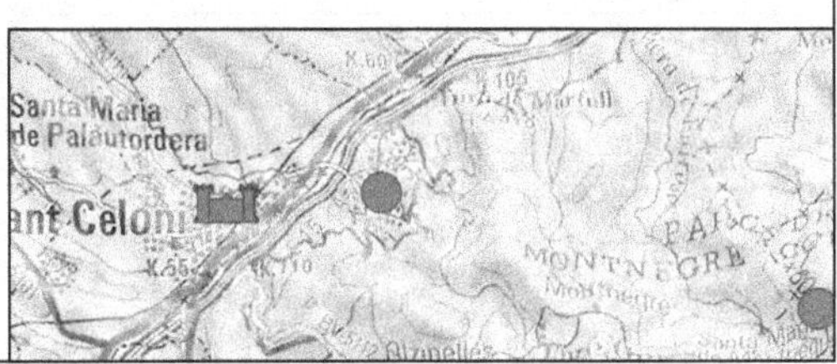

La vila és una vall entre el Montseny i el Montnegre, a l'esquerra de la Tordera, que va néixer al voltant de l'antiga vil·la romana de Pertegaz, situada a la protecció de la Via Augusta. Aquí es va fundar la primera parròquia de l'indret, la de Sant Martí de Pertegàs. Aquest nom deriva de «pertica», unitat de mesura agrària que té dos passos i que, aplicada al riu, assenyala la distància que separa un marge de l'altre. El Pont Trencat de Sant Celoni és el pas de la Via Augusta (després Camí Ral) sobre la Tordera i té fonaments romans.

Hi ha diferents hipòtesis sobre el toponímic d'aquesta vila: alguns diuen que Sant Celoni no és el nom de cap sant, sinó una contracció de Sancti Celedonii, que sí va existir i es tractava d'un militar romà. Sant Celedonii va ser un màrtir natural de Calahorra, martiritzat en temps de Deci (any 259). Això prova la seva indumentària de militar amb espasa en guàrdia en una má i la palma de màrtir a l'altra.

La veu popular dóna un origen sarraí a la població i a les muralles.

Aquestes dades demostren que Sant Celoni ha tingut poblament continu des del temps dels romans fins avui.

Les muralles d'una ciutat (com podria ser Caldes, Granollers o Sant Celoni) són, gairebé exclusivament, un mètode de protecció de les seves riqueses contra els enemics i els lladres urbans. Normalment estem parlant de ciutats que són grans mercats del Vallès i no poden estar en llocs estratègics, sinó en encreuaments de camins importants, per afavorir el comerç. Per tant, es dedueix que estan localitzades en llocs molt vulnerables i, possiblement, si no haguessin estat mercats tan importants no haurien estat tan fortificades.

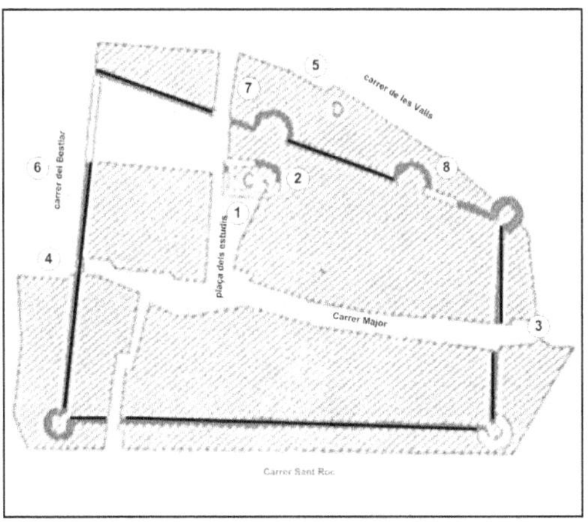

Esquema del traçat de la primera muralla de Sant Celoni, construïda al s. IX.

PROPIETAT DE LA MURALLA DE SANT CELONI

Sant Celoni és una població d'origen romà, situada al costat de la Via Augusta i amb el Pont Trencat per travessar la Tordera. És una població medieval de jurisdicció comtal i formava part de la senyoria Agudes-Montseny.
El primer recinte murat és del s. IX.

(1018) **Odó Acutensis.**	⚭ ↓	Geruberga.
Umbert Odó o **Umbert de Sesagudes.**	⚭ ↓	Sicardis.
(1070) **Guillem Umbert I de Sesagudes.**	⚭	Guillema.
(1113) **Vescomte Guerau II de Girona.**	↓	
(1151) **Guillem Umbert II de Sesagudes.**	⚭	Agnès.

Llega el burg de Sant Celoni i la baronia del Montseny a l'orde dels Hospitalers. El seu germà Riambau I de Montseny va impugnar aquesta venda i va lluitar contra aquest orde de cavalleria.
A partir del s. XIII Sant Celoni és un gran mercat i es construeix el Pont Trencat o Pont Gòtic sobre la Tordera.
L'any 1355 Sant Celoni es converteix en carrer de Barcelona; comença la seva vida municipal. S'amplia el recinte murat.

(1404) **Bernat IV de Cabrera.**	⚭ ↓	Timbor de Prades i Cecília d'Urgell.
Bernat Joan de Cabrera.	⚭ ↓	Violant de Prades.
Joan I de Cabrera.	⚭	Joana de Devèse.
Joan II de Cabrera.		
Anna I de Cabrera, germana.	⚭	Fadrique Enríquez.
Luis Enríquez, nebot.	⚭	Anna II de Cabrera.
(1573) **Francisco de Montcada.**		
Gastó II de Montcada i Gralla.	⚭	Caterina.
Francesc II de Montcada i Montcada.	⚭ ↓	Margarida d'Alagó-Espés-Castre-Cervelló i Magdalena de Guzmán.
Guillem Ramon IV de Montcada i d'Alagó-Espés-Castre-Cervelló.	⚭ ↓	Ana de Silva-Portugal.
Miquel I (o **Miquel Francesc**) **de Montcada i de Silva.**	⚭ ↓	Luisa Feliciana de Portocarrero-Meneses.
Guillem Ramon V de Montcada i de Portocarrero-Meneses.		Ana Maria de Benavides i Rosa Maria de Castro-Portugal.

La baronia i els comtats dels Montcada van ser abolits pel Decret de Nova Planta l'any 1714.

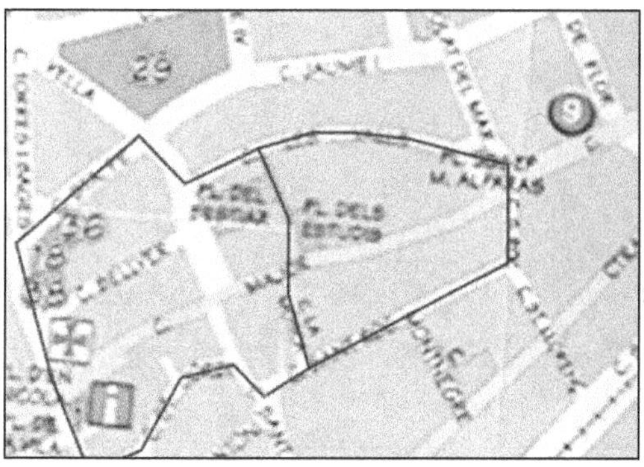

Superposició dels traçats de les muralles del s. IX i la posterior ampliació del s. XIV.

Descripció de la fortificació

El recinte emmurallat és una estructura quadrangular irregular (més ampla a la part del camí de Pertegàs i més estreta pel costat del portal dels Sants Metges, al sector est del nucli), amb 30 m x 150 m de perímetre (el centre neuràlgic de la ciutat medieval no coincideix amb l'actual). La plaça central antiga era la plaça dels Estudis (1), on hi havia l'antiga capella o pabordia de Sant Celoni (2). De l'església de Sant Celoni queden pocs vestigis actualment; forma part de la casa núm. 12 de la travessia

Imatge de la Rectoria Vella de Sant Celoni, casal gòtic del s. XV.

Imatge d'una de les torres de la muralla que es conserva integrada en la constructiva urbana.

de la plaça del Bestiar, de propietat particular.

Aquest nucli emmurallat té l'estructura de les ciutats romanes: a partir d'un nucli econòmic i polític central (fòrum) parteixen les vies de comunicació que uneixen la plaça central amb cada una de les sortides de la ciutat. El camí ral continuava formant l'eix principal entre els dos portals, travessant la plaça.

La muralla inicial devia tenir dues portes: una a llevant (3), on posteriorment es va construir la capella dels Sants Metges; i l'altra a ponent (4), el Portal Major, al camí de Pertegàs. Originàriament el recinte estava envoltat per fosses o valls (5); aquest fet és confirmat per la toponímia (carrer de les Valls). Davant el nou (després de l'ampliació) Portal Major es va formar un raval extramurs amb una plaça porticada (plaça Major) on es feia el mercat. Molt inicialment se celebrava a la plaça del Bestiar (6), on hi havia una torre coneguda més tard com Torre Mitjana.

El creixement urbà va fer que al s. XIV s'hagués d'ampliar el recinte defensiu, que es va anar estenent cap a ponent, fins als actuals carrers de Santa Fe i Sant Jordi.

La muralla (bé cultural d'interès nacional) es preserva parcialment, tot i que força degradada, amb cases adossades que la utilitzen com a paret posterior o com a façana. El recinte emmurallat es conserva dintre de les cases del carrer Major, la qual cosa ha permès contemplar que la base dels fonaments tenia més de dotze pams d'amplada.

Les cases es van edificar vora les muralles, però deixant uns corredors per afavorir la vigilància. Els habitatges del recinte de la Força eren de reduïdes dimensions i el material de construcció es treia del riu Tordera.

Es conserven dues torres de planta circular acabades amb merlets de les sis que es creu que devia tenir la vila medieval. Aquestes torres són visibles pel carrer de les Valls (7 i 8). Les espitlleres es veuen bé per aquest mateix carrer.

L'any 1988 va enderrocar-se una casa al carrer Sant Roc, núm. 50 i va aparèixer una torre parcialment enderrocada. A prop del portal dels Sants Metges hi ha una torre, més moderna.

Dels nous recintes emmurallats, no en queda ni rastre, perquè devien ser obres més lleugeres.

Hi havia un pou davant del casal dels hospitalers, de fondària desconeguda, a la porta de la casa de Boada, on devien desaiguar els fossos. Està tapat per una volta.

La capella de Sant Ponç formava part de l'antic hospital de mesells o leprosos fundat pels Hospitalers, anomenat de Sant Nicolau, situat fora de la muralla. La capella va tenir vida pròpia fins que es va unir a l'hospital de la vila per un decret del bisbat l'any 1583.

Edifici de Can Ramis, a Sant Celoni.

Imatge de la capella de Sant Ponç, antic hospital medieval.

És d'estil romànic, data de final del s. XII o del XIII. Té una sola nau amb absis semicircular i coberta de volta de canó. A l'exterior hi ha panys de paret amb *opus spicatum* i contraforts. Dins la muralla hi havia un hospital de pobres amb una capella dedicada a Sant Antoni.

El Pont Trencat tenia aquest nom per la destrucció que va patir durant la Guerra de la Independència. Actualment està recuperat, però durant segles hi ha quedat la meitat dempeus, amb un arc gòtic sobre pilars amb fonaments i tallamars romans. El camí sobre el pont fa 3,20 m, més 50 cm a cada costat pels petrils; és a dir, té una amplada total de 4,20 m. A la part inferior i al tallamar les pedres estan ben enquadrades en *opus quadratum* romà, en una faixa intermèdia es van aprofitar pedres de l'antic pont romà per a la construcció del pont gòtic, i la part superior ha estat acabada amb còdols de riu.

Llegendes

EL DRET DE MERCAT

Protagonistes: Poblacions de Santa Maria de Palautordera i Sant Celoni
Tema: Compra de drets de mercat

DIU la llegenda que el dret de mercat a Sant Celoni el van comprar als de Santa Maria de Palautordera, que el tenien des de temps immemorials, a canvi d'unes imatges dels dotze apòstols que els del poble veí volien situar a la seva església parroquial. A l'hora de la veritat, però, les imatges no passaven per la porta del temple i a algun sant li van trencar els braços, a altres les cames i a altres, el cap. Per aquest motiu els de Palautordera es van quedar sense mercat i sense estàtues.

A SANT CELONI VENEN OLI

Protagonista: Mercat de Sant Celoni
Tema: Productes de mercat

A Sant Celoni venen oli,
a Palau venen sal,
a Sant Esteve el vinagre
per amanir l'enciam.

Cançó popular

Fonts bibliogràfiques

Història

Figueras, Francesc; «Senyors feudals que ha tingut la vila de Sant Celoni»; *Vida nova* núm. 28; setembre 1917.

Grivé, Miguel; «Les muralles que tancaven la vila»; *Temes d'història local;* Ajuntament, 1988.

Vilageliu, Jaume; *Les parròquies rurals de Sant Celoni;* Ajuntament de Sant Celoni, 1978.

SANT CELONI

••• CASTELL DE VILARDELL •••

Nom: Castell de Vilardell.
Localitat: vila de Sant Celoni.
Any de constitució: s. IX.
Altitud: 300 m.
1r propietari: Soler de Vilardell.
Funció: defensa de la Via Augusta i del torrent de Vilardell i del Montnegre.
Estat actual: en ruïnes.

Vilardell es troba en una zona de domini romà. En aquest indret existia la vil·la romana Vilarzel. A l'Edat Mitjana la majoria de les vil·les es converteixen en quadres o *domus,* mantenen la seva jurisdicció i fortifiquen les seves dependències amb muralles i torres.

El poder sobre el lloc és d'origen comtal. Per aquest motiu, les vil·les acaben convertint-se en baronies, i les fortaleses, en castells. Exemples de quadres de possible origen romà, en tenim a Cruïlles (Aiguafreda), Fluvià (Sant Esteve de Palautordera), Blancafort (la Garriga) i d'altres.

Aquestes dades demostren que Sant Celoni i la zona de Vilardell han tingut un poblament continu des dels temps de l'imperi romà fins avui.

La capella del terme s'anomena Sant Llorenç de Vilardell. Es troba a una distància de 13 km de Sant Celoni.

Can Cortada, antiga casa de la família Soler a Sant Celoni.

Descripció del castell

S'han efectuat diverses excavacions al Castell de Vilardell. Les restes del castell es localitzen damunt d'un turonet, voltat del típic fossar. És de planta quadrada i fa uns 15 m de costat apro-

PROPIETAT DEL CASTELL DE VILARDELL

Vilardell és una antiga vil·la romana molt propera a Sant Celoni, població d'origen romà, situada al costat de la Via Augusta i el Pont Trencat que travessa la Tordera.
La història de Vilardell és absolutament llegendària, íntimament relacionada amb l'espasa de Vilardell, una espasa de virtut.

Propietari		Cònjuge
Soler de Vilardell.		
(1286) **Berenguer de Vilardell.**		
(1289) **Arnau de Santllei.**		
(1382) **Pere de Soler.**		
Francesc Soler (mort el 1440).	↓	
Miquel de Soler.	⚭ ↓	Constança.
Joan-Miquel de Soler (mort el 1521).	↓	
Constança-Miquela de Soler (morta el 1526).	⚭ ↓	Jaume de Cahors.
Jaume I de Cahors-Soler (mort el 1563).		Lluïsa d'Oms.
Alexandre de Cahors-Soler.	⚭ ↓	Violant de Ros.
Josep de Cahors-Soler (mort el 1641).	⚭ ↓	Isabel Despujol.
Jaume II de Cahors-Soler.		

Propietari		Cònjuge
(1655) **Onofre Delfau.**	↓	
Francesc Delfau (mort el 1729).		
Domènec de Golorons i Déu.	↓	
Aleix de Golorons i Alemany (mort el 1777).		
Antoni de Golorons i Gibert (mort el 1780).		
Pere Màrtir de Golorons i Gibert (germà, mort el 1808).	↓	
Pere Màrtir de Golorons i Plana (mort el 1819).	↓	
Maria Josepa de Golorons i Riera.	⚭ ↓	Pau Bertran i Ros.
Pere de Golorons i Bertran.	↓	
Eulària de Golorons i Bertran.	⚭ ↓	Delfí d'Artós i de Morau.
Josepa d'Artós i de Golorons.	⚭ ↓	Joan de Nadal i de Vilardaga.
Lluís de Nadal i d'Artós.		

ximadament. S'observen restes d'estructures al subsòl que fan 1 m d'amplada. També s'observa una estructura de murs, no massa gran, que presenta al seu angle un parament semicircular. L'alçada conservada és d'1 m. El fossar és força profund.

La casa va ser comprada l'any 1900 i ha estat reformada durant la dècada dels anys quaranta i dels vuitanta. A principis del s. XX encara eren perceptibles les ruïnes del castell; avui tot està ple de verd, fet que impedeix veure les restes.

La parròquia de Sant Llorenç de Vilardell és d'origen preromànic, però ha sofert moltes reformes amb el pas dels anys (l'any 1379 es van fer reparacions a la teulada, el 1446 es va salvar de la ruïna total, i el 1508 s'hi van fer més obres). L'any 1379 es va renovar una campana trencada del campanar. L'església conté una relíquia de Sant Llorenç. El cens dels seus feligresos era de cent cinquanta habitants l'any 1845; la meitat l'any 1940 i, actualment, deuen ser una vintena.

Llegendes

LLEGENDA DEL DRAC DE VILARDELL I LES SEVES VERSIONS

Protagonistes: Personatge històric, drac i espasa de virtut

Tema: Alliberació del poble

AQUESTA llegenda ha creat història i se'n coneixen nombroses versions.

El camp d'acció d'aquest drac se situa als contraforts del nord del Montseny. Tenia les facultats de caminar, volar i nedar. El seu amagatall era una cova pròxima al camí entre Girona i Barcelona. Quan atrapava un viatger o una bèstia, el feia a trossos amb les seves urpes per menjar-se'l. *Les cent millors llegendes populars* de Joan Amades ens dóna detalls sobre el drac: vivia en un catau (cova) a la muntanya de Sant Llorenç del Munt, avui dia coneguda com la Cova del Drac. Es diu que aquest drac devorava tothom que passava pel camí ral de Barcelona a Girona, fins al punt que la comunicació entre aquestes dues ciutats va resultar impossible. A més, va sembrar un gran pànic en tota aquella contrada.

Diuen que aquest fet es devia produir a la segona meitat del s. XI, en temps de Ramon Berenguer II, Cap d'Estopes. Un cavaller anomenat Soler de Vilardell del Castell de Vilardell (Sant Celoni) va matar el «bell drach» referit per «Bernat Bordes».

Tothom tenia Soler de Vilardell per un home honrat i virtuós, i valent com no n'hi ha gaires; havia lluitat en nombrosos combats a les ordres dels comtes catalans contra els moros invasors.

La vigília de la festa de Sant Martí, va trucar al castell un caminant que demanava almoina. El cavaller Soler, que en aquell moment sortia al carrer, no duia diners i va entrar a buscar-ne per donar-los al captaire. (Amades fa una variació dient que qui obre la porta i ofereix pa al captaire no és Soler de Vilardell, sinó el seu servent, que més tard li explica què ha passat. Com

Ermita de Sant Martí de Pertegàs, a Sant Celoni, amb moltes modificacions a la seva història.

que el captaire és Sant Martí de Vilardell també es pren el cas com una voluntat del cel. Pere Català i Roca no parla de diners sinó de pa.) Quan va sortir no hi havia ningú, només una espasa brillant com un mirall (semblant a la de Carlemany, ho llegim en una rondalla en llengua aranesa). L'individu que havia marxat era Sant Martí i l'espasa era la seva. Soler de Vilardell va provar-la en una roca i la va partir pel mig d'un sol cop. Pere Català diu que la prova es va dur a terme amb un tronc monumental d'un arbre. Amades ens dóna més detalls d'aquesta provatura: Vilardell surt armat de casa seva (sense passar per l'església) i és pel camí que prova la validesa de la seva espasa, aquest cop, però, intentant tallar una enclusa (bloc de ferro que serveix per picar) del ferrer del poble, que va partir pel mig. Després llença una ploma d'ocell a l'aire i en el moment de caure li encara el fil de l'espasa i la parteix en dos bocins.

La força d'aquesta espasa li va semblar un senyal diví i es va veure amb cor d'enfrontar-se al drac. (Pere Català afegeix en aquest punt de la narració un somni premonitori: apareix un

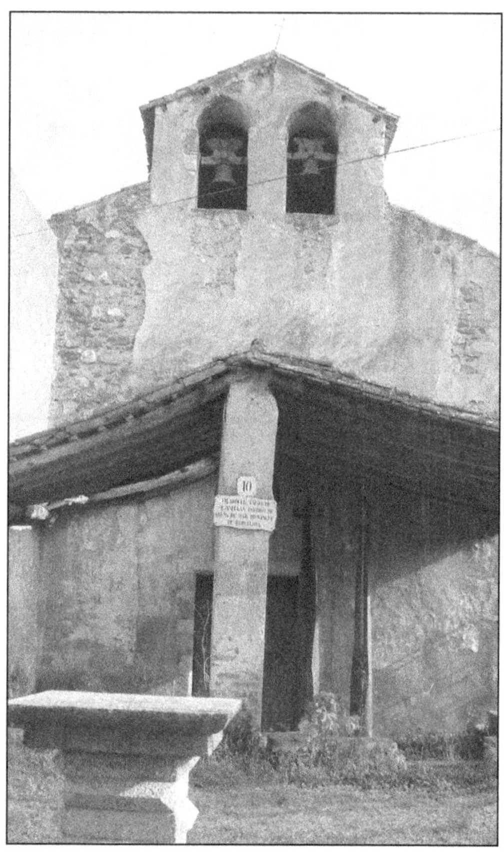

Imatge de Sant Llorenç de Vilardell, a Sant Celoni, en estat de conservació deplorable.

home muntat sobre un brau cavall; podria fer un sant del cel? O el captaire que li ha deixat l'espasa? I Sant Martí?) En la lluita, Vilardell va fer el senyal de la creu amb l'espasa i amb un tronc. Va ser en aquesta ocasió quan el cavaller va aprofitar per matar-lo. Amades descriu el moment de l'atac al drac: Soler de Vilardell va poder partir-lo pel mig mentre el drac volava. Una altra versió ens explica l'atemoriment del drac amb l'armadura de Soler de Vilardell (com li va passar a en Quixot amb el cavaller dels miralls) i sosté que aquesta fou la causa de la seva mort: el drac, en sortir de la cova, es va veure reflectit en l'armadura del cavaller, fugí esparverat de la seva pròpia imatge i és quan Soler de Vilardell aprofità el moment per tallar-li el coll.

Un cop mort, el drac va ser exposat a la multitud i passejat pels carrers. Pere Català detalla tot el ritual que segueix el cavaller abans i durant la lluita: al cant del gall sortí el cavaller amb la seva espasa i armadura i es va dirigir a l'església de Sant Martí de Pertegàs; agenollat demanava perdó pels seus pecats i pregava a Santa Maria i Sant Martí que l'ajudessin.

Encara no segur de la validesa de l'espasa, va provar amb una roca dient així:

«Espasa valerosa,
braç de cavaller,
partiràs la roca
i el drac també».

Confiat, muntà sobre el seu cavall i sortí a buscar al drac. La gent tenia por i també esperança.

El cavaller avançà segur i, quan el drac obrí la boca per menjar-se'l, aquest li clavà l'espasa. El drac un cop ferit, mor.

Orgullós, amb arrogància, va tornar a repetir la cobla anterior, però el protagonisme li va treure a l'espasa i li va donar al seu braç, a la seva fortalesa:

«Braç de virtut,
espasa de cavaller,
has migpartit la roca
i el drac també».

L'heroi aixecà l'espasa, que encara regalimava sang del drac, i li van caure unes gotes al braç. Un error en el conjur causà la mort del cavaller, ja que donà més importància al seu braç que no pas a l'espasa virtuosa.

A tothom va sorprendre la mort del cavaller; se li van fer uns funerals molt solemnes, dignes de la seva persona, i fou enterrat en un sepulcre de pedra picada a l'església parroquial de Sant Pertegàs. (La mort de l'heroi provocada per la gota de sang del drac també es relata a la versió de Joan Amades, però aquest afegeix que va morir envoltat d'un gran patiment.)

La versió de Pere Català i Roca a *Llegendes de castells catalans* inclou elements religiosos (abans de lluitar Soler de Vilardell es confessa i prega) i circumstancials (època, lloc, el captaire no demana diners, animat pel poble, somni premonitori i mort del protagonista).

La llegenda es va modificar força fins al s. XIV. Francesc Eiximenis parla de l'espasa de Vilardell entre els anys 1385 i 1391 com aquella que va utilitzar el cavaller de Vilardell per matar la serp gran de Sant Celoni que matava tots els homes que passaven pel camí. En la seva història, l'heroi no és considerat cavaller, ni és un noble ni un gran senyor; viu en una casa, no en un castell, i va a fer llenya al bosc. Abans de lluitar contra la serp necessita el consell de persones religioses i discretes. Aquest sentit religiós és nou.

No és fins a principis del s. XVII quan apareix en els textos literaris. El doctor en teologia Onofre Manescal va publicar un llibre l'any 1602 a la catedral de Barcelona resumint la història de Catalunya amb moltes al·lusions a llegendes. Dedica un capítol a la llegenda de Vilardell. La seva gran diferència respecte de les versions anteriors rau en el fet que Vilardell duia una espasa que va deixar per anar a buscar unes monedes per a l'almoiner i aquest va desaparèixer amb l'espasa deixant-li'n una altra que li va semblar bona (l'espasa de virtut. La frase que va dient en veu alta després de matar el drac és «Oh espasa forta i braç valerós d'en Vilardell!»).

Entre els anys 1640 i 1652 l'arxiver Diego de Monfars i Sors escriu la *Historia de los condes de Urgel,* on s'estudien àmpliament les espases de virtut que posseïren els reis d'Aragó. Diu que l'espasa de més fama que van posseir era la de Vilardell. La llegenda que ens relata és la traducció de la de Monescal, traient l'expressió que crida el cavaller abans de morir.

Al *Llibre dels fets d'armes de Catalunya,* la llegenda hi apareix escrita l'any 1420 per Bernat Boades. Qui la va escriure de forma definitiva va ser Joan Gaspar Roig i Jalpí, entre 1672 i 1675. Menciona també que el cavaller porta una armadura tan lluent que fa que el drac s'hi reflecteixi. Narra que Vilardell primer va ferir el drac amb la llança i després el va matar amb l'espasa. El va cobrir ràpidament de pedres per enterrar-lo per tal que el cos no infectés la comarca.

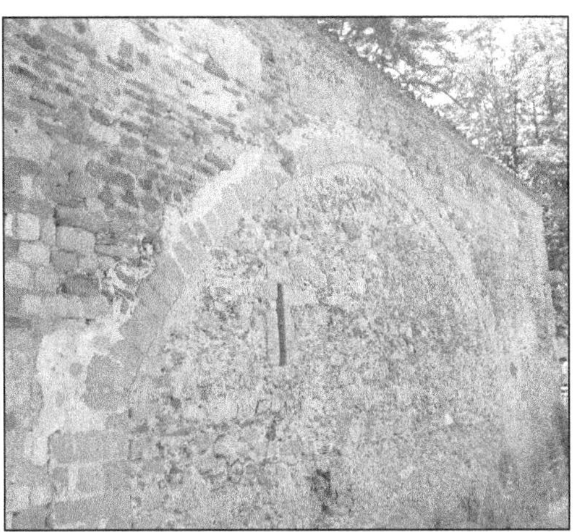

Imatge d'una part de la forta muralla que defensava l'ermita de Sant Martí de Pertegàs.

Aquest autor ens dóna dades de Vilardell fent gala d'una gran erudició: diu que Soler de Vilardell, un famós i noble cavaller (també menciona el seu castell), té arnesos de guerra i parla de la seva descendència (va deixar tres fills: Arnau, Gombau i Guillem). Situa l'acció en l'època de Ramon Berenguer, Cap d'Estopes (darreries del s. XI). Introdueix força referències religioses: aparició de Sant Martí, identificació de l'espasa amb la del sant (fals històricament), i compleix els rituals religiosos. Inclou dos motius llegendaris més: el reflex de l'escut com un mirall que paralitza el drac (també recollit a la llegenda del Coll de Canes), i l'enterrament del drac.

Pau Piferrer, a *Recuerdos y bellezas de España* (1839), dóna una altra versió de la llegenda, quan parla d'un relleu sobre la porta de la catedral de Barcelona. Dóna com a font Menescal. Inicia la llegenda explicant que els àrabs, quan van perdre el territori, van deixar anar un drac pels voltants del castell. Explica que era molt ferotge i volava. Afegeix també que Soler de Vilardell, abans de matar el drac, es va encomanar a Déu i es va armar. Torna a esmentar les paraules que diu el cavaller abans de morir. El relleu de la catedral no mostra aquesta llegenda i a l'escut hi té la creu de la corona d'Aragó; segurament va ser aprofitat de l'antiga catedral.

També hi ha una versió barcelonina d'aquesta llegenda, aquest cop, però, al carrer dels Cotoners, abans anomenat d'en Vilardell. A la porta de Sant Iu de la Catedral de Barcelona hi ha, segons la tradició, la representació escultòrica del dur combat.

L'any 1917, el rector de Sant Celoni, mossèn Francesc P. Figueras, va fer un sermó sobre la llegenda. Va parlar de Berenguer Soler de Vilardell com un pagès. Canvia també la frase final: «Oh bona espasa! Oh braç meu, quina victòria n'has obtingut!». També afegeix que el comte de Barcelona el premià amb el títol de baró de Vilardell.

A final del 1935, el geògraf Pau Vila, el filòleg Josep Maria de Casacuberta i l'historiador Enric Bagué van fer una enquesta a Sant Celoni sobre què coneixia la gent de la llegenda. Pau Vila ens ofereix notícies historicogeogràfiques: ens informa que en temps medievals, entre els aiguamolls riberencs i els boscos selvàtics, l'indret era ple d'amagatalls, especialment per a lladres que volien robar els qui transitaven entre Barcelona i Girona, causant força morts. Aquesta història tràgica va moure la imaginació popular cap a la creació d'una bèstia sanguinària. És un cas de zoomorfisme típic de la mitologia popular. Explica que a la cova del drac difícilment s'hi podria moure una persona. Sobre la transmissió de la llegenda es podria dir que era molt viva entre tots els vilatans, però ningú no la sabia sencera, només fragments.

El 1950 apareix al llibre de Joan Amades, *Folklore de Catalunya.* El primer volum, dedicat a rondallística, inclou un apartat que parla del Castell de Vilardell, però no recollit de la tradició popular.

L'escriptora Ester de Andreis fa un estudi sobre el terreny l'any 1950. Les ruïnes del castell estaven totalment desaparegudes. Trobà la llegenda trencada en la seva transmissió oral. La recollí de persones joves i de mitjana edat que l'havien conegut a través de la lectura.

El 1999, Martí de Riquer i Jaume Vallcorba fan un estudi de la situació de la llegenda a Sant Celoni. Se n'adonen que molta gent la sap perquè s'ha explicat a les escoles, i hi ha hagut un interès per conservar-la. L'ajuntament ha publicat un llibre sobre la llegenda, una mena de versió «unificada», i hi dedica una festa i un drac de gegant.

Avui hi ha un relleu on es troba i conserva l'escena en la qual Soler mata el drac i és a Can Cortada, on apareixen els primers propietaris de la casa: la família Soler.

Elements de la llegenda

Espasa de virtut: espasa dotada de poders màgics. A vegades pertany a un sant, com és el cas de l'espasa de Sant Martí, d'altres es tracta d'una espasa forjada pels follets a les entranyes de la terra i refredada a un estany de goges, una nit de lluna plena.

Les espases de virtut estaven forjades en condicions astrològiques especialment propícies sota el poder de determinades constel·lacions que els bruixots astròlegs calculaven i anunciaven. Quan la constel·lació celeste era favorable també es feien ungüents especials per donar virtut a les armes (ungüents d'armes, que servien per untar les armes i fer-les meravelloses). En la composició d'aquest ungüent hi entraven ingredients com la molsa de testa de penjat i greix de bon cristià, entre d'altres.

El mot «virtut» té el valor de «prodigi», «meravella», «condició sobrenatural» i fins i tot el de «miracle». I això atemptava contra la igualtat de poder que han de tenir els qui lluiten en un combat judicial.

Hi ha espases tan populars que fins i tot tenen

nom propi, com l'*Excalibur* del Rei Artur, o la *Tisó* o *Tizona* del Cid. L'espasa de virtut uns l'anomenen *Sant Martí*, altres l'anomenen de Vilardell i altres *Tisó*. Durant l'evolució llegendària de l'espasa de Vilardell serà considerada una arma portada del més enllà per un veneradíssim sant.

Les llegendes que parlen d'espases de virtut barregen elements màgics i supersticiosos de l'armament.

La primera notícia històrica que es té sobre l'espasa és de l'any 1274, a la sentència pronunciada per Jaume I el Conqueridor després d'una batalla entre dos cavallers. No obstant això, aquests tipus d'arma estaven prohibits als combats com a conseqüència dels seus poders. La possessió de l'espasa era un privilegi i per això fou molt buscada, sobretot per la Casa Reial. Jaume I va intentar aconseguir aquesta espasa i no ho va aconseguir. El seus fills Pere i Alfons la van comprar a Berenguer de Vilardell l'any 1286. L'espasa de Vilardell fou empunyada per l'infant Alfons en la conquesta de Sardenya, el febrer de 1323. A Lucocisterna el primogènit Pere el Cerimoniós va batallar coratjosament i triomfal amb la seva espasa de nom Vilardell. En aquest indret van fer construir una capella en honor a Sant Jordi.

Pere el Cerimoniós va reunir l'espasa de Vilardell i la *Tisó* del Cid. La darrera vegada que les escriptures parlen de l'espasa de Vilardell és al testament de Joan I de Castella, l'any 1370.

L'espasa va passar a mans del comte Ramon Berenguer III, el qual la dipositià a la capella reial de Santa Àgata. Després (molts anys després) la tingué el gremi de mestres espasers, que la prengué com a símbol (també ho va ser de la ciutat). Després, va passar al museu d'armes «Armeria d'Estruc» i a principis d'aquest segle va ser venuda a l'estranger (l'espasa de Sant Martí és al Museu del Louvre). Diuen que la validesa de l'espasa va conservar-se fins a la sala del museu, ja que aquí no la netejaven (ja sigui per por a tocar-la, o bé perquè deien que cada vegada que la treien de la beina es feien mal).

La imatge, evocadora de la llegenda de la lluita contra el drac, està representada a la porta de Sant Iu de la catedral de Barcelona.

La roca del drac: es troba a Vilardell. Localitzada a la vora de la Tordera. És una floració de quars que ha quedat aïllada. Actualment està envoltada de conreus.

La imaginació popular ha convertit aquesta roca en l'amagatall del drac de Vilardell. El color blanc de la roca i el fet de destacar enmig d'una plana a la vora del camí devia desvetllar ràpidament la fantasia de la gent.

ALTRES LLEGENDES RELACIONADES AMB VILARDELL

Protagonistes: Personatge històric i espasa de virtut
Tema: Duel

A *Llegendes històriques catalanes,* Martí de Riquer ens parla de la sentència de Jaume I sobre l'espasa de Vilardell. Vegi's el contingut d'aquesta llegenda a l'apartat de Castellvell de Llinars, a «Llinars del Vallès».

SANT MARTÍ LLEGENDARI

Protagonistes: Sant Martí, personatge històric i espasa de virtut
Tema: Lluita contra els àrabs

SANT Martí també va ajudar un altre personatge històric, el comte Bernat de Besalú, anomenat «Tallaferro». Es diu que en una batalla acarnissada contra els moros a la plana de Santa Pau (la Garrotxa), al comte se li trencà l'espasa i es trobà en una situació desesperada. Cavalcant el seu cavall, va arribar a l'ermita de Sant Martí a suplicar-li ajut i una espasa que li donés força al braç, i que fos tan forta que tallés ferro. El sant li va lliurar la seva pròpia espasa, i amb ella el comte va vèncer en la batalla.

SOLER DE VILARDELL EN UN ALTRE INDRET

Protagonistes: Drac i cavaller
Tema: Relació entre llegendes de diversos llocs (Soler de Vilardell, Sant Celoni, i Sant Llorenç del Munt)

UNA versió de la llegenda relaciona aquesta història local (situada sempre, fins ara, a Sant Celoni) amb una de relatada a Sant Llorenç del Munt, on també Soler de Vilardell lluita contra un drac.

La segona versió de la llegenda la protagonitza Soler de Vilardell matant el drac, i acaba amb una lluita intensa entre l'home i la bèstia. Resumint, el drac va emprendre el vol i Vilardell se li va agafar d'una pota. Mentre volaven, el cavaller anava clavant-li cops d'espasa, fins que va caure mort al cim del Puig de la Creu. Abans, una gota de sang del drac havia tocat el cavaller, que va morir emmetzinat pel seu contacte.

El drac de Sant Llorenç del Munt ha estat anomenat en diferents ocasions víbria o brívia (versió femenina del drac. La característica més destacada és que lluu uns bons pits de dona i es considera molt més ferotge que el drac. El mot ve del llatí *viper viperus*, que vol dir escurçó).

LA LLEGENDA DEL DRAC ÀRAB

Protagonistes: Drac i personatge històric (comte Jofre)
Tema: Alliberament del mal

QUAN Catalunya va ser presa pels sarraïns, els cristians van haver de refugiar-se a les muntanyes, entre les quals, per proximitat al pla, Sant Llorenç del Munt, en fou una de les més concorregudes.

Els moros van deixar anar un drac que tenia més de cent dits a les potes, cap de cocodril, cua de serp i ales a l'esquena, de manera que podia caminar i volar. El drac era el terror de tota aquella comarca; es menjava els ramats i enlairava els bous, i l'home no era capaç de lluitar contra ell.

Desesperats, els cristians, que ja no sabien què fer, van acudir al comte Jofre, que havia reconquerit Barcelona i, com a bon cavaller que era, els prestà auxili. Un matí, amb l'escut al braç i la mà a la llança, seguit d'alguns cavallers i comtes, féu via cap al mont. Jofre, veient el drac pràcticament damunt seu, agafà una branca de roure i li donà un cop tan fort que semblà estabornir-lo. Però això només va servir per posar encara més nerviós el drac, que semblava que caigués mort, però tenia massa força per donar-se per vençut i, aixecant-se de seguida, va trencar amb el seu bec la llança que l'havia traspassat i s'abraonà altra volta sobre el comte. Aleshores començà un dramàtic combat; hi va haver sang, ferides, esgarrapades...

Sort que el comte era valerós i lluitava per la fe. Aleshores, amb bon enginy i sense rebre mal, el ferí de nou; al final va acabar vencent el drac i el va fer caure al cim del Puig de la Creu o Santa Margarida. Va ser una lluita horrible, però el drac va ser vençut i va quedar estès allà dalt, i el nostre comte, en agraïment a Déu i a la Verge Santíssima, manà edificar-hi una església, que encara resta com un record del Vallès.

J. Tomeo y J. Metres Estadella van escriure una altra versió de la mateixa llegenda a *La superstición y la brujería en Cataluña.* Hi relacionen el tema del drac de la llegenda amb la invasió àrab. Aquesta llegenda també es pot trobar a l'escrit de Jan Grau Martí, al *Fabulari Amades* i a *Les cent millors llegendes populars* de Joan Amades.

El drac era un monstre portat pels àrabs quan encara era molt petit. El van dur pel riu Llobregat fins a la muntanya de Sant Llorenç del Munt i el van tancar a la muntanya, que encara avui s'anomena «cova del drac», concretament el van recloure a l'avui coneguda com a «cova de Santa Agnès». Per alimentar-lo, li van donar dotzenes de bous i cavalls, sense potes, perquè no escapessin.

Una vegada adult va sortir de la cova i es va començar a menjar el bestiar que pasturava per la muntanya, però després va començar a devorar també pastors i viatgers atemorint així els habitants de la comarca. Alguns cavallers van morir en l'intent de matar-lo. El cavaller Espès, per exemple, amb un gran seguici, va anar al cau del drac, però els cavalls, espantats, es van llançar per un precipici que encara avui es coneix per «l'abisme dels cavalls».

El comte de Barcelona hi va intervenir i va aconseguir ferir-lo. El drac va volar i es va anar dessagnant fins que va caure al Puig de la Creu.

A *Històries i llegendes de Sant Llorenç de Munt i l'Obac* també s'explica aquesta llegenda, però donant importància a altres elements.

El drac, ferit per la llança d'Espès, alçà el vol i es dirigí cap al lloc on el cavaller i els seus homes havien deixat els cavalls, els quals va atacar amb fúria. Els pobres animals, en veure aquell monstre, es van espantar tant que, mentre fugien, s'anaven precipitant daltabaix del penyasegat que domina la masia de Can Robert, penya-segat que actualment encara es coneix amb el nom de Cingle o Salt dels Cavalls.

Els cavallers, vençuts i desanimats, ho van explicar al comte Guifré. Aquest va ordenar als seus vassalls del Vallès que el bestiar que havien de donar-los com a tribut feudal fos lligat prop de la cova de Santa Agnès per servir d'aliment al drac. Guifré va aconseguir, així, que la fera no es mogués dels boscos i, aprofi-tant la situació, va decidir enfrontar-se personalment al drac.

El drac, en veure'l amb una gran branca de roure, va sortir de la cova i s'abraonà sobre ell amb fúria. El comte li donà un fortíssim cop al cap amb la branca que el deixà mig estabornit. La víbria, recuperada, li va prendre l'arma de les mans i va trencar la gran branca com si res, però de tal manera que els dos trossos formaren una creu entre les seves urpes. Davant d'aquell senyal Guifré va intuir que havia arribat la seva victòria i, agafant la llança de terra, va esperar l'escomesa de la víbria, que ja es precipitava contra ell. El xoc va ser tal que el ferro de la llança es va clavar al ventre del drac i li va sobresortir més d'un pam per l'esquena. La víbria s'enlairà i fugí, per caure, finalment, al sot de les Goleres, al vessant del Puig de la Creu, de Castellar del Vallès, on morí agitantse al mig d'un gran bassal de sang.

El comte va resultar il·lès i la fera l'ompliren de palla, per mostrar-la i exposar-la públicament al camí de retorn a la ciutat de Barcelona, davant de l'admiració i esglai del poble.

Fonts bibliogràfiques

Història

Figueras, Francesc; «Senyors feudals que ha tingut la vila de Sant Celoni»; *Vida nova,* núm. 28; setembre 1917.

Met del Mogent; *El Castell de Vilardell;* V Ronda Vallesana.

Llegendes

La llegenda d'en Soler de Vilardell; Ajuntament de Sant Celoni; Sant Celoni 2002.

de Riquer, Martí; *Llegendes històriques catalanes;* Quaderns crema; Barcelona, 2000.

«Un heroi de Sant Celoni»; *El 9Nou,* 29 d'abril 2002.

Llovet, Joan Ramon; «Soler de Vilardell»; *La Vall;* núm. 131, agost 1992.

MONTNEGRE

••• CASTELL DE MONTNEGRE •••

Nom: Castell de Montnegre.
Localitat: Montnegre.
Any de constitució: 998.
Altitud: 467 m.
1r propietari: Ennegó Bonfill.
Funció: defensiva.
Estat actual: desaparegut.
Reconstrucció: el castell va ser reconstruït després de la guerra de Remences, però desconeixem si va quedar totalment refet.

El Castell de Montnegre, juntament amb el de Vilardell, tenen la funció de defensar la riera del Montnegre.

El topònim Montnegre ha significat un territori històricament variable en la seva extensió. Durant molts segles el castell ha estat el centre d'una baronia que comprenia les parròquies de Montnegre, Fuirosos, la Batllòria i Gualba. A partir de 1714 només va comprendre el terme de la parròquia de Sant Martí, territori gairebé despoblat. Actualment forma part del municipi de Sant Celoni.

Descripció del castell

Pel que sembla, el castell estava situat en un turó, no gaire lluny de l'actual església de Sant Martí i a prop de l'actual hostal. Es creu que l'església de Sant Martí va ser la parròquia del Castell de Montnegre. Avui queden escasses restes del castell: tan sols algunes pedres que devien formar els murs de la fortalesa, a l'indret conegut com el castellot en el vessant nord de la carena.

L'església de Sant Martí del Montnegre existeix des de finals del s. X. L'any 1379 la capella amenaçava ruïna; s'hi devien fer reformes per solucionar-ho. El 1581 la teulada estava gairebé derruïda. Durant el s. XVIII van haver de tornar a fer obres importants per la conservació de la capella.

Llegendes

Llegendes de Gualba, poble de la baronia, origen dels senyors de Montnegre

DONES D'AIGUA DEL GORG NEGRE

Protagonistes: Dones d'aigua
Tema: Encantaments

A *Recull de llegendes de la regió del Montseny* de Martí Boada apareix la següent versió.

Fa molt temps, a Can Prat (mas que encara existeix), hi havia un amo molt poderós que governava terres, espessoralls i ramats. Era amo de molts masos de la zona del Montseny i, en aquella època, a més, li feien censos de domini dotze masos petits i, arreu de la muntanya, posseïa set masoveries més que habitaven gent pagesa. Per tant, la gent era conscient de la importància d'aquest mas.

Sovint, l'amo de Can Prat, caminava per les rouredes fins a les engires de la vall de Santa Fe, on hi ha la gran penombra. Un dia, fent una de les seves passejades, l'amo de Can Prat va fer cap al Gorg Negre, quan era ja la mitjanit d'un pleniluni total i claríssim. Les aigües del gorg, fosques, no es movien; el gorg restava quiet i exànime. Aleshores, meravellat, l'amo de Can Prat, va asseure's al bell costat de l'aigua, a sobre d'una pedra inclinada.

Va ser en aquest precís moment que va aparèixer, mig submergida, la figura meravellosa d'una dona nua que es pentinava la cabellera, rossa com l'or, amb una pinta. L'amo de Can Prat no havia vist mai una perfecció igual, i no trobava paraules per explicar-la. De fet, cap home no hauria pogut resistir aquella torbadora bellesa.

L'amo va comprendre, en aquell moment, que ja l'estimava com mai no havia estimat ningú, i que el seu destí quedava unit al d'ella. Ell va preguntar-li com es deia, però ella, sense deixar de mirar-lo, no va contestar.

La llegenda diu que durant una llarga estona ell va fer-li preguntes que ella no contestava, i així va passar el temps, fins que, en un moment determinat, tímida i temorosa va explicar que era donzella de riu, que no era mortal, però tampoc immortal, i que obeïa una llei de vida i de costums ben diferent de la dels humans. La llegenda també diu que la veu de la dona vibrava com el so d'una campana marina i que el seu accent recordava modulacions d'un altre món.

L'home li va demanar amb insistència que acceptés ser la seva esposa, i li oferí compartir la casa, les terres i la riquesa que ell tenia, com a penyora de la seva voluntat. Però ella tenia por d'abandonar els seus costums i la seva forma de viure per endinsar-se en una vida que desconeixia del tot. Havia sentit parlar de la inconstància dels humans, dels seus desequilibris, de la seva rudesa i avarícia... D'altra banda, també hi havia en aquella dona d'aigua un cansament de la freda certitud del seu medi vital i es va adonar, també, que s'havia enamorat d'aquell home que tenia al seu davant.

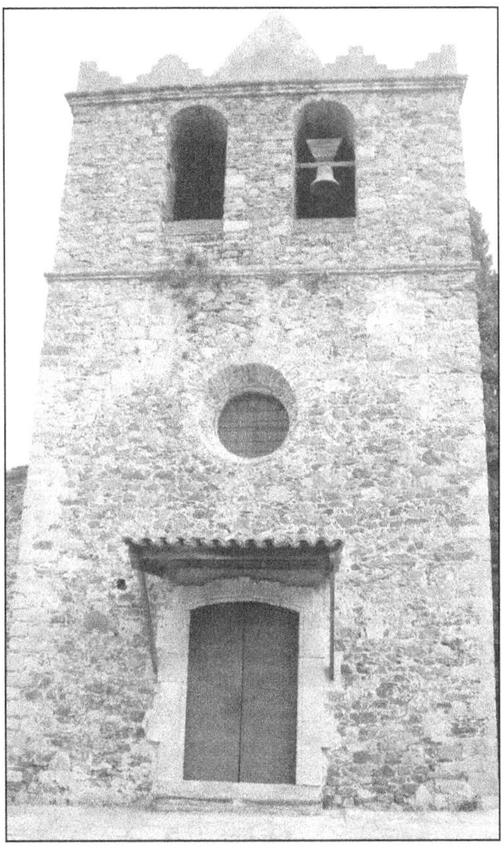

Imatge del campanar de Sant Martí del Montnegre.

Ella va acceptar la proposta, però amb una condició que ell va haver de jurar i perjurar. La promesa deia així: «mai, en cap circumstància ni per cap raó, ell li recordaria, ni en públic ni en privat, el seu origen, i mai pronunciaria la paraula "Goja"».

Diu la veu popular que va fer augmentar el poder de la família fins al punt que el nom de Prat de Gualba va resultar altament considerat al mateix palau del comte de Barcelona i més enllà de la Mediterrània, per totes les terres, illes i consolats de Catalunya. Els senyors de Gualba van ser senyors de la baronia del Montnegre. També diuen que del matrimoni van néi-

PROPIETAT DEL CASTELL DEL MONTNEGRE

Titular		Cònjuge
(963) **Ennegó Bonfill.**		

El rei ven la plena jurisdicció i es forma la baronia de Montnegre.

Titular		Cònjuge
(1274) **Ponç de Gualba.**	↓	
(1300) **Arnau II de Gualba.**	⚭ ↓	Sibil·la.
(1326) **Ponc III de Gualba.**		
(1350) **Guerau III de Gualba,** germà.	↓	

Durant el s. XIV la pesta negra va atacar Montnegre i la població es va dividir per cinc.

Titular		Cònjuge
Ponç IV de Gualba.	↓	
Guerau IV de Gualba.	⚭ ↓	Violant.

Montnegre va participar a la guerra de Remences a favor de la Generalitat i contra Joan II. El castell va quedar pràcticament destruït. Els caps de la revolta remença es van refugiar a Montnegre i van prendre la senyoria als Gualba. Poc després la van retornar.

Titular		Cònjuge
(1487) **Guerau V de Gualba.**		
Joan Guerau I.	↓	
Joan Guerau II, Mar i Lucrècia, germans.		

Durant els ss. XVI i XVII la població no augmenta i el bandolerisme es converteix en un problema important.

Titular		Cònjuge
Guillem Ramon de Gualba i Despapiol.	↓	
(1637) **Maria de Gualba,** germana.		
Maria Berart i Gualba.	⚭	Francesc d'Ortafà.
(1675) **Agustí Berardo.**		
Francesc de Berardo i d'Espuny.	↓	
Serafina de Berardo.	⚭ ↓	Lluís de Peguera i de Llaudes.
Guerau de Peguera i de Berardo.	↓	

El 1714, amb el Decret de Nova Planta, la baronia de Montnegre va desaparèixer i el terme es va veure reduït a la demarcació de la parròquia de Sant Martí. Montnegre va tenir ajuntament propi fins a l'any 1927, quan es va integrar a Sant Celoni.
La població es va reduir de 101 habitants l'any 1708 fins als 8 residents actuals. Fins a mitjan s. XIX, el municipi va rebre el nom de «Baronia de Montnegre».

Titular		Cònjuge
Josep Francesc de Peguera i d'Aimeric (mort el 1746).	↓	
Ramon Lluís de Peguera i d'Aimeric.	⚭ ↓	Gertrudis d'Armengol i Despujol.
Josep Maria de Peguera i d'Armengol.	⚭ ↓	Maria Antònia de Pedrolo.
Maria Manuela de Peguera i Pedrolo (morta el 1881).		

Fins al període de 1932-1936 Montnegre va formar municipi amb Fuirosos i la Batllòria.

xer dos fills, un nen i una nena, molt semblants als pares. Tots eren molt feliços a Can Prat, i el temps anava transcorrent sense que s'esdevingués cap desgràcia.

Però heus aquí que un mal dia, quan l'amo de Can Prat i la seva dona mesuraven una bona terra que calia preparar, van començar a discutir sobre el cultiu que seria més adient en aquella zona. La discussió va anar pujant de to, fins al punt que el marit, enfadat, oblidant el jurament que havia fet ja feia anys, recriminà a la dona, amb gran cridòria, que poc hi podia entendre ella, perquè no era cap altra cosa que una pobra dona nascuda i treta per ell mateix de l'aigua del riu. Començava a penedir-se de les seves paraules quan es va adonar de la situació que es produiria, però el mal ja estava fet i es va desfer tot l'encanteri.

La dona d'aigua, en sentir els mots prohibits, va fugir ràpidament cap als fondals del Gorg Negre, sense que l'amo de Can Prat pogués aturar-la. Diuen que ell no la va tornar a veure mai més, i que en moltes ocasions, durant el dia, feia cap al gorg i la cridava. També diuen que mentre l'amo dormia, ella entrava amb compte a la masia, anava a la cambra dels seus fills i els acaronava i besava molt dolçament i que, abans de sortir, deixava caure unes llàgrimes brillants sobre la gran taula del menjador, llàgrimes que l'endemà, convertides en estranyíssimes perles de gran valor, recollia l'amo de Can Prat, sense saber-ne la procedència. Així, malgrat la desgràcia, la casa s'enfortí encara més.

Eugeni D'Ors, un autor reconegut, recull aquesta llegenda popular com a centre de la seva obra, destacant el poder malèfic de la natura i relacionant les bruixes amb les dones d'aigua (a les quals atribueix característiques molt negatives): «Roda la tronada en les conques. Les verdors es fan lívides a la resplendor dels llampecs. Quin pes damunt el pit, Senyor, quin pes damunt el pit! I aquesta agonia de respirar.

»Atenció! Gualba és terra de bruixes. No és dissabte avui? Les bruixes de Gualba fan son dissabte allà dalt, al Gorg Negre. L'aigua dorm, negra, al Gorg Negre. Més si amb dues estelles féssiu una creu, i la gitéssiu a l'aigua negra del Gorg Negre, veuríeu que l'aigua arrenca en gran bullida i fa molt de sinistra remor i es cargola i escumeja, fins que la creu salta fora d'ella, lluny. L'esperit del mal dorm sota les verdors musicals de Gualba.

»Atenció! Vosaltres, els benaurats, els de pura i tranquil·la joia, fill i pare, enamorada i enamorat, atenció! Hi ha larves immundes sota les verdors de Gualba. Hi ha larves immundes al fons del fons de nosaltres mateixos...» (Eugeni d'Ors, *Gualba, la de mil veus).*

Eugeni d'Ors, en aquesta obra centrada a

El Gorg Negre en ple estiu.

Gualba, ens presenta una dona torbadora i arravatada. La font del mal no és una perversitat intrínseca de l'ésser femení, sinó que es troba a la natura que l'envolta, el Montseny. La natura actua sobre les «larves», les pulsions instintives de l'inconscient de la psique humana. Aquestes larves són, a l'obra, la solitud dels dos protagonistes: Alfons, el pare vidu, i la filla; que amb amistat plena i sota l'influx de les mil veus de Gualba convertiran la seva relació en una passió incestuosa. Un dels elements que fan evolucionar l'argument és l'explicació de la rondalla de la goja.

A la llegenda que explica Eugeni d'Ors són la tristor i la solitud de no viure amb una dona de veritat les causants del fet de pronunciar la paraula prohibida de «dona d'aigua» que provoca la seva desaparició, no la ira provocada per la pèrdua de la collita.

Acaba Eugeni d'Ors la història fent que pare

i filla s'adonin del seu pecat i mostra com el verí es troba a la natura. Envia un missatge al lector perquè no s'abandoni a la natura.

«Gualba, de lluny, amb la seva viciosa pompa vegetal, els suggeria a tots dos a la vegada una imatge de vergonya...

»Aquesta és una larva immunda i meravellosa. Aquesta és una larva que s'anomena Temptació...

»Tranquil viatger que, tot anant camí de la França, veiessis sota la muntanya de la tendra plavor unes arbredes acollidores, i escoltessis una cançó d'aigües com un concert d'orgue dels àngels. Si ets lliure de seguir ta via, no t'aturessis pas! Aquí Gualba s'oculta i Gualba és malalta de metzines. Massa les fosques larves ondulen vora l'aigua negra, al fons del torrent.»

EL PASTOR ARGEMIR I EL GORG NEGRE

Protagonistes: Cristià i els moros
Tema: La sequera i l'anell perdut

TAMBÉ s'explica una altra versió del Gorg Negre molt diferent, protagonitzada per un pastor en temps dels moros i lligada a l'illa de Mallorca. Aquesta llegenda també està extreta del *Recull de Llegendes de la regió del Montseny,* de Martí Boada.

L'Argemir de Penyacans era un pastor jovenet, ardit, espavilat i sabedor de tot allò que cal saber de la muntanya. Un dia molt xafogós d'estiu, el pastor va decidir banyar-se al Gorg Negre, tot i ser conscient dels riscos i especialment del perill que comportava el xuclador d'aigua del Gorg, que ja s'havia empassat qui sap la quantitat de gent i bestiar. Tot just a l'aigua, va sentir com una força sorgida de les entranyes del gorg que l'estirava cap endins, li absorbia les cames amb una gran potència. De fet, se'n va poder sortir gràcies a la vivor i destresa que posseïa, i així, agafant-se amb molta força a una forta arrel, mica en mica, va poder sortir del parany de l'aigua i escapar-se.

Un cop passat el fort ensurt es vestí i es disposà a recollir les ovelles. Fou en aquest moment quan un calfred li recorregué el cos: va veure que, en la lluita per escapar-se del terrible xuclador, havia perdut l'anell de promès que li havia regalat, amb moltes penúries econòmiques, la seva estimada Eulàlia de Ridaura.

Al cap d'un temps, l'Argemir va haver de deixar el Montseny, la seva gent i el ramat per anar a servir armes al rei. Es diu que en una ferotge batalla contra els àrabs, fou ferit, fet presoner i traslladat amb alguns companys de batalla a l'illa de Mallorca. Els van tancar en masmorres.

Conta la tradició que un dia, al cap de molt de temps d'estar tancats, Argemir i els seus companys van ser traslladats a peu i encadenats a un altre lloc de l'illa.

Mentre passaven per davant d'una font molt coneguda, va demanar poder beure aigua. Els sentinelles hi accediren. Quina fou la sorpresa del nostre rabadà quan, en fer el primer glop, va notar que s'empassava un objecte sortit del doll d'aigua. Discretament no digué res i quan tingué ocasió d'observar què era no donà crèdit a allò que veien els seus ulls: era l'anell de l'Eulàlia que havia perdut al Gorg Negre!

Al cap de poc temps, una forta sequera amenaçà l'illa. El pànic s'havia escampat per la població. Fou llavors quan Argemir demanà parlamentar amb el cabdill dels moros. Però aquest s'hi negà repetidament. Finalment va accedir-hi, atesa la magnitud del problema, i perquè l'objecte de l'audiència del jove presoner montsenyenc era per oferir-li una solució a la sequera.

Argemir va dir al cabdill que si el deixava anar a la seva terra, Mallorca, tornaria a tenir l'aigua per sempre. A canvi li demanava la llibertat dels seus companys i la seva. El moro sembla que s'ho va pensar i va acceptar.

Argemir va partir cap a la muntanya, escortat per un grup de moros amb ordres severes de decapitar-lo amb la simitarra a la mínima que veiessin que allò era una presa de pèl.

Arribaren al Gorg Negre i Argemir es va tirar decidit a l'aigua. Va submergir-se fins al punt més fondo del Gorg i de seguida va veure que l'entrada del xuclador estava completament obturada per una gran massa de fulles de faig i castanyer. Les va anar retirant i finalment va desembussar del tot l'entrada del xuclador. La sortida la va tenir més fàcil, ja que s'havia lligat, amb previsió, una gruixuda vidalba que penjava d'un freixe a la cintura.

Es diu que quan Argemir va haver retirat la fullaraca, immediatament tota Mallorca va tornar a tenir aigua.

BRUIXES DEL GORG NEGRE

Protagonistes: Bruixes
Tema: Exorcisme

A Gualba, hi tenim dues protagonistes femenines llegendàries que estan, també, relacionades amb el Castell de Montsoriu: les dones d'aigua i les bruixes. La figura que fusiona aquest arquetip és la de les encantades.

Diu la llegenda que el Castell de Montsoriu havia estat habitat per una reina anomenada Guilleuma que va quedar encantada, juntament amb les seves criades. Es deia d'aquestes dones que totes eren bruixes. Cada nit de lluna, i especialment en dissabte, sortien a ballar enmig d'una gran cridòria i espantaven els veïns del poble de Breda.

El poble, alarmat, va anar a buscar ajuda al capellà. L'home va pujar al castell per fer un exorcisme. La traça del capellà va fer que les encantades fugissin volant com si fossin ocells fins al Gorg Negre de la riera de Gualba. Ara, de tant en tant, surten a ballar alguna nit a un pla situat prop del gorg anomenat Pla de les Bruixes.

La Reina Guilleuma és coneguda també amb el nom de la Goja de Gualba, i totes aquestes dones són les encantades del Gorg Negre.

CAPELLÀ DE SANT JULIÀ DE CABRERA

Protagonistes: Campanes i bruixots
Tema: Exorcisme

AQUEST capellà va veure passar el capitost dels bruixots pel pla d'Aiats. Anava muntat dalt d'un boc negre castrat i duia a l'esquena el sac de les pedregades. El mossèn va engegar a batallar la campana de les tempestats i el cop que va rebre el bruixot el va enviar fins al Montseny, fent-lo caure al Gorg Negre.

Diuen que les campanes són el principal foragitador de les bruixes, de les pedregades i dels éssers de la mitologia boscana o nocturna. El batallar de la campana és el millor remei contra les pedregades, perquè crida el bon temps. Molts campanars tenen encara una campana que duu una inscripció que indica que va ser beneïda, especialment perquè el so servís de protecció contra les tempestes.

Antigament, el terme de Gualba es veia contínuament afectat per horroroses tempestes d'aigua, pedra, llamps i centelles, que arrasaven els camps i els boscos. Tothom s'havia adonat del fet que la tempesta sorgia després d'aparèixer al cim de la muntanya un núvol molt negre, i que després de la tempesta es podien sentir rialles d'alegria.

La gent havia vist també que, a l'altra banda de la muntanya, les aigües del Gorg Negre rebullien i feien una remor estranya, i que s'alçaven unes boires que, pujant muntanya amunt, formaven al cim un «nuvolot».

Ja se sabia, de temps antics, que a Gualba existien bruixes i bruixots, i ningú no va dubtar a l'hora de relacionar-los amb les fortes tempestes.

El rector de Gualba, per posar remei a tants mals, va decidir anar en processó al Gorg Negre i va obligar les bruixes i els bruixots a viure sota l'aigua. També va manar plantar una creu al cim de la muntanya, on abans es formava el núvol negre. I sembla que a partir d'aquell moment el terme de Gualba va deixar de patir aquestes grans tempestes que el castigaven.

També hi ha una llegenda que relaciona les dones d'aigua amb les bruixes i bruixots que existien al Gorg Negre i que, per expulsar-los, calia exorcitzar tota aquesta nissaga. Van plantar tres creus i els van treure a tots menys a un coix, que va demanar que no el traguessin prometent-los que no els faria cap mal.

BRUIXES DE GUALBA
Protagonistes: Bruixes
Tema: Reunió i persecució de bruixes

GUALBA va ser un dels centres de la caça de bruixes al Vallès. La primera bruixa que es va trobar a la comarca (a la Garriga) va delatar nombroses dones d'altres poblacions. Es van fer nombroses actuacions a Gualba, però no es va condemnar a ningú. Les bruixes es reunien pels volts del cementiri i al Pla de les Bruixes.

LLEGENDA DE LA TRAÏCIÓ DE CAP D'ESTOPES
Protagonistes: Reis
Tema: Assassinat

A «El lago negro» (*Vallès,* 21 desembre 1985), ens expliquen que el comtat de Barcelona tenia dos comtes, Ramon Berenguer II, Cap d'Estopes, i Berenguer Ramon, el Fratricida. El govern era compartit (mig any cada un).

Un any, quan arribà la data de canvi de mandat per part de Berenguer Ramon, el Fratricida, aquest li va fer una proposta al seu germà: celebrar una cacera. La nit anterior, el Cap d'Estopes, havia tingut tràgics malsons en els quals la seva capa canviava de color blanc i or a vermell de la seva sang, mentre algú li agafava el bastó i la corona.

Malgrat això, va anar a la cacera, a la vora d'Hostalric. Just abans d'arribar, el seu germà li va dir que havia de marxar a Girona, on l'esperava la seva dona. El Cap d'Estopes quedà sol patint una traïció: va morir assassinat i va ser llençat al Gorg Negre, que avui s'anomena el Gorg del Comte.

La cort va jutjar Berenguer Ramon, que havia perdut el seu ganivet a la cacera, la qual cosa el feia sospitós. Mentre s'estava celebrant el judici, va aparèixer volant el falcó del germà mort i es va llençar contra el Fratricida. Amb el bec, li va agafar la corona i la va llençar a terra. El Fratricida va reconèixer la seva culpa i, per mostrar el seu penediment, va donar el govern al fill del seu germà i se'n va anar a lluitar contra els moros.

Detalla la llegenda que l'assassinat de Ramon Berenguer II Cap d'Estopes es va produir a un rapeu del Montseny, on els topònims de Gorg del Comte; Perxa de l'Astor i Turó d'en Berenguer, prop de Gualba, defensen aquesta llegenda.

Fonts bibliogràfiques

Portals i Martí, Joan; «El Montnegre. Primeres notícies escrites»; III Trobada d'Estudiosos del Montnegre i el Corredor; Barcelona 2001.

–; «El castell i la baronia. Els primers senyors de Montnegre»; *El Mont-negre: una història de mil anys;* Diputació de Barcelona, 2001.

Sant Esteve de Palautordera

◆◆◆ Castell de Fluvià ◆◆◆

Nom: Castell de Fluvià.
Localitat: Sant Esteve de Palautordera.
Any de constitució: 1154.
Altitud: 231 m.
1r propietari: família Palau.
Funció: *domus* o casa forta.
Propietat actual: actualment el conjunt és propietat de la família Adroer.
Estat actual: edificació moderna i capella.
Reconstrucció: es van fer nombroses modificacions i reconstruccions durant els ss. XIV, XVII i XIX.

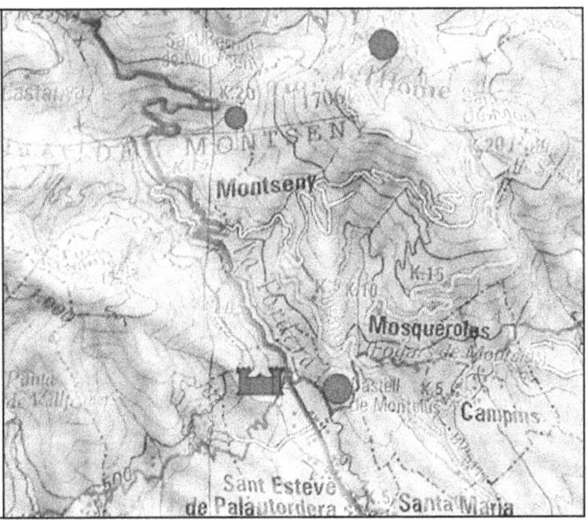

Tota la vall del Tordera, que s'endinsa en les muntanyes i forma una gorja, sembla que va ser un lloc de refugi de nombrosos cristians durant la invasió musulmana.

El Castell de Fluvià va ser una *domus* o casa forta. El mateix nom antic de la casa i de la família, «Palau» (al s. XII els patronímics es prenen dels topònims), és d'origen romà i fa pensar que existia una *mansio* (com el Palau de Santa Maria de Palautordera) prop de la via romana. Els palaus o *palatia* de l'època romana eren habitats per grans senyors o funcionaris imperials amb autonomia jurídica.

Per la seva localització, la *domus* de Fluvià havia de ser conflictiva, puix que era una entitat independent enmig d'una baronia amb uns senyors amb molt de poder. Mantenir aquesta autonomia durant segles va haver de ser complicat.

Totes aquestes dades tenen a veure amb l'antiguitat del terme i la seva continuitat al llarg del temps.

Fluvià és coneguda com a casa de Palau, de Sant Cebrià o de Sant Corneli. Aquest sant és el titular de la capella i allà es venerava la seva tomba; el nom de Palau és el cognom de la família allí establerta ja des de 1154.

Un home anomenat Cebrià oCiprià, mag d'Antioquia i patró de la casa, volia seduir, amb l'ajuda del dimoni, Justina, la verge consagrada a Déu. En veure que no podia aconseguir-ho, es va convertir i va cremar els llibres de bruixeria. Després va compartir la sort de Justina: tots dos van ser martiritzats pels volts de l'any 304 (els van llençar dins d'una caldera amb pega bullent i van ser decapitats).

El castell està situat a la defensa de la vall de la Tordera. En aquesta tasca, hi participa també amb els castells de les Agudes, Montclús, Miravalls i Santa Maria de Palautordera.

Fluvià sembla estar situat a la plana, però hi ha un desnivell notable (avui amb suau pendent) entre el pla de la casa i el riu Tordera.

Descripció del castell

El Castell de Fluvià era una mansió noble, en la qual des de temps remots es venerava la tomba de Sant Cebrià, que va ser destruïda, bui-

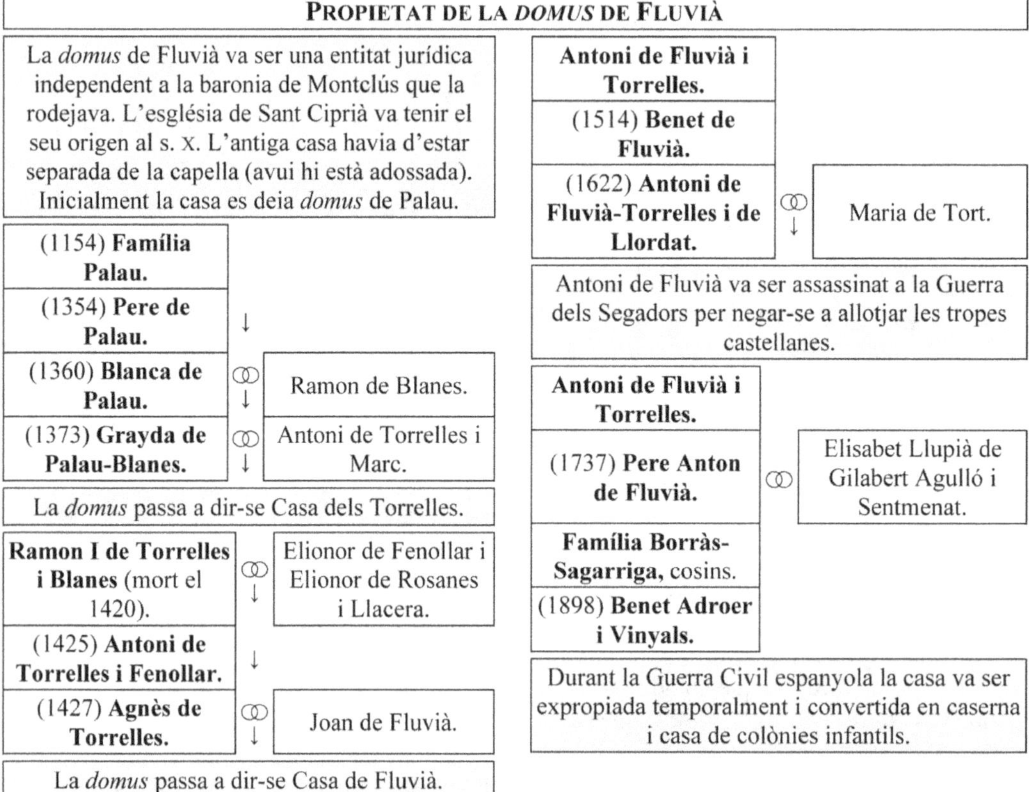

dada i cremada l'any 1936. També es van emportar les campanes per fer-ne canons.

PROPIETAT DE LA *DOMUS* DE FLUVIÀ
La *domus* de Fluvià va ser una entitat jurídica independent a la baronia de Montclús que la rodejava. L'església de Sant Ciprià va tenir el seu origen al s. X. L'antiga casa havia d'estar separada de la capella (avui hi està adossada). Inicialment la casa es deia *domus* de Palau.
(1154) **Família Palau.**
(1354) **Pere de Palau.**
(1360) **Blanca de Palau.** ꝏ Ramon de Blanes.
(1373) **Grayda de Palau-Blanes.** ꝏ Antoni de Torrelles i Marc.
La *domus* passa a dir-se Casa dels Torrelles.
Ramon I de Torrelles i Blanes (mort el 1420). ꝏ Elionor de Fenollar i Elionor de Rosanes i Llacera.
(1425) **Antoni de Torrelles i Fenollar.**
(1427) **Agnès de Torrelles.** ꝏ Joan de Fluvià.
La *domus* passa a dir-se Casa de Fluvià.
Antoni de Fluvià i Torrelles.
(1514) **Benet de Fluvià.**
(1622) **Antoni de Fluvià-Torrelles i de Llordat.** ꝏ Maria de Tort.
Antoni de Fluvià va ser assassinat a la Guerra dels Segadors per negar-se a allotjar les tropes castellanes.
Antoni de Fluvià i Torrelles.
(1737) **Pere Anton de Fluvià.** ꝏ Elisabet Llupià de Gilabert Agulló i Sentmenat.
Família Borràs-Sagarriga, cosins.
(1898) **Benet Adroer i Vinyals.**
Durant la Guerra Civil espanyola la casa va ser expropiada temporalment i convertida en caserna i casa de colònies infantils.

És força difícil descobrir, a partir del conjunt d'edificis i instal·lacions actuals, l'estructura fortificada que formava la *domus*. És molt possible que la de Fluvià tingués molí i ferreria.

Avui, el mur perimetral, la torre de defensa i el fossar estan desapareguts. És una casa sense elements defensius.

L'edifici residencial que avui observem (una gran nau amb tres alçades i coberta a dues aigües) en realitat està dividit en diferents blocs que han anat creixent longitudinalment i s'han adossat progressivament. La part sud està formada pel centre residencial antic; a la part central, hi tenim la capella (tan llarga com el mas d'ample; amb la porta mirant a l'oest i l'absis a l'est) i la part nord (tota la zona d'arcades) és un altre nucli residencial que va ser construït al s. XVII. El mas del sud i la capella central estaven separats.

Aquest edifici d'habitatges i les quadres i magatzems, que trobem de forma gairebé perpendicular a la casa, devien fer un barri tancat de forma quadrangular amb l'entrada principal al sud. Al centre, hi devia haver el pati de cavallers, i en època medieval, l'era. Tant el mas com la capella tenien la porta principal mirant cap aquest pati, cap a l'oest (el mas amb una gran escala exterior que donava entrada a la part noble). El mas del sud va anar creixent i es va adossar a la capella, practicant la porta principal a la façana sud (això vol dir que en aquesta època ja no hi havia el tancat). Posteriorment, es va construir la zona nord amb arcades i grans finestrals, i la sortida amb porxo de la capella. Possiblement en aquesta època es va practicar la porta de l'edifici principal cap als grans jardins de l'est. A sobre d'aquesta porta encara hi ha una barbacana.

Actualment, la sumptuositat interior que el mas havia de tenir ha desaparegut, ja que les instal·lacions s'han convertit en una elegant casa de colònies i tots els habitacles interiors estan formats per grans habitacions col·lectives. Els camps s'han transformat també en una gran extensió d'instal·lacions esportives.

A l'interior de la casa, hi queda una dependència importantíssima i completa: la capella de Sant Cebrià i Santa Justina. Des de l'exterior, hom pot observar part de l'absis i l'espitllera, formant una mena de torre de defensa del castell, avui campanar, molt refeta. Es tracta d'una església d'estil romànic llombard (s. XI), amb planta de creu llatina, d'una sola nau i amb l'àbsida trevolada. En aquesta capella, l'any 1622, els *tercios* de Spatafora van matar el cavaller Antoni de Fluvià i la casa va patir el saqueig, perquè havia estat barrada a l'allotjament arbitrari. L'únic que es va salvar van ser els reliquiaris, molt valuosos; entre les relíquies n'hi ha una de Sant Pau. Si a la baixa Edat Mitjana la possessió de relíquies era senyal de potència, aquestes, per si soles, demostren que el Castell de Fluvià era una casa important. La festa de Sant Cebrià era de precepte a la parròquia de Sant Esteve, es feia una processó i es rendia culte a les relíquies.

El temple és suficient per confirmar l'antiguitat i el rang d'aquesta casa. El que queda clar és que no és una església de castell: la «casa forta» de Fluvià es va construir més tard, aprofitant algun edifici de la primitiva sagrera que envoltaria l'església, quan ja havia perdut la seva jurisdicció parroquial. Les característiques de la capella porten a poder-la datar al s. XI, i es pot demostrar que estava aïllada de l'edifici. Si bé aquesta església ha sofert diverses reformes i transformacions a través del temps, està en molt bon estat de conservació, i les reformes no l'han modificada en cap element essencial. Ha conservat la seva fesomia interior romànica tot i les modificacions que han afectat el seu aspecte exterior. Actualment, s'hi poden trobar estàtues de Frederic Marés.

Imatge de l'entrada a l'església de Sant Ciprià, al Castell de Fluvià.

Avui és molt difícil identificar l'estructura que va tenir el castell. Durant el s. XIV la casa es va fortificar, seguint la forma a doble vessant de la coberta, amb espitlleres. S'hi va construir en aquesta època la torre de guaita a l'absis de la capella.

Durant els ss. XVII-XVIII es va reformar i es va convertir en masia senyorial. Es va engrandir la part de migdia i s'hi va col·locar un escut dels Fluvià posterior al 1737.

A finals del s. XIX, Benet Adroer va comprar i reconstruir el casal, que es trobava en estat ruïnós. L'any 1898 l'església es va arreglar per convertir-se en capella neobarroca i les antigues imatges romàniques dels sants patrons van ser cedides al Museu de Vic. També es van construir les galeries d'arcades a la cara nord, l'ala baixa de ponent, la porta principal a la façana est, les quadres i els magatzems. És d'aquesta època la nova façana est amb un gran portal que va passar a ser l'accés principal de la casa. La tomba de Don Anton de Fluvià té un lema del s. XIX inscrit a la llosa, que diu: «Avui per mi, demà per tu». La torre estava coberta amb una teulada de pissarra del s. XIX.

Després de la Guerra Civil, època en què es va cremar l'església, es van refer els altars i es van fer les pintures de l'absis. La darrera reforma data de 1967, quan es va retornar la capella a la primitiva estructura, deixant la pedra i la porta originals. Es construeix un atri, un jardinet, i una porta a l'exterior, a la part de ponent de la casa.

La torre, molt malmesa, es va desmuntar i s'hi va afegir un segon pis amb merlets per rematar-la. Té una escala de cargol a l'interior i s'hi va penjar una campana nova anomenada Carme, Cipriana i Justina.

Ara el Castell de Fluvià és una casa de colònies regentada per La Rosa dels Vents.

Escut familiar del Castell de Fluvia.

Llegendes

Rivalitat entre castells veïns

(Vegeu altres llegendes a l'apartat del Castell de Montclús.)

LA DONA DE MONTCLÚS

Protagonistes: Esperits i nobles feudals

Tema: Salvatgisme feudal castigat

La llegenda relata l'enfrontament ferotge entre el senyor de Montclús i una antiga casa forta, lloc de residència de pagesos i guerrers, la Casa del Torrent. El senyor de Montclús era un mal senyor bàrbar i cobdiciós. Tant ell com el de la Casa del Torrent eren salvatges, nobles muntanyencs que van prendre les possessions als moros i tenien una ambició sense mida.

La casa forta tenia la farga i el molí; i el castell tenia la terra alta i la riquesa forestal. La guerra entre ells va ser molt cruel i despietada, incloent-hi els servents. Quan ja havien mort els descendents de les dues cases en la guerra, el senyor de Montclús només engendrà una filla i el Baró de la Casa del Torrent, un sol fill. Empobrits, van veure que l'única solució era casar els fills. Elisenda, la filla de Montclús, es va sentir venuda per la cobdícia del pare. El marit, el que volia, era que el seu sogre morís abans que el seu pare i així quedar-s'ho tot. La filla va marxar a la Casa del Torrent i va ser molt bona, malgrat que va caure en la malenconia.

El fet positiu va ser que la pau es va estabilitzar. Però va morir l'esposa del senyor de Montclús i aquest es va tornar a casar amb una dona d'ulls verds i llarga cabellera rossa. Es va quedar embarassada d'un fill. Aquesta dona, perversa, va trencar la pau: volia que el senyor de Montclús reconegués el seu fill com a únic hereu de la casa i adjurés la promesa amb els de la Casa del Torrent per poder trair a la seva filla. Va sembrar la traïció i, novament, l'ambició en el senyor de Montclús. Es va reiniciar la guerra.

Per Tots Sants, al capvespre, van assaltar la Casa del Torrent i els van matar tots, també el senyor de Montclús, a mans del seu gendre. Elisenda era a la capella i la seva madrastra la va anar a trobar per explicar-li que tots havien mort perquè el seu fill ho pogués heretar tot. De sobte, la va prendre i també l'assassinà. Elisenda acabà morint degollada tot cridant: «No! No! No sigueu parricida...».

Es comenta que la madrastra, fins i tot, va haver de treure's la sang de la víctima del front.

Aquella nit va néixer un nadó que tenia estampada, també al front, una taca de sang.

Al cap de poc temps va morir la senyora de Montclús, mentre cavalcava vora el torrent.

Ningú volia l'hereu, perquè estava marcat per aquella taca i va emmalaltir també de malenconia. Així, que va morir sense descendència.

En faltar el senyor, el castell es va deshabitar i es va anar enrunant.

Cada any, la nit de Tots Sants, tornen a baixar a la vall els esperits dels Montclús, amb la dama d'ulls verds. Quan la dama arriba a l'altar on va morir Elisenda es repeteix l'escena del parricidi. Diuen que es pot sentir el crit horripilant d'Elisenda: «No! No! No sigueu parricida...».

Bienve Moyal a *Rondalles i llegendes catalanes* recull aquesta llegenda que mostra certes imprecisions, com ens han comentat estudiosos i arqueòlegs de la zona. La casa amb la qual rivalitza el senyor de Montclús no pot anomenar-se «La Casa del Torrent» perquè no hi ha cap tipus de documentació que ho acrediti, però pot referir-se al Castell de Fluvià, que durant temps va ser propietat de la família Torrelles (confós amb Torrent, possiblement), a part dels Palau i Fluvià.

Aquest castell, com expliquem al capítol de les referències històriques d'ambdós territoris, va ser objecte de grans rivalitats irrefrenables, perquè el Castell de Montclús governava tot el Montseny (i en temps dels Cabrera, mitja Catalunya). La Quadra de Campins (petit territori com una illa enmig d'aquest enorme feu, però que té una autonomia històrica que no es pot abolir amb guerres) no retria vassallatge a aquesta gran casa.

S'aprofita de forma masclista la història terrorífica d'una dona «salvatge» per explicar la rivalitat «masculina» i militar entre aquestes dues cases.

CASTELL DELS MOROS I DELS CRISTIANS

Protagonistes: Moros i cristians
Tema: Rivalitat entre castells

ELS dos castells tenien un sobrenom conegut popularment: el de Montclús era anomenat dels «moros» (com molts de Catalunya) i el de Fluvià era el dels «cristians». Aquests sobrenoms ja indiquen la rivalitat comentada anteriorment. Però sabem, segons fonts documentals, que el Castell de Montclús va ser habitat per primer cop l'any 1275, època en què ja no hi havia moros al Vallès. La denominació dels «moros» ja indica que el poble considerava que aquest castell, o els seus propietaris, potser pel seu enorme poder, eren els «dolents» de la història. I els de Fluvià, potser per la seva feblesa, els bons.

CAMÍ SUBTERRANI

Protagonista: Camí subterrani
Tema: Camí que uneix els dos castells

COM passa a molts castells de Catalunya, la veu popular parla d'un camí subterrani que unia aquests dos castells. Es pot veure l'entrada d'una mina o camí que devia sortir del castell, l'inici del qual ha desaparegut per l'erosió de la muntanya, i que surt metres avall de la porta del castell, en un lloc no gaire estratègic. Es desconeix avui la seva finalitat.

Fonts bibliogràfiques

Adroer i Tasis, Anna Metres; Cabestany i Fort, J. F.; «El Castell de Fluvià»; *Monografies del Montseny,* vol. 2.

Sant Esteve de Palautordera

••• Castell de Montclús •••

Nom: Castell de Montclús.
Localitat: Sant Esteve de Palautordera.
Any de constitució: l'origen del castell se situa entre els ss. XI-XII.
Altitud: 331 m.
1r propietari: els senyors de Sesagudes.
Funció: defensa de la vall de la Tordera i de la via romana que anava de Sant Celoni al Montseny, després Camí Ral.
Propietat actual: família Adroer.
Estat actual: conjunt de ruïnes.
Reconstrucció: actualment s'han iniciat les excavacions, però al s. XIV es van portar a terme obres de transformació del castell en palau residencial que no es van acabar.

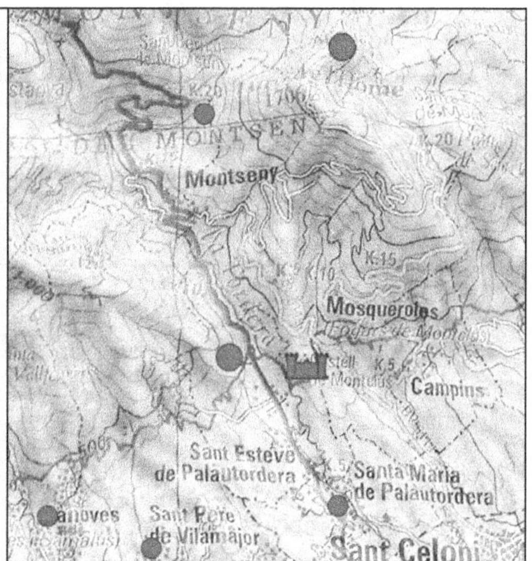

Al voltant del Castell de Montclús es van trobar restes d'un poblat ibèric.

El castell protegeix la via romana que anava de Sant Celoni al Montseny i que, després, va ser Camí Ral. El mateix nom de Palautordera és d'origen romà i demostra que existia una *mansio* (segurament el Palau de Santa Maria de Palautordera) propera a la via romana.

El Castell de Montclús era conegut popularment pel «Castell dels Moros».

Aquestes dades demostren que el poblament ha estat continu a la zona des de l'època ibera fins a l'actualitat.

Relacionat amb dues famílies molt notòries (els Umbert i els Cabrera), aquest castell ha participat activament en la història catalana. A través de tota una sèrie de successions, els territoris del Montseny i el de Montclús i Palautordera van passar al vescomtat de Cabrera, successor de l'antic vescomtat gironí, que estava centrat en el Castell de Montsoriu. Aquest castell tenia jurisdicció sobre les deu parròquies del massís.

El castell està situat a la defensa de la vall de la Tordera. En aquesta tasca hi participen també els castells de les Agudes, Miravalls, Fluvià i Santa Maria de Palautordera.

L'indret on està situat el castell segueix l'orografia d'un turó voltat d'espadats, o sigui, un «mont clos», d'on prové el nom de Montclús, que van adquirir els seus propietaris.

L'escut d'armes dels Montclús, com a cognom, era negre amb la figura heràldica anomenada «montfloré» de color blanc al mig. Aquesta figura vol representar un mont o muntanya amb una flor de lis o de lliri al capdamunt. En termes heràldics, aquest escut es descriu així: «De sable, montfloré d'argent». Aquestes armes apareixen a l'escut de Vallgorguina, situades sobre la creu en aspa, de color blanc, sobre fons blau, que és la creu de Sant Andreu de Vallgorguina.

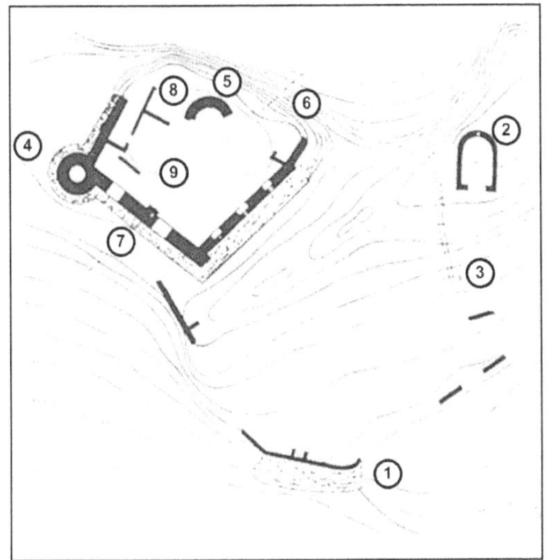

Esquema de la planta del Castell de Montclús.

Vista aèria del Castell de Montclús (arxiu ICC.). S'observa a la dreta la desaparició de part de l'edifici, amb les runes del castell muntanya avall.

Descripció del castell

El tram del riu Tordera que segueix la falda meridional del Montseny estava defensat per tres castells: el de Fluvià, el de Montclús i l'anomenat Palau, que donà nom als pobles i comarca de Palautordera. El primer i el tercer es trobaven a la riba dreta del riu, i el segon, al costerut vessant esquerre, sota el poble de Fogars de Montclús. El castell és dalt d'un petit turó conegut amb el nom de Serrat dels Moros, als contraforts del Montseny i damunt la plana de Palautordera.

Hi ha encara restes al sector sud-oest d'un poblat ibèric descobert, al voltant del castell, que indiquen que el lloc era poblat des de la prehistòria i que continuà essent-ho. Han quedat d'aquesta època restes mobles i una canalització que podria indicar l'existència d'una zona urbana (ss. IV-II aC). Aquest fet és la prova de l'excel·lència defensiva del lloc.

Les restes del castell estaven condemnades a desaparèixer. Les aigües torrencials van obrir un altíssim barranc que, de mica en mica, soscavava el castell, bona part del qual ja s'ha perdut pel precipici.

És possible que calgui buscar els antecedents del castell en l'existència d'una torre de defensa de planta quadrada.

El Castell de Montclús constava de dos recintes, el recinte sobirà i el jussà. El primer el formen la part residencial i de serveis del castell. El segon inclou el conjunt de murs de protecció, amb les seves sageteres i merlets, que en diferents cercles defensaven el castell.

Queda algun tros de mur amb sageteres a l'exterior del recinte jussà (1) i, a l'albacar, les ruïnes de la capella de Santa Margarida (2) i la fovea (3), o túnel d'escapatòria. L'exterior era molt espaiós i s'estenia als peus del nucli principal, costa avall; tenia la seva muralla frontal en una cota intermèdia. Les primeres restes evidents de la construcció ja s'observen a la part inferior del turó, amb la muralla que tancava el recinte exterior del castell i que definia la zona de l'albacar.

Avui, podem seguir encara, a trams, els fonaments d'aquest mur exterior amb sageteres fins a assenyalar el lloc d'entrada, que tenia un mur més avançat per protegir-lo. A l'angle oest, que és on ha quedat el tros més

PROPIETAT DE MONTCLÚS

Sant Esteve de Palautordera és una població d'origen romà, situada al costat de la via romana al Montseny. És una població medieval de jurisdicció comtal i formava part de la senyoria Agudes-Montseny. A Montclús s'ha trobat un poblat iber.
El Castell de Montclús es va construir al s. XI però es va convertir en el castell central del Montseny al s. XIII, quan es van abandonar els castells alts de les Agudes i Miravalls.

Trasovad.		
Guifré Borrell.		

La plena jurisdicció passa al monestir de Sant Cugat del Vallès. Els Montclús seran feudataris. El 1151 Sant Celoni se separa de la baronia del Montseny perquè Guillem Umbert II l'entrega a l'orde dels Hospitalers. El seu germà Riambau I de Montseny va impugnar aquesta venda i va lluitar contra aquest orde de cavalleria.

(1230) **Guillem I de Montclús.**	⚭ ↓	Gueraua de Cabrera.
Riambau II de Montclús.		
(1275) **Ramon de Cabrera,** oncle, senyor de Montclús.	⚭ ↓	Alemanda.
Bernat I de Cabrera, baró de Cabrera i senyor de Montclús.	⚭ ↓	Leonor de Aguilar.
Bernat II de Cabrera, comte d'Osona.	⚭ ↓	Timbor de Fenollet.

L'any 1345 Bernat II de Cabrera i Pere de Palou (senyor de Fluvià) signen un pacte sobre la jurisdicció de Campins per tenir pau en termes veïns.
Els Cabrera cauen en desgràcia, són perseguits, empresonats, Bernat II és ajusticiat i les seves propietats són alienades. Anys més tard són perdonats i recuperen els seus títols i les seves jurisdiccions.

Bernat III de Cabrera (mort el 1368).	⚭	Margarida de Foix-Castellbó.
Bernat IV de Cabrera.	⚭ ↓	Timbor de Prades.

Bernat IV va comprar la plena jurisdicció de la baronia del Montseny als Hospitalers.

Bernat Joan de Cabrera (Bernat V).	⚭ ↓	Violant de Prades.

El Montseny va lluitar a la guerra de Remences a favor de la Generalitat, contra Joan II.

Joan I de Cabrera.	⚭	Joana de Devèse.
Joan II de Cabrera.		
Anna I de Cabrera, germana.	⚭	Fadrique Enríquez.
Luis Enríquez, nebot.		Anna II de Cabrera.
(1573) **Francisco de Montcada.**	↓	
Gastó II de Montcada i Gralla.	⚭	Caterina.
Francesc II de Montcada i Montcada.	⚭ ↓	Margarida d'Alagó-Espés-Castre-Cervelló i Magdalena de Guzmán.
Guillem Ramon IV de Montcada i d'Alagó-Espés-Castre-Cervelló.	⚭ ↓	Ana de Silva-Portugal.
Miquel I (o Miquel Francesc) de Montcada i de Silva.	⚭ ↓	Luisa Feliciana de Portocarrero-Meneses.
Guillem Ramon V de Montcada i de Portocarrero-Meneses.	⚭	Ana Maria de Benavides i Rosa Maria de Castro-Portugal.

La baronia i els comtats dels Montcada van ser abolits pel Decret de Nova Planta el 1714. Fins al s. XVIII el castell va estar habitat per batlles, però l'edifici es va anar degradant.

gran, veiem que hi havia una paret d'obra rústega, no molt gruixuda, amb sageteres senzilles. Fins i tot en aquesta part falta, completament, el coronament de merlets.

Seguint el traçat del fossar en direcció est, s'accedeix a l'antiga ermita de Santa Margarida, d'una sola nau i amb absis semicircular, avui pràcticament derruïda. A pocs metres de l'ermita hi ha la fovea, retallada per l'erosió.

A l'extrem més alt del turó, que és el de llevant, s'alça el segon i principal recinte, el sobirà, en el qual hi havia una residència senyorial molt bella.

Del recinte sobirà del castell resta una notable torre rodona d'angle (4) que havia estat la presó, molt poderosa i destacada en altura, amb importants llenços de mur espitllerats i una capella romànica, ara ruïnosa i abandonada. Té la seva base en talús i tota la part baixa és feta d'uns carreus força irregulars. L'accés a aquesta torre es fa per la planta superior, des del camí de ronda. Una vegada allà, per un forat, es pot accedir a la planta baixa, molt profunda, que com l'altra està coberta amb volta semiesfèrica. També es distingeix la base d'una torre central (5) amb uns espessos fonaments de planta circular que deuen correspondre a la torre de l'homenatge.

És un tipus de castell quadrat, malgrat que part de les edificacions han desaparegut per la força de les aigües al barranc. Per tant, queden tres costats del mur.

Aquí ens trobem amb el conegut tipus de castell quadrat, que tant es repetia en aquella època. En queden tres costats d'un mur molt alt, amb merlets, un dels quals, incomplert; i el quart, totalment desaparegut, s'ha estimbat barranc avall. Precisament en aquest costat sudest, que ja no existeix, devia estar la porta (6), ja que no apareix en el conjunt conservat i és lògic que s'hi arribés per un camí que venia de la porta exterior i travessava l'albacar, entre la capella i el segon recinte. Els murs del nord i de l'oest són més gruixuts que el del sud i presenten la mateixa tècnica: estan construïts amb còdols lligats amb morter i paraments arrebossats. Al mur oest (7) destaquen dues grans obertures que s'atribueixen a dos grans finestrals construïts en el moment de transformació del castell en palau.

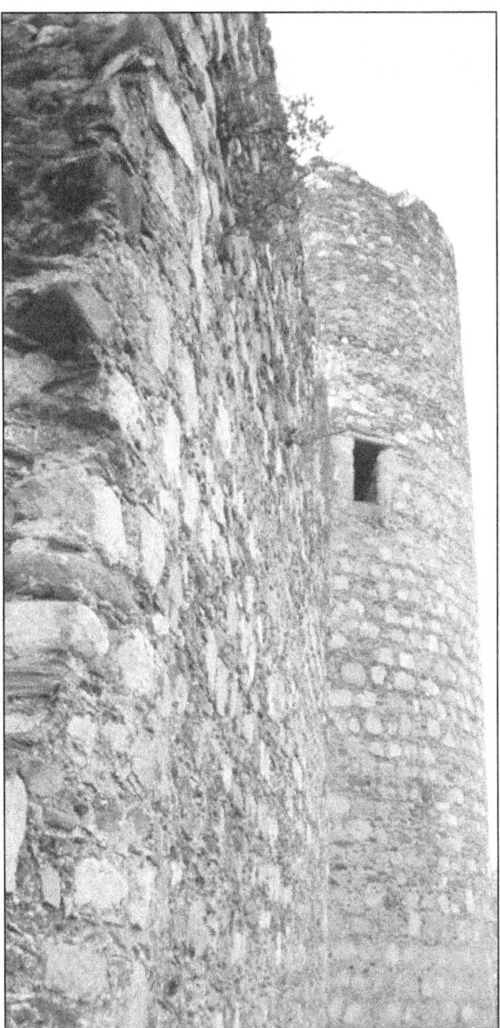

Mur i torre del Castell de Montclús.

El mur vell (ja veurem que les obres de renovació del castell en palau van crear un doble mur) ens mostra que, originàriament, el castell tenia dues plantes separades per un sostre de bigues. I que les dependències es distribuïen al voltant del recinte, ja que encara es veuen les parets paral·leles que servien per a tancar-les. Una d'aquestes parets, la que mira al nord-est (8), està construïda d'*opus spicatum* i té un caràcter arcaic. Enmig de totes aquestes construccions s'obria el pati d'armes (9).

Un detall curiós en aquest castell era el sistema de recollida de l'aigua de pluja. A l'exterior

Detall dels finestrals fets durant la transformació del castell en palau.

dels murs i a mitja alçària, corrien unes canals que organitzaven un veritable sistema de conducció fins a la cisterna. Així, es captava fins a l'última gota que rellisqués per les pedres. La cisterna és de molt bona construcció, de pedra, i es troba al costat nord-oest, arrambada a l'interior del mur, amb una curiosa sortida en xemeneia per a poder-ne treure aigua des d'una de les cambres. També és possible que aquest sigui l'accés a una mina que donava aigua al castell.

El conjunt del castell denota diverses etapes d'ocupació molt ben diferenciades que van canviar-ne la morfologia de forma progressiva. En un primer moment, que podria remuntar-se a finals del s. X i principis del s. XI, l'edifici devia constar d'una torre de defensa protegida per una muralla al seu voltant.

La segona època, entre els ss. XII i XIII, implica la instal·lació definitiva de Guillem, fill de Guillem Umbert de Montseny, que va dur a terme reformes estructurals importants amb l'objectiu de convertir la petita fortalesa romànica en un castell més gran i més còmode per viure. El conjunt devia formar un edifici de planta rectangular, del qual coneixem els límits nord i sud. A aquesta època correspon una torre circular i una sala adjunta que almenys feia 5,5 m d'ample per 6,2 m de llarg. Els murs d'aquestes dues construccions estan fets amb aparell irregular, que en alguns trams té carreus disposats en forma d'espiga, *opus spicatum*. La torre es conserva en una alçada de 3,5 m, tot i que devia ser més alta. Les parets perimetrals fan uns 12 m d'alt i la torre és encara uns 4 m més alta. Aquesta primera edificació es féu sobre un basament anterior i restes ibèriques.

A un moment posterior correspon el clos de

planta, gairebé quadrada, construït ja en la baixa Edat Mitjana, els ss. XIII o XIV. Conserva en millors condicions els murs nord i oest.

A la segona meitat del s. XIV el castell es vol convertir en palau, i s'inicien unes obres que mai s'acabaran; prova d'això és l'obertura d'uns enormes finestrals de cara al Montseny. Es van construir les muralles nord i oest i la torre de la presó. L'extrem del mur oest, amb una lligada provisional en el seu enllaç amb el contigu, sembla indicar que en algun moment s'havia planejat la substitució dels murs, un per un, per tal de convertir el rude castell en residència palatina. Això, no obstant el propòsit, no va passar d'aquí. A la part interior del recinte jussà es va iniciar la construcció d'una gran paret que tancava els àmbits de residència, disposats de forma perimetral al pati central. Aquesta transformació no es va acabar a conseqüència del terratrèmol de 1448, que el va afectar considerablement. A partir d'aquest moment, els senyors van abandonar el castell com a residència i es van emportar els seus béns. El fet que el castell no s'enrunés, sinó que fos abandonat, s'evidencia per l'absència de restes de mobiliari, ceràmica o vidre que existirien en un castell «viu». Hem de pensar que els propietaris es van emportar les seves pertinences en el moment que van decidir marxar d'aquest indret, o ho van fer de forma progressiva. S'han trobat restes de teules, ceràmica ibèrica del subsòl del castell, una espasa i algun element de l'arnès. D'aquesta manera, perdem eines per esbrinar i comprendre la vida diària d'aquesta gran construcció. Les nombroses propietats dels Cabrera en llocs més accessibles i confortables van fer pensar, als seus propietaris, en el fet d'abandonar el castell sense acabar les obres.

Devia existir algun tipus d'ocupació fins a final del s. XV, atès que s'han trobat restes materials d'aquesta època. Amb les restes del castell es van reordenar els espais interns. A la zona situada al voltant de la torre mestra, que durant l'anterior època feia les funcions de pati, s'hi va construir un nou edifici que inutilitzava la torre mestra, i els àmbits de residència van esdevenir una zona de pati. Es va convertir en una residència de caràcter secundari, on potser vivia el batlle. Una part d'aquest edifici es va destinar a quadres per al bestiar. Aquest devia ser el moment final d'abandonament total de l'edifici.

Mostra de les bases del murs divisoris i l'enclavatge de les bigues que dividien els dos pisos.

Entre els ss. XVI i XVIII, el castell es va convertir en un edifici en ruïnes, espoliat i desfet pels agents naturals. Algunes zones del castell van ser utilitzades com a lloc de refugi en moments puntuals. Queden d'aquesta època un paviment i un forn de pa construït sobre les ruïnes.

Aquesta darrera etapa estaria relacionada amb les obres de reforma efectuades a la capella de Santa Margarida. L'antiga església de Santa Margarida és d'una sola nau i amb absis. Un cop abandonat el castell, l'església va continuar essent objecte de la veneració anual fins a l'any 1735, quan es va inaugurar l'actual església situada al barri de Santa Margarida.

Monreal i De Riquer van descriure l'estat en què es trobava aquest castell fa uns anys.

El castell, abandonat des de fa segles, està condemnat per la natura a desaparèixer en un termini relativament breu si les institucions no hi posen remei.

Gràcies a l'ajut econòmic de l'Ajuntament i

Detall de les sageteres dels murs.

del Servei de Parcs de la Diputació, des de l'any 1996, s'estan fent uns treballs arqueològics per tal de facilitar la visita i comprensió de les ruïnes actuals. La principal tasca avui és el reforçament dels elements que existeixen, principalment del terreny, per aturar el procés de degradació progressiva en què es trobava. Ja hi ha un projecte d'arranjament de les terres.

La primera actuació del castell va ser el 1996, destinada a la neteja de vegetació de l'entorn del recinte i de l'interior del castell.

El 1999, van descobrir un mur interior que tancava les sales de residència i una estructura de defensa que protegia el recinte. L'última actuació es va centrar en el pati d'armes i en un dels àmbits interiors del recinte sobirà.

L'actuació de l'any 2004 descobreix sis finestres gòtiques que haurien format part de l'estructura del castell, però que s'han trobat en un altre lloc que no seria l'originari; estaven recolzades contra una de les parets, apilades les unes a sobre de les altres. Hom imagina que van ser desmuntades quan el castell encara funcionava com a tal.

També s'han trobat diferents elements metàl·lics relacionats amb l'armament (una espasa del s. XV), grillets de presoner, diverses puntes de fletxa, i elements relacionats amb la vida quotidiana, com una petita falç, grillons i ornaments de bronze. En algun dels àmbits s'han pogut documentar els paviments de les fases primerenques d'ocupació.

Avui, es poden fer visites guiades pel recinte.

Llegendes

PACTE AMB EL DIABLE DEL SENYOR DE MONTCLÚS

Protagonista: Dimoni
Tema: Pacte amb el diable

EL senyor del Castell de Montclús va patir un gir de fortuna i va cridar el Diable per vendre-li l'ànima a canvi d'una condició: que en els set anys següents pogués anar tirant de veta. Com que ningú no pot dir que Llucifer (Satanàs, el Diable) no tingui paraula i la compleixi, el senyor del Castell de Montclús va poder viure durant set anys sense passar gana.

La nit en què va vèncer el termini, en Llucifer va trucar a la porta i la senyora l'obrí. Ella va dir-li que s'esperés una mica, perquè el senyor estava fent el testament. Mentre s'esperava, la dama va tirar-li al damunt una creueta d'argent que havia posat al foc abans que arribés, i en Llucifer va sortir corrents.

ELS GEGANTS DE SANT ESTEVE DE PALAUTORDERA

Protagonistes: Senyors de Montclús
Tema: Gegants

ELS gegants de Vallgorguina Bernat i Elionor representen uns personatges així anomenats que, cap al s. XII, foren barons de Montclús i senyors feudals del poble.

Vallgorguina, poble de la baronia

El toponímic ja és llegendari. Es creu que és un derivat de gorg, la qual cosa estimula la fantasia de veure la vall convertida en un llac que desaigua a la Tordera.

En diferents documents apareixen altres noms, com vall gregòria, vall gorguira i vall gorguina.

Mur del Castell de Montclús edificat amb la tècnica constructiva opus spicatum.

PEDRA GENTIL I LES BRUIXES

Protagonistes: Bruixes
Tema: Rituals

HOM relaciona les llegendes de bruixes a la Pedra Gentil, amb el Castell de Vallgorguina.

En un passat molt remot, la gent que vivia a les poblacions litorals del Maresme (agricultors i mariners) temien l'arribada de les tempestes provinents del massís del Montseny, que per ells tan sols començaven a ser visibles quan ultrapassaven el mur muntanyós de la Serralada Litoral. Aquestes pors als fenòmens extraordinaris les van relacionar amb construccions megalítiques i, de retruc, amb bruixes.

Els habitants de la vall no coneixien aquest món llegendari, perquè tampoc veien els dòlmens des del poble.

Es diu que la bruixa de Vallgorguina viu sota el dolmen de Pedra Gentil. Quan vol fer pedregar convoca les altres bruixes de la contrada i s'enfilen totes damunt del dolmen. Des d'allí estant, prenen impuls per arribar millor als núvols, des d'on dominen les pedregades, i les guien cap a l'indret que més els convé. Quan les bruixes determinaven promoure una tempesta, es donaven cita al dolmen. Totes les bruixes del Montseny i del Maresme, d'un bot, saltaven sobre la llosa (pedra plana i de poc gruix que pot ser d'un forn) i en el moment d' entrar en contacte amb la misteriosa pedra començava la tempesta. Saltaven de núvol en núvol enmig de l'huracà amb els braços creuats, però animant amb la seva presència l'esperit de la tempesta fins que eren allunyades pels conjurs dels camperols.

Gorguina és un mot que vol dir bruixa. Cal remarcar que a Vallgorguina hi ha la creença que totes les dones són bruixes, per tant, es pot suposar que el nom tòpic de Vallgorguina és el de vall de bruixes.

De la mateixa manera que es comenta que aquest dolmen és l'habitacle de la bruixa de Vallgorguina, també es diu que hi viuen un estol

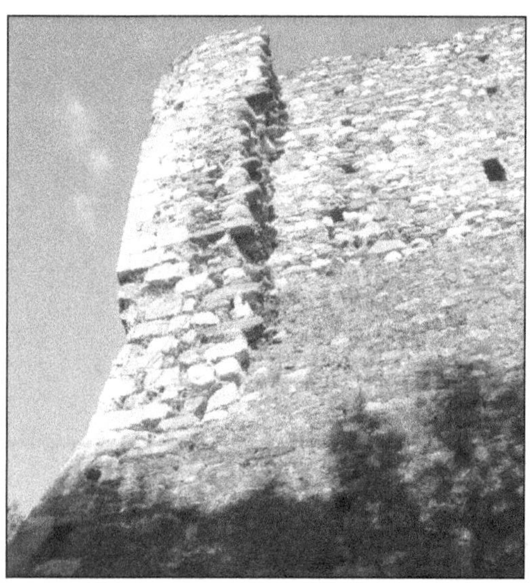

La imatge del mur inacabat mostra que el castell va ser abandonat abans d'acabar les reformes que l'havien de transformar en palau.

de goges que tot sovint ronden pels voltants del megàlit.

Cal precisar que el nom de Pedra Gentil no fa referència al dolmen, sinó al turó on es troba. Aquest també va ser conegut, antigament, pel nom de la Pedra Gelada.

La gent del poble parla dels misteris de l'indret: «Deien els meus avantpassats que Pedra Gentil va rebre aquest nom, perquè allà hi vivia una família anomenada els "gentils" i també m'explicaven que la gent que passava per les rodalies de vegades hi veia roba estesa a les vores del cim del turó, però que quan s'apropaven aquesta desapareixia». El segon relat afegeix que aquesta família era molt esquerpa i es deixava veure ben poc.

Les tardes acalorades d'estiu solia aixecar-se cap al lloc del dolmen una fosca i espessa nuvolada, indici d'una tempesta. Els pagesos recorrien a mil recursos per a conjurar-la i acabaven cridant desconsolats: «Oh! La bruixa de Vallgorguina, la fatal bruixa de Vallgorguina».

D'entre els conjurs emprats a marina encara es recorda un que diu: «Llampega, llampegot, que et tiraré el sabatot».

Joan Amades, al seu *Costumari Català* recull una altra narració referida a aquest indret: «La nit de vigília de Nadal, es reuneixen a la Pedra Gentil les bruixes per presentar-se davant d'una mena de tribunal que les jutja. La que no s'ha portat prou bé, com a bruixa, és escorxada damunt de la pedra que cobreix el monument, que fa les funcions de taula de sacrifici. La gent assenyala com unes canaletes, solcades damunt de la pedra, que serveixen perquè s'escorri la sang de les víctimes.

»La veu popular explica que diversos veïns de la rodalia que han passat per aquells verals uns quants dies després de Nadal encara han vist aquells reguerots de sang».

Els arqueòlegs, quan parlen de la Pedra Gentil, coincideixen a assenyalar dues coses:

- que la seva estructura original va ésser modificada;
- que es va canviar de lloc quan va procedir-se al seu arranjament l'any 1855.

Les excavacions del senyor Josep Pradell es van produir per l'article «Breve reseña de los descubrimientos arqueológicos llevados a cabo por el Centro Artístico de Olot en 1878». En aquest document s'afirma que anteriorment es deia Pedra Gelada, però que en aquests moments la gent del poble l'anomena Pedra Gentil. També ens explica que a aquest monument no se li atribueix un origen fabulós, sinó que els naturals de la regió opinen que era un altar on es feien els sacrificis, on es degollava el xai, i aquesta sang servia per assenyalar les cases dels fidels. Aquest fet es pot relacionar amb els ritus dels càtars. Es diu en aquest document que la pedra superior del dolmen havia caigut i s'havia trencat.

Joan Amades va escriure sobre aquesta pedra al *Costumari Català*: «La bruixa que no s'ha portat prou bé la pengen de la pedra superior del dolmen, que fa de forca... Més d'un vell gat de mar d'aquells indrets... creia haver vist pendular del cim megalític el cos d'una bruixa penjada...».

Aquesta teoria s'ha de creure llegendària perquè el dolmen va estar durant centúries desmuntat, amb la pedra superior trencada. És improbable aquesta teoria de bruixes. Molt difícilment la podien fer servir les bruixes d'aeroport per enlairar-se i anar a llençar tempestes. Només van poder començar a utilitzar aquesta pedra a partir de 1855. Per aquest motiu, la llegenda de les bruixes es desmunta. Segons Saderra y Vayredam, en aquell temps l'alçada total del monument variava entre 1 i 2 metres. L'erosió actual ha modificat les mides, malgrat que s'ha mantingut la forma semicircular.

En aquells temps, l'emplaçament del megàlit era a la part baixa del turó on ara es troba, a ombria, en un lloc que a l'hivern es glaçava; d'aquí el nom de Pedra Gelada. Segurament, estava cobert i format per més pedres que li donarien la forma de corredor. Possiblement, aquestes pedres es van utilitzar en la construcció de les masies dels voltants.

El canvi de lloc que va patir el megàlit (el van pujar bastants metres en vertical) va produir el seu canvi de nom, rebent aleshores el del turó on es troba ara: «el Turó dels Gentils». El nou emplaçament, segurament, va ser escollit perquè des de la nova alçada hi ha una vista impressionant del Baix Vallès i des d'allà el senyor Pradell podia veure bona part de les seves terres.

Els mariners del Maresme diuen que veien les bruixes penjades del dolmen, però va estar a la plana durant molt temps. Potser els mariners confonien aquest monument megalític amb altres dòlmens de la zona, especialment, el de la Gauxa.

La creença que la pedra superior era una pedra de sacrifici pot tenir relació amb els ritus càtars, la qual cosa podria demostrar l'existència a Vallgorguina d'uns quants practicants.

A *Ronda de Mort a Sinera*, de l'escriptor Salvador Espriu, es parla d'algunes bruixes de Vallgorguina: «L'àvia diu que totes les bruixes de Vallgorguina són aplegades al cim del Montalt i volen cada nit contra Sinera. L'any passat, amb la calamarsa, varen capolar les collites. Amb el fred d'aquest any cremaran les plantes».

Interior del dolmen de Pedra Gentil.

Fonts bibliogràfiques

Roca, Francesc; «El castell medieval torna a lluir»; *El 9Nou*, 28 gener 2002.

Pladevall i Font, Antoni; «Les arrels històriques de Palautordera»; Pregó de les Festes del Remei 1979; *Monografies del Montseny*, vol. 12.

Monreal i Tejada, Lluís; «Montclús, poblat ibèric i castell medieval»; *Monografies del Montseny*, vol. 2.

–; «Palautordera»; *San Jorge*, núm. 28; octubre 1957.

Vila, Lluís; «Castell de Montclús: una passejada medieval»; *La Sitja del llop*, núm. 13, abril 1997.

–; «Intervencions a Montclús»; *La Sitja del llop*, núm. 22, juliol 2001.

Vila, Lluís; Salvadó, Ivan; «Les actuacions al Castell de Montclús obren noves incògnites»; *El 9Nou*; 8 novembre 2004.

Tesera, Montse; «Sant Esteve de Palautordera, terra de castells»; *El 9Nou*, núm. 188, agost 1991.

Pons i Guri, J. Metres; «Com el terme del Castell de Montclús va ser vescomtat de Cabrera»; XX Ronda vallesana.

T.T.; «Els treballs al Castell de Montclús descobreixen sis finestres gòtiques»; *El 9Nou;* 16 juliol 2004.

www.geocities.com/TheTropics/Shores/6498/historia.htm

SANT FOST DE CAMPSENTELLES - SANTA PERPÈTUA DE MOGODA - LA LLAGOSTA

••• CASTELL DE CABANYES •••

Nom: Castell de Cabanyes o Can Torra (suposadament).
Localitat: Sant Fost de Campsentelles.
Any de constitució: s. XIII (segurament és força anterior).
Altitud: 225 m. aproximadament (està desaparegut i no localitzat).
1r propietari: família Campsentelles.
Estat actual: desaparegut.

Els castells de l'actual terme de Sant Fost de Campsentelles els podríem estructurar en dos blocs: els de muntanya (en ordre descendent d'altitud, Montalegre, Campsentelles i Cabanyes) i els de la plana (Mogoda i Torre Ferrussa). Els primers, o han desaparegut totalment o han perdut els seus elements defensius. Els de la plana avui pertanyen a Santa Perpètua de Mogoda.

La història de totes aquestes fortaleses tan properes és força comuna; a tall de resum exposem: el Castell de Cabanyes i la casa de Mogoda van ser, principalment, dels senyors Cabanyes-Sant Vicenç i van formar una batllia comuna. L'any 1434 van acabar formant part de les propietats del monestir de Montalegre fins a la desamortització del s. XIX.

El Castell de Campsentelles va ser de la família Campsentelles i Sentmenat fins a l'any 1432, quan va ser comprat per la Cartoixa de Montalegre.

Coneixem l'existència d'aquesta casa de Cabanyes gràcies a un document de la compra de la Conreria actual. Aquí es menciona que al nord i a l'oest delimitava amb terres de Jofre de Sentmenat, senyor de la casa de Campsentelles. Per les delimitacions donades, la propietat de la casa senyorial de Cabanyes es trobava per la zona de Mas-Llombart-Mas Corts (Can Torrents actual). És molt probable que aquest castell fos una torre i que es relacionés amb Can Torras, mas Torra o ça Torra.

El castell està situat a la defensa de les valls que uneixen el Vallès i el Maresme. En aquesta tasca, hi participa també amb els castells de Sant Miquel, Torre del Talegro, Torre Tavernera, Castellruf, Campsentelles i Sant Lleí. Cabanyes està situat al sud de la riera de Sant Ponç. Campsentelles està entre la riera de Sant Fost i la riera de Sant Ponç, més al nord.

El terme d'aquesta fortalesa comprenia gairebé tot el terme actual de Sant Fost i la totalitat de la Llagosta (municipi segregat l'any 1945).

Es desconeix la ubicació exacta d'aquest castell, però els estudis el situen al turonet del Castellot, entre Can Rovira i Can Torra. Bernat de Sant Vicenç, a mitjan s. XIV, va utilitzar el mas Torra com a residència habitual.

Imatge de 1930 que mostra l'antiga església parroquial del barri de Sant Pere, avui enderrocada. Al seu costat, el cementiri antic, la rectoria i, en primer terme, el monument al canonge Joan Rifa.

Llegendes

MENCIONS GAIREBÉ HISTÒRIQUES

Protagonistes: Moros i cristians
Tema: Reconquesta

DIU una tradició romàntica que el comte Borrell sortí a trobar les tropes d'Al-Mançor i fou estrepitosament derrotat al Pla de Matabous, prop de Reixac.

Els cristians fugiren i part de les tropes es refugiaren a les muntanyes de Cabanyes i Sant Fost.

SOBRE CABANYES I ELS BOSCOS

Protagonistes: Habitants de Cabanyes
Tema: Relació amb els boscos i rivalitats

L'EXISTÈNCIA de la família i la casa de Cabanyes queda demostrada, també, per dites antigues que avui encara són ben conegudes.

Antigament, anar al bosc a fer el «carbonet» o a fer llenya era una tasca molt habitual entre els santfostencs. Per això alguns diuen que mentre els de Martorelles rebien el nom de «carboners», els de Sant Fost i Cabanyes rebien el de «destralers» o «bosqueters».

PROPIETAT DE CABANYES

Cabanyes va ser propietat de la família Sant Vicenç, nissaga violenta a la zona de la Serralada Prelitoral.

(1105) **Bernat Guanalgot.**

(1113) **Berenguer Bernat.**

(1150) **Berenguera de Cabanyes.** ⚭ ↓ Berenguer Guadall o Guadald de Sant Vicenç.

(1172) **Pere i Ramon de Cabanyes.**

(1195) **Guillem de Sant Vicenç.**

(1255) **Bernat de Sant Vicenç.** ↓

S'uneix la història de Cabanyes i Mogoda i van a viure a la plana, a Mogoda. Bernat explota no només els camps de Mogoda sinó també, principalment, el molí i la ferreria, cobrant el lloçol.

(1287) **Berenguer de Sant Vicenç.** ⚭ ↓ Berenguera.

(1297) **Bernat de Sant Vicenç.** ⚭ Francesca.

L'any 1343 Bernat va comprar la plena jurisdicció de Mogoda, que passà a ser una baronia. El 1356 Mogoda va ser cremada per les tropes de Barcelona perquè era massa important.

(1355) **Pia Almoina.**

(1434) **Cartoixa de Montalegre.**

El 1432 Montalegre compra la jurisdicció de Campsentelles. Posseeixen Mogoda, Cabanyes i Campsentelles. Els monjos de la Cartoixa de Montalegre es converteixen en barons.
El 1444 els habitants de la baronia intenten aconseguir la lluïció (convertir-se en carrer de Barcelona i començar l'organització municipal), que no serà efectiva fins a l'any 1602.
El 1462, durant la guerra de Remences, Mogoda va ser assaltada. Els remences es van refugiar a les muntanyes de Sant Fost.
Amb la desamortització de Mendizábal els monjos perden totes les seves propietats.

Una dita molt coneguda és la que diu: «Martorelles, Cabanyes i Sant Fost, tres parròquies dintre d'un bosc», tot fent referència a la frondositat i extensió dels boscos en aquests pobles.

Una versió d'aquesta dita, menys coneguda, diu així: «Reixac, Martorelles i Sant Fost, tres parròquies dins d'un bosc». També es coneix la dita: «A Cabanyes, boscaters». Els boscos de Cabanyes van ser explotats econòmicament per la Cartoixa de Montalegre fins al s. XIX.

També es diu: «A Sant Fost, destralers»; la qual cosa demostra la dependència del bosc d'aquestes poblacions.

RIVALITAT CABANYES-CAMPSENTELLES

Protagonistes: Habitants
Tema: Rivalitat entre veïns

LA rivalitat entre els habitants de Sant Fost i els de Cabanyes es mostra en la següent dita:

«Als de Cabanyes a contra claror se'ls veuen negres les entranyes».

Aquest és un joc de paraules irònic i burlesc.

SOBRE BANDOLERS
Protagonistes: Bandolers
Tema: Robatoris

EL Pla dels Lladres es troba dalt d'un turó que hi ha vora l'església de Cabanyes. Diu la tradició que en aquest indret els bandolers es reunien per planejar malifetes i robatoris. Alguns diuen que el turó de la Forca i el Castellot eren el mateix.

SOBRE TÚNELS
Protagonistes: Túnels
Tema: Comunicació secreta entre castells

ELS rumors sobre l'existència de túnels secrets són també abundants. Diuen que a prop de la casa de Cabanyes hi havia un túnel que es feia servir per amagar-se dels lladres de camí ral que rapinyaven amb freqüència per les voreres del Besòs. Es diu que aquest túnel comunicava el Castellot amb l'església de Sant Cebrià.

Es comenta que encara existeixen trossos d'aquest túnel, en els quals es poden veure unes cavitats ennegrides pel fum de les torxes que il·luminaven el passadís. Els obrers que treballaren en la restauració de l'església diuen que al terra del presbiteri, hi van trobar uns forats on hi havia graons.

SOBRE TRESORS
Protagonistes: Tresors
Tema: Encantaments

ALTRES llegendes tenen relació amb tresors amagats als castells o cases fortes i esglésies de la zona.

Diuen que sota la ginestera més grossa del Castellot de Cabanyes (a prop de Can Rovira), hi ha enterrada una olla plena de monedes d'or. Hi ha una altra versió que diu que la ginestera es troba al Bosc Gran d'en Torrents.

Alguns afirmen haver sentit que a Cabanyes hi havia enterrat una mena de bisbe, que portava un anell d'or. Quan l'església no estava encara restaurada hi hagué persones que practicaren forats a la recerca de suposats tresors. El fet cert és que els obrers que participaren en la restauració del temple romànic van trobar, a l'alçada del presbiteri, un forat bastant profund. També trobaren una calavera ficada en una cavitat que hi havia a la paret.

Es diu que un dia un ermità es va presentar davant el rector de Sant Fost i li va demanar les claus de Cabanyes per pernoctar-hi. El rector, amb tota la bona fe, hi va accedir de bon grat. Van passar els dies i uns pagesos que passaven per davant de l'ermita, en veure la porta oberta, hi van entrar. Van trobar la taula de l'altar i una part de l'enrajolat trencats. De l'ermità no es va saber res més i tampoc s'hi va trobar el tresor.

Fonts bibliogràfiques

Història

Vinyals, Fermí; *Història de Santa Perpètua de Mogoda;* Ajuntament de Santa Perpètua de Mogoda, 1994.

Ricart, Joan; *Temps enrera, portes endins;* Ajuntament de Santa Perpètua de Mogoda, 1993.

–; *Coneguem Santa Perpètua;* Ajuntament de Santa Perpètua de Mogoda, 1996.

Pérez, Xavier; «Els Sant Vicenç, senyors de Cabanyes i de Moguda»; *Notes 5;* Ajuntament de Mollet del Vallès, 1991.

Vilaginés, Jaume; «El lloçol com a renda feudal. Santa Perpètua en els ss. XII i XIII»; *Notes 15;* Ajuntament de Mollet del Vallès, 2000.

Oliver i Bruy, Jaume; «Els orígens del règim municipal a Santa Perpètua de Mogoda (s. XII-XVI)»; *Pols de l'Era;* núm.1, abril 2003.

Sant Fost de Campsentelles

••• *Domus* de Campsentelles •••

Nom: *Domus* de Campsentelles.
Localitat: Sant Fost de Campsentelles.
Any de constitució: s. XIII (segurament és força anterior).
Altitud: 225 m aproximadament.
1r propietari: família Campsentelles.
Funció: defensiva.
Propietat actual: família Corpas-Fernández.
Estat actual: restaurant en ús molt transformat.

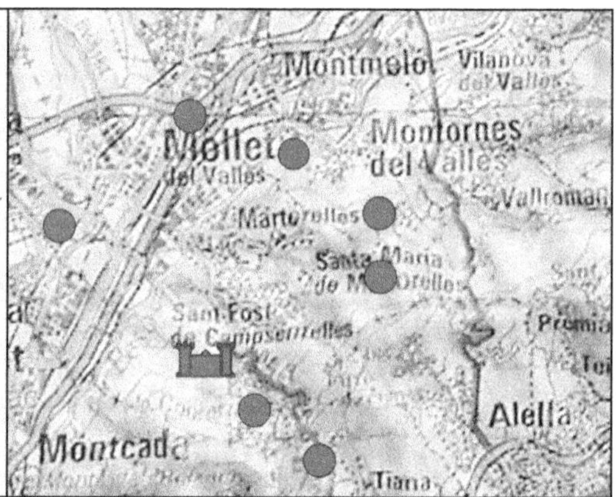

Es creu que l'origen de la fortalesa de Campsentelles havia de ser molt antic. Se suposa que va ser una vil·la romana anomenada Campus Sentigis. L'ara de l'altar d'època romànica era una cornisa de marbre romana amb decoració vegetal aprofitada. Actualment es conserva fragmentàriament.

El castell està situat a la defensa de les valls que uneixen el Vallès i el Maresme. En aquesta tasca, hi participa també amb els castells de Sant Miquel, Torre del Talegro, Torre Taverne-ra, Castellruf, Sant Lleí i Cabanyes.

Ruïnes de la parròquia de Campsentelles, cremada durant la Guerra Civil espanyola.

Llegendes

Respecte del nom del poble

Protagonista: Toponímia
Tema: Falsa etimologia del nom del poble

El 1242, un monjo de Sant Cugat, fill de Sant Fost, signà un document com a «Arnallus de Camposcintillarum». *Scintillarum* és el genitiu plural de *scintilla*, que vol dir espurna o centella. Alguns han relacionat aquesta etimologia amb l'existència d'una necròpolis o cementiri antic en el qual, a la nit, el fòsfor dels ossos produiria aquestes *scintillas* o focs fatus. Aquesta llatinització del nom és incorrecta i la història, una llegenda.

Una altra hipòtesi afirma que l'origen d'aquesta paraula seria *Caput-cent-cellae*, o sigui, cap o inici d'un lloc on hi havia moltes cel·les

Imatge de Can Donadeu sense la torre antiga.

o coves de monjos eremites. Aquesta teoria és filològicament insostenible: es basa en una grafia errònia, ja que no és Capsentelles sinó Campsentelles.

Habitants del poble expliquen que creien que l'origen de Campsentelles venia de l'antigor, perquè era un indret on queien molts llamps, creença relacionada amb l'etimologia popular de *Campo-scintillarum*.

SOBRE LA CAMPANA

Protagonista: Campana
Tema: Maledicció

AQUESTA llegenda de Mas Llombart pot ser ressò de la pretèrita riquesa de la Casa de Campsentelles. També es conta d'aquesta masia que la campana que hi ha a la façana té un poder màgic des que hi habità «el mallorquí», i que la persona que gosi treure-la del seu lloc es tornarà boja.

SOBRE L'AVARÍCIA

Protagonistes: Habitants de Sant Fost
Tema: Avarícia

UNA altra dita ben curiosa és «A Sant Fost tanquen amb clau el rebost», o «A Sant Fost es tanquen al rebost». Aquesta desconfiança dels santfostencs és fruit de la proliferació de bandolers i malfactors per aquestes muntanyes tan properes al Camí Ral. Els soldats, que solien allotjar-se a les cases i masies, provocaven conflictes de tota mena, com els que s'esdevingueren durant la Guerra dels Segadors.

Al Pla dels Lladres, segons Mn. Salvador Pibernat, s'hi reunien els malfactors per preparar les seves malifetes. Una mostra d'això la tindríem en la torre fortificada de la masia de Can Donadéu, bastida per protegir-se dels atacs (avui destruïda).

PROPIETAT DE CAMPSENTELLES

L'origen de Campsentelles sembla ser una vil·la romana.

(1141) **Guillem Ramon de Campsentelles.**

(1177) **Adelaida de Campsentelles.**

Berenguer de Campsentelles.

(1247) **Graua de Campsentelles.**	⚭	Ferrer de Vilanova.

Van cedir els terrenys on es va situar el monestir de Montalegre amb una torre de vigilància. Aquest monestir després va comprar la casa de Campsentelles , Cabanyes i Mogoda.

(1286) **Ramon de Sentmenat i de Ribes.**	⚭ ↓	Saurina de Centelles.
Galceran de Sentmenat i de Centelles.	⚭ ↓	Sibil·la de Marata i Vallparadís.
Ramon Berenguer de Sentmenat, mort el 1337.	⚭ ↓	Saurina de Sarrià.

L'any 1342 es van unir les cases de Mogoda i Cabanyes. El 1343 Bernat de Mogoda va comprar la plena jurisdicció de Mogoda, convertint-lo en una baronia. Campsentelles està envoltada per una gran baronia molt rica.

Ramon de Sentmenat, mort el 1404.	⚭	Antònia d'Horta.
Jofre de Sentmenat, mort el 1425.	⚭ ↓	Constança de Vilafranca.
Jofre de Sentmenat i de Vilafranca, Mort el 1443.	⚭	Constança de Puigmarí.

L'any 1432 Montalegre compra la jurisdicció de Campsentelles. Posseeixen Mogoda, Cabanyes i Campsentelles. Els monjos de la Cartoixa de Montalegre es converteixen en barons. El 1444 els habitants de la baronia intenten aconseguir la lluició (convertir-se en carrer de Barcelona i començar l'organització municipal), que no serà efectiva fins l'any 1602. Jofre de Sentmenat ja no viu a la casa de Campsentelles però continua sent senyor de Sant Fost. Els Llombart són masovers fins l'any 1640.

RESPECTE DEL NOM DEL TURÓ POSTERIOR DEL MAS CAMPSENTELLES (MAS LLOMBART)

Protagonista: Toponímia
Tema: Origen del poble

LA Conreria se suposa que prové de «terres de conreu»; potser en contrast amb les grans extensions de boscos dels voltants.

SOBRE BANDOLERS

Protagonistes: Bandolers
Tema: Violència feudal

A *un bandolero feudal: Memoria leída en la Real Academia de Buenas Letras, 7 marzo 1898,* Francesc de Sales Maspons i Labrós ens parla d'un bandoler que actuava principalment a Sant Fost.

Explica que Huguet de Bigues tenia tan mal caràcter que matava tot aquell que no complís la seva voluntat de la forma com ell demanava o exigia. Diuen que va matar un criat a cops de peu al voltant de Sant Fost de Campsentelles per aquest motiu.

En aquesta zona són nombroses les històries de bandolers que denotarien una realitat passada.

Altres tradicions són la del Turó de la Forca i el Pla dels Lladres, recollides per Mn. Salvador Pibernat mentre era rector de Sant Fost. El turó de la Forca és un turonet que pertany a Can Rovira, situat entre la casa i la carretera. Sembla que era el lloc on hi havia el patíbul en el qual eren ajusticiats els condemnats. Potser fos la forca on els barons de Mogoda castigaven els seus vassalls o potser on la Inquisició executava els reus de mort.

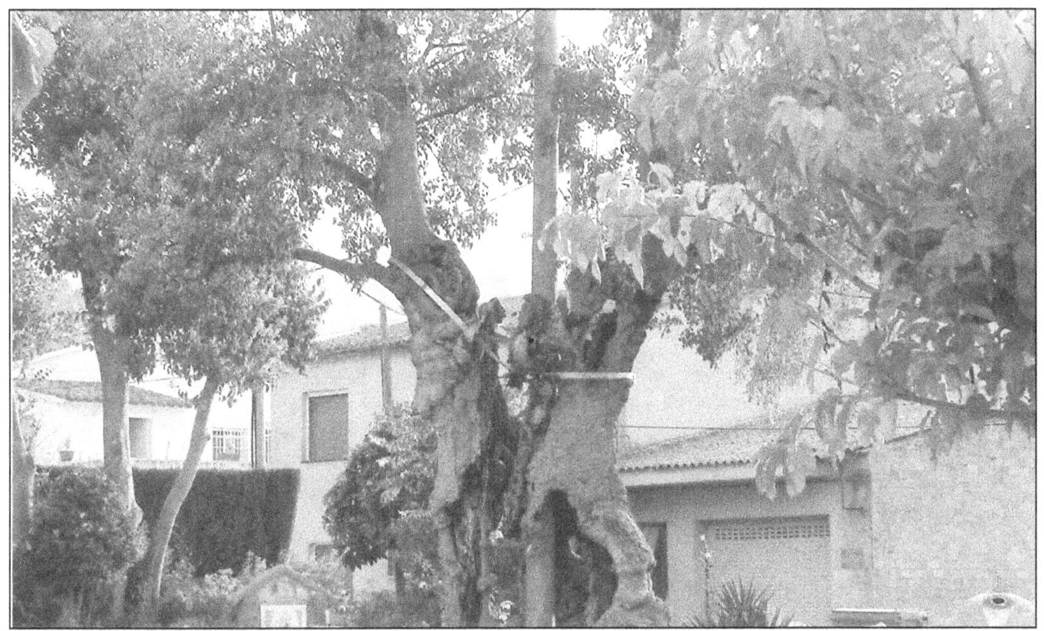

Lledoner mil·lenari davant de les ruïnes de l'antiga església de Sant Fost.

SOBRE TRESORS
Protagonista: Tresor amagat
Tema: Encantaments

UNA altra llegenda diu que Mas Llombart havia estat refugi de moros i que hi havia un llit al qual s'hi pujava per una escala de plata; escala que es troba amagada a la soca de la ginestera més grossa de les rodalies de la casa. Aquesta llegenda pot tenir relació amb la creença que en els boscos del Vallès i en algunes masies vivien fades o «encantades», ja que la rondalla és molt semblant a la de Can Borrell de Mollet, que diu que hi havia una «encantada» que pujava al llit per unes escales d'or. Francesc Maspons, estudiós d'aquestes tradicions a finals del s. XIX, afirmava que les «encantades» o fades «son sers sobrenaturals que en forma de dones viuen en lo llochs frondosos y bonichs; en nits serenes y clares ixen a celebrar ses dances y deixar oir gays cants que atreuen als joves, y ab ells celebren grans festins ab copes d'or de vegudes meravelloses».

LLEDONER MIL·LENARI
Protagonista: Lledoner
Tema: Passat

EXISTEIX un lledoner a l'actual plaça Catalunya que sembla ser mil·lenari, perquè l'inici de la construcció d'una gran obra no es feia posant la primera pedra sinó plantant un arbre. Per tant, si honora la construcció de la parròquia antiga deu tenir uns dos mil anys. Està completament buit, però encara té fulles.

Fonts bibliogràfiques

Història

Pérez i Gómez, X., *S. Fost, història d'un poble;* Ajuntament de Sant Fost, 1990.

Villarroya, Josep; «L'església que van tapar els esbarzers»; *El 9Nou;* 8 juliol 2005.

Llegendes

Pérez i Gómez, Ferran; «Sant Fost i Martorelles a través de les dites i els refranys»; *Campsentelles,* núm. 5; 2000.

«La polémica de un nombre»; *Vallès,* 21 desembre 1985.

Santa Perpètua de Mogoda

••• Casa o Baronia de Mogoda •••

Nom: Casa o Baronia de Mogoda. ***Localitat:*** Santa Perpètua de Mogoda. ***Any de constitució:*** 1250. ***1r propietari:*** Jaume Sant Martí. ***Funció:*** casa forta amb torre de guaita del camí ral. ***Propietat actual:*** Institut Català del Sòl. ***Estat actual:*** reconstruïda.	

La casa de Mogoda es creu que és molt antiga; es pensa que va ser una vil·la romana.

Prou important en la història medieval de Sant Fost fou la Casa de Mogoda, jurisdicció feudal que comprenia quatre parròquies: Santa Perpètua, Martorelles, Cabanyes i Sant Fost. Des de l'any 1075 Santa Perpètua de Mogoda va tenir aquest nom, i a la barriada de Mogoda solament hi havia una torre de guaita. En el terme hi havia una altra torre, la de Canalies, actualment anomenada de la Ferrussa, prop del camí que va de Polinyà a Barcelona.

La parròquia de Santa Perpètua va ser consagrada l'any 1178 (ampliació d'una església anterior).

Els Mogoda no van ser uns nobles massa importants; el que més va arribar a ser cavaller.

Actualment es pot entrar a visitar el casal només un cop l'any.

Descripció del castell

Aquesta edificació, mig mansió mig castell, encara es conserva a prop de Santa Perpètua i es coneix com «la Mogoda».

El conjunt està format per diversos edificis: la masia fortificada, la capella, l'edifici residencial i les cavallerisses. Tots envolten l'antic pati d'armes amb coberta a dues aigües, menys l'edifici de les cavallerisses, que és a una sola aigua. Dóna accés al pati un portal adovellat important. Actualment tot el conjunt està pintat de color mangra. Les façanes posteriors encara són originals i estan en mal estat. L'accés a la finca es fa per un portal d'obra amb forma d'arc, del segle passat, de tendència modernista. Aquest portal dóna al pati d'armes.

La masia fortificada (ss. XII-XIII), de tres plantes d'alçada, és l'ala dreta de les construccions que veiem passada la porta del barri; la part més antiga té traces d'estil romànic i la més nova, elements gòtics. El portal és romànic, de mig punt, possiblement original. Les parets mitgeres tenen més d'1 m de gruix i les interiors, vora 80 cm. Passada la porta hi ha un porxo cobert, mal conservat. Als costats hi ha habitacions, una de les quals porta a les cotxeres del palau. Limitant el porxo hi ha un arc magnífic de pedra que el separa del pati d'armes. A l'esquerra hi ha un pou que és una deu natural que encara brolla. Aquestes dependències comuni-

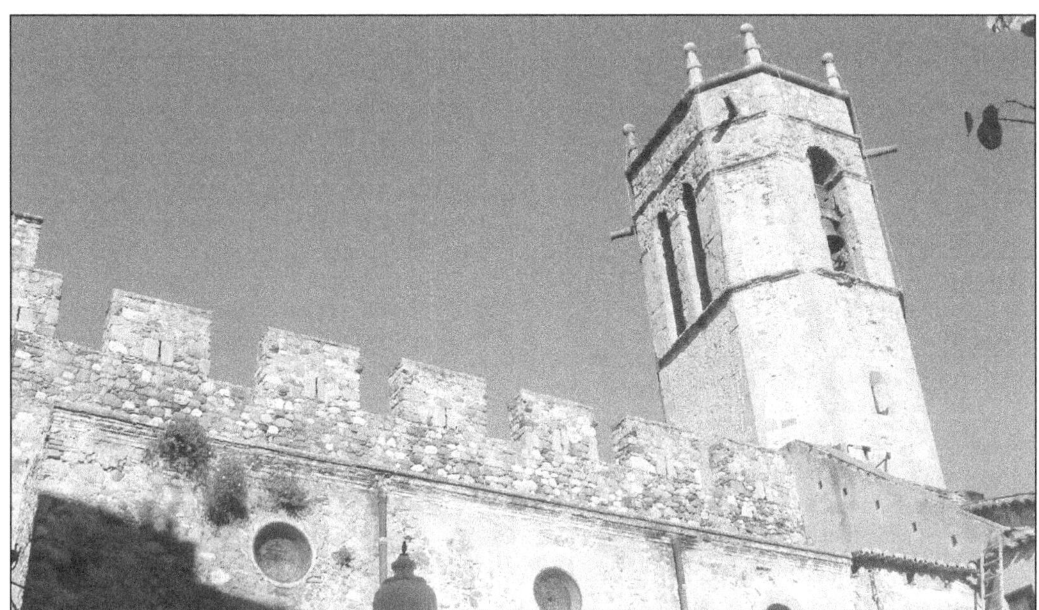

Imatge de la parròquia amb defenses de Santa Perpètua de Mogoda.

quen amb la sagristia de la capella cartoixana (construïda pels monjos de Montalegre). A una de les bandes hi ha el celler, original, on es premsava i conservava el vi. Al tercer pis hi ha una estança que té un adovellat que ens parla d'un antic destí noble de la cambra. Hi ha una torre al centre de la masia a la qual s'accedeix des de les golfes. Aquesta torre servia de mirador, potser una talaia del sentinella. Sembla que era més alta i que per por a un prematur enderrocament va ser escapçada. A l'edifici hi ha diverses finestres gòtiques del s. XV no originals, possiblement provinents d'altres indrets.

Té també una capella originària del s. XIV (molt posterior a la casa), refeta, potser, pels monjos al s. XVIII, amb façana barroca simètrica reformada l'any 1739, amb un portal d'accés amb la llinda, una finestra rodona al damunt i un campanar fent de remat superior.

Perpendicular a la torre i a la capella hi ha l'edifici residencial, o palau, de l'any 1737, de planta rectangular i de dos pisos d'alçada, que va ser reformat l'any 1859 amb estil modernista. Els monjos cartoixans hi van residir fins al 1835, data de la seva exclaustració, en una construcció senzilla que, un segle després, amb el marquès de Comillas, es va convertir en un palau. La façana té una composició asimètrica amb el portal d'accés en un extrem i tres balcons a la planta pis. Els baixos tenen unes voltes de creuer molt interessants. La part superior és la planta noble, amb sostres bastits amb fusta melis, tot i trobar-se en mal estat de conservació. És una construcció de transició renaixentista purament funcional, sense gaires valors artístics.

L'edifici de les cavallerisses (1730) va ser utilitzat després com a vaqueria i té la façana totalment modificada: s'han tapat el seus portals d'accés, convertint-los en finestres. Destaquen les voltes dels arcs d'estil rebaixat desiguals.

Al pati de la casa dels Mogoda hi ha una torre de guaita quadrada i tres pisos, la base de la qual, segons els arqueòlegs, podria ser del s. X. També és possible que hagués estat construïda allí per donar acolliment a un petit cos de guàrdia que hi fos destacat a fi de vigilar la ruta de Barcelona, recorregut que no passava gaire lluny de la presumpta torre.

Tot el conjunt està envoltat per una muralla. S'hi van fer nombroses reformes a principi del

PROPIETAT DE LA MOGODA

Mogoda inicia la seva història com una finca rural amb defenses. Les seves instal·lacions tenen l'estructura d'una domus o quadra.

Torre.	↓	
(1150) **Guillema de Mogoda.**	↓	
Bernat de Mogoda.	ꝏ	Elisenda de Fenollar.
(1266) **Jaume de Sant Martí,** nebot.		
(1278) **Bernat de Sant Vicenç.**	ꝏ ↓	Alamanda.

S'uneix la història de Cabanyes i Mogoda i van a viure a la plana, a Mogoda. Bernat explota no només els camps de Mogoda sinó també, principalment, el molí i la ferreria, cobrant el lloçol.

(1287) **Berenguer de Sant Vicenç.**	ꝏ ↓	Berenguera.
(1297) **Bernat de Sant Vicenç.**	ꝏ	Francesca.

El 1343 Bernat va comprar la plena jurisdicció de Mogoda, que passà a ser una baronia. L'any 1356 Mogoda va ser cremada per les tropes de Barcelona perquè era massa important.

(1355) **Pia Almoina.**

(1434) **Cartoixa de Montalegre.**

El 1432 Montalegre compra la jurisdicció de Campsentelles. Posseeixen Mogoda, Cabanyes i Campsentelles. Els monjos de la Cartoixa de Montalegre es converteixen en barons.
El 1444 els habitants de la baronia intenten aconseguir la lluïció (convertir-se en carrer de Barcelona i començar l'organització municipal), que no serà efectiva fins el 1602.
El 1462, durant la guerra de Remences, Mogoda va ser assaltada. Els remences es van refugiar a les muntanyes de Sant Fost.
Amb la desamortització de Mendizábal els monjos perden totes les seves propietats.

(1879) **Antoni López i López.** ↓

Antoni López.

Joan Antoni de Güell i López, nebot.

Durant la Guerra Civil la Generalitat va confiscar el castell i el va convertir en la colònia infantil Apel·les Mestres. La capella va ser assaltada i van morir alguns capellans.
L'any 1969 Mogoda és expropiada, inclosa en l'Actur Santa Maria de Gallecs.

Institut Català del Sòl.

s. XVIII, de les quals ha quedat la referència d'unes inscripcions a la façana de la capella i de l'edifici residencial de 1739 i 1737.

La Mogoda tenia un molí, el Molí Vell, potser el primer molí de tota la comarca, que apareix en documents del s.VIII. A la part baixa del davant hi ha encara un arc sencer de punxa molt vell. Darrere, sobre la bassa d'aigua, n'hi ha un altre de semblant però aplanat. El molí ara està força enrunat, però mostra restes de diferents èpoques alterades. Als baixos del molí encara hi ha maquinària. A la part baixa hi ha dues mines d'aigua de grans dimensions, de l'època dels cartoixans. Donaven servei al molí i a l'hort dels marquesos. El molí ha estat actiu fins a l'any 1926.

El Castell de Mogoda està al barri de Mogoda, on es pot trobar la fortificació i una cinquantena de cases per als treballadors, organitzades en dos carrers en forma de «L». Els veïns vivien pràcticament d'esquena al castell.

La bellesa de Mogoda ha seduït molts pintors, com ara Joaquim Mir, i també cineastes; per exemple, aquí es van rodar les pel·lícules *Sor Angèlica* (1934) de Francisco Gargallo i *El primer cuartel* (1966) d'Ignacio F. Iquino.

Es conserven al barri dos pous de glaç rehabilitats a principi de la dècada de 1990. Estan a uns 50 m de la part del darrere del molí. La seva antiguitat no està estudiada, però presenten una forma cilíndrica semblant a la que empraven els romans.

Hi havia un gran llac artificial amb fauna salvatge que va desaparèixer en col·locar les vies del tren. El comte tenia un camp de polo a Mogoda i els nens del poble ajudaven els dijous i divendres els rics.

El conjunt de la Mogoda i les seves propietats comprenia un total de 258 ha, amb dos molins i una ferreria. L'antiga extensió de la finca ha quedat subdividida per les diferents línies de comunicació que la voregen tangencialment (autopista, tren, etcètera).

Llegendes

SOBRE TÚNELS
Tema: Túnels subterranis

TAMBÉ es diu que la *domus* de Mogoda comunica amb Santiga i amb la Conreria mitjançant un sistema de túnels.

DIUEN QUE AL CASTELL DE MOGODA ES TROBAVEN HOMES I DONES EMPAREDATS EN AIXECAR EL SÒL PER FER-HI OBRES
Tema: Violència feudal

SOBRE BANDOLERS
Protagonistes: Bandolers i moliner
Tema: robatori amb intimidació

A la Pineda Fosca (bosc que hi havia al costat del Castell de Mogoda) hi havia el molí de la casa, el Molí Vell, i al costat, la casa de Can Banús. Els bandolers van assetjar i entrar a la finca exigint les riqueses de l'amo. El van amenaçar jurant que el cremarien viu davant la família i els criats; el van lligar a les anelles de la cuina i van posar llenya als seus peus. A crits va demanar ajut al moliner. Aquest es va comprometre a donar-los l'or si deixaven en llibertat el pobre home. El moliner, desconfiant dels lladres, no es va apropar a obrir, però va fer baixar unes unces d'or despenjant un cistell per una finestra. Així van deixar en llibertat l'amo de Can Banús.

Torre nova de la Casa de Mogoda en el pati dels cavallers, amb l'escut a la façana.

Fonts bibliogràfiques

Història

Vinyals, Fermí; *Història de Santa Perpètua de Mogoda;* Ajuntament de Santa Perpètua de Mogoda, 1994.

Ricart, Joan; *Temps enrera, portes endins;* Ajuntament de Santa Perpètua de Mogoda, 1993.

– ; *Coneguem Santa Perpètua;* Ajuntament de Santa Perpètua de Mogoda, 1996.

Pérez, Xavier; «Els Sant Vicenç, senyors de Caba nyes i de Moguda»; *Notes 5,* 1991; Ajuntament de Mollet del Vallès.

Vilaginés, Jaume; «El lloçol com a renda feudal. Santa Perpètua en els ss. XII i XIII»; *Notes 15,* Ajuntament de Mollet del Vallès, 2000.

Oliver i Bruy, Jaume; «Els orígens del règim municipal a Santa Perpètua de Mogoda (ss. XII-XVI)» a *Pols de l'Era;* núm. 1., abril 2003.

SANT FOST DE CAMPSENTELLES -TIANA

••• ELS MONESTIRS DE MONTALEGRE •••

Nom: monestirs de monges i de frares de Montalegre.
Localitat: Sant Fost de Campsentelles-Tiana.
Any de constitució: principis del s. XV (1415).
Funció: monestir.
Propietat actual: Fundació Pere Tarrés i Cartoixa de Montalegre.
Estat actual: reconstruïda.
Reconstrucció: va ser ampliat durant el s. XVII.

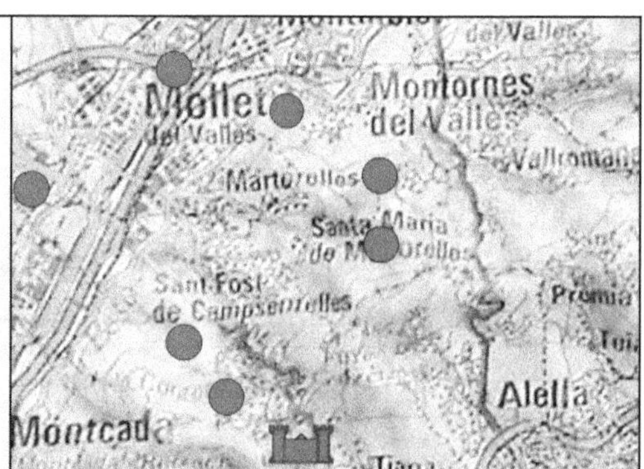

A principis del s. XIII un grup de dames nobles va fundar a la Conreria (on avui trobem l'antic Seminari Menor de Barcelona), un convent femení de l'orde de Sant Agustí. Les monges van viure a la Conreria un segle i mig.

Avui, l'edifici de la Conreria és terme de Tiana, però a l'Edat Mitjana formava part del terme parroquial de Sant Fost. Les monges van deixar petjada en la tradició local, com la Font de les Monges i algunes llegendes.

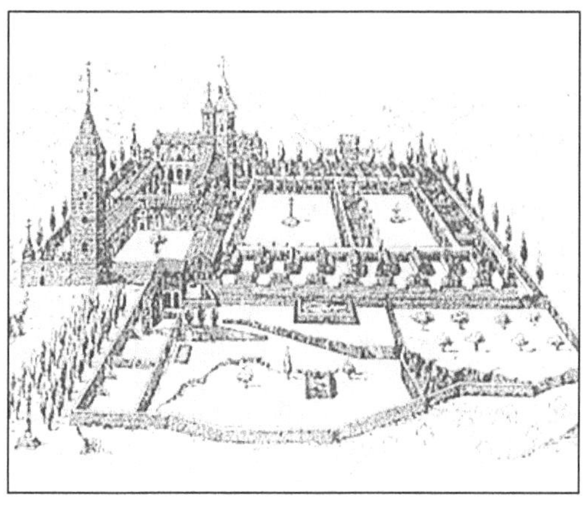

Gravat de la Cartoixa de Montalegre al Llibre del Canonge Barraquer (anterior a 1835).

En aquesta peça de terra hi havia el Castell de Montalegre, castell o torre de vigilància que pertanyia a la família Campsentelles.

La vida de les monges en aquest punt que comunica el Vallès amb el Maresme devia ser una mica perillosa. Tant és així que el 22 de novembre de 1362 es van traslladar a Barcelona, al carrer de Natzaret (després de Montalegre). Els seus drets sobre Sant Fost es van mantenir malgrat el trasllat.

L'any 1415 els monjos de Vallparadís van comprar els terrenys del monestir de monges; durant molts anys ha estat el seminari i ara és alberg Pere Tarrés. Allà es van instal·lar provisionalment mentre feien les obres de la nova cartoixa, al peu de la muntanya mirant a mar, dirigides pel monjo Joan de Nea. L'any 1463 la comunitat es va traslladar al nou monestir i la Conreria es va destinar a magatzem de les collites, a residència dels germans (monjos no sacerdots) i a granja del monestir.

L'església, el claustre petit i el primer claustre gran es van acabar a mitjan s. XV.

A la granja (a la Conreria), hi va quedar el pare conrer, figura capital de les relacions poble-monestir. El pare conrer dirigia les acti-

Fotografies de la Cartoixa de Montalegre realitzades per Flaquer als anys 1900, imatge de l'esquerra, i 1927, a la dreta. (Arxiu CEC.)

vitats agrícoles (especialment l'explotació dels boscos) i financeres de la cartoixa. El monjo era ajudat per un bon nombre de servents que treballaven a sou per al monestir.

La Cartoixa cobrava els censos dels pagesos com a senyors feudals i els dos terços dels delmes de les parròquies de la zona. A part dels censos, els camperols havien de treballar de franc durant alguns dies a les terres del monestir.

Les propietats que la cartoixa tenia a l'actual terme de Sant Fost eren força considerables: la majoria dels boscos de la conreria i el Mas Corts. La seva principal possessió estava al terme de Santa Perpètua: la casa de la Mogoda.

Descripció de la Cartoixa

La Cartoixa s'organitza com un monestir doble, fidel reflex de la duplicitat de vida dels cartoixans, separant la vida cenobítica i comunitària de la vida eremítica i individual.

El nou monestir masculí es va construir d'acord amb els models de l'orde, amb tres sectors. El primer es va construir per ser habitat per conversos, amb el pati d'honor, la porteria, la fusteria, la farmàcia i altres dependències. A l'inici del camí que arriba al monestir hi ha dues columnes amb una bola del món cadascuna coronada per una creu que expressa el lema de l'orde cartoixà: *«Stat crux unvitu orbis»* («la creu roman mentre el món fa voltes»). La façana mostra una imatge de la Mare de Déu que té, a un costat, Sant Bru, el fundador de l'orde i, a l'altre, Sant Joan, el seu patró. A l'esquerra del pati que forma aquesta entrada hi ha les dependències dels oficis i, a la dreta, la capella dels vianants, on cada diumenge se celebra missa.

El segon sector, el convent o monestir tradicional, conté dependències comunes: església gòtica (bastida entre 1415 i 1463), amb un portal afegit el 1625, menjador, sala capitular i capelles, al voltant d'un petit claustre. Passada la llinda de la porta s'accedeix a un pati. A mà esquerra s'alça un edifici que servia d'allotjament de les famílies dels frares de la comunitat. L'hostatgeria exterior és l'únic indret de la cartoixa on poden entrar dones. A l'esquerra de l'hostatgeria hi ha la sala de visites i, a mà dreta, la cel·la del prior. Al costat de la cel·la prioral hi ha la biblioteca. Està adossada a un dels angles, sobre la tètrica galeria ogival que condueix a un petit claustre del s. XVI d'arcades senzilles. Oposats a l'entrada dels claustres trobem l'arxiu, la cuina, i el refectori comunitari, que només és utilitzat en certes ocasions i els dies de festa, mantenint sempre el silenci. A l'ala esquerra s'obre la porta de comunicació amb l'església, bastant esvelta i de bonic estil, bastida entre 1415 i 1463, gòtica, molt simple, estreta i llarga, amb dos cors: un per als pares cartoixans i l'altre per als germans, amb un portal afegit el 1625. A continuació trobem la sala capitular i les capelles individuals, perquè cada monjo pugui fer la seva missa.

El tercer sector, destinat a la vida eremítica, està format per dos grans claustres amb trenta cel·les eremítiques al voltant. Les cel·les són unes casetes formades per una habitació d'entrada anomenada l'Ave Maria, amb un petit oratori amb la imatge de Déu i una gran llar de foc on cada pare o germà cuinava el seu menjar. Ja fa temps que es va anul·lar aquesta pràctica i hi ha un cartoixà que es cuida cada dia de fer el menjar per a tots i el lliura a cada cel·la per una petita finestra oberta al claustre. Els cartoixans no mengen carn ni esmorzen, el sopar és lleuger, però el dinar és abundant i es procura que sigui saborós. També tenim la cuina, una sala d'estudi amb alcova, una sala menjador i dormitori al mateix temps, una cambra de bany i un jardinet. Cada un dels habitacles està sota l'advocació d'algun sant. A la cel·la, el monjo hi passa gran part de la seva vida: resa, llegeix, estudia, fa treballs manuals i conrea l'hort. L'única cel·la que es diferencia de la resta és la del prior, que no té més signe de distinció que la situació a l'extrem del gran claustre, per permetre un accés directe des de l'entrada de la cartoixa.

El cartoixà surt tres vegades al dia de la cel·la

Imatge de la Conreria convertida en restaurant amb cel·les, a l'any 1900.

Claustre de l'antic seminari de la Conreria, on estava l'inicial convent de monges.

per anar a l'església a l'oració comunitària (laudes a les 0.30 h, missa conventual a les 7.00 h i vespres a les 17.00 h). Els diumenges i dies festius es canta l'ofici al cor. Una vegada a la setmana els monjos poden fer una caminada més enllà del claustre.

El pati del claustre està ocupat pel cementiri, de manera que l'edifici de la Cartoixa engloba tots els espais i aspectes de la vida del monjo eremita. La Cartoixa és un organisme autosuficient, que gairebé pot desconnectar-se del món exterior. El prior llegeix el diari i si troba alguna notícia interessant ho comunica als cartoixans.

El 1484 es va concloure la construcció de cel·les al voltant del pati amb un total de setze, incloent-hi la del pare rector. El gran claustre cartoixà inicial es va doblar l'any 1636 amb un segon claustre per encabir-hi catorze noves cel·les gràcies a la prosperitat de la Cartoixa i l'augment de la comunitat. Les grans proporcions del claustre cartoixà accentuen la pau i el silenci amb una estructura absolutament austera. Va dirigir aquestes obres fra Joan d'Enea, monjo convers de Portaceli, procurador i ecònom de Montalegre de 1423 a 1459. El nombre de trenta monjos i vint germans va ser poques vegades completat.

El monestir va tenir la màxima esplendor durant els ss. XVII i XVIII.

L'any 1901, un grup de cartoixans francesos es van instal·lar a Montalegre i van aportar les seves receptes de cuina, que van recollir en una llibreta amb el nom de *Cuisine cartusienne*. Antigament, i de tant en tant, els monjos es prenien una llicència: consumien carn de tortuga, animal que consideraven com el peix pel fet de viure a l'aigua. Les tortugues les compraven als pescadors i en conservaven algunes a l'anomenat safareig de les Tortugues, situat a la part exterior del monestir.

Es creu que l'original capella romànica del convent de monges es troba a la cripta de l'església gran de l'edifici actual de la conreria.

La cartoixa tenia torres i elements de defensa perquè a partir de 1467 els pirates comencen a atacar Badalona i les poblacions de la costa. Totes les masies i la mateixa cartoixa es van fortificar. El convent es va convertir en refugi durant els atacs pirates de la població de la zona. Per la part de muntanya també van sovintejar-hi els bandolers.

Llegendes

ETIMOLOGIA

Protagonista: Conreria
Tema: Falsa etimologia del nom del poble

PEL que fa al nom del turó, posterior del Mas Campsentelles (Mas Llombart), sembla que la conreria prové de «terres de conreu»; potser en contrast amb les grans extensions de boscos del voltant. Tal com ens mostra la història, aparentment es va anomenar així per la residència del pare conrer.

PERE CATALÀ I ROCA, A *LLEGENDES CAVALLERESQUES DE CATALUNYA*, ENS PARLA D'UNA HISTÒRIA D'AMOR EN AQUEST INDRET

Protagonistes: Cavaller i monja
Tema: Amor

EL senyor d'un castell de Cervera tenia el rostre ferotge i es va enamorar d'una monja professa del convent de la conreria; finalment se li va declarar. Ella, serena, li va preguntar què li atreia i desitjava, per sentir-se tan apassionat. L'enamorat manifestà que li agradava la finor del nas que ella tenia, de línia delicada i exquisida. La religiosa es retirà, assegurant-li que el complauria, i al cap d'una estona la monja comparegué amb una safata on hi havia el nas que ella acabava de mutilar-se, ja que no va voler trencar els vots sagrats. El cavaller, esglaiat, perdé l'esma; però la monja l'obligà a prendre el nas i ell, penedit, l'enterrà prop del convent. Al mateix lloc s'alça, encara avui, «l'arbre dels nassos»; dit així perquè nasqué un arbre d'espècie nova, amb fulles que prenen la forma de nas i quelcom vermellós. Es comenta que tota la descendència del cavaller patí d'insuficiència nasal.

També diu la tradició que els veïns de Tiana i la rodalia, quan els naixia un fill, el portaven sota l'arbre dels nassos perquè se li encomanés la bellesa de la monja. I les noies de la comarca collien flors d'aquest arbre pels volts de Setmana Santa i se les fregaven per la cara amb el convenciment que això les faria més belles i els tornaria el nas bonic.

Es diu que no hi ha a Catalunya cap altra representació d'aquest arbre, que en realitat s'anomena *cercis siliquastrum*, arbre de Judes o de l'amor, i és una lleguminosa.

Joan Amades diu sobre aquesta llegenda que el cavaller enamorat es deia senyor de Ferran, i que les noies de la rodalia cullen les flors d'aquest arbre i se les freguen per la cara perquè diuen que dóna bellesa i fan el nas més bonic.

SOBRE TÚNELS
TAMBÉ ES DIU QUE LA *DOMUS* DE MOGODA COMUNICA AMB SANTIGA I AMB LA CONRERIA A TRAVÉS DE TÚNELS

Tema: Túnels subterranis

La fundació del monestir
Protagonistes: Monjos
Tema: Promesa fundacional

La tradició explica que la fundació del monestir es deu a la promesa que van fer dos estudiants, impressionats per la bellesa natural de la Conreria: si un arribava a Papa i l'altre a monjo s'encarregarien de fer construir en aquell lloc una cartoixa. Un dels estudiants va anar a València a completar els estudis i amb el temps arribà a ser Papa. L'altre va ingressar a l'orde cartoixà de Sant Bru. Anys més tard, un monjo anomenat Joan de Nea (un dels dos estudiants) va ser cridat pel Papa, que va resultar ser l'altre company, i va rebre l'encàrrec de dirigir la construcció de Montalegre.

Claustre i cel·les de la Cartoixa.

Contra els francesos
Protagonistes: Poble i francesos
Tema: Lluita popular en la Guerra del Francès

Aquesta història té relació amb la Guerra del Francès. Al costat de la Conreria, entre el Mas Llombart i Can Gaig, hi ha el turonet de Trencacolls. Diuen que s'anomena així perquè la gent de la contrada hi arreplegava pedres i quan passaven les tropes franceses les apedregaven.

La llegenda de Sant Bernat Calvó
Protagonista: Personatge històric
Tema: Perdó dels pecats

Diuen que quan Sant Bernat Calvó, bisbe de Vic, retornava dels seus viatges fora de la seu, les campanes tocaven soles, i així els vilatans sabien que havia arribat.

Però en un viatge a la Costa Brava va arreplegar una tramuntana molt forta que el va fer posar de tan mal humor que la va maleir.

Quan va arribar a Vic les campanes no van tocar. Sant Bernat va recordar la seva ira i la maledicció que havia proferit. Va anar a la costa i va llençar l'anell episcopal al mar i, per tal de fer penitència, es tancà al convent de les monges de la Conreria de Montalegre.

Quan feia tres dies que vivia a Montalegre van portar-li peix per dinar. La sorpresa va ser enorme quan, en obrir-lo, hi va trobar l'anell. Va comprendre que el seu pecat havia estat perdonat i va poder tornar a la seu de Vic.

Fonts bibliogràfiques

Pérez, Xavier; «Sant Fost i la Cartoixa de Montalegre»; *Notes 4;* 1990.

–; «Breu història de la Conreria»; *Notes 11.*

Jaumoti Bisbal, Miquel; *Serralada de Marina;* Ed. Pòrtic; Barcelona 2004.

Sant Pere de Vilamajor

••• Castell-Palau Reial •••

Nom: Castell o Palau comtal de Vilamajor anomenat la Força.
Localitat: Sant Pere de Vilamajor.
Any de constitució: 1079.
Altitud: 305 m.
1r propietari: Ramon Berenguer II, Cap d'Estopes; i Berenguer Ramon II, el Fratricida (germans).
Funció: defensiva i residencial.
Propietat actual: bisbat.
Estat actual: només queda la torre, que és el campanar de l'església.
Reconstrucció: el 1920 es va restaurar la torre.

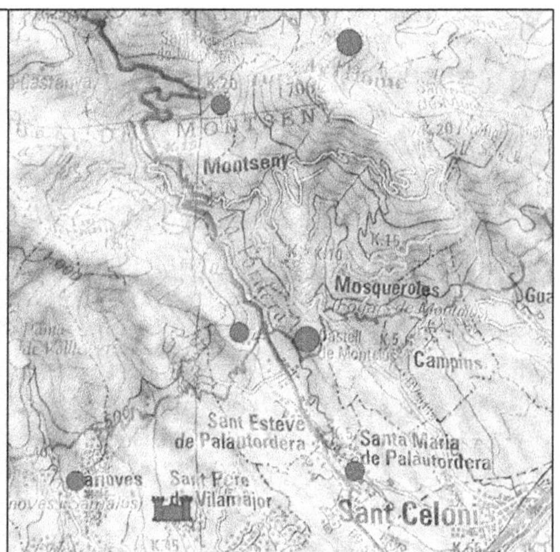

Vilamajor té un origen molt antic; ja existia una vil·la romana en aquest indret. Molt possiblement la vil·la romana de Vila Maiore estava protegint una via romana.

Vilamajor va ser feu reial durant gairebé tota la seva història medieval, i va acollir el Palau del Comte.

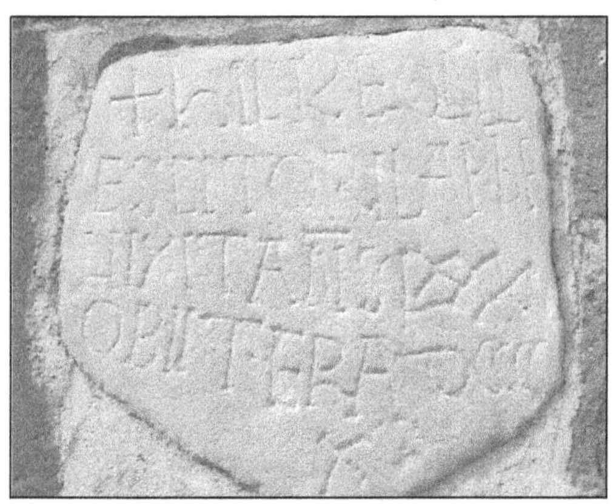

Làpida sepulcral del 872 que testimonia l'existència d'una capella al s. IX a Sant Pere de Vilamajor.

Descripció del castell

L'antiga església romànica de Vilamajor va ser substituïda per l'actual als ss. XVI-XVII; se'n conservà tan sols el campanar. L'actual església és de 1581, però es conserva una làpida sepulcral del 872 que testimonia l'existència d'una capella al s. IX. Al s. XI el castell va tenir la seva pròpia església. Se sap que del s. XIII al s. XVI hi va haver una parròquia.

És una reiterada presumpció que el campanar exempt de l'església de Sant Pere és la torre mestra del desaparegut castell-palau dels comtes de Barcelona. De planta quadrada (amb 7 m de costat), té 30 m d'alçada i tres pisos, i està situat a pocs metres de la façana de l'església. Els seus murs, a l'interior dels quals s'obre l'escala, fan 1,6 m de gruix (per tant és lògic pensar en la seva utilització militar). El primer pis no presenta cap obertura, tret d'alguna espitllera. Segons Gallardo, l'obra romànica acaba damunt del pis (s. XII), obert a quatre vents, amb sengles finestres geminades que tenen capitells més antics, potser preromànics. Per damunt d'aquestes obertures hi ha una cornisa amb arcuacions llombardes i una tira de dents de serra. El segon pis està fet entre els ss. XIII i XIV. El pis de les campanes sembla aixecat cap a finals del s. XIII o principis del s. XIV, amb finestres bipartides. Al s. XVIII es van obrir les finestres d'un sol ull i es va fer l'acabament actual. A nivell de sòl, al nord, hi ha la porta adovellada; hom veu tres espitlleres a la cara sud, dues a l'est i una a l'oest.

Se sap d'una mènsula del s. XV que delata que la torre havia estat unida a altres habitacions.

És possible que la torre de l'església sigui la torre d'aquest castell perquè:

- el campanar és anterior al s. XII, any de construcció de l'església;
- està separat de l'edifici;
- les mides són anormals per a un campanar del s. XII per perímetre i alçada.

Imatge de l'església de Sant Pere de Vilamajor.

Se sap que l'antic palau comtal ja estava ruïnós al s. XVI.

L'any 1920 Jaume Escudero va restaurar la torre acuradament.

Al voltant de l'actual torre, no s'hi han fet excavacions, però s'està fent un estudi de les muralles.

Llegendes

NAIXEMENT DEL REI

Protagonistes: Personatges històrics
Tema: Naixement d'un rei

EL poble de Sant Pere de Vilamajor representa, amb motiu de les seves festes, l'obra de teatre *Presència Històrica e feyts de Vilama-gore,* retaule medieval en el qual es dramatitza la gran llegenda d'aquest indret: el naixement d'un rei a Sant Pere de Vilamajor. Aquesta llegenda està basada en documentació trobada a la zona; llibres de comtes, per exemple, que volen provar el contingut de la llegenda.

En el quadre IV, *Esponsalici de Ramon Berenguer IV i Peronella d'Aragó,* se'ns relata el seu casament desproporcionat: ell és vint-i-cinc anys més gran que ella.

Aquest casament va significar la unió d'Aragó i Catalunya: el rei Ramir es casà amb la princesa d'Aragó, Agnès de Poitiers. D'aquest matrimoni neix la princesa Peronella, gràcies a la qual es produeix la unió entre els dos territoris.

Ramir, davant de tot el poble, jura casar Peronella amb Ramon Berenguer IV quan la seva filla arribi a la pubertat. Aquest accepta amb la condició de respectar tots els usatges dels aragonesos; això sí, no vol ser anomenat rei en cap circumstància perquè creu que és un dels millors comtes i no sabria exercir bé el càrrec de rei, i per tant no seria un dels millors, però jura que la princesa serà reina d'Aragó i també de Catalunya.

Ramir accepta amb la condició que sigui ano-

Propietat de Vilamajor

L'origen de Vilamajor és una vil·la romana anomenada Vila Maior.
Vilamajor era terme comtal i els comtes-reis hi tenien un palau al costat del camí que anava a França.

Ramon Berenguer II.
Berenguer Ramon II, germans.

↓

Berenguer Ramon III.		
(1131) **Ramon Berenguer IV.**	⚭	Peronella.
(1162) **Alfons II.**		

La tradició i alguna documentació centren el naixement d'Alfons II a Sant Pere de Vilamajor.

(1196) **Pere I.**
(1216) **Jaume I.**
(1276) **Pere II.**
(1285) **Alfons II.**
(1291) **Jaume II.**

Riambau I, senyor de Llinars, cobrava les rendes de Vilamajor per uns deutes amb la Corona, provocant problemes amb els vilatans.

(1327) **Alfons III.**
(1336) **Pere III.**

Pere III, amb necessitats econòmiques per les campanyes mediterrànies, oblida les franqueses de Vilamajor i ven la vila.

(1328) **Berenguer de Sentmenat i de Torrelles.**	⚭	Alamanda Marquès.
(1381) **Bernat de Cabrera.**	⚭	Timbors Fenollet.

El 1384 Vilamajor es converteix en carrer de Barcelona i torna a la protecció comtal. Comença la vida municipal.
El castell és abandonat durant el s. XV i enrunat al s. XVI.
Durant la guerra de Remences Vilamajor és partidària de Joan II.
L'any 1470 Vilamajor, Cardedeu i Bell-lloc formen una batllia.

menat príncep dominador del regne d'Aragó.

Al quadre V se'ns dramatitzen les *estades d'esbarjo a Vilamajor dels comtes Ramon Berenguer IV i Peronella,* on s'elogia l'hospitalitat i les bones condicions d'aquest poble, zona estratègica per Ramon Berenguer i del gust de Peronella.

A l'últim quadre ens parlen del *naixement a Vilamajor d'Alfons I, el Cast;* i, com parlen d'una dida, imaginem que fan al·lusió a la seva primera infantesa.

Almodis entra en escena, explica que la reina Peronella va de part i ordena Gancelm que prengui el cavall i vagi a buscar la llevadora Trudgarda. Almodis ordena també a Rimbau que vagi al pla de Brugueres a l'encontre del comte Berenguer, que hi és de cacera, i que li digui que està a punt de ser pare. I va ordenant a diverses persones que vagin a buscar més gent.

Volen que el nadó sigui un mascle perquè el comte vol un rei per Aragó, ja que Pere va morir quan era un infant. Li volen posar de nom Ramon Berenguer com ell, per seguir la nissaga dels comtes de Barcelona (Barchinona), però a la reina li agrada més Alfons, com el seu oncle, per la dinastia aragonesa.

El fill del comte neix mascle, tal com ell havia desitjat, i es converteix en comte de Barcelona i en el nou rei d'Aragó.

Els gegants

Protagonistes: Personatges històrics
Tema: Naixement d'un rei

El poble de Sant Pere de Vilamajor té una parella de gegants (Alfons I el Cast i Na

La torre del campanar de Sant Pere de Vilamajor, de planta quadrada (amb 7 m de costat), té 30 m d'alçada i uns murs d'1,6 m d'amplada.

Loreto) que manté viva la llegenda del seu origen. Alfons va néixer (segons la tradició) al castell comtal de Vilamajor i va ser el primer comte rei de la corona catalanoaragonesa. Na Loreto era filla de la masia de Can Clavell de Sant Pere i va ser triada per fer de dida de l'infant Alfons. Els capgrossos són Joan i Pere. En Pere representa el rei Pere III el Cerimoniós, que l'any 1384 va atorgar al municipi el títol de Carrer i Braç de Barcelona. En Joan representa el rei Joan I el Caçador, que a Tortosa va ratificar el títol de carretatge i hi va afegir el de membre de Barcelona, disposant que tots els veïns de Vilamajor poguessin gaudir de tots els privilegis, llibertats, franqueses, usos i costums que tenia la ciutat de Barcelona.

Imatge de 1933 de l'antiga barbacana de Can Derrocada, a Sant Pere de Vilamajor. Sobre la porta que dóna pas al recinte emmurallat pot veure's l'obra voladissa del matacà espitllerat des d'on s'observava i hostilitzava l'enemic quan aquest s'aproximava. A part de la casa, hi havia l'era, el barri cercat, corrals i horta tancada per parets. La capella està situada a la dreta de la façana principal. El sepulcre de la casa es troba al terra de l'església, però va ser profanat el 1936.
El llinatge dels Derrocada existia des de 1309. Es té referència escrita de Jaime Juan Derrocada, Rosa (Xammar Vendrell) Derrocada i Comas i Pedro Derrocada. Des d'aquest últim fins al 1898 la casa va adquirir el sobrenom de Casa Plantada, relacionada amb la gran Casa Plantada de l'Ametlla. (J.A. Bertran.)

Fonts bibliogràfiques

Història

Aventin, Mercè; *Vila Magiore 941-1941;* Ajuntament de Sant Pere de Vilamajor.

«Un estudi busca vestigis de l'antiga muralla de Sant Pere de Vilamajor»; *El 9Nou;* 1 abril 2005.

Llegendes

Presència històrica e feyts de Vilamagore, Retaule medieval; Ajuntament Sant Pere de Vilamajor, 1994.

«Quinze anys de gegants»; *El 9Nou;* 25 juny 2004.

Tagamanent

••• Castell de Tagamanent •••

Nom: Castell de Tagamanent.
Localitat: Tagamanent.
Any de constitució: 945.
Altitud: 1.055 m.
1r propietari: Sant Pere de Vic.
Funció: sentinella de la via que comunicava el Vallès i Osona.
Propietat actual: Diputació de Barcelona.
Estat actual: desaparegut, totalment ensorrat.
Reconstrucció: nul·la.

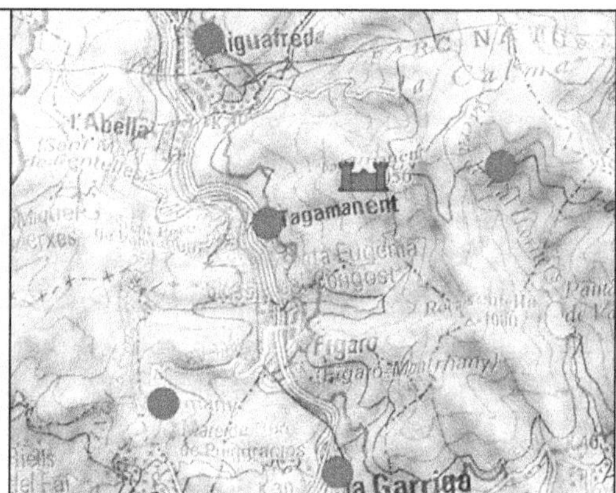

El topònim Tagamanent, d'origen molt antic, sembla que vol dir «muntanya gran».

Al turó i al cim, s'hi han trobat restes prehistòriques i ibèriques que demostren l'antic poblament d'aquest indret.

El castell estava situat a la defensa de la vall del Congost. En aquesta tasca, hi participa també amb els castells de Cruïlles, Pedralba, Rosanes, Blancafort, Montmany i el Castell de Centelles (malgrat que no pertany a la comarca del Vallès Oriental).

En aquesta defensa també participava una altra fortificació, desapareguda el 1200 i convertida en un mas: el Castell de Seguer, a l'esquerra del Congost, sobre el turó del Seguer. Aquesta podria haver estat una de les «fortaleses abandonades» que el comte Borrell va rebre l'encàrrec de bastir o reconstruir l'any 798 per

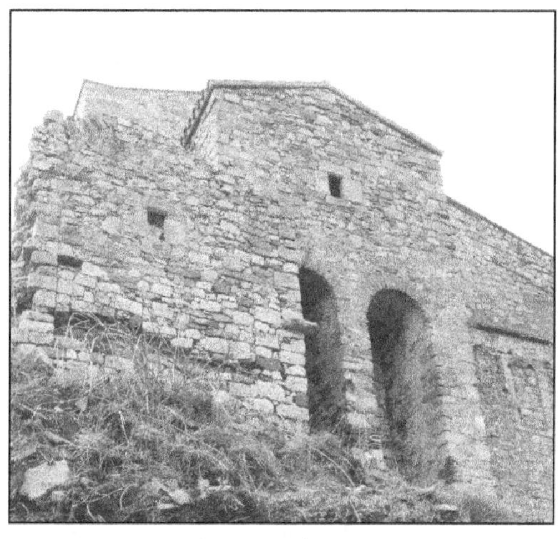

Imatge de la part posterior de l'església de Tagamanent.

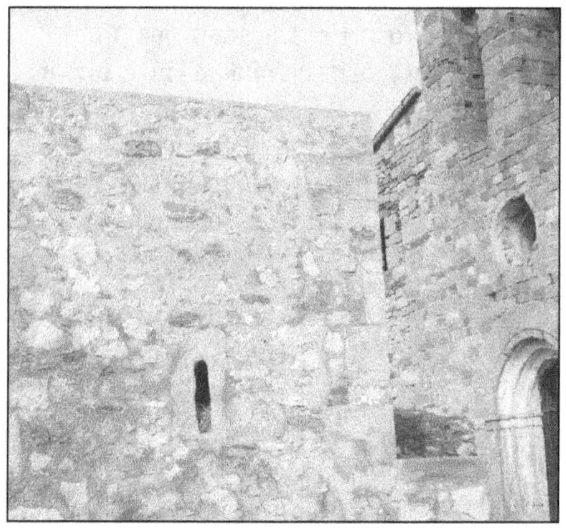

Mur defensiu amb espitllera davant la façana de l'església de Tagamanent.

Fotografia de 1918 que mostra l'estructura de l'interior del recinte al cim del Tagamanent. (J. Canals; arxiu CEC.)

Imatge actual de l'interior del recinte. Observi's que només hi resta la façana de l'edifici dels fons de la fotografia anterior.

tal de controlar els accessos al Berguedà i Osona.

I, al mateix temps, està situat a la defensa de la vall de Vallfornés. En aquesta tasca, hi participa també amb els castells de Vallfornés, Samalús i Cànoves.

Tagamanent, juntament amb les Agudes, és i va ser una talaia perfecta per la seva alçada, localització i inexpugnabilitat. Des del seu cim es domina perfectament tota la plana del Vallès, la serralada prelitoral, Barcelona i el mar. A més, es troba a prop d'un dels indrets més importants objectiu de defensa de tota la comarca: el pas del Congost. Des de molts indrets del Vallès es domina perfectament la silueta del Tagamanent.

El terme històric de Tagamanent és un dels més amplis i característics del Montseny; inclou pràcticament tot l'extens Pla de la Calma des de la riera de l'Avencó fins a la de Vallfornés. Avui dia Tagamanent pertany al Vallès Oriental, però en èpoques històriques pertanyia a l'antic comtat de Vic, al qual encara pertany.

Els castlans van ser els Tagamanent des del 1082, una família noble de la qual en van sortir fills destacables, entre els quals el beat Miró de Tagamanent, que va ser canonge del monestir de Sant Joan de les Abadesses, on encara es conserva la seva tomba (una branca va prendre part en la conquesta de Mallorca).

Cal assenyalar la relació que guarda el topònim Tagamanent amb l'homònim mallorquí que es troba al terme de Montuïri (per exemple, de Manacor). El fundador del solar mallorquí va ser Pere de Tagamanent, el qual va acompanyar el rei Jaume I en la conquesta de l'illa. La branca illenca dels Tagamanent va promoure alguns il·lustres prohoms i es va extingir, en línia masculina, a principis del s. XVI.

Miró de Tagamanent va ser un canonge agustinià i beat. Era fill de Ramon Berenguer de Tagamanent i d'Ermessenda i va ser lliurat pels seus pares a la canònica de Sant Joan el 25 de juny de 1127. Allà hi va viure, amb fama de santedat, fins al 12 de setembre de 1161. A causa de la veneració que tothom li professava, tot seguit, l'any 1345, li van construir un sepulcre d'alabastre amb una estàtua i una inscripció que recorda la seva vida. Aquest sepulcre va ser profanat pels francesos l'any 1794 i destruït, parcialment, l'any 1936, però ha estat recompost i es guarda a l'església del monestir de Sant Joan. El seu culte, de caràcter privat, es va estendre a altres indrets de la diòcesi de Vic.

PROPIETAT DEL

Plena jurisdicció del **Comte de Barcelona.**		
Jurisdicció mitja vescomte d'Osona, **els Cardona**		
Castlans: els **Tagamanent.**		
Borrell II.		
Ermessenda.		
Ramon Berenguer I.		
Ramon Bremon.		
(1060) **Vescomte de Cardona Ramon Folc I.**		
(1075) **Arnau Guifré.**	⚭	**Ermessenda de Tagamanent.**
Ramon Berenguer II.		
(1082) **Berenguer Sanç de Tagamanent.**	⚭	**Guisla.**
Berenguer Ramon II.		
(1086) **Vescomte de Cardona Folc II.**		
Ramon Berenguer de Tagamanent.	⚭	**Ermessenda de Tagamanent.**
Berenguer Ramon III.		
(1099) **Vescomte de Cardona Bernat Amat.**		
Bernat de Tagamanent.	⚭	**Estefanía.**
(1285) **Alfons II.**		
(1291) **Jaume II.**		
Bernat de Tagamanent (1290-1332).		
(1276) **Vescomte de Cardona Ramon Folc VII.**		
(1327) **Alfons III.**		
(1332) **Vescomte de Cardona Hug I.**		

(1332) **Vescomte de Cardona Ponç IV.**		
(1336) **Pere III.**		
Entre 1338 i 1345 el domini va deixar de ser feudal per passar a ser propietat nobiliària: Bertran de Vall (senyor amb el drets i rendes de Tagamanent). El 1348 arriba la pesta negra a Tagamanent.		
Guillem de Tagamanent.	⚭	**Elisenda de Bell-lloc.**
1349 **Bernat de Tagamanent.**	⚭ ↓	Berenguera de Sarrià, Alamanda Barrati i Agnès Clasquerí.
Entre 1383 i 1419, novament, el domini va deixar de ser feudal per passar a ser propietat nobiliària: els Hostalric.		
Berenguer d'Hostalric, senyor amb jurisdicció plena.		
↓		
(1397) **Bernat d'Hostalric.**		
↓		
(1418) **Bartomeu d'Hostalric.**		
Maria de Rocabertí-Tagamanent-Descoll i d'Alentorn.		
Tagamanent dóna suport a Felip V durant la guerra de Successió i queda derruït.		
(1131) **Ramon Brenguer IV.**		
(1155) **Vescomte de Cardona Ramon Folc III.**		

Descripció del castell

Del castell no en queda res i, a l'hora d'ubicar-lo, tot són conjectures.

El castell ocupava la plataforma del turó de Tagamanent conjuntament amb l'església de Santa Maria. Al voltant de l'església i davant seu hi ha vestigis de fonaments de murs que podrien correspondre al castell. És molt probable que l'església de Santa Maria de Tagamanent servís de capella del castell, i de temple parroquial de les nombroses masies que hi havia al Pla de la Calma. L'original i romànica església de Santa Maria, que data de la primera meitat del s. X, es devia construir al mateix temps que el castell i amb categoria parroquial. L'església de Santa Maria de Tagamanent apareix citada l'any 1009. El 1098 el vescomte Folc de Cardona la va cedir a Santa Fe de Conques per fer-hi un priorat que no es va portar a terme mai.

Hi ha una teoria que afirma que allà on ara hi ha l'església hi havia anteriorment el castell amb la seva capella. Amb l'abandonament i la destrucció del castell durant els ss. XIV-XV es va construir una nova església, per a la qual s'utilitzaren les antigues pedres.

Malgrat tot, l'any 1527 la fortalesa original o part de la seva estructura era visible encara, segons documentació sobre altres temes.

Es creu que les velles parets del castell van

CASTELL DE TAGAMENT		
(1162) **Alfons II.**		
Guillem de Bell-lloc.	⚭	**Agnès de Montseny.**
Bernat de Bell-lloc.	⚭	**Blanca.**
(1176) **Vescomte de Cardona Berenguer I.**		
(1177) **Vescomte de Cardona, Guillem de Cardona.**		
(1196) **Pere I.**		
(1216) **Jaume I.**		
(1227) **Vescomte de Cardona Ramon Folc IV.**		
Anglèsia de Tagamanent (1190-1230).	⚭	**Pere de Malla.**
(1241) **Vescomte de Cardona Ramon Folc V.**		
Guillem de Tagamanent.	⚭	**Elisenda de Castellet.**
(1276) **Pere II.**		
(1276) **Vescomte de Cardona Ramon Folc VI.**		
(1410) **Guillem de Tagamanent,** castlà.	⚭	**Constanza.**
El 1419, Tagamanent passa a ser carrer de Barcelona.		
La castlania passa al germà de Guillem.		
Jaume de Tagamanent, castlà.	⚭ ↓	**Isabel de Palou.**
Isabel de Tagamanent.	⚭ ↓	**Joan de Montbui.**
Joan de Montbui i de Tagamanent.	⚭ ↓	**Constança Desvall.**
Francesc Benet de Montbui i de Tagamanent.	⚭ ↓	**Elisabet.**
Elisabet Miquela de Montbui i de Tagamanent.		
Com a premi pels serveis prestats durant la guerra de Remences, Joan II va donar el 1464 els rèdits i rendes de Tagamanent a Crisògon Andreu o de Centelles. El 1472 el premi va ser per a Joan de Berrauta, amb la donació de la jurisdicció plena. El 1474 Joan II ja havia recuperat el castell.		
(1520) **Elisabet ça Riera de Montbui i de Tagamanent.**	↓	
Jaume de Rocabertí-Tagamanent i de Sarriera (mort el 1582).	⚭ ↓	**Aldonça Descoll i de Tord.**
Dalmau de Rocabertí-Tagamanent i Descoll.	↓	
Miquel de Rocabertí-Tagamanent-Descoll i d'Icard (mort el 1628).	⚭	Maria d'Alentorn i de Salbà.

ser aprofitades per fer les ampliacions de l'església i de les dependències que hi havia al voltant del temple, per les noves edificacions. Malgrat tot, l'actual església i l'esfondrat casal parroquial no mostren res que sigui anterior als ss. XVI o XVII.

El terratrèmol de 1448 va provocar moltes destrosses a l'església de Santa Maria. Es va haver d'organitzar una col·lecta pública per tal d'executar les obres de restauració i substitució de la capella romànica.

La fortalesa del s. X havia de tenir una torre i unes dependències annexes pertanyents al comte. Molt probablement tot el conjunt del castell estava protegit per una muralla de pedra, de la qual en queden basaments.

El castell devia tenir unes fortificacions secundàries que principalment eren les torres estratègicament distribuïdes pel territori. D'aquestes torres, només en queda la documentació. Podem situar-les al puig d'Arnalfredo, al turó de la Torre (límit amb Vallfornés, a 1.269 m), al Mas Puigagut, dalt del Turó del Pujal (703 m) i una altra a prop del Mas Burguès del Brull.

Llegendes

ELS MIRACLES DE LA MARE DE DÉU (HISTÒRIA-LLEGENDA)

Protagonistes: Verge i bou

Tema: Aparició de la Verge

DIU una viva tradició popular transmesa de pares a fills que la Mare de Déu de Tagamanent va ser trobada per un bou de Can Bellver.

Cada dissabte, quan el pastor anava a cercar el seu bestiar, sempre trobava a faltar un animal, però al matí següent tots tornaven a pastar tranquil·lament al prat. Va fer notar als amos de Can Bellver el fet que això sempre passés en dissabte, perquè prenguessin consciència del cas. Aquests es van estranyar i van anar a explicar-ho tot al rector de la parròquia. El rector, intrigat, va voler trobar una explicació i per això va esperar fins al dissabte següent i seguí, amagat, el recorregut de l'animal, fins que va arribar a un punt on, aquest, va començar a bramar i el capellà va decidir sortir del seu amagatall per veure què passava. Va quedar molt sorprès en veure que allà hi havia la Mare de Déu amb el nen als seus genolls. La imatge es conservava intacta, encara que estaven a la intempèrie. El parroquià va recollir la imatge i va organitzar una processó per tot el poble posant la Verge al centre de la parròquia, una parròquia que fins aleshores havia estat erigida a Sant Martí de Tours.

Un matí, el parroquià, quan es disposava a anar cap a l'església, va descobrir que la Verge havia desaparegut. En un principi va creure que es tractava d'un robatori, però més tard va tenir una premonició i es va dirigir allà on l'havia trobat; va ser allà on es trobava.

L'home va interpretar aquest fet com un senyal del cel i, per tant, va haver de fer construir una ermita, que va ser lloc de culte i devoció dels fidels de tota la comarca.

Molts anys després, ja al s. XVII, es va produir quelcom que es va considerar un miracle, quan el rector de Centelles pujava per orar davant la Verge. Havia plogut una mica i de la terra es desprenien algunes roques. Una d'aquestes baixà rodant amb tan mala sort que li donà un cop al cap i aquest va caure estabornit a terra. Els seus acompanyants creien que havia mort del cop, però ell es va aixecar, es va treure la pols de sobre i va dir pausadament: «m'ha fet l'efecte que em queia un sarró d'estopa al cap». Aquest fet va meravellar totes les persones que l'havien vist, i per tal que no s'oblidés de la memòria popular, es va fer un pergamí que es va penjar a la capella on s'explicava en llatí aquest esdeveniment.

Desgraciadament avui no queda res d'aquesta capella, veïna i propietat del castell, ni de la imatge, ni del pergamí, ja que durant la guerra un grup de «rojos» va pujar expressament a aquest lloc per profanar, destruir i no deixar rastre de res.

Aquella casa estesa

Aquella casa estesa a mig camí del bosc,
els faldars muntanyencs vestits amb un verd
tendre, el pic com un mugró
sobre el pic alterós del Taga
i aquell tros on la terra es fa viva
en un seu tall pregon entre el verd
de l'arbreda i la llum que s'hi aboca
d'altres cimals d'enllà llançada cap aquí.
I a la banda oposada, entre penya
i foresta, la caiguda dels cims.

Fonts bibliogràfiques

Oliver, Jaume; *Tagamanent a l'Edat Mitjana;* Ajuntament de Tagamanent, 2003.

Pladevall i Font, Antoni; «El Montseny a l'època medieval. Dominis i jurisdiccions»; *Monografies del Montseny,* vol. 6.

Aguilar, Anna; «Il·lustres catalans reunits a la Figuera»; *El 9Nou;* octubre 2004.

Vallromanes-Montornès

••• Castell de Montornès •••

Nom: Castell de Montornès.
Localitat: Vallromanes-Montornès.
Any de constitució: 1108.
Altitud: 410 m.
1r propietari: Bernat Ramon (deixa el castell a la seva filla Estefania).
Funció: guaita. Sentinella del pas natural del Vallès al Maresme.
Propietat actual: comtes d'Alba de Liste.
Estat actual: en queden algunes restes.

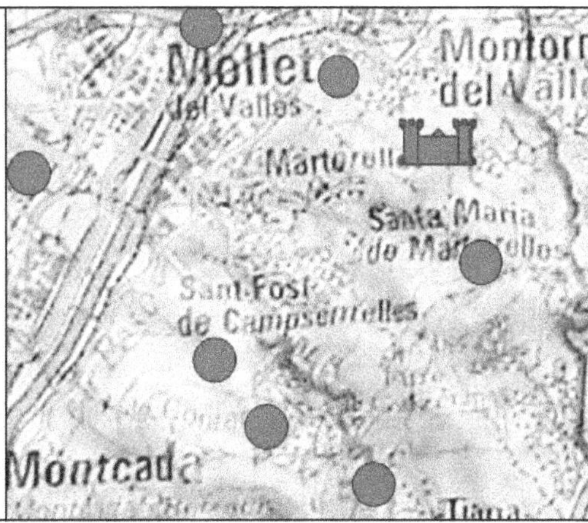

El Castellet de Sant Miquel va ser un poblat ibèric. Al costat de la Torre Tavernera, s'hi han trobat unes sitges ibèriques.

A Montornès, hi podem trobar el Palatio de Almanla, d'origen romà. Les poblacions que duen el terme «palau» al nom estan situades a prop d'una via o camí romà. Es tracta de mansions medievals o baiximperials que tenen relació amb el camí.

Entre Montmeló i Montornès, s'hi han trobat les ruïnes de Can Tacó, del s. II aC. La zona es troba al turó de les Tres Creus, un lloc privilegiat de guaita. Hi ha dues hipòtesis sobre l'origen de l'excavació: la primera parla d'un campament itàlic, l'únic de l'època republicana catalogat a Catalunya; l'altra hipòtesis relaciona les ruïnes amb la via Semproniana. Sembla evident que és un emplaçament fortificat dels ss. II-I aC, amb la funció de control i vigilància de les vies naturals formades pels cursos fluvials. És un jaciment poc habitual perquè es va fer com a assentament estable (ho prova una tècnica constructiva sòlida, un circuit defensiu ben estudiat amb baluards a les cantonades més febles, un sistema d'evacuació d'aigües, una decoració refinada i paviments treballats) i va perdurar només cinquanta anys.

Aquestes dades proven l'antiguitat del terme. Aquest va prendre també el nom de la vil·la originària: Palau Amigdali, Palau Almanla o Puig de l'Ametlla, entre altres noms. Més tard va agafar el nom de la família senyora del terme, Monte Tornoso. L'any 1342, quan Pere III va vendre la senyoria superior del Castell de Montornès a Pere de Montornès, va voler que aquest castell i la parròquia es diguessin Montornès. Amb el temps, el castell va anar canviant de nom perquè es va anar imposant el nom de la capella del lloc, que era dedicada a Sant Miquel.

El castell està situat a la defensa de les valls que uneixen el Vallès i el Maresme. En aquesta tasca hi participa també amb els castells de Sant Lleí, Torre del Talegro, Torre Tavernera, Castellruf, Campsentelles i Cabanyes.

Les restes de la fortalesa pertanyen als municipis de Vallromanes i de Montornès a partir del s. XX, perquè abans tots dos municipis formaven part d'una mateixa batllia que comprenia totes dues parròquies i el terme d'Alella al Maresme.

PROPIETAT DEL CASTELL DE MONTORNÈS I DE LA TORRE TAVERNERA

Plena jurisdicció: **Comte de Barcelona.**		
Castlans: els **Montornès.**		
Gombau de Besora.		
Bernat Ramon.		
Estefanía.		
Ramon Berenguer II.		
Berenguer Ramon II.		
Berenguer Ramon III.		
(1131) **Ramon Berenguer IV.**		
(1162) **Alfons II.**		
Pere Bertran de Montornès.	⚭ ↓	**Sança de Roca.**
(1157) **Pere de Bell-lloc.**		
Guillem de Bell-lloc, germà.	⚭	**Agnès de Montseny.**
(1196) **Pere I.**		
Guillem de Santmartí, nebot.		
(1189) **Guillem Ramon.**		
(1195) **Santa Coloma.**		
(1216) **Jaume I.**		
(1276) **Pere II.**		
(1285) **Alfons II.**		
(1285) **Berenguer d'Entença.**		
(1293) **Guillema de Montcada.**		
(1294) **Riambau de Faró.**		
Roger de Llúria.		
(1291) **Jaume II.**		
Berenguer de Montornès.		
Romeu de Montornès.		
(1287) **Pere de Montornès.**		
(1309) **Gilabert de Centelles.**		
Gilabert de Centelles i de Montcada.		

Eimeric de Centelles i Vilanova.
El 1342 el poble de Palau d'Ametlla va prendre el nom del castell: Montornès.
(1336) **Pere III.**
(1372) **Pere de Montornès.**
(1390) **Ciutat de Barcelona.**
(1437) **Galceran Armengol.**
El 1448 el castell va ser derruït per un terratrèmol. Durant la guerra de Remences Montornès va lluitar contra Joan II. Els dirigents de la revolta remença eren originaris de Montornès (Pere-Joan Sala i Bertomeu Sala). Es van refugiar al castell i hi va haver una cruenta batalla.
(1506) **Geroni Àngel de Montornès i de Llió.**
Gerònima de Montornès Taraffa i Ribot.
(1650) **Francesc de Taverner-Montornès.**
Miquel Joan Taverner i d'Àrdena (mort el 1708).
La torre va ser destruïda durant la guerra de Successió. El 1718 es va reconstruir.
Oleguer de Taverner i d'Àrdena, germà (mort el 1727).
A l'Edat Mitjana el terme del castell comprenia Montornès, Vallromanes i Alella. Al s. XVIII Montornès i Vallromanes formaven una batllia conjunta. A principis del s. XX Vallromanes i Montornès se segreguen.
(1834) **Joan Antoni Fiveller de Clasquerí i de Bru.**
(1896) **Martorell, marquesos d'Albranca.**
Comtes d'Alba de Liste.

Descripció del castell

Al subsòl del castell hi ha vestigis d'un poblat ibèric, que fou habitat durant els ss. II i III aC.

El Castell de Sant Miquel està situat entre el torrent de Can Gurri i la riera de Vallromanes, justament a la frontera dels termes municipals de Montornès del Vallès i de Vallromanes, de manera que la part del castell pertany al segon, mentre que la capella és dins del terme de Montornès.

Aquest castell poseeix totes les característiques dels castells roquers, constituïts bàsicament per una torre, i un espai que l'envolta protegit per muralles. De la fortalesa de Sant Miquel, se'n conserven alguns fragments dels murs exteriors en forma de trapezi, un pou i la torre mestra (no completa) de planta circular.

L'avui del Castell de Montornès és desolador; només queda la meitat de la torre d'homenatge. El conjunt es compon d'una torre circular i un recinte que envolta el perímetre del turó on s'assenta. La torre, al sector septentrional del recinte, es troba actualment esberlada. Al nivell del que va ser el primer pis s'ha conservat l'arrencada de l'arc de la porta d'accés, amb dues petites dovelles; d'altra banda, a una alçada de prop de 4 m del nivell del sòl, hi devia haver una falsa cúpula hemisfèrica que dividia els dos pisos, de la qual encara queden restes; de la resta de la torre, probablement molt més alta, només s'han conservat uns 2 m. Les característiques de la torre fan pensar en un edifici datat de l'any 1000, aproximadament. Les mides aproximades de la torre són: 7,80 m de diàmetre exterior i 3,40 m d'interior, mur a nivell del sòl de 2,20 m i d'alçada màxima d'uns 7 m. Originàriament devia tenir una alçada de 20 a 30 m.

Prop d'aquest, a ponent, s'ha conservat una paret i, cap al nord, les restes d'una altra construcció, probablement de planta rectangular amb un mur de tancament corb a l'extrem, d'un gruix d'uns 120 cm. Són, segurament, construccions afegides al llarg del s. XI a la inicial torre circular.

Queden, a més, els dos angles nord de la muralla i altres fragments de la zona oest.

Fora de les muralles hi ha un edifici, del qual només queda la forma de la planta, que segons es creu és la capella del castell, dedicada a Sant Miquel i documentada l'any 1122.

Curiositat: la Torre Tavernera, antiga masia fortificada situada a la vall, exhibeix a la seva façana els retrats dels seus propietaris, senyors també del veí Castell de Sant Miquel: Jeroni, Guillem i Pere de Montornès, de Jeroni de Montornès abans Armengol i d'Isabel Joana, qui va morir sense fills, i també de Miquel Joan de Taverner i de Montornès. Sembla que a la Torre Tavernera hi van residir els senyors del Castell de Montornès fins a finals del s. XVIII.

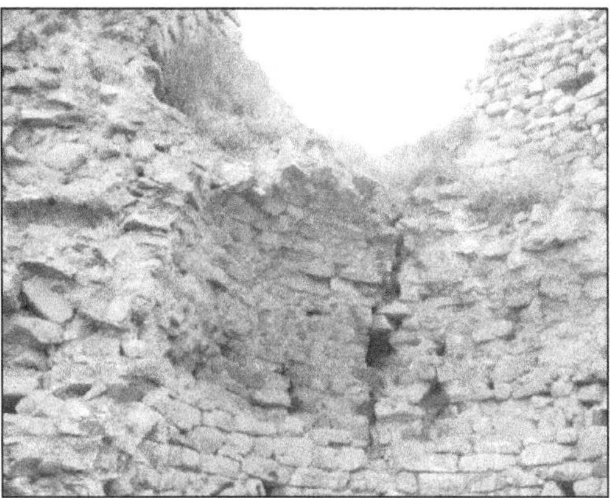

Imatge de les ruïnes de la torre principal del Castell de Montornès.

Llegendes

EL CASTELL DELS ÀRABS

Protagonistes: Àrabs

Tema: Astúcia

JOAN Amades, a *Castells llegendaris de la Catalunya Vella,* ens parla de l'astúcia dels àrabs que van construir el castell.

La torre de Sant Miquel és atribuïda als moros, els quals tingueren gran enginy per ferla, però no van saber com fer-s'ho per conduirhi l'aigua. Formaven dues llargues corrues de moros que s'estenien des de la torre fins a baix la riera, on omplien galledes d'aigua que anaven passant-se de l'un a l'altre i feien córrer de mà en mà fins a arribar a omplir un gros dipòsit de la torre. Mentre una corrua feia pujar les galledes plenes, l'altra en feia baixar les buides.

ALMANÇOR I SANT MIQUEL

Protagonistes: Àrabs

Tema: Fortalesa i humanitat dels àrabs

EXPLIQUEN que quan Almançor va cremar Barcelona (985), i els àrabs van matar els cristians que trobaven, Castellruf i Sant Miquel van ser els refugis del comte Sunyer i

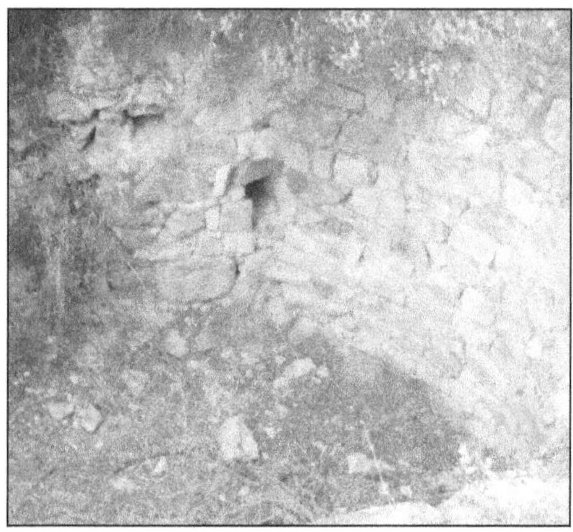

Basament de la torre inferior del Castell de Montornès.

els seus homes. El fill bastard d'Almançor, el jove Abd-el Muzafar, juntament amb tres-cents homes, va posar setge a Castellruf i al Castell de Sant Miquel, demostrant una clara superioritat numèrica. No hi va haver lluita ni matança, no hi trobem restes humanes ni ossos sepultats. El castell no va ser cremat ni envestit, només assetjat. La rendició va ser força ràpida, i llastimós el fet que els cristians haguessin de destruir la seva fortalesa. Els enderrocs van haver d'escampar-se i dispersar-se per tal que no poguessin reconstruir-lo. Després d'això va retenir captius els joves i més forçuts i als vells i les dones els va donar la llibertat. Tot el poble de Martorelles va quedar destruït i l'església cremada, sense objectes de culte. L'havien utilitzat com a estable per als seus cavalls.

El Castell de Sant Miquel, que era una talaia amb muralla, no va ser derruït perquè no era una fortalesa tan principal com Castellruf.

Els àrabs es van quedar al turó de Sant Miquel, on feien guàrdia dia i nit. Vivien a la casa de Can Girona, que llavors es deia de la Mola, on tenien l'estable dels cavalls. La torrentera de Can Girona, que baixa de la font de Can Gurri i que passa per sota de la casa de Can Matons, es va dir per aquest motiu i durant generacions Torrentera dels Turcs.

CACERA

Protagonistes: Feudal i lladres

Tema: Astúcia equivocada

PERE Català i Roca, a *Llegendes cavalleresques de Catalunya,* ens relata una història sobre la justícia feudal basada en l'astúcia; en aquest cas, equivocada.

El senyor del Castell de Montornès es passejava sovint per les sales preguntant-se quin murri devia ésser el caçador furtiu que se li avançava a fer minvar el cens de les llebres que campaven pel terme. Prou que els guardes sospitaven d'un xicotet eixerit com un pèsol i llest com una mostela i que a vegades els saludava amb un innocent riure de conill; mai, però, no el trobaven cometent transgressió. Al senyor, barrina que barrina, finalment se li acudí una idea que tingué tot seguit per bona: ordenà de fer venir a la seva presència al vassall i, convençut que no pas amb preguntes sinó amb fets l'havia d'enxampar, l'obligà a cuinar una llebre (segons l'habilitat que hi demostrés quedaria palès si n'havia caçat i guisat gaires). El mosso ensumà la ratera i va ficar la llebre a l'olla sense pelar-la. El senyor, considerant que cap caçador avesat podria cometre una barbaritat semblant, acomiadà el noi sense trobar-li responsabilitat.

Fonts bibliogràfiques

Viñamata, Luis-Augusto; *Del Castell de Montornès d'ahir al Club d'avui;* Montornès, 5 de febrer de 1973.

Giménez, R.; «La ajustada»; *Vallès;* 21 desembre 1985.

«Història de Montornès»; *XXI Ronda Vallesana 2000.*

Masagué i Torné, J.Metres; «Castell de Sant Miquel de Montornès»; *XXI Ronda Vallesana 2000.*

Plaza, Xènia; «Les runes de Can Tacó daten del s. II aC»; *Línia Vallès;* 17 d'octubre 2003.

Mercado, Mònica; «Les excavacions a Can Tacó parlen d'un jaciment poc habitual de l'època romana»; *El 9Nou;* desembre 2004.

vallromanes.diba.es.

Vallromanes-Montornès del Vallès

••• Torre Tavernera o Castell Vell de Montornès •••

Nom: Torre Tavernera o Castell Vell de Montornès.
Localitat: Vallromanes-Montornès del Vallès.
Altitud: 153 m.
1r propietari: té origen romà.
Funció: residencial.
Propietat actual: marquesa d'Alba de Liste, arrendat al club de golf de Vallromanes.
Estat actual: és la seu social del club de golf. Està completament reconstruït.
Reconstrucció: 1718.

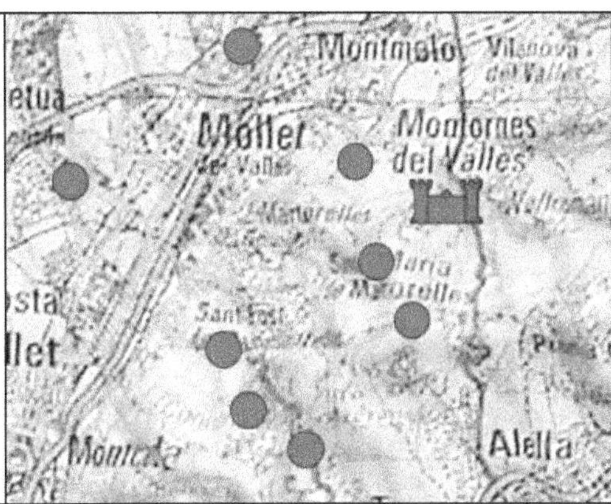

A prop de la torre, s'hi han trobat algunes cistes (tombes) neolítiques, testimoni de l'antiguitat de l'obra arquitectònica.

Originàriament, la Torre Tavernera va ser una vil·la o gran hisenda, possiblement d'origen baiximperial, i un dels nuclis importants d'aquesta zona.

Al poble s'anomenava la Torre Tavernera com a Castell Vell.

Imatge la Torre Tavernera (A. Carbonell, 1919. Arxiu CEC).

Descripció del castell

L'antiga masia fortificada de Torre Tavernera conserva murs, torres i altres elements defensius. Possiblement, la primera construcció era d'abans del s. XII.

Exhibeix a la seva façana rectangular, distribuïts de forma simètrica, sis mosaics de rajola, dos ovals amb inscripcions gravades sobre la pedra i tres escuts (els de les famílies Taverner, Montornès i Armengol) amb els retrats dels antics propietaris, senyors també del veí Castell de Sant Miquel: en Jeroni de Montornès, en Guillem de Montornès, en Pere de Montornès, en Jeroni de Montornès, abans Armengol, i de na Isabel Joana, abans Montornès, qui morí sense fills, i també de Miquel Joan de Taverner i de Montornès, nét del darrer Jeroni.

Aquests escuts i retrats semblen indicar que es van deixar de completar obres d'embelliment de la masia que s'havien començat. Només tres colors entren en la composició d'aquests mosaics: blanc, blau i groc.

Hi ha una porta central i dues de laterals, cinc balcons i cinc finestres.

Per la part del darrere es veuen les restes d'una

Imatge la Torre Tavernera (A. Carbonell, 1919. Arxiu CEC).

torre rodona a una cantonada de l'edifici (això és el que queda de l'edifici medieval). També hi ha un porxo que suporta una terrassa.

Al mateix costat del casal hi ha la capella de Sant Andreu de la Torre Tavernera, també anomenada Sant Andreu de Castellvell. Va ser sempre una capella castellera o de *domus*, de la par ròquia de Vallromanes, documentada el 1196 i el 1264, possiblement construïda per Pere de Montornès. La capella és de petites dimensions i rectangular, encapçalada per un petit absis semicircular amb dues finestres sageteres. La façana és coronada per una petita espadanya sense campana i un òcul centralitzat. La imatge de Sant Andreu va ser traslladada l'any 1912-1913 a la casa Bru de Teià, propietat de la marquesa d'Alba de Liste, on s'hi troba encara.

L'any 1718 el seu propietari la va restaurar. La restauració moderna (quan es va construir el club de golf) de l'antiga torre la va fer l'arquitecte Ros de Ramis.

A la façana hi ha una làpida que diu: *«Vetus Hoc Castrum Sive Domus antigua Montetornesi temporis divturnitate ac Bellorum Injuria fere dirutum Egregius et nobilis Ollegarius Dardena Taverner et Montornes comes de Darnius Baro de Montroig Regius Cubicularius in tantae familia ornamentum de novo construi fecit et restituït Anno Domini* MDCCXVIII».

Llegendes

SOBRE HUGUET DE BIGUES A VALLROMANES

Protagonistes: Bandolers

Tema: Violència feudal

UN noble del Casal de Bigues (Bigues i Riells) va ser el prototipus de bandoler feudal, Huguet de Bigues. Personatge del s. XIII, era aquell Huguet *«homo male et opiniones, et maximo predo, et conversatur com furibus et banditis»* que *«deplorabat per vim mulieres pussellas»*, que d'una puntada de peu matà el seu escuder, que *«vivit longo tempore de rapinis quos faciebat hominibus Vallensis»* i que, en justícia, acabà com a home vil. El territori predilecte de les malifetes d'Huguet de Bigues foren els pobles de Martorelles i Vallromanes, però ell no vacil·lava a ficar-se en altres paratges, tant del Vallès com del Maresme.

Espaordidor dels habitants del Vallès, lladre, estuprador i homeier. Per tal d'atropellar la dolenteria i l'arbitrarietat s'havia d'abatre a vegades l'autoritat del sobirà amb tota pesantor damunt dels infractors.

En dos documents medievals anomenats *Querimoniae* (queixes o reclamacions) l'abadessa del monestir de Sant Pere de les Puellas es queixa de les bandositats del senyor de Bigues. Aquí en copiem uns fragments:

«... perquè Bigas va golpejar Guillem, clergue de Montmeló, i el va fer fugir amb l'espasa nua, després de la festa de Pasqua.

»... en 1236 Bigas, amb criats armats, va anar a Montmeló i va destruir cases i es va portar per la força formatges, capes, reixes i altres eines...».

Fonts d'informació genèriques sobre llegendes

Teoria llegendària

Van Gennep, Arnols; *La formación de las leyendas;* Ed. Alta Fulla.

Prat i Carós, Joan; *La mitologia i la seva interpretació;* Els llibres de la frontera; BCN, 1984.

Garriga, Carme; *Les nostres llegendes;* Lectures Moby Dick; BCN, 1987.

Violant Ribera, Ramona; *La rondalla i la llegenda;* Ed. Alta Fulla; BCN, 1990.

Prat i Carós, Joan; «La rondallística catalana com a concepció del món»; *L'Avenç.*

Mitologia catalana

Aracil, Miguel G.; *Guía maldita de Catalunya;* Ed Bastet; Barcelona 2002.

Grau Martí, Jan; *Fabulari Amades;* Edicions El Mèdol, 1995.

Tomeo, Javier; *La brujería y la superstición en Cataluña.*

Lecontex, Claude; *Hadas, brujas y hombres-lobo en la Edad Media.*

Garcia Carrera, Raimundo; *Caça de bruixes al Vallès;* Ed. Ègara; Terrassa, 1987.

Soler i Amigó, Joan; *Mitologia catalana. Dracs, gegants i dones d'aigua;* Ed. Barcanova.

Moya, Bienve; *La festa a Catalunya;* Círculo de Lectores.

El drac en la cultura medieval; Fundació Caixa de Pensions, BCN, 1987.

Fàbregas, Xavier; *Tradicions, mites i creences dels catalans. La pervivència de la Catalunya ancestral;* Ed. 62; BCN.

Kapler, Claude; *Monstruos, demonios y maravillas a fines de la Edad Media;* Ed. Akal; Madrid, 1986.

Sendon de León, Victoria; *La España herética;* Ed. Icaria; BCN, 1986.

Stanley Turberville; Arthur; *La Inquisición española;* Breviarios del Fondo de Cultura Económica; Mèxic, 1985.

Perarnau i Espelt, Josep; «Activitats supersticioses de guarició a Catalunya en la primera meitat del s. XIV»; *Arxiu de textos catalans antics;* Publicacions de la Fundació Jaume Bofill; BCN, 1982.

Colobranns, Jordi; «La bruixeria al Moianès»; *Revista Truc,* octubre 1988.

Pujol i Coll, Josep; «Encara hi ha dragons»; *La Vanguardia;* 5 octubre 2003.

Llegendes cavalleresques

Moya, Bienve; *Rondalles i llegendes catalanes.*

Català i Roca, Pere; *Llegendes de castells catalans;* Rafael Dalmau editor; BCN, 1983.

–; *Llegendes cavalleresques de Catalunya;* Rafael Dalmau editor; BCN, 1983.

Cortadellas, Anna; *Repertori de llegendes historiogràfiques de la Corona d'Aragó (XIII-XIV);* Publicacions de l'Abadia de Montserrat.

Amades, Joan; *Castells llegendaris de la Catalunya Vella;* Ed. El Mèdol; BCN, juny 2001.

–; *Les cent millors llegendes catalanes populars.*

Boada, Martí; *Llegendes del Montseny;*

–; Cases, Pep; *Recull de llegendes de Sant Miquel del Fai;* Ed. Figueres i Brau,1993.

Mestres, Apel·les; *Llegendes i tradicions del Montseny;* Ed. Salvador Bonavia; BCN, 1993.

Maspons i Labrós, Francesc; *Tradicions del Vallès;* Ed. Barcino, 1952.

Grau Martí, Jan; *Fabulari Amades;* Edicions El Mèdol; BCN 1995.

Suades Marigot, Jordi i, Sanz Pérez, David; *Històries i llegendes de Sant Llorenç del Munt i l'Obac;* Ed. Farell.

Ferrando i Roig, Antoni; *Cròniques bandoleres de Sant Llorenç del Munt. El camí ral de Barcelona a Manresa;* Publicacions de l'Abadia de Montserrat.

De Riquer, Martí; *Llegendes històriques catalanes;* Quaderns Crema; Barcelona, 2000.

Miquel, Francesc A.; *La llegenda de Galzeran de Pinós;* Ed. Mèdol, Tarragona, 1996.

Històries de l'imaginari. Llegendes catalanes; Q1; Quaderns de cultura popular; Generalitat de Catalunya, Departament de Cultura.

Històries de l'imaginari. Llegendes catalanes; Q2; Quaderns de cultura popular; Generalitat de Catalunya, Departament de Cultura.

Estrada, Josep; «Tradiciones y leyendas como fuentes de investigación arqueológica en el Vallès»; Granollers, 1950.

www.ingramcontent.com/pod-product-compliance
Lightning Source LLC
Chambersburg PA
CBHW081250130726
47998CB00010B/2742

9788486684631